汉字本来的样子

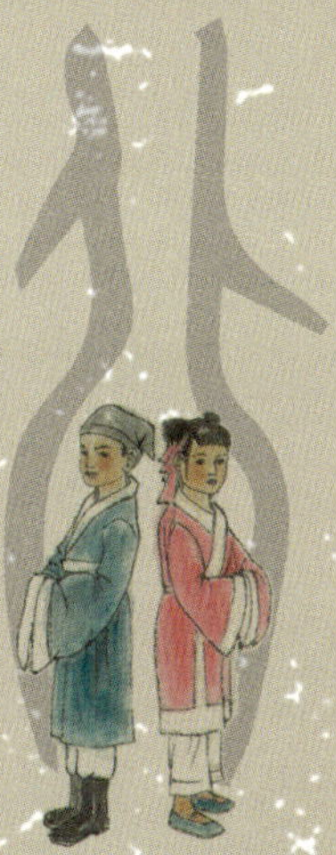

字源绘

王鹏伟 编著

长春出版社
国家一级出版社
全国百佳图书出版单位

中国的汉字和古埃及圣书文字、古代苏美尔文字、原始埃兰文字、克里特文字等，同属世界上最古老的文字，唯有汉字经历约3400年一直沿用至今，这是世界文明史上的一大奇迹。

前言

这是一套文图并茂、富有文化含量的书。它不仅系统地介绍了常见独体汉字字理等基础知识，还介绍了大量相关的传统文化常识，将古老汉字置于特定的社会背景中；书中穿插的"文字绘"活灵活现，将溯源文字具象化，并巧妙、和谐地融合在一个个奇巧构思的场景中。这样一来，古老的汉字就"复活"了！

亲爱的读者，当你打开《字源绘》这套书的时候，你已经站在了古老汉字的源头，触摸到了解读汉字和汉字文化的钥匙。大家知道，汉字中的合体字都是由独体字构成的。古人说："独体为文，合体为字。"汉代的《说文解字》共收录9353个小篆文字，其中独体字只有300多个；《通用规范汉字表一级字表》共收录常用汉字3500个，这些常用字在基础语料库中的覆盖率达到99.5%，而《现代常用独体字表》收录的独体字却仅有256个。正是这数量极少的独体字衍生出了数量庞大的汉字系统。本书将带领大家沿着汉字的历史长河追溯这256个现代独体字的源头。

早期象形汉字是先民对当时自然环境、生活场景、观念意识的描绘，蕴含着丰富的历史文化信息，是古代文明的活化石，隐藏着汉字的解码和古代文化的解码，不仅是解读汉字文化的钥匙，也是解读古代文化的钥匙。本书将用这把钥匙为你开启中华古代文明之门，和你一起窥探汉字文化和古代文化的奥秘。

前言

　　无论你学识高低、年龄大小；无论你是一个天真幼稚的孩童，还是一位阅世颇深的老者；无论你是一位饱学之士，还是一位伴子阅读的母亲；无论你是说着母语的中国同胞，还是学习汉语的外国朋友，都会对这些古老的象形文字充满好奇，都想把手伸到历史的长河中，去触摸这些像岩画一样质朴美丽的古老文字。

　　正值我可爱的小孙子大象（学名翊宸）上小学之际，我把这套书送给他。

王鹏伟

第一章　自然空间 ❶

汉字溯源 ·· 2
　日／月／夕
汉字解码 ·· 5
汉字导图 ·· 6
汉字驿站 ·· 7
　羿射十日／嫦娥奔月

第二章　自然空间 ❷

汉字溯源 ·· 10
　气／云／雨／电／火
汉字解码 ·· 15
汉字导图 ·· 16
汉字驿站 ·· 17
仓颉造字／汉字之初：甲骨文／火神祝融／古雅的云纹

第三章　自然空间 ❸

汉字溯源 ·· 22
　土／丘／山／石／水／川／州／永
汉字解码 ·· 30
汉字导图 ·· 31
汉字驿站 ·· 32
金文大器：毛公鼎／诗意画山水／金文时代的《诗经》／女娲补天／共工触山

第四章　自然空间 ❹

汉字溯源 ·· 38
　东／西／南／北／中
汉字解码 ·· 43
汉字导图 ·· 44
汉字驿站 ·· 45
"四方"和"四象"／住址与姓氏：东郭、南郭／东郭先生和狼／树旗建鼓

目录

第五章　自然空间 5

汉字溯源 ·· 50

上 / 下 / 里 / 内 / 左 / 右 / 后

汉字解码 ·· 57

汉字导图 ·· 58

汉字驿站 ·· 59

书同文：小篆 / 虎符调兵 / 窃符救赵 / 孟母三迁

第六章　植物家园 1

汉字溯源 ·· 64

木 / 才 / 朱 / 本 / 末 / 果 / 氏 / 世 / 垂 / 丫 / 不

汉字解码 ·· 75

汉字导图 ·· 76

汉字驿站 ·· 77

汉字分水岭：隶书 / 五行：木、火、土、金、水 / 中药巨著：《本草纲目》

第七章　植物家园 2

汉字溯源 ·· 82

禾 / 来 / 秉 / 兼 / 年 / 米 / 瓜

汉字解码 ·· 89

汉字导图 ·· 90

汉字驿站 ·· 91

土神句龙 / 谷神后稷 / 小年送灶王

第八章　动物世界 1

汉字溯源 ·· 94

马 / 牛 / 半 / 羊 / 犬 / 象 / 鼠 / 龙

汉字解码 ·· 102

汉字导图 ·· 103

汉字驿站 ·· 104

青铜羊觥 / 画龙点睛 / 牛郎织女 / 千金市骨

第九章 动物世界 ❷

汉字溯源 ·················· 108
鸟 / 乌 / 飞 / 习

汉字解码 ·················· 112
汉字导图 ·················· 113
汉字驿站 ·················· 114
日精金乌 / 吉祥鸟 / 精卫填海 / 百鸟之王凤凰 / 惊弓之鸟

第十章 动物世界 ❸

汉字溯源 ·················· 120
虫 / 禹 / 巴 / 贝

汉字解码 ·················· 124
汉字导图 ·················· 125
汉字驿站 ·················· 126
大禹治水 / 老虎为啥叫"大虫"？/
最早的"钱"：贝币 / "巴人"传说和文化

汉字溯源

rì 日

日是圆的，为什么象形的甲骨文 ⊙（日）字是方的呢？

日，象形字。甲骨文字形像太阳，本义是太阳。虽然太阳是圆形的，但甲骨文需要用刀在龟甲或牛肩胛骨上刻写，就刻得不太圆了。为了和别的圆形物体区分开，在圆心中加一点 ▬，表示发光。日出到日落是一天，因此把这个时间长度叫"日"。

象形字 指描摹实物形状的字。象形是汉字"六书"之一。

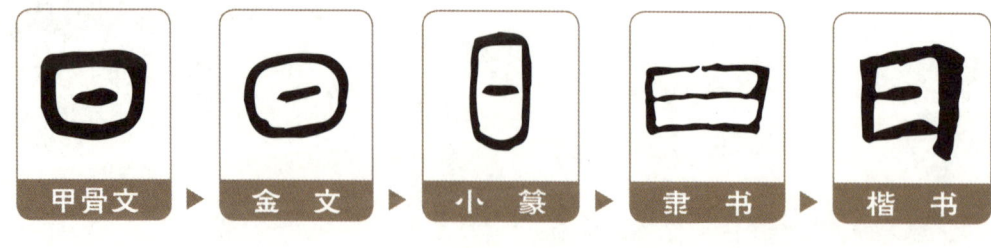

甲骨文 ▶ 金文 ▶ 小篆 ▶ 隶书 ▶ 楷书

常用词语

日光　青天白日　风和日丽
今日　如日中天　良辰吉日

yuè

月

　　月有阴晴圆缺，为什么象形的甲骨文 ☽（月）字形是半月而不是满月呢？

　　月，象形字。甲骨文字形 ☽ 或 ☾，像半月形，本义是月亮。日和月都是圆的，怎么区分呢？月亮有如上弦月和下弦月这样的盈（圆）亏（缺）变化，甲骨文造字就用弦月之形表示月亮，同时将月亮盈亏一个周期的时间长度叫"月"。

太阳和太阴 日与月相对，古人认为日白天发光，代表"阳"，月黑夜发光，代表"阴"。因此日叫"太阳"，月叫"太阴"。

甲骨文	金文	小篆	隶书	楷书

常用词语	月亮　水中捞月　日积月累 正月　岁月如梭　风花雪月

夕 xī

金文 𝌀（夕）和 𝌀（月）的字形有什么不同？

夕，象形字。甲骨文字形 𝌀 或 𝌀，金文字形 𝌀 或 𝌀，像月出的形状；傍晚时，月亮升起，本义是傍晚。在甲骨文中"月"和"夕"是同一个字，后来分化成两个字，中间多一笔为"月"，不加笔为"夕"。

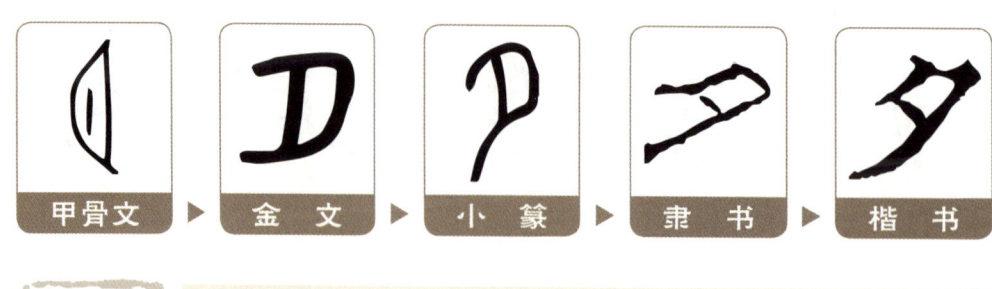

| 甲骨文 | 金文 | 小篆 | 隶书 | 楷书 |

常用词语：前夕　夕阳西下　一朝一夕　除夕　朝夕相处　朝花夕拾

象形的汉字蕴含着我们远古祖先的智慧，用简单的线条勾勒出事物特征，形象地反映出当时他们对自身、自然和社会的认知。

日，在圆形中加一，表示太阳发光。

夕，像月出之形，表示傍晚，和"月"本来是同一个字，后来分化成两个字。

月，像半个月亮，半圆加丨，和圆形加一的"日"区别开来。

上面这三个字都是象形字，在象形字上再添加象征性的指示符号，就造出了指事字。例如：

旦，在日下面加▱，表示大地，像太阳从地面升起，本义是日出、破晓、早晨。通常说的"元旦"，意思就是新年的第一个拂晓，第一个早晨。

象形字、指事字都是独体字。有了独体字就可以造合体字了。试想，要表示光明、明亮的意思怎么办呢？古人就把表示发光天体的文字组合在一起：把⊙和☽合在一起，就是⊙☽（明），表示光照、光明，有光则"明"。

据统计，在中国最早的字典《说文解字》共收录9353个小篆文字，其中独体字只有约389个。远古人类就是用这些数量很少的独体字创造了庞大的汉字系统。

字源绘
汉字本来的样子
壹

汉字导图

日月夕

6

日
- 阳 太阳
- 旦 元旦
- 早 早晨
- 晶 水晶
- 晚 傍晚
- 春 春天
- 是 是非
- 旱 干旱
- 暗 黑暗
- 时 时间
- 旺 兴旺

月
- 明 光明
- 朗 晴朗
- 胧 朦胧
- 钥 钥匙
- 朝 朝阳
- 期 时期
- 然 果然
- 塑 塑料

夕
- 岁 岁月
- 名 姓名
- 将 将军
- 多 多少
- 萝 萝卜
- 外 内外
- 梦 梦想

第一章 自然空间 ❶

汉字驿站

在中国传统文化中，宇宙是由两种元素构成的，日月对举，日代表阳，称为"太阳"；月代表阴，称为"太阴"。古人崇拜太阳和月亮，流传下来许多关于太阳和月亮的神话。

神话 羿射十日

羿yì，又称大羿。传说，在远古尧做部落首领的时代，天上有十个太阳，每天一起出来，晒得庄稼枯焦，草木枯死，百姓没有食物吃；怪兽、猛禽、长蛇为害百姓。尧派他的射师羿射落了九个太阳，只剩下一个，杀死了为害百姓的禽兽长蛇。于是，大地复苏，万物生长，生机盎然。 ■据《山海经》《淮南子·本经训》

日月夕

7

嫦娥奔月

　　远古射日英雄大羿从西王母那里得到了不死之药，吃了可以长生不老。他的妻子嫦娥偷吃了不死之药，飞升上天，居住在月宫，成为月精。■据秦简《归妹》《初学记》卷一引《淮南子》

　　嫦娥独自住在月宫，就不能与她的丈夫大羿团聚了。后代诗人慨叹道："嫦娥应悔偷灵药，碧海青天夜夜心。"■李商隐《嫦娥》

第二章　自然空间 ❷

季节交替和气候变化与人类的生活密切相关。远古时期,我们的先人们用象形文字勾画出了大自然中的云雨电火等自然现象。

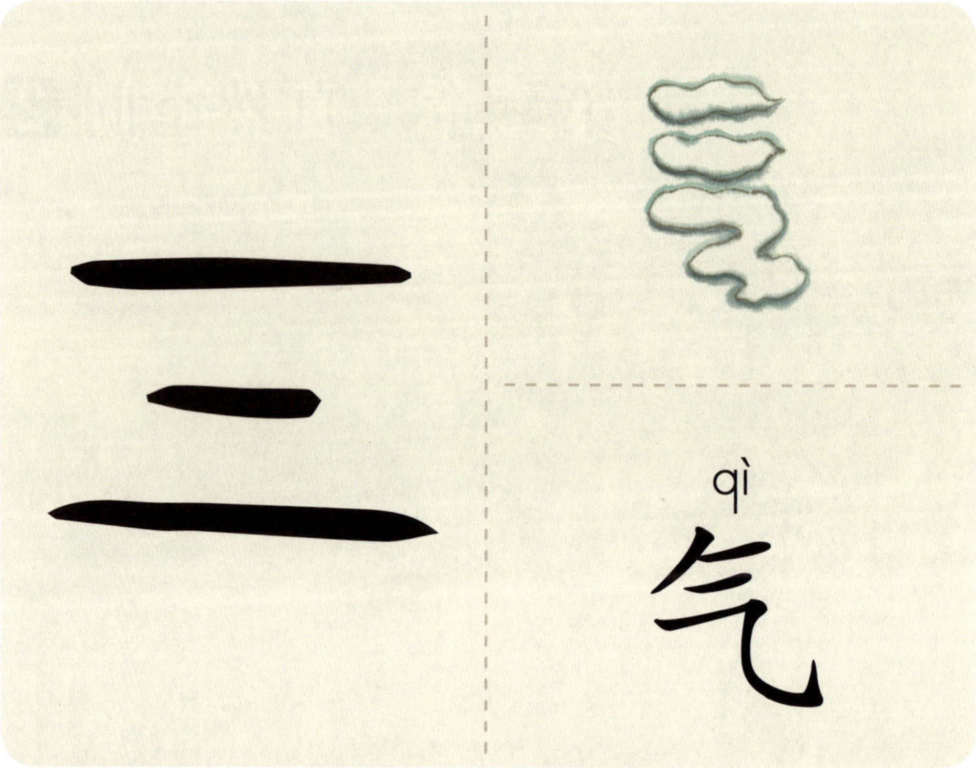

汉字溯源

qì 气

甲骨文 ☰（气）和表示数字的 ☰（三）有什么区别？金文 气（气）和甲骨文 ☰（气）相比有什么变化？

气 [氣]，象形字，甲骨文字形 ☰，像云层的形状。本义是云气，引申为气体。到了金文时代，为了和表示数字的"三"区别，就写成 气，现代楷书简化字"气"，用的就是金文的字形。

同源字 在古代，字义相通（或相同），声音相近（或相通转）的字称为同源字。例如，"气"和"云"同源。

甲骨文 ▶ 金文 ▶ 小篆 ▶ 隶书 ▶ 楷书

常用词语　气流　气象万千　一团和气
　　　　　　生气　一鼓作气　神气十足

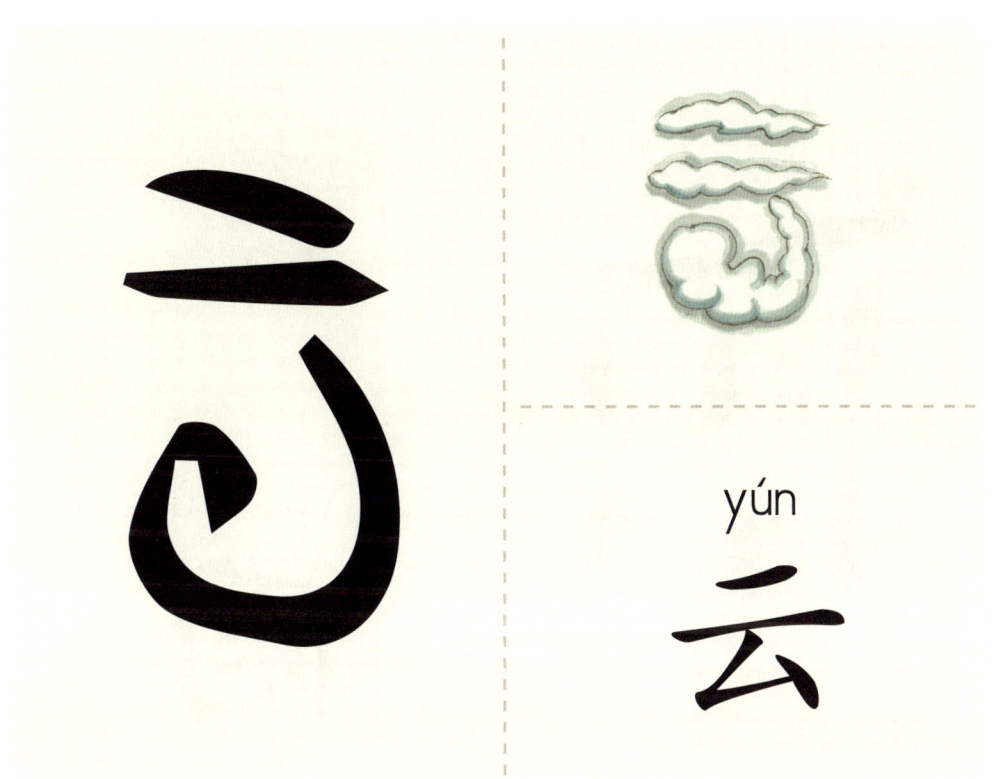

yún

云

云［雲］，象形字。甲骨文字形，像云朵，本义是云彩。云层厚了，就会降雨，因此篆文就在"云"字上面加了个"雨"字，变成了会意字䨺。现代汉字简化为"云"，去掉了上面的"雨"字，字形又向甲骨文的形态回归。"云"在古文中借用为"曰"，意思是"说"。

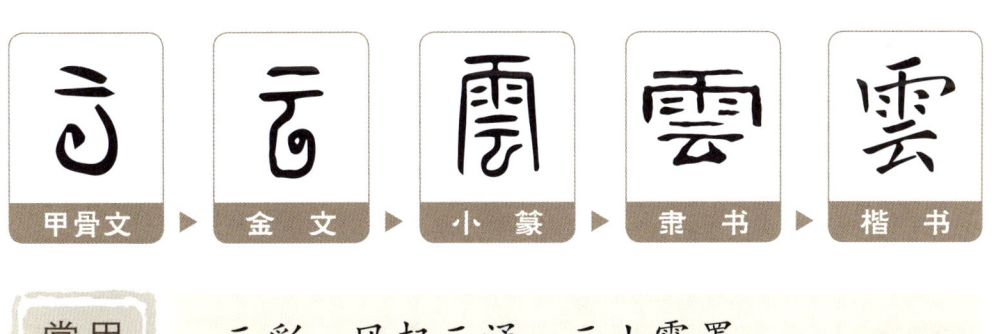

| 甲骨文 | 金文 | 小篆 | 隶书 | 楷书 |

常用词语

云彩　风起云涌　云山雾罩
云梯　不知所云　人云亦云

汉字溯源

yǔ, yù

雨

雨，象形字。甲骨文字形 ⻗，像水滴从天空降落的样子。本义是指雨水。又读 yù，指下（雨、雪等），如古人说"天雨yù雪"，就是天下雪的意思。

甲骨文	金文	小篆	隶书	楷书
⻗	雨	雨	雨	雨

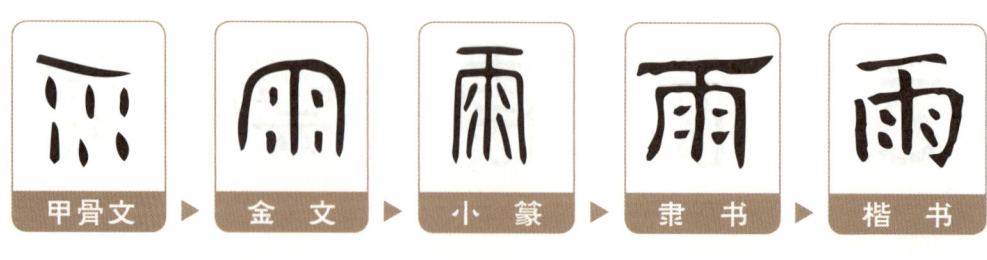

常用词语：下雨　牛毛细雨　春风化雨　雨雪　风调雨顺　呼风唤雨

diàn

电

电［電］，甲骨文 ᘯ 是象形字，像闪电，本义是闪电。金文 electric 是会意字，在"电"字上面加了"雨"字，表示和雷雨同时出现的闪电。现代汉字简化，去掉了上面的"雨"字，简化为"电"，字形又回归了甲骨文的形态。

| 甲骨文 | 金文 | 小篆 | 隶书 | 楷书 |

常用词语　　闪电　雷电交加　电闪雷鸣
　　　　　　电灯　目光如电　电光石火

huǒ
火

火，象形字。甲骨文字形，像火焰的形状，本义是火，引申为火把、灯火。"火"又是星宿名，《诗经》上说"七月流火，九月授衣"，这里的"火"指的就是大火星，每年农历六月出现在正南方，位置最高，七月后逐渐偏西下沉，所以称为"流火"。

甲骨文	金文	小篆	隶书	楷书

常用词语：火焰　十万火急　火眼金睛　灯火　火烧眉毛　星火燎原

《说文解字·序》中说:"仓颉(jié)之初作书也,盖依类象形,故谓之文。"意思是:仓颉初造文字,是按照事物的种类画出形体,所以叫"文"。"文"的本义是花纹。最早的汉字是象形的独体字,就像是描绘事物的花纹,所以叫"文"。本章的一组字突出地体现了这个特点:

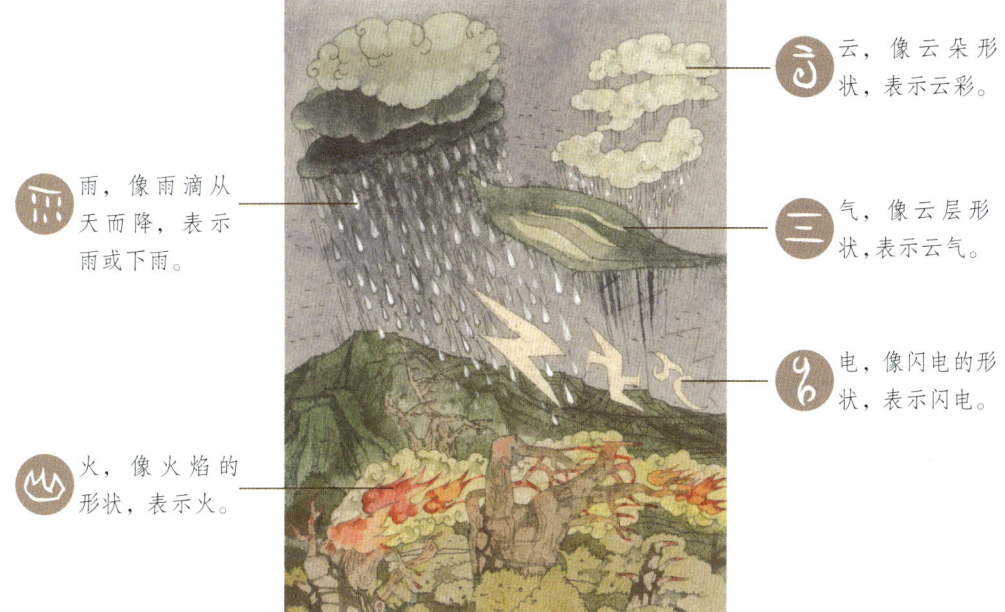

云,像云朵形状,表示云彩。

气,像云层形状,表示云气。

雨,像雨滴从天而降,表示雨或下雨。

电,像闪电的形状,表示闪电。

火,像火焰的形状,表示火。

《说文解字·序》又说:"文者,物象之本;字者,言孳乳而浸多也。"意思是:独体字是物象的根本,合体字是由独体字衍生出来增加文字数量的。"独体为文,合体为字。"现在,就让我们看看古人是怎样用"火"来造合体字的:

(炎)是"火"上加"火",表示火苗升腾,引申为酷热。《水浒传》"智取生辰纲"那一段中,白日鼠白胜唱过一首歌谣:"赤日炎炎似火烧,野田禾稻半枯焦。农夫心内如汤煮,公子王孙把扇摇。"这里的"炎炎"就是酷热的意思。

(焱yàn)是三个"火",表示火花,火焰。古诗"隔岸火焱三四点,不知谁照夜滩鱼"■刘俊tán《横山》一句中的"焱"就是火焰的意思。

字源绘 汉字本来的样子 壹

汉字导图

电
- 淹 水淹
- 俺 俺们
- 掩 掩盖

雨
- 雪 雪花
- 雷 雷电
- 露 露水
- 雹 冰雹
- 零 零件
- 霉 发霉
- 雾 雾气

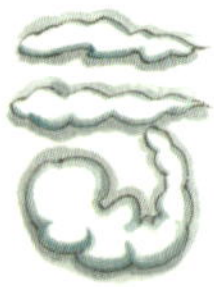

云
- 运 好运
- 尝 品尝
- 层 云层
- 偿 偿还
- 会 开会

气
- 汽 汽车
- 氛 气氛
- 氧 氧气

火
- 炎 炎热
- 灵 机灵
- 烟 烟火
- 灰 灰尘
- 伙 伙伴
- 秋 秋天
- 灿 灿烂
- 灾 灾区
- 炊 炊烟
- 灶 灶台
- 炮 炮火

气 云 雨 电 火

16

神话 仓颉造字

传说，文字始祖是仓颉，他是远古时代轩辕黄帝的史官。他眉骨突起似龙，长着四只眼睛，目光炯炯，天生睿智，有写字的天赋。他推究天地的变化规律，仰观魁星圆转曲折的形势，俯察龟甲的花纹、飞鸟的羽毛、山川的形貌、人的指掌纹理，依照其形象首创了文字。上天震惊，落下粮食，鬼魂夜哭，苍龙潜藏。

■ 据《淮南子·本经训》《春秋元命苞》《大明一统志·人物上古》

在文字产生之前，人类结绳记事。即用不同粗细的绳子，在上面结成不同的绳结，绳结的距离、大小以及绳子粗细不同，表示不同的意思。结绳记事由酋长或巫师专人负责，按一定规则记录，代代相传，把本部落的风俗、传说、重大事件记录下来，流传下去。文字的发明取代了结绳记事的原始方式，仓颉被尊为"文祖"。

学者普遍认为汉字并不是由某一个人创造的，仓颉可能是当时汉字的整理者。

汉字之初：甲骨文

前面介绍了汉字的造字传说，下面我们来看看已经发现的最早的汉字——甲骨文。

甲骨文是商朝晚期（约公元前1300年）契刻或笔写在龟甲或兽骨上的文字，距今大约3400年，是目前我们能见到的最早的成熟汉字。甲骨文在河南安阳小屯村一带出土，这里曾是商代晚期的都城，称为"殷"。商朝灭亡，都城成了废墟，所以叫"殷墟"，甲骨文因此又称"殷墟文字"。殷人敬奉鬼神，重视占卜，凡战争、狩猎、疾病、农事以及日常生活等都要占卜，甲骨文的内容大多是王室占卜之辞，因此又叫"卜辞"。甲骨文大多用刀刻在龟甲或兽骨上，所以刀笔味浓，线条瘦劲，笔画多用方折，风格古朴，对后代篆刻产生了深远影响。

那么，甲骨文都是用刀刻的文字吗？考古已经发现了用笔墨书写在兽骨上的文字，因为年代久远，笔墨字迹被土掩埋，难以留存，所以特别少见。

从1899年甲骨文发现至今，在河南安阳殷墟出土的甲骨已超过154600块。在河南、陕西其他地区也有甲骨文出现。2017年11月24日，甲骨文入选《世界记忆名录》。

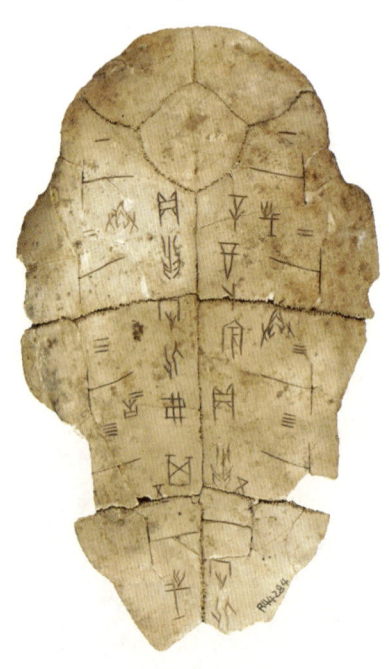

刻有文字的甲骨

火神祝融

三皇五帝之时，帝喾kù高辛氏手下有个叫重黎zhòng lí的人，是掌管火的火正官，有大功，能用火光照耀天下，于是帝喾命名他叫"祝融"。祝融还发明了击石取火以及火攻战法，被后人尊为"火神"。

火神为什么叫"祝融"呢？"祝"的甲骨文字形 或 ，像一个人跪着或对着神主祭台祷告，表示祝愿；"融"的金文字形 像炊具 （鬲）的两边有炊气升起，表示暖气上升。"祝融"的意思是希望重黎永远用火光照耀大地，给百姓带来光明和温暖。祝融死后，葬在南岳衡山舜庙的南峰，也就是现在的祝融峰下。祝融既被尊为"火神"，又被尊为"灶神"。

神话中的祝融人面兽身，乘坐两条龙。 ■据《史记·楚世家》《山海经·海外南经》

古雅的云纹

　　表示自然现象的古文字都是对自然现象的形象描绘，这些象形文字就像图画一样。其实，在文字出现之前，人们就是用图画来记录事情的，叫文字画。可见文字与图画有着天然的联系，具有直观的美感，反映出古人对大自然的崇拜和赞美。例如云的甲骨文 ☁ 和金文 ☁ 描摹的就是云彩花纹。早在远古时代，"流云纹""云气纹"等模仿云彩的花纹就出现在各种器具、服饰上，成为古代中国的吉祥图案，象征高升和如意。下面是不同历史时期器物上的云彩花纹。

新石器时代·红山文化玉镂雕勾云形佩
规格：高 6.4cm　长 13.7cm　厚 0.75cm
馆藏：故宫博物院

战国·嵌绿松石勾连云纹钫 fāng
规格：通高 53.2cm　口径 12.5cm　足径 14.2cm
馆藏：中国国家博物馆

明·黑漆嵌螺钿云龙纹大案
规格：高 87cm　长 197cm　宽 53cm
馆藏：故宫博物院

第三章　自然空间 ③

"山重水复疑无路，柳暗花明又一村。"■陆游《游山西村》古代村庄坐落在大自然中，正像古诗中所描写的那样，古人的生活和自然山水密切相关，表示山水的文字就像有趣的山水画。

汉字溯源

土 tǔ

土，象形字。甲骨文字形下边的 ━ 表示地面，上边的 ◊ 表示土堆，本义是土壤；又是"社"的初文，指土地神，又指祭祀土地神的地方。

春社 自宋代起，把立春后第五个戊日作为春社日，拜祭土神和谷神，祈求丰收。

甲骨文 ▸ 金文 ▸ 小篆 ▸ 隶书 ▸ 楷书

常用词语

土壤　土生土长　积土成山
国土　土崩瓦解　土洋并举

qiū

丘

 丘，象形字。甲骨文字形像两个山丘的形状，本义指小土山。因为坟墓的形状像丘，又特指坟墓。

| 甲骨文 | 金文 | 小篆 | 隶书 | 楷书 |

常用词语　山丘　重若丘山　一丘之貉
　　　　　丘陵　丘壑纵横　胸有丘壑

shān 山

山，象形字。甲骨文字形像许多山峰耸立的样子，本义是山峰，引申为像山形的东西，例如：房山、山墙。

甲骨文	金文	小篆	隶书	楷书

常用词语：山丘　山高水长　山清水秀　山峰　寿比南山　稳如泰山

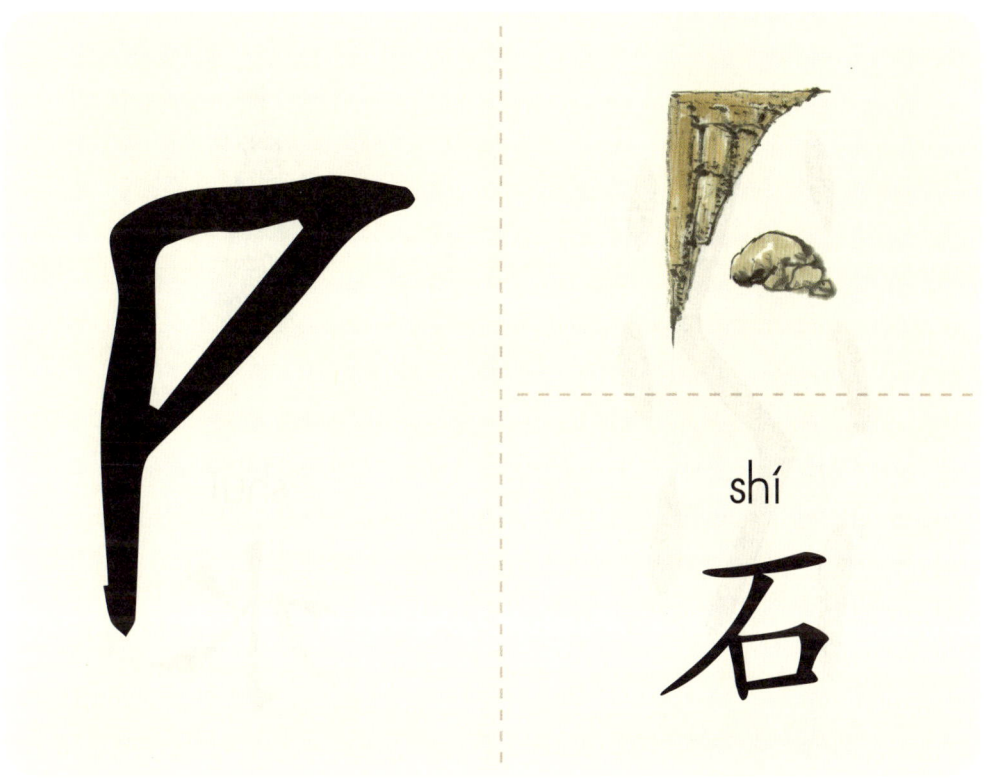

shí

石

石，象形字。甲骨文字形像悬崖的形状；后来加装饰符号 ᗞ，成为 ᾝ 或 ᾝ，像悬崖下有石块，本义是岩石。古代特指治病用的石针。

石 厂 "石"和"厂"（本义是悬崖）本来是一个字，字形都是 ᗞ，后来分化成两个字，用 ᾝ 表示"石"，用 ᗞ 表示"厂"。

甲骨文 ▶ 金文 ▶ 小篆 ▶ 隶书 ▶ 楷书

| 常用词语 | 岩石　飞沙走石　点石成金
药石　石沉大海　投石问路 |

第三章 自然空间 ❸

汉字溯源

土 丘 山 石 水 川 州 永

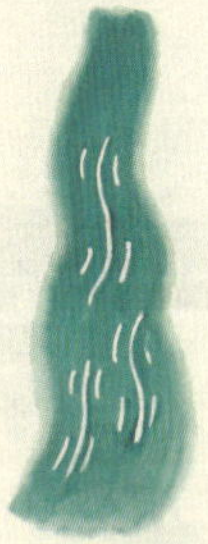

shuǐ
水

水，象形字。甲骨文字形像一条弯曲的水流，本义是河流。引申为江河湖海的总称；特指洪水、水灾。

水 江 河 在古代汉语中，"水"泛指江河，"江"专指长江，"河"专指黄河。

甲骨文	金文	小篆	隶书	楷书

常用词语　水流　水落石出　水滴石穿
　　　　　　河流　落花流水　车水马龙

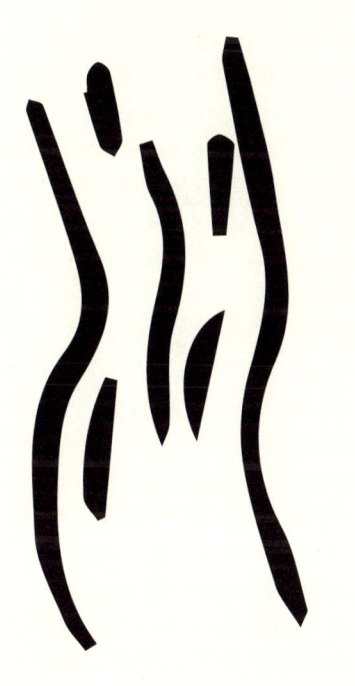

chuān

川

川，象形字。甲骨文字形像两岸中间的流水，本义是河流。引申为山原之间平坦的陆地。

 甲骨文 ▶ 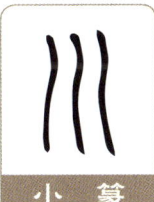 金文 ▶  小篆 ▶ 隶书 ▶  楷书

| 常用词语 | 川水　名山大川　川流不息
山川　海纳百川　虎落平川 |

zhōu
州

州，象形字。甲骨文字形像水中有一块陆地，本义是水中的陆地，后来写作"洲"，"州"是"洲"的初文。引申为划分的地理区域州县的"州"。

初文 后起字 同一个字，最初的写法叫"初文"，一般是独体字，后来的不同写法叫"后起字"。例如"州"是"洲"的初文，"洲"是"州"的后起字。

甲骨文 ▶ 金文 ▶ 小篆 ▶ 隶书 ▶ 楷书

常用词语：广州　州如斗大　九州四海
苏州　只许州官放火，不许百姓点灯

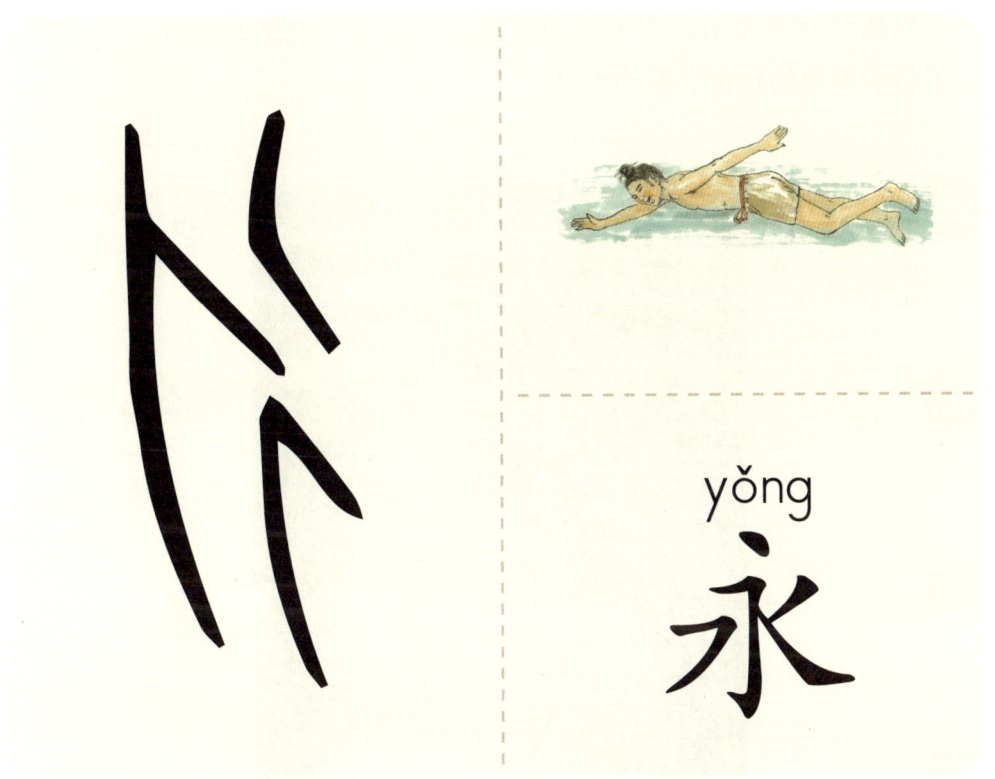

yǒng

永，象形字。甲骨文字形，像人在水中游泳的样子，是"泳"的初文。引申为水流长，又引申为时间久远、永远。

甲骨文 ▶ 金文 ▶ 小篆 ▶ 隶书 ▶ 楷书

常用词语	永久　永无止境　永不磨灭 永远　永垂青史　永志不忘

第三章　自然空间 ❸

汉字溯源

土 丘 山 石 水 川 州 永

29

本章是一组表示自然山水的独体字，这些字就像山水简笔画，既突出了山水形象的特征，富有情趣。

山，比"丘"多了一座山，像许多山峰耸立，表示山峰。

水，像一条弯曲的水流，表示河流。

石，像悬崖，又写成，像悬崖下有石块，表示岩石。

永，像人在水中游泳，表示游泳，是"泳"的初文。

丘，像两个山丘，表示小土山。

川，比"水"多了两岸，像两岸中间的流水，也表示河流。

州，比"川"多了一块陆地，表示陆地，是"洲"的初文。

土，像地面上有一堆土，表示土壤。

假如让我们尝试着用上面的独体字来造字，设想一下，如果要表示高山该怎么办？

把 和 叠加起来，就是这个样子： ，这就是古文字中的"岳"字，本义是高山。用两个及两个以上的独体字，根据各自的含义组成一个新字，这种造字法叫会意。

还有一种简单又高效的造字法，用两个独体字或合体字组成一个新字，其中一个表示字义，叫形符；另一个表示字音，叫声符，这种造字法叫形声。下面我们看看用这种方法来造的字：用 和 来造字——用 表示字义，用 表示读音，这个字就是汕头市的"汕"（ ）字。用这种方法可以造出很多字。例如用"水"做形符的字：江河湖泊，波涛汹涌，潮汐涨落。

金文大器：毛公鼎

  金文是铸造在商朝末期与周朝青铜器上的铭文。青铜礼器以鼎为代表，乐器以钟为代表，因此金文也叫钟鼎文。金文铸造在青铜礼器上，因此字形圆浑丰润，风格庄严典雅，精致美观。金文应用的年代，从商朝末期到秦灭六国，大约历经800年。

  金文青铜器的代表作是毛公鼎，铭文近500字，在目前所能见到的青铜器中，它的铭文最长。铭文的大意是：周宣王即位之初，急于振兴朝政，于是请他的叔父毛公为他治理国家内外的大小政务，并命令他勤公无私，最后颁布命令厚重地赏赐他。毛公因此铸鼎，传示子孙，希望永世流传，铭记和珍重祖先的功德和荣耀。

西周·毛公鼎
规格：高53.8cm　腹深27.2cm　口径47cm　重34.7kg
馆藏：中国台北故宫博物院

诗意画山水

北宋·范宽·溪山行旅图
规格：纵206.3cm 横103.3cm
馆藏：中国台北故宫博物院

古代诗歌、书法、绘画三位一体。山水画是以描绘山川自然景色为主体的一种中国画。在古代，有山水画，还有田园诗。山水画讲究诗意，所以有诗情画意的说法。在中国传统文化中，绘画和诗歌有着天然联系，诗中有画，画中有诗。

这幅《溪山行旅图》是古代山水画的代表作之一。

画面主体是巍峨的高山，气势雄伟。山顶树木丛生，山谷深处有瀑布，远远望去，就像一条线，飞流直下。近看，山下巨石突兀，林木苍翠，溪水奔流。画面右下角，山阴道中，走来一队驮着货物的骡马商旅，为幽静的山林增添了生气。

第三章 自然空间 ❸

汉字驿站

土丘山石水川州永

金文时代的《诗经》

我国最早的诗歌总集是《诗经》,《诗经》中的诗篇当初就是用金文字体记录下来的。《诗经》收集了从西周初年至春秋中期(公元前11世纪至公元前6世纪)500多年的诗歌305篇,反映了当时的社会面貌和风土人情。

《诗经》一般用每篇开头的两个字做题目,如第一篇叫《关雎》,是一首爱情民歌,开篇两句为:

关关雎鸠,在河之州(洲)。窈窕淑女,君子好逑。

《诗经》成集的时代恰好是汉字从甲骨文演变到金文的时代,"河"写作 ⿰氵可,不是指一般的河流,而是专指黄河,"江"写作 ⿰氵工 或 ⿰工氵,也不是指一般的江河,而是专指长江;"州"写作 ⼮,表示水中陆地,后来写成"洲"。诗中的"河"和"州"用的都是这两个字的本义。

理解了这两个字的本义,就能准确理解诗歌的大意了。这几句的意思是:关关和(hè)鸣的雎鸠鸟,相伴在黄河中的小洲。美丽贤淑的女子,是君子贤惠的配偶。诗歌的结尾是:"窈窕淑女,钟鼓乐之。"相伴和鸣的关雎,引起了多情的小伙子对淑女的思念,他要敲起钟鼓让她开心。这首浪漫的爱情歌谣穿越了三千年的时空,流传到了今天。

神话 女娲补天

远古时，东西南北四根擎天柱倾倒，九州大地开裂，天不能覆盖大地，大地无法承载万物。大火蔓延不灭，洪水泛滥不止。猛兽捕食善良的百姓，猛禽抓取老人小孩儿。在这种情况下，女娲wā冶yě炼五色石来修补苍天，砍断巨鳌áo的脚来做擎天柱撑起四方，杀死黑龙来拯救冀州，堆积芦灰止住了泛滥的洪水。

■据《列子·汤问》《淮南子·览冥训》

第三章 自然空间 ❸

汉字驿站

土丘山石水川州永

神话 共工触山

女娲补天之后，共工与颛zhuān顼xū争夺帝位。共工被颛顼打败后大怒，用头撞击不周山。于是支撑天的柱子折了，系挂地的绳子断了。天向西北方向倾斜，所以太阳、月亮、星星都朝西北方移动；地向东南角陷塌，所以江河泥沙朝东南方向流去。

■ 据《列子·汤问》《淮南子·天文训》

共工是神话中的水神。这个神话反映了远古部族间的斗争，同时按照远古时代的宇宙学说"盖天说"_{天圆如张盖，地方如棋局}解释了"日月星辰都朝西北方移动""江河泥沙朝东南方向流去"的自然现象。

dōng 东

东［東］，象形字。甲骨文字形横过来看，像用绳索扎住两头的橐 tuó 一种无底口袋，本义是橐，是"橐"的初文。后来借用表示方向，现在简化为"东"。

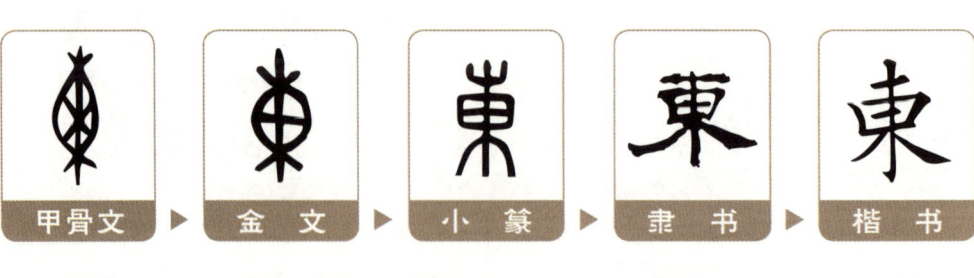

| 甲骨文 | 金文 | 小篆 | 隶书 | 楷书 |

常用词语：东方　东奔西跑　东张西望　声东击西
东西　东郭先生　东施效颦　东山再起

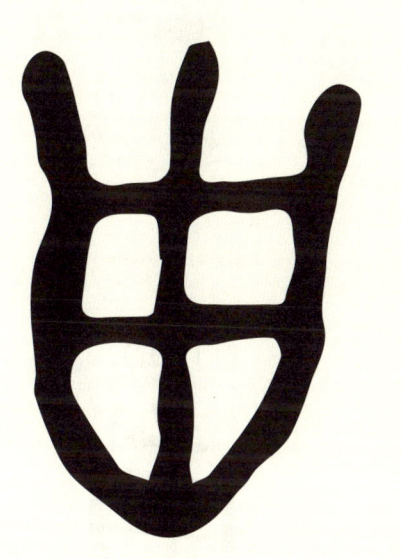

xī

西

西，象形字。甲骨文字形像鸟巢；篆文在上面加了一个简化的鸟形 ㄅ，表示鸟在巢上。"西"的本义是鸟类栖息，后来被借用表示方向，于是又在"西"的左边加上"木"字旁，写成"栖"，表示栖息，"西"是"栖"的初文。

甲骨文	金文	小篆	隶书	楷书

常用词语　西方　西风落叶　东倒西歪　学贯中西
　　　　　西藏　夕阳西下　日薄西山　拆东补西

南

nán

南，象形字。甲骨文字形 ᾰ 或 ᾰ，表示钟镈bó之类的乐器，后来借用表示方向。

甲骨文	金文	小篆	隶书	楷书

常用词语	南方　天南地北　南腔北调　南来北往
	南瓜　寿比南山　南郭先生　南辕北辙

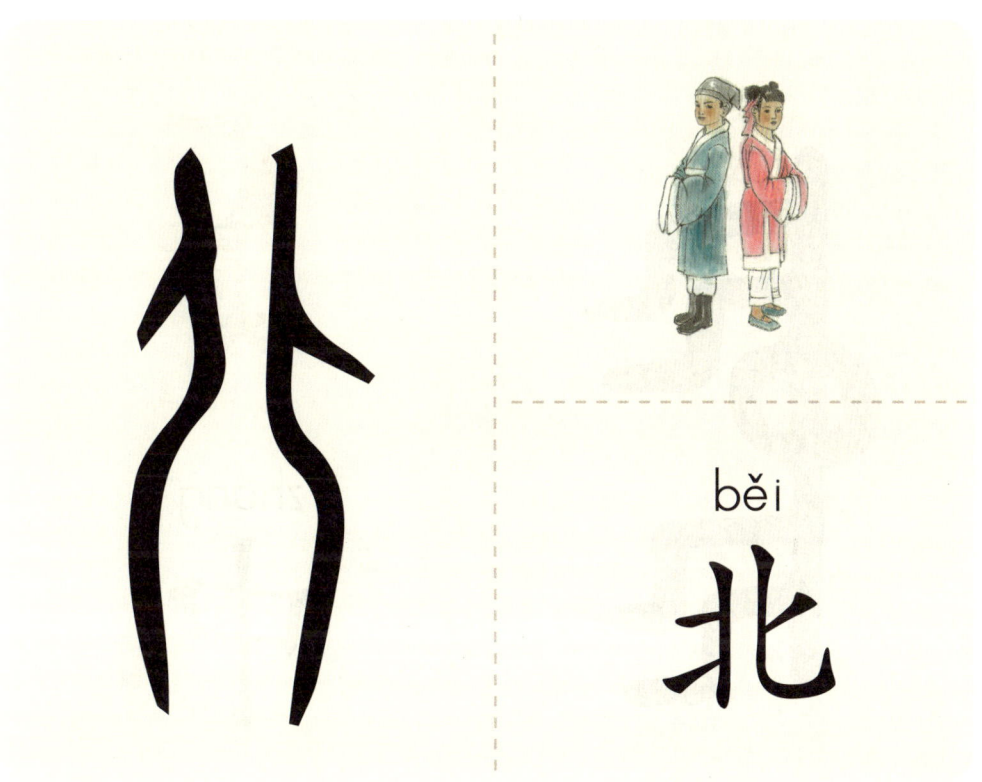

běi

北

北，会意字。甲骨文字形 ⿰ 或 ⿰，像两人相背，本义是背离、违背。引申为打败仗，转身逃跑，叫"败北"；后来借用表示方向；又在"北"的下面加上"月"肉，表示本义，"北"是"背"的初文。

会意字 用两个或两个以上的独体字，根据各自的字义组合成一个新字，由组合字合并表达这个新字的意思。会意是汉字"六书"之一。

甲骨文 ▶ 金文 ▶ 小篆 ▶ 隶书 ▶ 楷书

| 常用词语 | 北方　坐北朝南　泰山北斗
北国　天南海北　连战皆北 |

第四章 自然空间 ④

汉字溯源

东西南北中

41

中 zhōng

中，象形字。甲骨文字形像上下带有旗旒（liú）的建鼓，本义是建鼓。建鼓是一种用柱子贯穿鼓身的大鼓，树立在旷地中央。"中"最初是氏族社会的徽（huī）旗。古代召集众人，先在旷地立"中"，族人望见，便从四方聚集而来，因此引申为中央、中间。

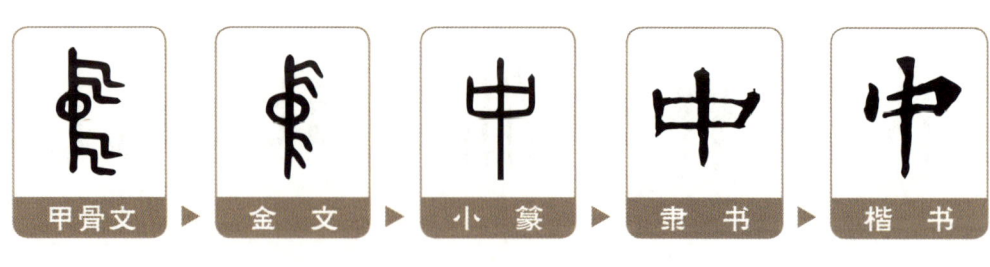

| 甲骨文 | 金文 | 小篆 | 隶书 | 楷书 |

常用词语：中央　古今中外　目中无人　中国　无中生有　一语中的

虽然"东、南、西、北、中"五个字最初都有各自意义，但早在甲骨文时代就已被借用来表示方向了。

中，本义是建鼓。

西，像鸟巢，本义是鸟类栖息。

南，像青铜乐器，本义是钟镈之类的乐器。

北，像两人相背，本义是背离、违背。

东，横过来看，像用绳索扎住两头的无底口袋，是"橐"的初文。

"东、西、南、中"是象形字，直观地描摹事物的形象。一般情况下，象形字表示的就是形象本身的意思，但"西"字有点特殊，用鸟巢表示鸟儿栖息，这就有点儿意会的味道了，但它仍不是会意字，因为会意字是合体字。小篆的字形就在它上面加了一个简笔的鸟形 ，变成 ，表示鸟在巢上。

"北"是会意字，从字形来看，像两个人背对背，方向是相反的；也可以理解为是同一个人，转身朝向相反的方向。这两种字形解释都可以表示"背离、违背"的本义；而后一种解释就顺理成章地引申为打败仗，转身逃跑了。用"北"作偏旁的字很少，现代常用字有"乖"（形声字兼会意字），大篆写作 ，小篆写作 ，丫guǎi是声符兼形符，像有分叉的羊角，本义是羊角； 作形符。"乖"既然用"北"作形符，表示的意思必然与"违背"有关了，本义是背离、不协调。

字源绘 汉字本来的样子 壹

汉字导图

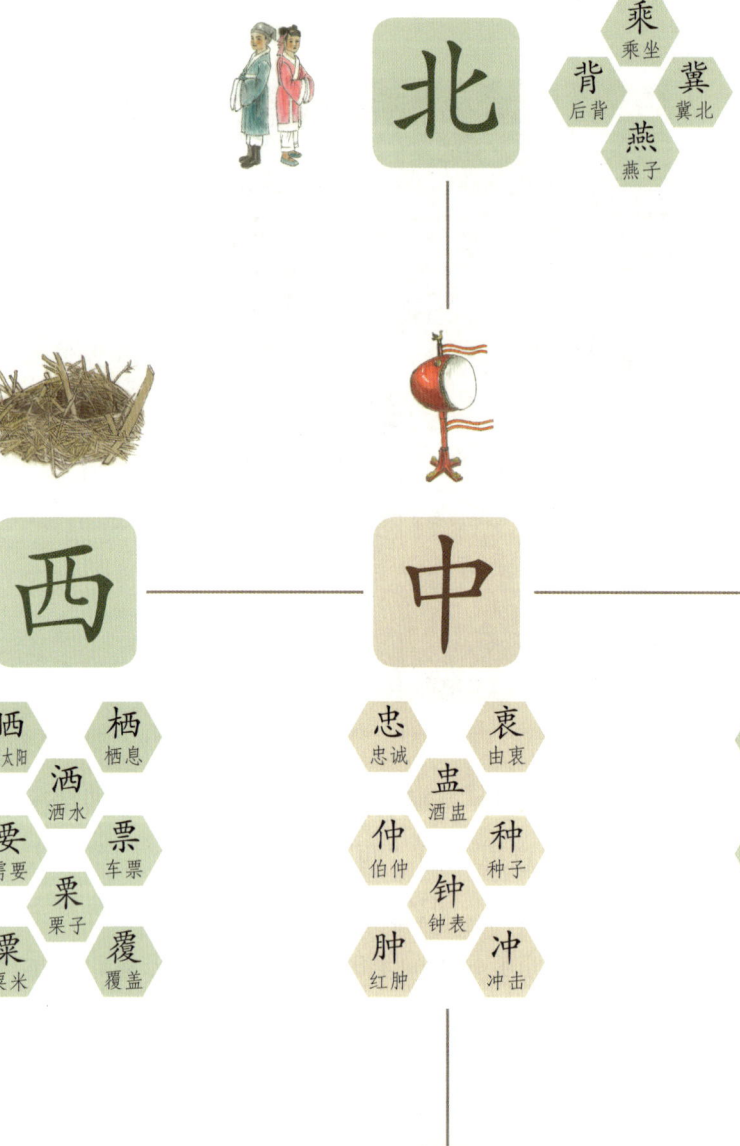

北
乘 乘坐
冀 冀北
背 后背
燕 燕子

西
晒 晒太阳
栖 栖息
洒 洒水
要 需要
票 车票
栗 栗子
粟 粟米
覆 覆盖

中
忠 忠诚
盅 酒盅
仲 伯仲
肿 红肿
衷 由衷
种 种子
钟 钟表
冲 冲击

东
练 练习
冻 冷冻
拣 挑拣
陈 陈旧
栋 栋梁

南
楠 楠木
喃 喃喃
献 贡献

东西南北中

44

漫谈 "四方"和"四象"

古人观察天象，把星辰分成二十八个区域，称为"二十八宿xiǔ"，又把二十八宿分为东西南北四组，称为"四宫"。用四种灵兽代表四方，称为"四象"：东方七宿形状像龙，称为青龙；西方七宿形状像虎，称为白虎；南方七宿像鸟，称为朱雀；北方七宿形状像龟蛇合体，称为玄武。四宫是春、夏、秋、冬四季的中天之星，分别和季节相配，春天配东宫青龙，夏天配南宫朱雀，秋天配西宫白虎，冬天配北宫玄武。和现代地图上北下南不同，古代以南方为上，上南下北，左东右西。通俗的说法：南朱雀、北玄武、左青龙、右白虎。　　■据《三辅黄图·未央宫》

朱雀　白虎　青龙　玄武

漫谈 住址与姓氏：东郭、南郭

古代姓氏来源有多种，以居住地为姓氏是其中之一。《百家姓》中收入一些复姓(由两个汉字组成的姓)："段干百里，东郭南门……梁丘左丘，东门西门。"这里的"东郭""东门"等就是姓氏。古代城邑筑有城墙，叫"城"；在城的外围再加筑一道城墙，叫"郭"。周代齐国公族大夫，居住在国都郭墙之内东、南、西、北方的，有的就以东郭、南郭、西郭、北郭作为姓氏。商汤时贤臣蝡(rú)住在都城南门，人称南门蝡，他的子孙就以南门为姓。还有一种说法，当时有负责开启、关闭都邑南门的管城官，于是他的后代就以南门为姓。姓氏本身显示出住址，这种取姓方式简便实用而又奇特。卿士大夫居住的地方是朝廷或国君封给他的领地，叫采邑，不是临时居住地，而是世代居住在那里。如要拜访"东门某某"，那就到东面的城门去。古代朝廷和各个诸侯国都有都城，都城不同，即使同姓"东郭"或"东门"也不会是一家人。

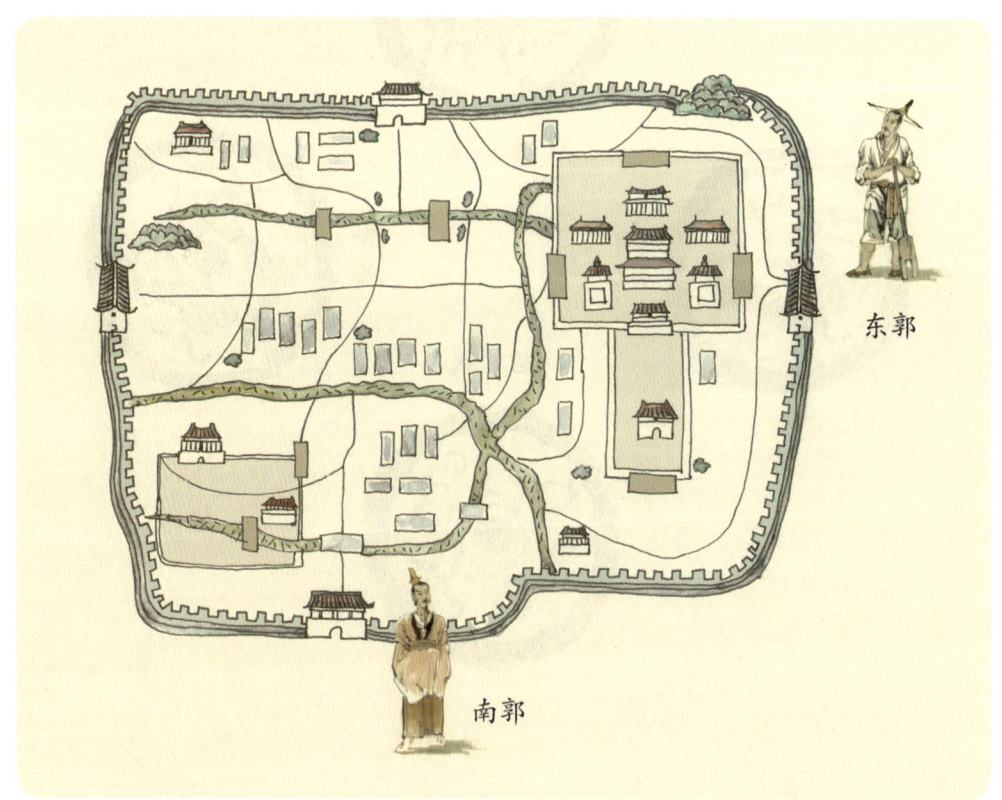

东郭

南郭

典故 东郭先生和狼

春秋时期晋国大夫赵简子在中山打猎,射中一只狼。狼逃跑了,赵简子驱车追赶。这时,东郭先生赶着瘸腿驴,口袋装着书,正要到中山国去谋个官职。狼突然来到他面前求救,东郭先生就把书从口袋里拿出来,把狼装了进去。很快,赵简子就赶到了,没找到狼,大怒,拔剑砍断车辕的前端,喝骂道:"隐瞒不报狼去向的人,和这车辕一个下场!"东郭先生赶紧下跪,说:"狼生性贪婪凶狠,我怎能隐瞒不说呢!"赵简子无话可说,回车上路。

赵简子离开后,东郭先生把狼放了出来,狼咆哮着说:"我很饿,没吃的,最终还得死。你既然是仁慈的人,为什么不让我把你吃掉?"于是张牙舞爪,扑向东郭先生。这时,一位白胡子老人路过,东郭先生求他给评理,狼狡辩道:"他救我的时候,捆绑四肢,把我装进口袋里,我佝偻(gōu lóu 脊背向前弯曲)着身子不敢喘气。这样的人,我不该吃他吗?"老人说:"这难以让人相信。试着再把狼装到口袋里,我看它到底难受不难受。"狼欣然同意。于是,东郭先生又把狼装进口袋。老人使眼色让他拿匕首刺狼,东郭先生说:"这不是把狼害了吗?"老人笑道:"你真是仁慈的人,可惜仁慈到了愚蠢的地步!"说完大笑,东郭先生也笑了。两人手起刀落,一起杀死了狼。

■据明代马中锡《中山狼传》

后来,就用"东郭先生"喻指对恶人讲仁慈的糊涂人;用"中山狼"喻指恩将仇报的恶人。《红楼梦》里对忘恩负义的人物孙绍祖的判词"子系中山狼,得志便猖狂",就来自这个典故。

树旗建鼓

古文字里的"中"指的是建鼓,"建"是竖立的意思。在鼓身直径处凿开一个方孔,用一根柱子贯穿鼓身,竖立起来,因此称"建鼓"。古代氏族社会,有大事召集众人时,有两种信号,一种是竖起旌旗,一种是敲击建鼓。这样一来,甲骨文里就出现了两种字形的"中":旌旗𠂇,和把旌旗和建鼓合二为一的 。旌旗和建鼓都竖立在旷地,群众望旌旗、闻鼓声,从四方聚集而来,竖立旌旗和建鼓的地方就是中央,酋长或贵族就在中央发号施令。

下图是湖北省荆州市凤凰山汉墓出土的建鼓画像石,画面中刻有一个建鼓,两边各有一人击鼓,鼓上有羽葆华盖,建鼓后还各有一人摇拨浪鼓、吹奏排箫,生动形象地展示了当时的社会风情。

汉·建鼓画像石
出土:湖北省荆州市凤凰山汉墓

第五章　自然空间 5

　　古文字最初都是象形文字，但有些事物是抽象的，无形可象，如：上、下、左、右等。聪明的先人们还是想办法造字来形象地表示这些抽象的事物。古人是怎样做到这一点的呢？让我们来看一组和位置有关的汉字。

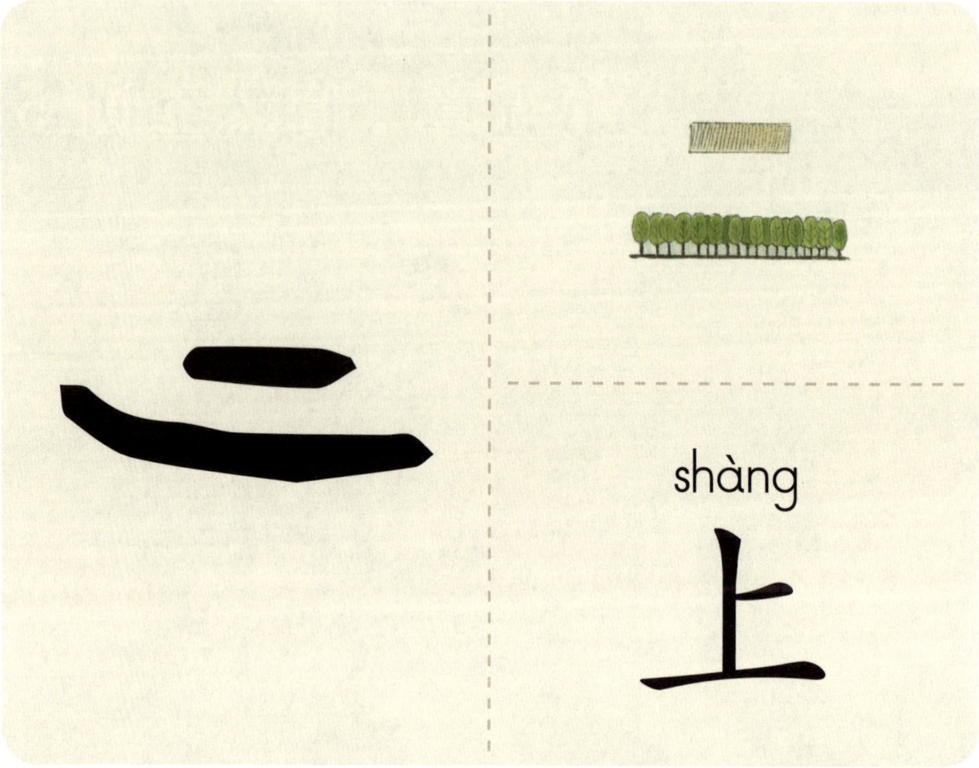

上 shàng

上，指事字。甲骨文字形下面的长笔画表示位置的界限，上面的短笔画表示位于界限之上，本义是上面，与"下"相对。引申为高处。

指事字 指由象征性的符号构成的字。指事是汉字"六书"之一。

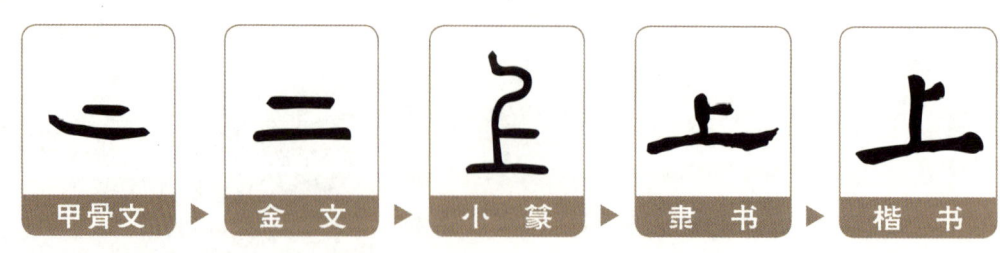
甲骨文 ▶ 金文 ▶ 小篆 ▶ 隶书 ▶ 楷书

常用词语：上面　七上八下　高高在上　早上　成千上万　一拥而上

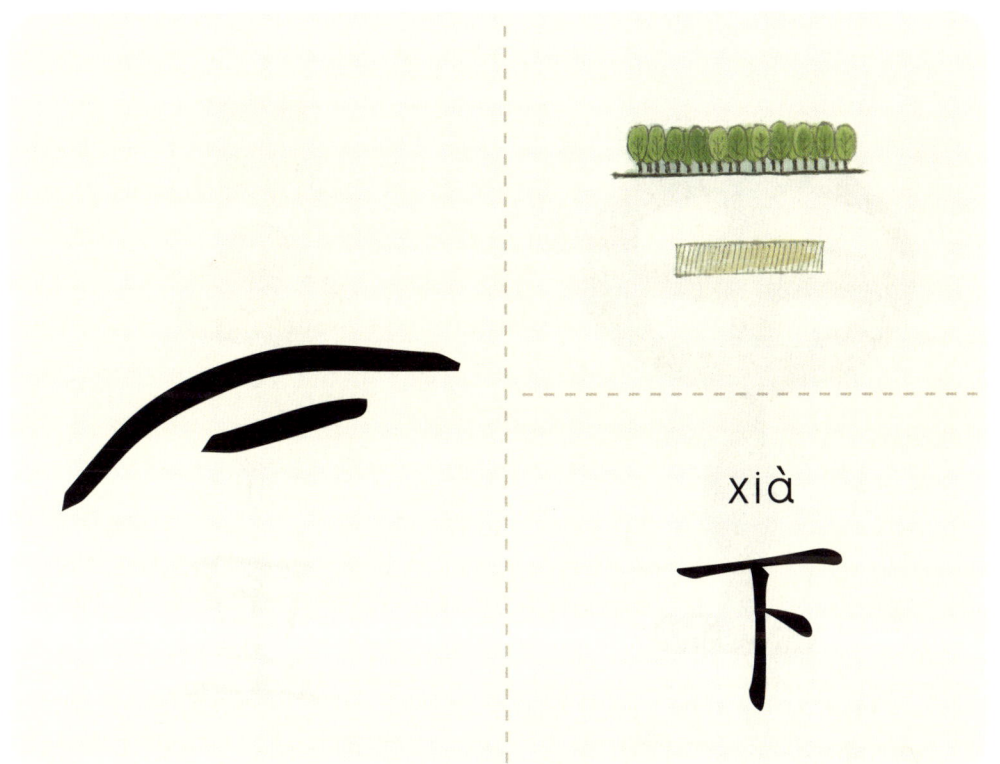

xià

下

下，指事字。甲骨文字形和 ☰（上）字形相反，短画在长画之下，本义是下面、底部，与"上"相对。

| 甲骨文 | 金文 | 小篆 | 隶书 | 楷书 |

| 常用词语 | 下面　天下太平　居高临下 |
| | 乡下　江河日下　不耻下问 |

里，会意字。金文字形由 田（田）和 土（土）构成。有了田地种庄稼，就可以定居了，本义是定居的地方。现在用来做"裏"的简化字，表示里外的里。

金文	小篆	隶书	楷书
里	里	里	里

常用词语

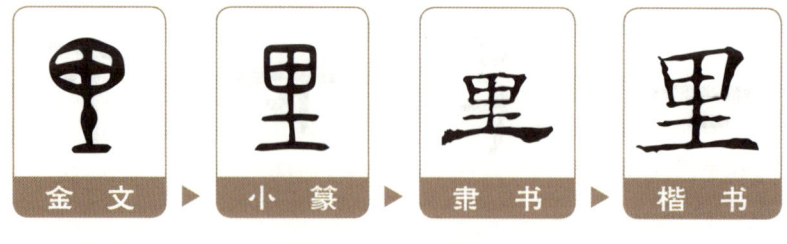

邻里　乡里乡亲　左邻右里
里面　雾里看花　一日千里

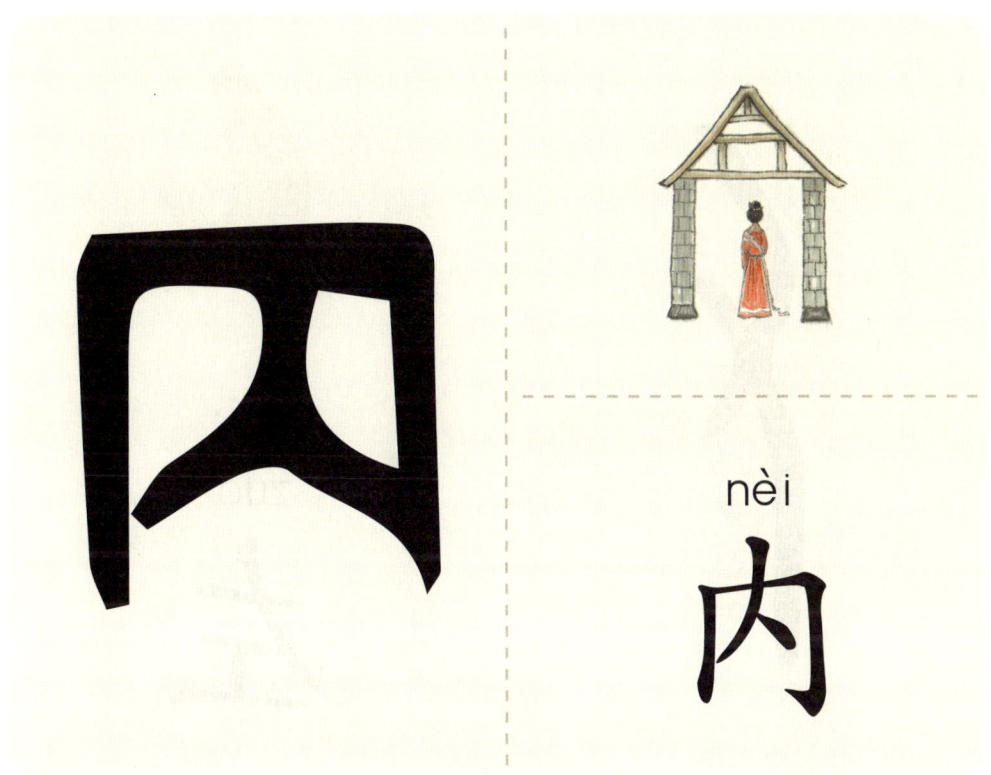

nèi

内

内，会意字。甲骨文字形和金文字形，都像人走进房子里面的样子。本义是从外面进到里面，表示动作；引申表示内外的"内"，表示位置。

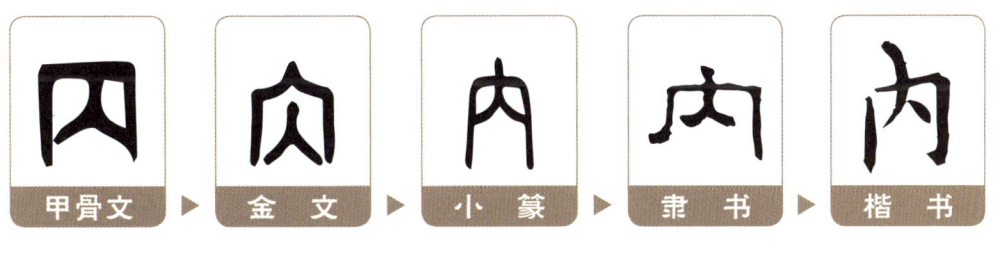

| 甲骨文 | 金文 | 小篆 | 隶书 | 楷书 |

| 常用词语 | 内外　外圆内方　四海之内皆兄弟
内向　外柔内刚　十步之内，必有芳草 |

第五章　自然空间 ❺

汉字溯源

上下里内左右后

53

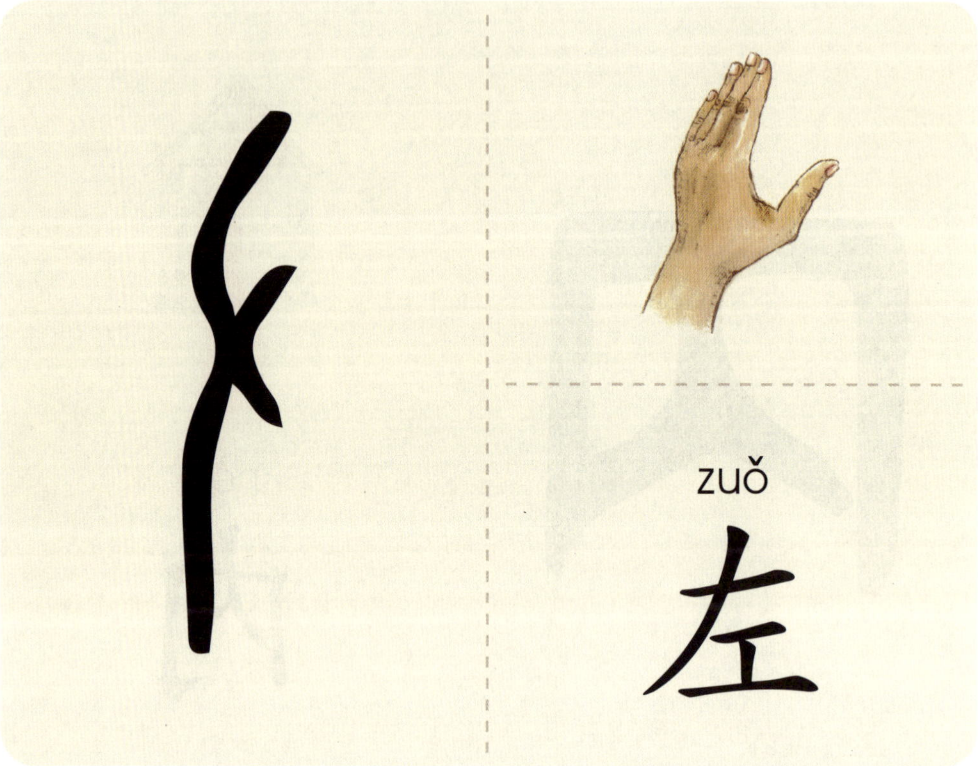

zuǒ
左

左，象形字。甲骨文字形像人的左手，本义是左手，用左手表示左边。金文在下面加区别符号工，表示辅佐，这个意思后来写作"佐"，"左"是"佐"的初文。

甲骨文	金文	小篆	隶书	楷书

常用词语

左手　左右逢源　意见相左
左边　左思右想　左道旁门

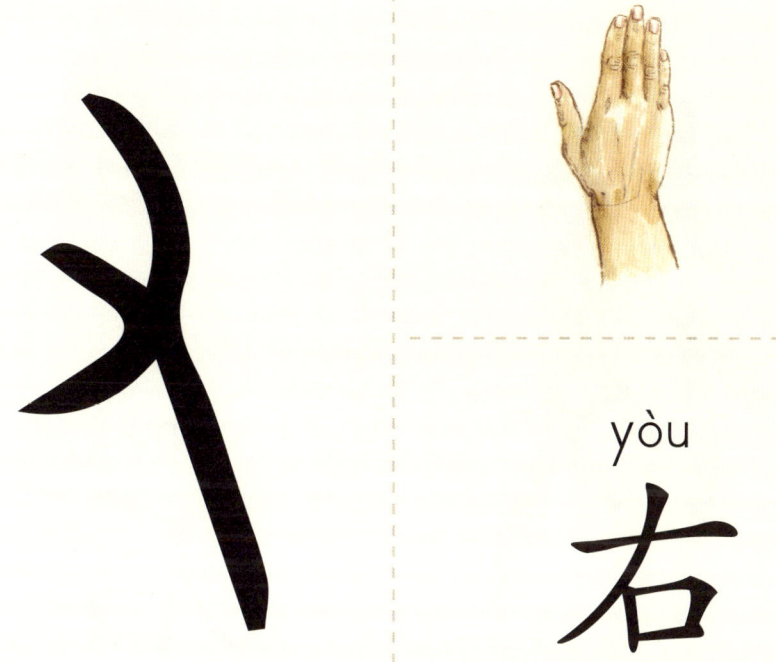

yòu

右

右，象形字。甲骨文字形像人的右手，和"左"相对，本义是右手，用右手表示右边。金文在下方加区别符号 ▽，表示辅助，这个意思后来写作"佑"，"右"是"佑"的初文。

反(倒)正无别 甲骨文和金文通常有"反正无别"或"倒正无别"的现象，这是辨识金文和甲骨文字形的一条规律。如"人"写作 ⺁ 或 ⺈，这是反正无别；东[東]，写作 🜨 或 🜚，这是倒正无别。但并不是所有的字都适用这一规律，例如左（ナ）和右（又），就反正有别了。汉字发展到小篆阶段，字形基本定型，就反正或倒正有别了。

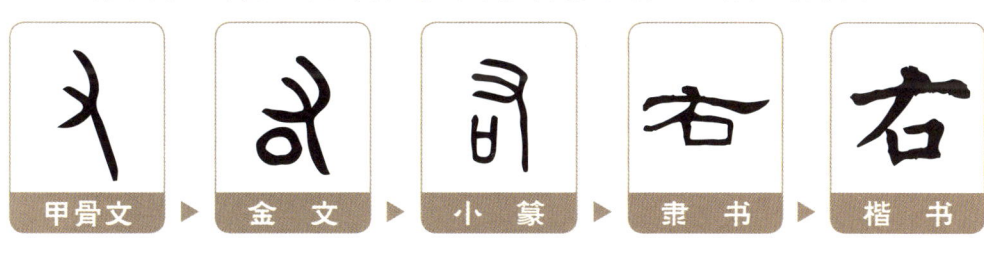

甲骨文 ▶ 金文 ▶ 小篆 ▶ 隶书 ▶ 楷书

常用词语	右手　左膀右臂　左右开弓
	右边　无出其右　左邻右舍

第五章 自然空间 ⑤

汉字溯源

上下里内左右后

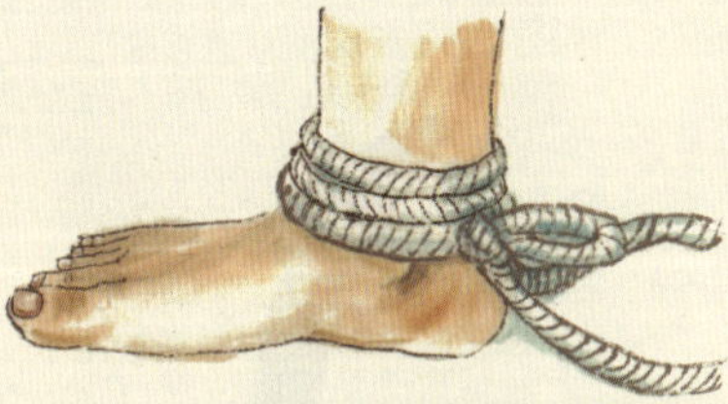

後 hòu 后

后［後］，会意字。甲骨文和金文字形由三部分组成：彳表示道路，⼋像一束丝，夂像倒过来的⼩（止），脚上系着东西，行走迟缓。本义是走在后面、迟到，引申为前后的"后"，现代简化字写作"后"。

甲骨文	金文	小篆	隶书	楷书

常用词语：后面　后来居上　先来后到　后来　后继有人　争先恐后

象形字用描绘事物形象的方式表示事物，但是有些事物如空间位置等无形可象，现在就让我们来看看，汉字是用什么办法来表现这样的抽象事物的。

上，长画表示界限，界限之上画短横，表示上边。

左，像左手，表示左。

下，长画表示界限，界限之下画短横，表示下边。

里，"田"与"土"组合，表示定居的地方。

右，像右手，表示右。

内，"门"内有"人"，表示内里。

后［後］，像脚踝上系着绳子，表示行走缓慢，落在后面。

再让我们看看，现代人是怎样用"上""下"来造字的：

卡 qiǎ，由"上"和"下"构成，表示不上不下，本义指夹在中间。

忐 tǎn，由"上"和"心"构成，忑 tè，由"下"和"心"构成，"忐忑"表示一颗心七上八下，心神不宁。

将来还会出现许多新事物，有了独体字，随时可以构造出新的合体字。

字源绘 汉字本来的样子 壹

汉字导图

上下里内左右后

58

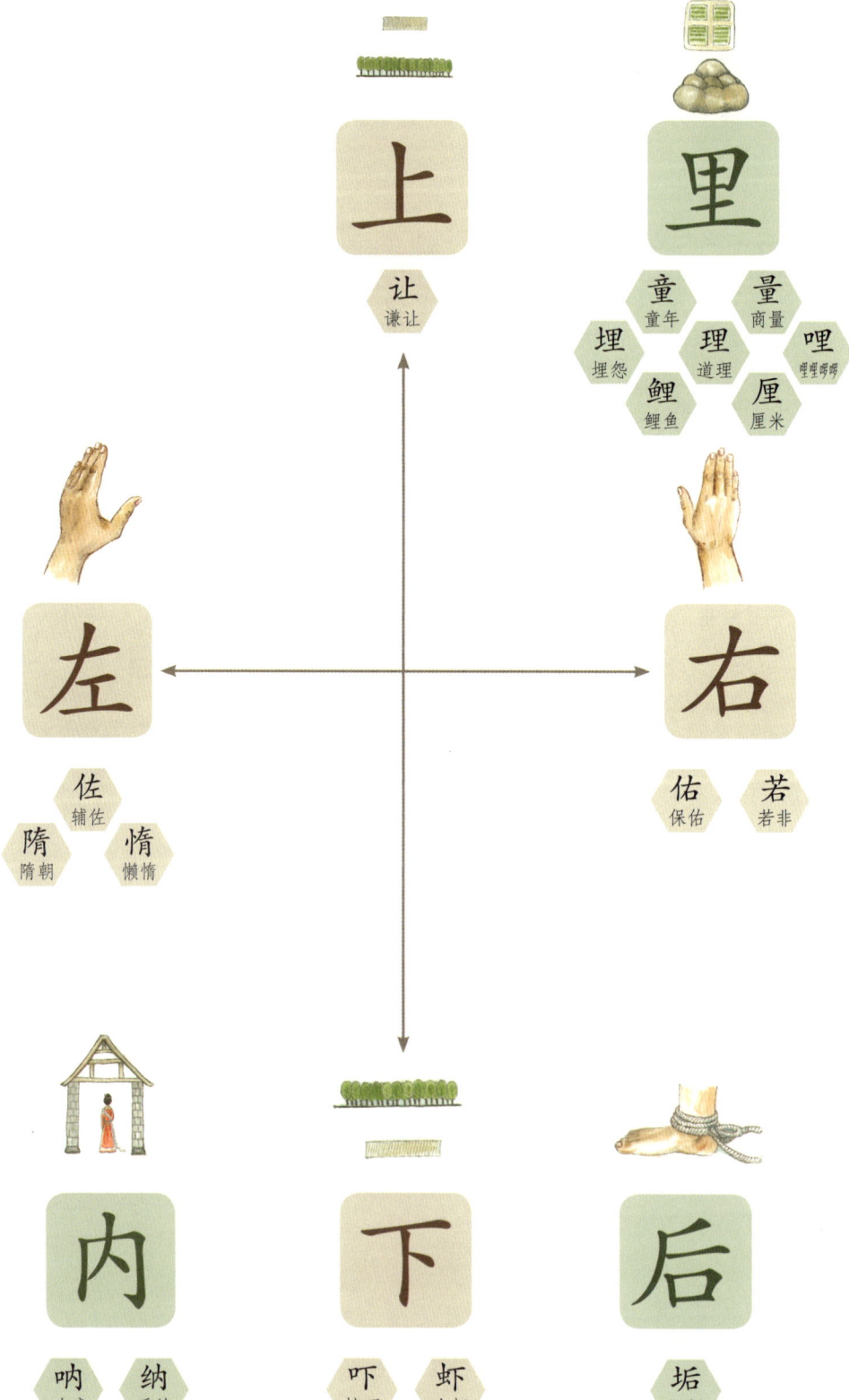

漫谈 书同文：小篆

篆书分为大篆和小篆。大篆自西周开始，直接继承西周的金文。大篆字形端庄严谨，大小一致，字形布局很有法度。小篆从秦代开始，由大篆省略改写而来，笔画细匀圆转。春秋战国时期，各国"言语异声，文字异形"_{语音不同，字形不同}；秦朝统一天下，"车同轨，书同文"_{行车统一轨距，书写统一字形}，小篆成为标准文字。

右图峄(yi)山刻石的碑文由秦朝丞相李斯书写，于秦始皇二十八年_{公元前219年}刻石立碑，是秦代刻石中最早的一块，内容是歌颂秦始皇统一天下的功绩。峄山又名东山，与泰山南北对峙。原来的石碑今已不存，这块石碑是宋朝人根据原碑拓本摹写重刻的。

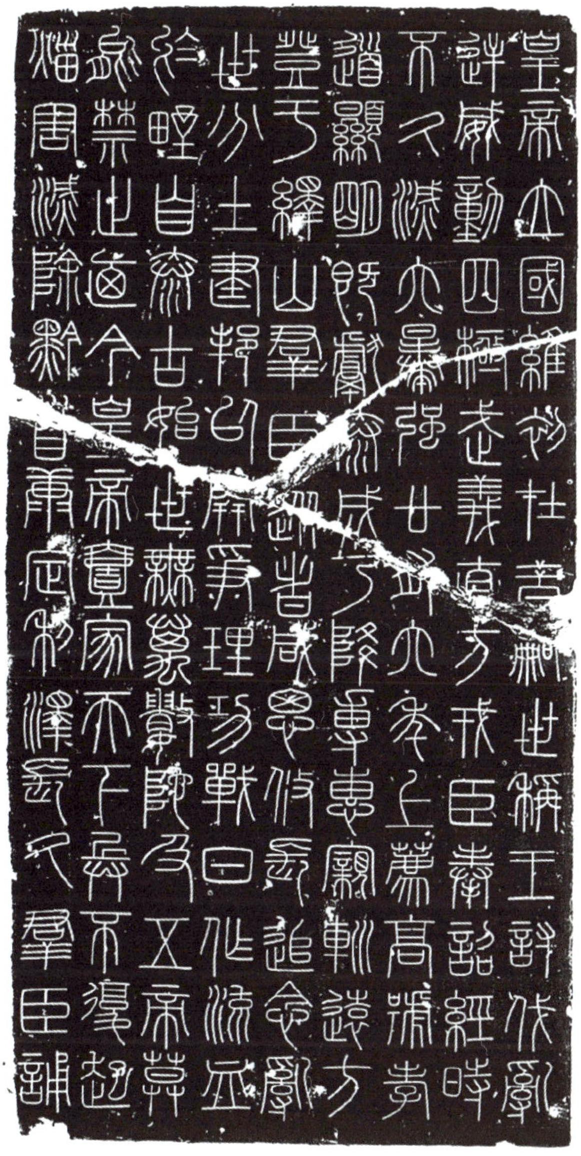

秦·峄山碑拓片（宋摹本）
规格：高218cm 宽84cm
馆藏：西安碑林博物馆

第五章 自然空间 5
汉字驿站
上下里内左右后

文物 虎符调兵

古代君王调兵用虎符作为凭证。虎符用金属做成伏虎形状，分为左右两半，其中一半交给将帅，另一半由君王保存。只有两半虎符合并在一起时，持有虎符的人才有调兵的权力。

下图中的虎符是秦始皇调动军队的凭证，用青铜铸成卧虎形状，可以从中间分为两半。虎的左、右颈背上，各有相同的错金篆书铭文十二字："甲兵之符，右在皇帝，左在阳陵。"意思是这个兵符，右半存在皇帝处，左半存在驻扎阳陵 今陕西咸阳市东 的统兵将领处。调动军队时，使臣拿着右半符验合，才能生效。

秦·阳陵虎符
规格：长8.9cm 宽2.1cm 高3.4cm
馆藏：中国国家博物馆

窃符救赵

战国时期,魏国公子信陵君礼贤下士,门下食客三千人。各国诸侯惧怕信陵君和他门客的才能,十几年来都不敢对魏国动兵。

秦攻打赵国都城邯郸,兵临城下,赵国危在旦夕。赵王多次向魏王和信陵君求助。魏王发兵十万,可又因惧怕秦国,停止前进,驻兵邺城,名为援助,实为观望。

信陵君率领数百门客,拼死救赵。有位隐士侯嬴(ying),七十岁了,是魏国都城夷门(东门)的守门人,他阻止了这次行动,并献上了偷取魏王调兵的兵符来解救赵国的计策。兵符藏在魏王卧室,而夫人如姬最得魏王宠幸,只有她能够盗取兵符。如姬一直想报杀父之仇却找不到仇人,信陵君就让门客找到并杀了她的那个仇人,如姬果然替信陵君盗取了兵符。侯嬴让他的门客朱亥跟随信陵君前去调兵,以防将军晋鄙拒不交出兵权。果然,晋鄙合上左右两片兵符后仍怀疑说:"我十万大军,屯兵国境,你单身前来取代兵权,到底怎么回事?"朱亥早在袖子里藏下四十斤铁锤,这时掏出铁锤,打死了晋鄙。于是,信陵君掌管了军队,精选士兵八万,直驱邯郸,最终解救了赵国。

当初,信陵君与侯嬴在夷门诀别出行,侯嬴因为年老,没能随行。按事前许下的诺言,他计算着信陵君到达晋鄙军营的时间,面向北方,拔剑自刎,为信陵君出兵救赵送行。

■据汉代司马迁《史记·魏公子列传》

典故 孟母三迁

孟子小时候，家住墓地附近，因为经常看到别人办丧事，他把模仿办丧事、筑坟墓作为游戏。孟母感到担忧，说："这个地方不适合孩子居住。"于是，搬到了集市附近去住。可又受到集市环境的影响，孟子把模仿做生意作为游戏。孟母又感到担忧，说："这个地方也不适合孩子居住。"又搬到学宫的旁边居住。受学宫的影响，孟子把模仿摆设祭祀礼器、行礼进退作为游戏。孟母这才放心，说："这才是孩子居住的地方。"于是定居下来。孟子长大成人后，学习六艺，终于获得大儒的名望。

■ 据汉代刘向《列女传·卷一》

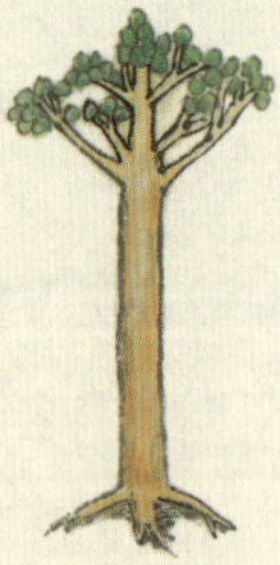

汉字溯源

木　才　朱　本　末　果　氏　世　垂　丫　不

mù

木

木，象形字。甲骨文字形像树的形状，上有枝，下有根。本义是树木。树在上古时称作木，后来才称为树。

甲骨文 ▶ 金文 ▶ 小篆 ▶ 隶书 ▶ 楷书

常用词语　树木　木已成舟　木本水源
　　　　　　木材　草木皆兵　枯木逢春

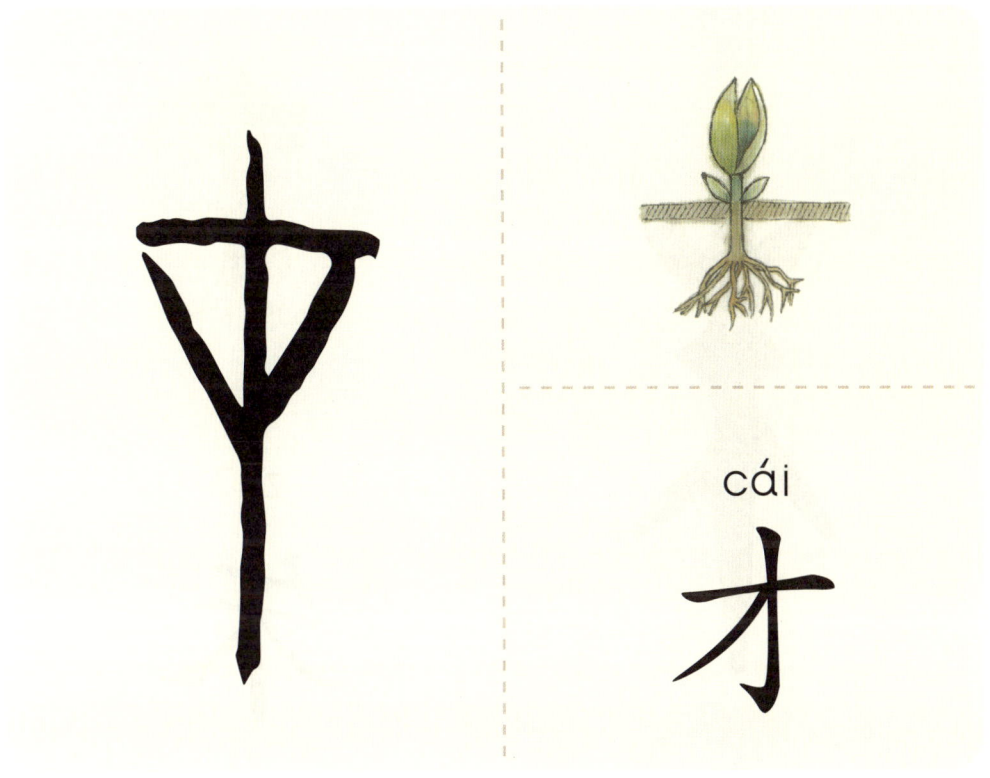

cái
才

才，象形字。在甲骨文字形中，横画表示地面，草木嫩芽破土而出，本义是草木初生。引申为木或树木的材质，这个意思后来写作"材"；又引申为人的才质、才能；又指人才。从本义引申为刚刚。

甲骨文 ▶ 金文 ▶ 小篆 ▶ 隶书 ▶ 楷书

常用词语　才能　多才多艺　才高八斗
　　　　　　刚才　才疏学浅　才貌双全

字源绘 汉字本来的样子 壹

汉字溯源

木才朱本末果氏世垂丫不

zhū
朱

朱，指事字。甲骨文字形像树木之形，在木的中心加一指事符号，表示树干。本义是树干，是"株"的初文。引申指赤心木，因为这种树是红色的，所以朱又指红色。

甲骨文 ▶ 金文 ▶ 小篆 ▶ 隶书 ▶ 楷书

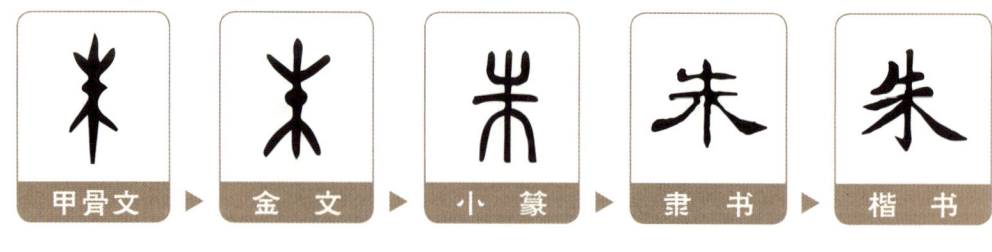

常用词语　朱红　朱唇玉面　朱门绣户
　　　　　朱砂　朱楼碧瓦　朱颜鹤发

66

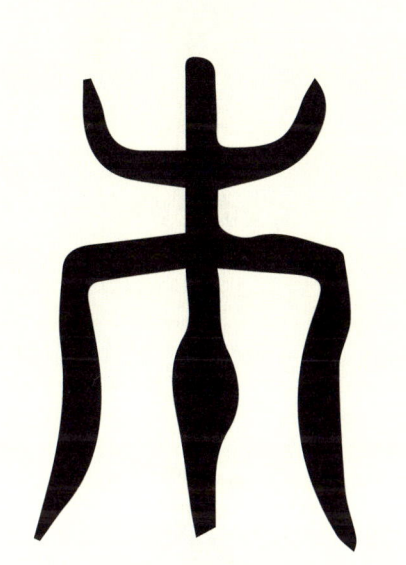

běn

本

本，指事字。金文字形在木字的根部加上指事符号，表示树木的根部，本义是树根。引申为事物的根源和基础，又引申为本来。

金文 ▶ 小篆 ▶ 隶书 ▶ 楷书

常用词语

根本　无本之木　本固枝荣
草本　以人为本　本乡本土

第六章　植物家园 1

汉字溯源

木 才 朱 本 末 果 氏 世 垂 丫 不

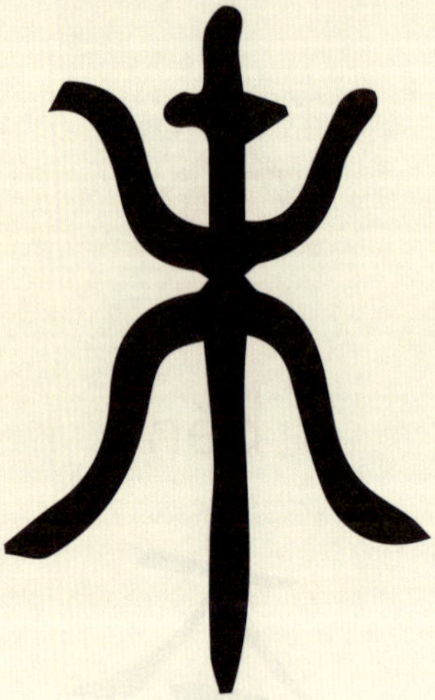

mò
末

末，指事字。金文字形在 木 的顶端加指事符号表示末梢，本义是树梢，和"本"相对。泛指事物的末端，引申指次要事物。

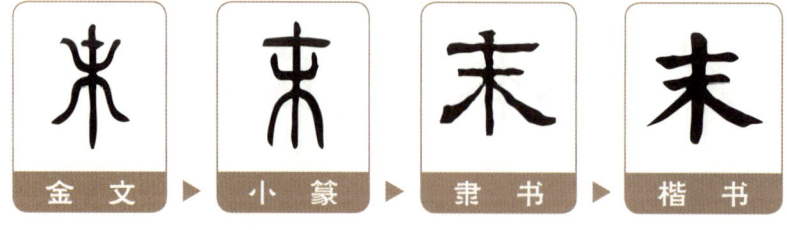

金文 ▶ 小篆 ▶ 隶书 ▶ 楷书

常用词语：末梢　秋毫之末　舍本求末　末尾　穷途末路　末日黄花

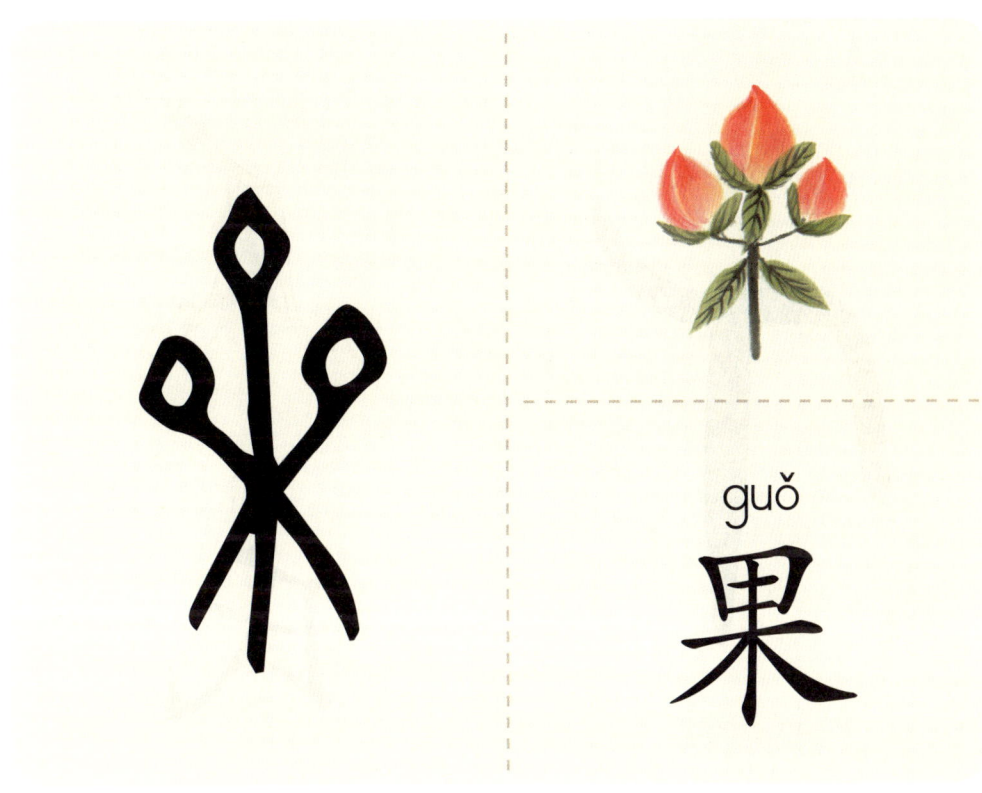

guǒ
果

果，象形字。甲骨文字形像一棵结满果实的树，代表树木，表示树上长的果实，本义指树上结的果实，引申为结果、果然、果断。

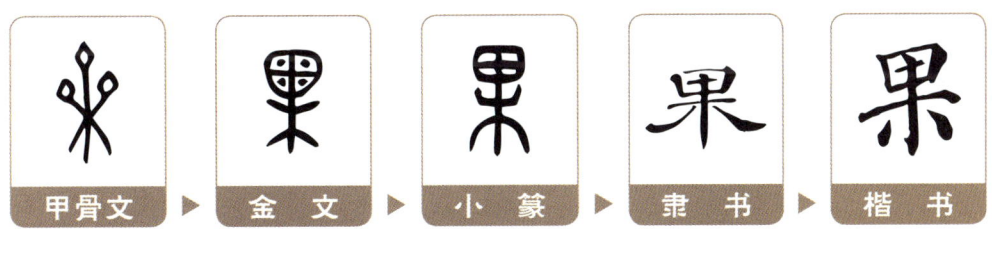

甲骨文 ▶ 金文 ▶ 小篆 ▶ 隶书 ▶ 楷书

| 常用词语 | 果实　开花结果　硕果累累
结果　前因后果　果不其然 |

第六章 植物家园 ❶

汉字溯源

木 才 朱 本 末 果 氏 世 垂 丫 不

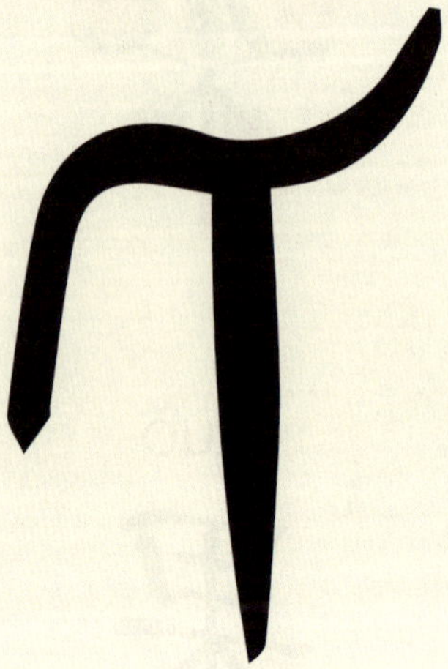

氏 shì

氏，象形字。甲骨文字形像植物长在地下的根，本义是根。引申表示同姓贵族的不同分支，又泛指姓。

姓氏 上古时代姓是族号，氏是姓的分支。

甲骨文	金文	小篆	隶书	楷书

常用词语　姓氏　氏族　和氏之璧，隋侯之珠

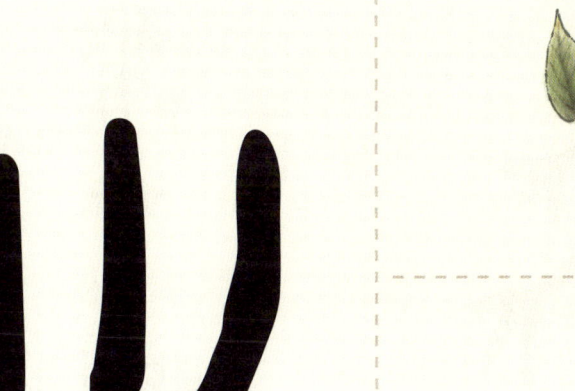

shì

世

世，象形字。甲骨文、金文字形，像三个树枝发芽的形状。本义是枝叶，是"葉"（叶）的本字，借用表示"世代"的"世"。又指天下、人间。

本字 原来的字；表示本义的字。例如："世"的本义是枝叶，这个意思后来写成"葉"（叶），那么，"世"就是"葉"（叶）的本字。

甲骨文 ▶ 金文 ▶ 小篆 ▶ 隶书 ▶ 楷书

常用词语	世代 一生一世 恍如隔世
	世界 世外桃源 举世闻名

字源绘 汉字本来的样子 壹

汉字溯源

chuí

垂

垂，象形字。甲骨文字形像草木枝叶下垂的样子，上面是枝叶，下面像根在土中，本义是垂挂。

甲骨文	小篆	隶书	楷书

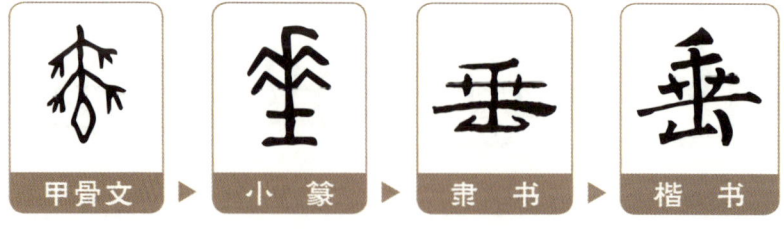

常用词语：垂挂　海立云垂　名垂青史
垂钓　垂头丧气　垂涎三尺

木 才 朱 本 末 果 氏 世 垂 丫 不

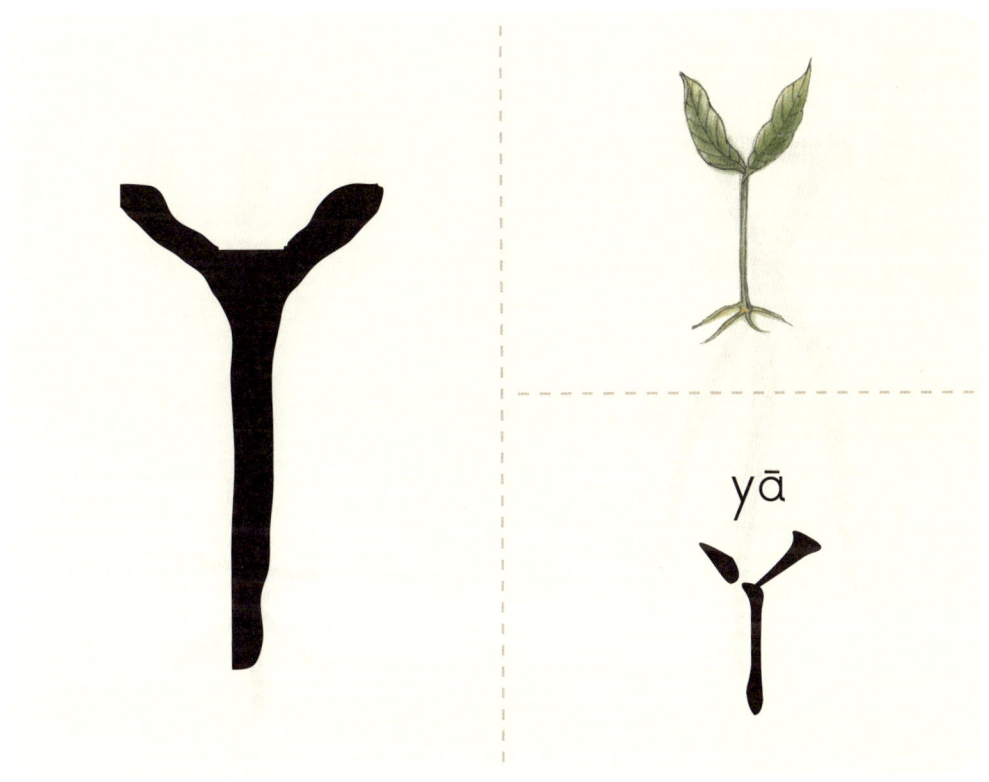

丫 丫，象形字。小篆字形像草木分叉的样子，本义指草木顶端分叉的部分。古代女孩头上绾 wǎn 起来的发髻 jì 像丫杈，引申指像丫的发髻。又用丫形发髻指代梳着这种发型的女孩，俗称"丫头"；富贵人家年轻的侍女叫丫鬟 huán。

小篆

| 常用词语 | 枝丫　丫杈　丫头　丫鬟　脚丫 |

第六章 植物家园 1

汉字溯源

木 才 朱 本 末 果 氏 世 垂 丫 不

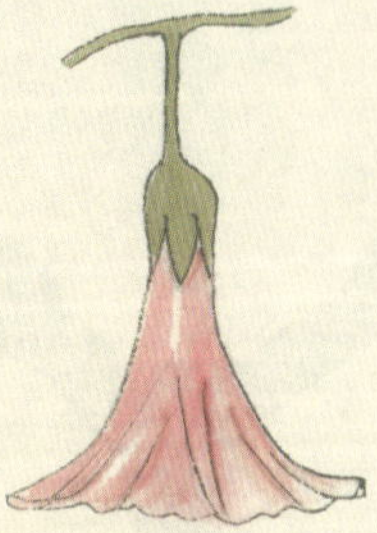

汉字溯源

bù 不

不，象形字。甲骨文字形像朝下的花萼，本义指花萼底部的柎或花草的子房。"不"和"柎"古音相同，是"柎"的本字。后来借用表示否定，读 bù。

甲骨文 ▶ 金文 ▶ 小篆 ▶ 隶书 ▶ 楷书

常用词语：不要　不学无术　不速之客　不知所措
不能　不知不觉　不明不白　不卑不亢

树有根梢，草有茎叶；春天开花，秋天结果。这些表示植物的汉字，不仅生动地勾勒出花草树木的形象，联系起来也展示了植物的生长过程，形成了美丽的植物家园。

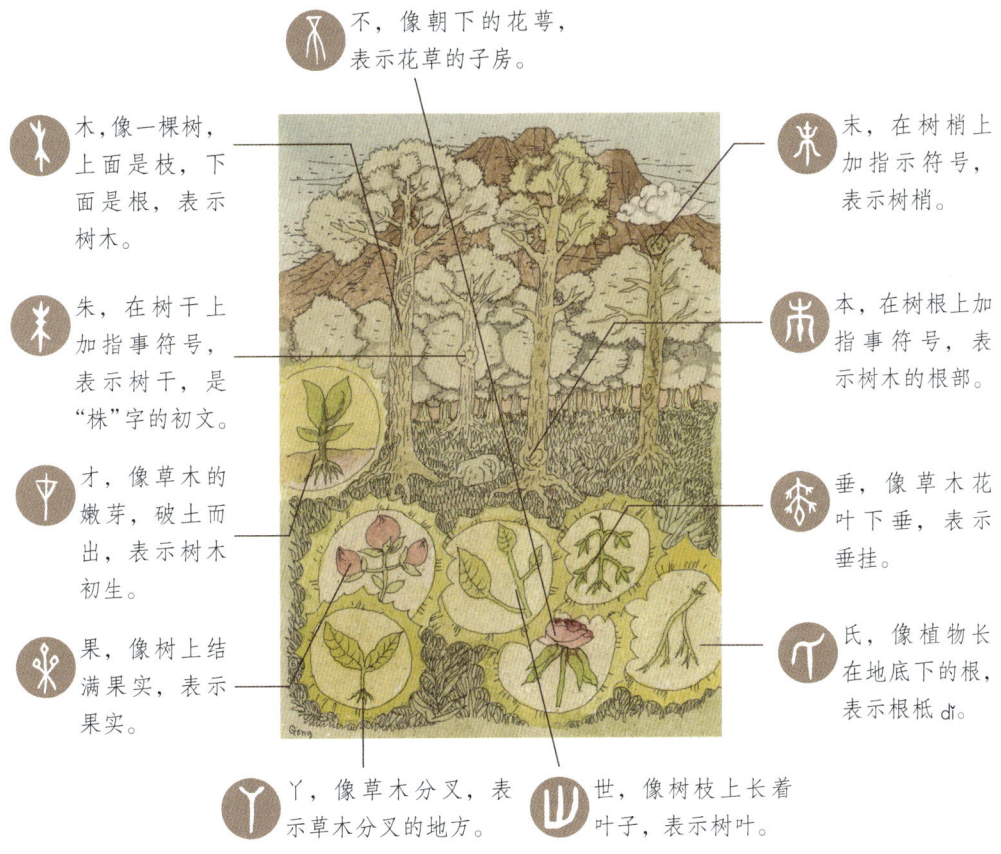

不，像朝下的花萼，表示花草的子房。

木，像一棵树，上面是枝，下面是根，表示树木。

朱，在树干上加指事符号，表示树干，是"株"字的初文。

才，像草木的嫩芽，破土而出，表示树木初生。

果，像树上结满果实，表示果实。

丫，像草木分叉，表示草木分叉的地方。

末，在树梢上加指示符号，表示树梢。

本，在树根上加指事符号，表示树木的根部。

垂，像草木花叶下垂，表示垂挂。

氐，像植物长在地底下的根，表示根柢 dǐ。

世，像树枝上长着叶子，表示树叶。

上面这些字，有的是象形字，有的是在象形字上添加指事符号成为指事字。再看下面几个和"木"字有关的字：

桑，树枝上长着大大的树叶，像桑叶。桑叶比一般的树叶大，用来养蚕，表示桑树。

集，"木"上加鸟，原来是三只鸟，后来简化为一只鸟，表示群鸟栖息在树上。

李，"木"下加"子"，表示李子树，也指李子树的果实。"李"可以拆分成"十、八、子"，象征子孙满堂，人丁兴旺，被视为多子多福的吉祥果。

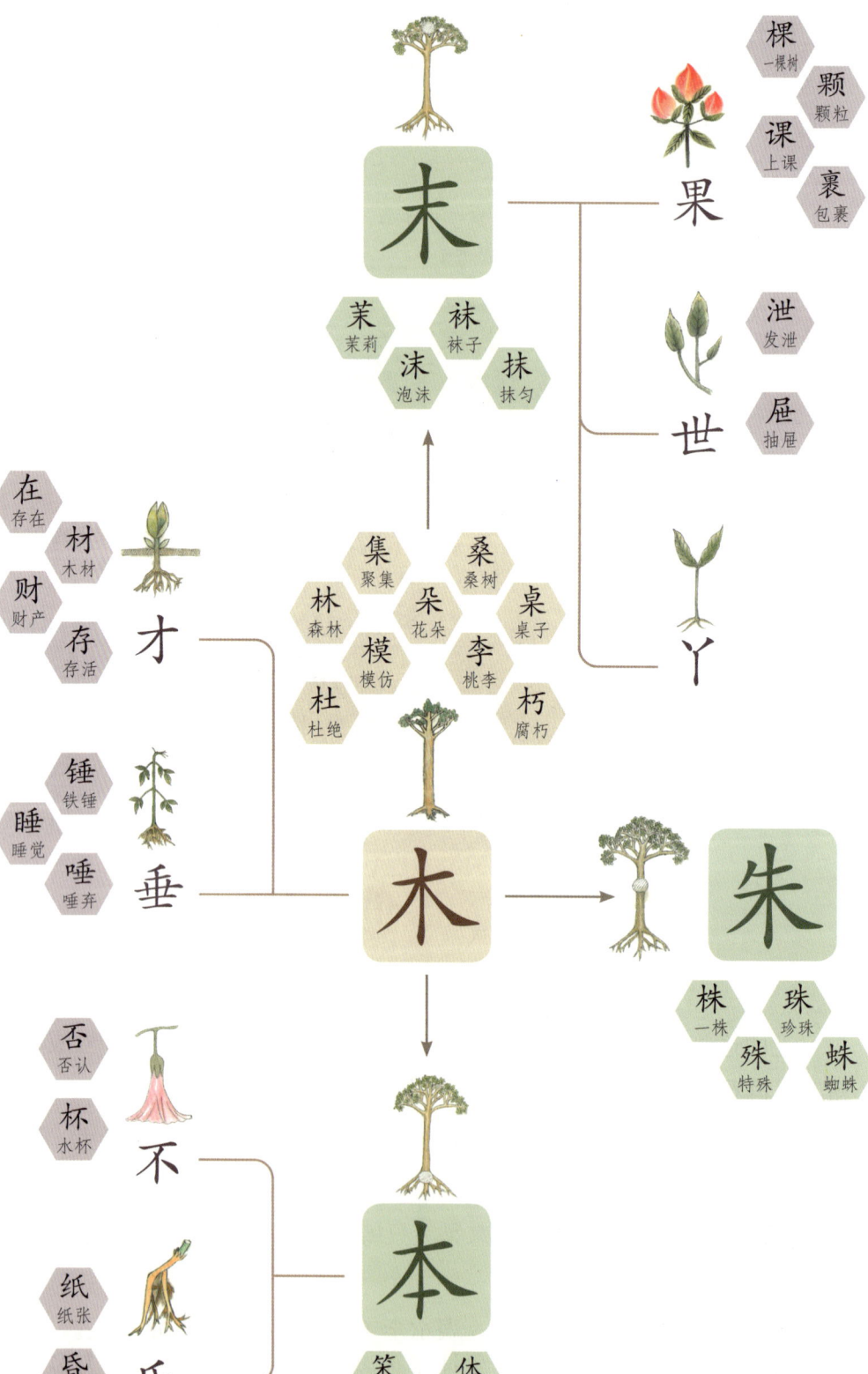

漫谈 汉字分水岭：隶书

隶书是秦汉时代普遍使用的文字。隶书在小篆基础上化繁为简，化圆为方，改线条为点画，实现了汉字笔画化。至此，汉字在古文阶段的象形特征彻底消失，步入今文阶段。早在战国初期的秦系文字中，隶书就已经出现。秦朝统一后，小篆虽然是标准文字，但日常事务则流行隶书。下面两地出土的竹简，具有极高的书法价值和学术价值。

睡虎地秦墓竹简：1975年12月在湖北省云梦县睡虎地秦墓中出土，共1155枚，残片80枚，这些竹简长23.1～27.8厘米，宽0.5～0.8厘米，内文是用墨书写的秦国隶书，时间是战国晚期和秦始皇时期，反映了篆书向隶书转变阶段的情况，其内容主要是秦朝时的法律制度、行政文书、医学著作，以及关于吉凶时日的占书。

秦·睡虎地秦简《效律》（局部）
规格：长27cm
馆藏：湖北省博物馆

银雀山汉墓竹简：1972年发掘出土于山东省临沂市银雀山两座汉墓，简文书体为早期隶书，写于公元前140～前118年（西汉文景时期至武帝初期）。银雀山汉墓竹简共计有完整简、残简4942简，此外还有数千残片。这些竹简，绝大部分长27.6厘米，宽0.7厘米，其他有长69厘米（32简）、长18厘米（10简）两种。其内容包括《孙子兵法》《孙膑兵法》《六韬》《尉缭子》《晏子》《守法守令十三篇》《元光元年历谱》等先秦古籍及古逸书。

汉·银雀山汉简 《孙膑兵法》（局部）
规格：长27.6cm 宽0.7cm
馆藏：银雀山汉墓竹简博物馆

漫谈 五行：木、火、土、金、水

古人把宇宙万物划分为五种性质的事物：木、火、土、金、水，称为"五行"。早见《尚书·洪范》记载："五行：一曰水，二曰火，三曰木，四曰金，五曰土。"五行相生相克。相生，是指两类属性不同的事物之间相互滋生：木生火，火生土，土生金，金生水，水生木。相克与相生相反，指两类不同属性事物相互克制：木克土，土克水，水克火、火克金、金克木。"五行"学说在古代广泛地用在占卜、天文、历法、医学等方面，在民间还用来看风水、算命、相面，至今仍然在中医上发挥着理论指导作用。中医五行，指的是五脏之中：心属火，肺属金，肝属木，脾属土，肾属水。 ■据《春秋繁露·五行之义》

中医五行图

中药巨著：《本草纲目》

中国古代称中药为"本草"，最著名的著作是《本草纲目》，1596年在金陵正式刊印发行。它是中药学名著，也是具有世界影响的博物学著作，内容涉及中药、植物、动物、矿物、化学等，被英国著名生物学家、博物学家达尔文称为"1596年的百科全书"。

作者李时珍，是明代著名本草学家。他走遍南北，跋山涉水，遍尝百草；拜渔人、樵夫、农民、药工、捕蛇人为师，搜集药物标本和医疗处方。历经二十七年，完成初稿；又经过十二年，三次修改——先后历时四十年，终于完成了这部本草巨著。被后人尊为"药圣"。

《本草纲目》分为16部，共52卷，190万字。全书收录药物1892种，收集药方11096个，书前附药物形态图1160幅，是中国古典药学的集大成者。

《本草纲目》中收录植物1095种，占全部药物的58%。把植物分为5部30类：草部（9类）、木部（6类）、菜部（5类）、果部（6类）、谷部（4类）；例如草部，分为山草、芳草、隰xī草、毒草、蔓草、水草、石草、苔草、杂草9类。

2011年5月，金陵版《本草纲目》入选世界记忆名录。

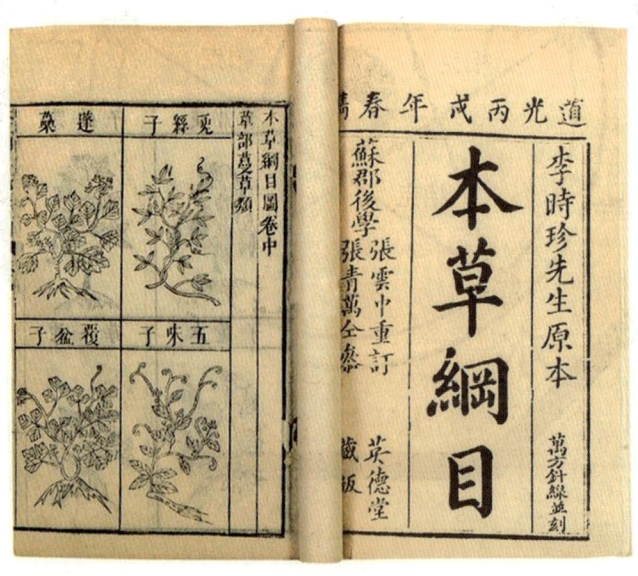

《本草纲目》书影

第七章　植物家园 ❷

"水满田畴稻叶齐,日光穿树晓烟低。黄莺也爱新凉好,飞过青山影里啼。" ■徐玑《新凉》　水满禾田,稻叶平齐,稻谷秀穗,丰收在望。黄鹂鸟飞过青山,在树影里欢快地鸣叫。啊,正是农家初秋时节,现在就让我们一起到汉字的农田去,看一看庄稼的伙伴。

禾 hé

禾，象形字。甲骨文字形上面像谷穗下垂的样子，下面像植物的根。本义是谷子，后来指禾苗，特指水稻的植株。

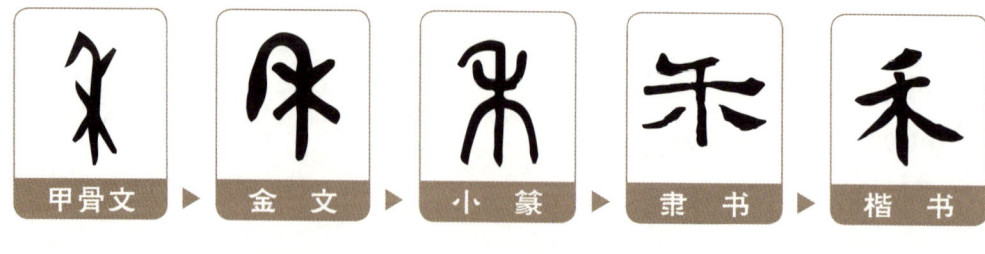

甲骨文 ▶ 金文 ▶ 小篆 ▶ 隶书 ▶ 楷书

常用词语：禾苗　禾稻　秋禾　禾田　锄禾　禾黍之伤

lái

来

来，象形字。甲骨文字形像麦子的形状，金文字形在上端加斜画，表示麦穗上的芒刺，本义是小麦，是 🙼（麦）的初文。后来被借用表示"来往"的来，就另外造了 🙼 字表示麦子。

麦 繁体字写作"麥"，甲骨文字形 🙼，在金文 🙼（来）的下面加上倒过来的 🙼（止，脚），表示麦子是从天而降。古人认为，小麦是上天赐给的。

甲骨文	金文	小篆	隶书	楷书

常用词语　来往　人来人往　独来独往
　　　　　　来回　来日方长　苦尽甘来

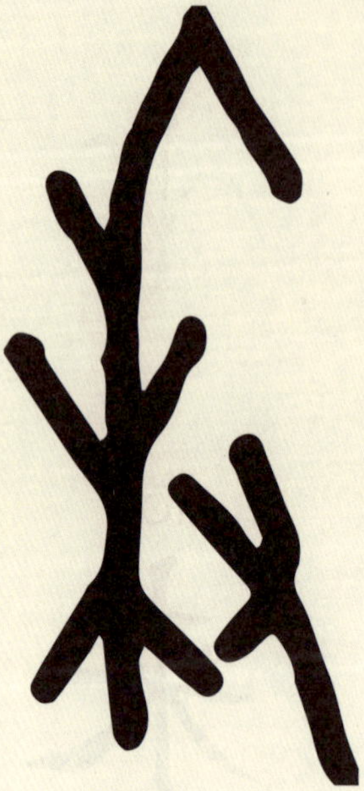

秉 bǐng

秉，会意字。甲骨文由 ⼅（禾）和 ⼅（右）构成，像一只手拿着一棵禾。本义是禾束、禾把，后来表示拿着、把持、执掌。

甲骨文	金文	小篆	隶书	楷书

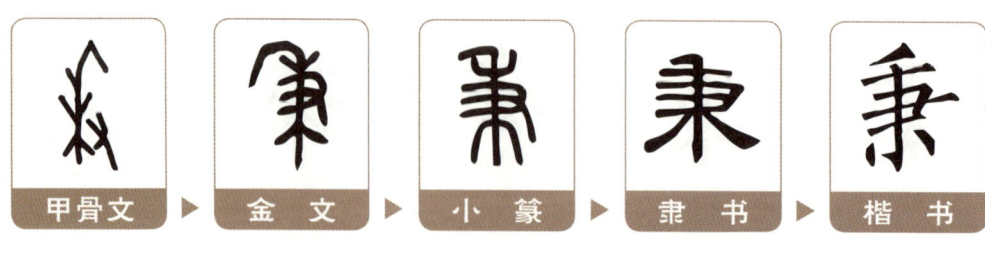

常用词语：秉持　秉笔疾书　秉公执法　秉性　秉正无私　秉烛夜游

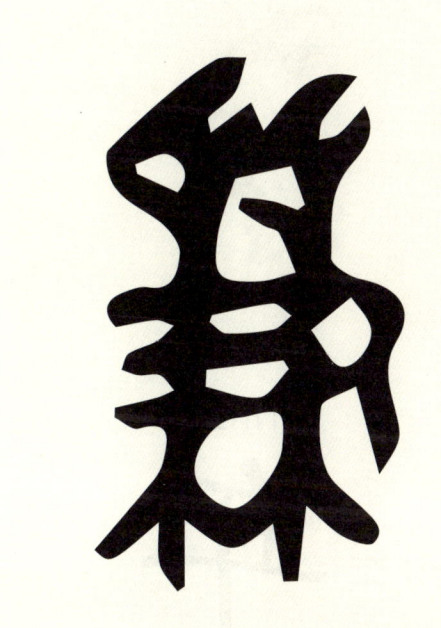

jiān

兼

兼，会意字。金文字形由两棵 ᵡ（禾）和 ᐓ（右）组成，像一只手拿着两棵禾。本义是同时具有，又表示兼并、合并。

金文 ▶ 小篆 ▶ 隶书 ▶ 楷书

常用词语：兼并　品学兼优　德才兼备
兼职　昼夜兼程　兼收并蓄

汉字溯源

nián 年

年，会意字。甲骨文字形和金文字形像人背着禾的形状，表示丰收、收获，本义是谷物成熟丰收，泛指一年的收成。引申表示时间的单位，稻谷成熟一次的时间就是一年。

甲骨文 ▶ 金文 ▶ 小篆 ▶ 隶书 ▶ 楷书

常用词语：年成　一年四季　长年累月　年景　三年五载　年轻力壮

第七章 植物家园 ❷

汉字溯源

mǐ
米

 米，象形字。甲骨文字形像筛子筛米的样子，中间的横画表示筛子，筛子上面和下面各有三个点儿，表示米粒儿，本义是脱去外壳的作物籽实。

| 甲骨文 | 战国文字 | 小篆 | 隶书 | 楷书 |

禾 来 秉 兼 年 米 瓜

米粒　鱼米之乡　生米煮成熟饭
玉米　聚米为山　巧妇难为无米之炊

87

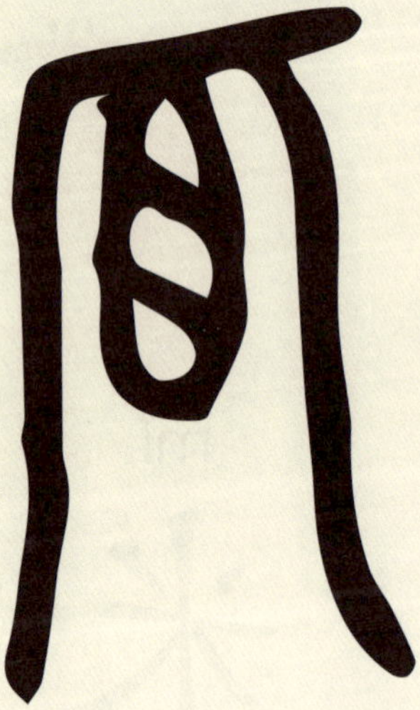

guā 瓜

瓜，象形字。金文字形像悬挂在藤蔓上的葫芦状果实，两边的弯曲的两笔表示藤蔓，中间的 像瓜的形状，本义指瓜类植物或果实。

金文 ▶ 小篆 ▶ 隶书 ▶ 楷书

常用词语： 西瓜　瓜熟蒂落　顺藤摸瓜
瓜分　瓜田李下　七月食瓜，八月断壶

粮食和人类生活息息相关，谷子脱壳后是小米，稻子脱壳后是大米，小麦磨成面后用来做馒头、面条……下面展示了汉字中的谷物世界。

禾，上面像谷穗下垂，下面像植物根系，表示谷子。

秉，像一只手拿着一棵禾，表示禾束、禾把。

年，像人背着禾，表示丰收、收获。

瓜，像悬挂在藤蔓上的葫芦状果实，表示瓜类植物或果实。

米，像筛子筛米，表示作物的籽实。

来，像麦子的形状，表示小麦。

兼，像一只手拿着两棵禾，表示同时具有。

上面这些字都和农作物、农事有关，古人巧妙地把农作物和农事结合起来造字，生动地表现人的动作。现在让我们来继续看看先人们是怎样用"禾"来造字的。

香，由"黍"（一种谷物）和"甘"（香甜）组成，表示谷物的芳香。

季，由禾和子组成，表示禾的幼苗。

秦，双手拿着 🌑（杵）（舂米用的木棒）舂禾，表示收获稻禾舂米。

字源绘
汉字本来的样子
壹

汉字导图

禾来秉兼年米瓜

90

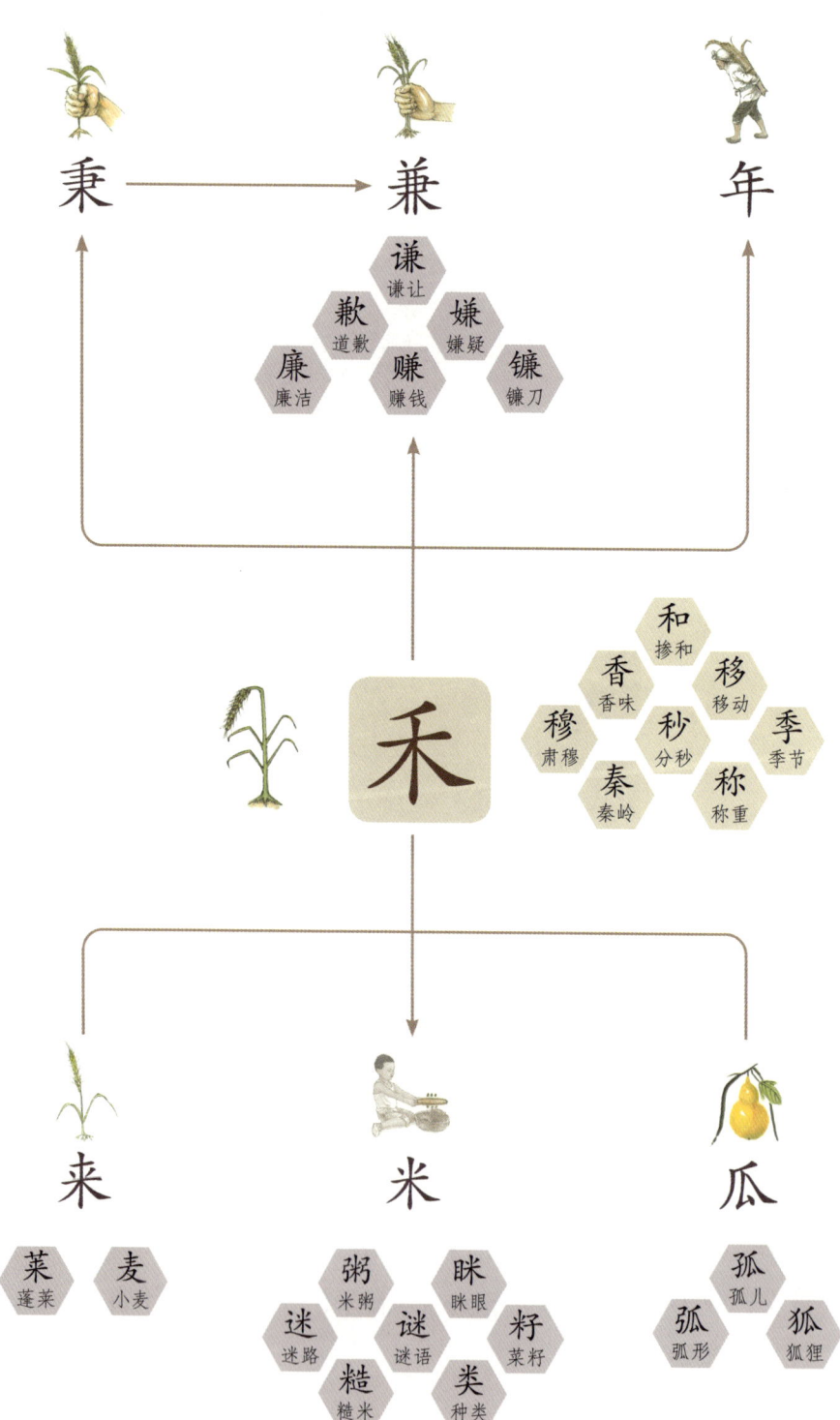

神话 土神句龙

古代以"社稷"代表国家,"社"指土神,"稷"指谷神。

在甲骨文中,"社"字的初文是 ◯(土),后来加上了 丅(示)。丅像祭台的形状,代表神主。在古代,"社"指土地神或土地庙。民间祭祀社神的日子叫"社日",逢社日时会举行各种欢庆活动,如"社戏""社火"等。现代的"社会"一词,就源自古代的社日聚会。

相传远古时期,句龙是神农的第十一代孙子,他的父亲就是那个和颛顼争帝失败,怒触不周山的共工。颛顼打败共工后,任人唯贤,任命句龙担任土正官,负责平整土地,疏导河流。句龙也做出了杰出的贡献,被后世祭祀为"后土"土地之君,也就是土地神。

■据《左传·昭公二十九年》

神话 谷神后稷

稷是五谷稻、黍、稷、麦、菽之长,被尊为谷神。古书上说,古代帝王为了给天下求福报功,所以祭祀社稷之神。人没有土地就不能生存,没有五谷就没有饭吃。但是土地广博,不能全都祭拜一遍;五谷众多,也不能一一祭拜。因此就堆土立"社",表示对土地的尊敬;稷,是五谷之长,因此把稷作为谷神来祭祀。

■据《白虎通·社稷》

后来,周朝的始祖"弃"在农耕上立了大功,被舜帝封为"后稷",也就是农耕之君,人们逐渐把谷神形象化,后稷就成了谷神。

传说,后稷的母亲是有邰氏的女子,名叫姜原。姜原是帝喾的正妻。一天,姜原走到野外,看见一个巨人脚印,很高兴,就踩了上去,踩上去就感觉怀孕了,十月怀胎生下了孩子。由于这个孩子的出生不合常理,姜原认为不吉利,就把他遗弃了。

姜原把孩子扔到窄巷中，牛羊路过，却不践踏他；扔到寒冰上，飞鸟就用羽翼保护他。姜原认为这很神奇，就又把孩子抱回来抚养。因为当初要遗弃他，就给他起名叫"弃"。

弃小时候就长得高大，有远大志向。他喜欢做的游戏是种庄稼，他种的庄稼长得茂盛。他长大后，还是喜欢种庄稼，不同的土壤种不同的庄稼，人民都效仿他。帝尧就任用弃为农耕之师，舜做帝王的时候说："弃，当初百姓忍饥挨饿，全靠你播种百谷。"帝舜把邰地分封给弃，号称后稷，分建族姓为姬氏。

■ 据《史记·周本纪》

传说 小年送灶王

早在大约1000年前的宋代，祭灶就成为节日了，叫送灶王节，又叫小年节。民间有"北三南四"的说法，意思是北方在腊月二十三、南方在腊月二十四祭祀，送灶王上天，大年三十（或大年初一、或正月十五）再接灶王回到人间。

宋代诗人范成大《祭灶词》描写了当时民间祭灶的情形，活灵活现，生动有趣。诗序中说，腊月二十四夜里祭祀灶王爷，传说灶王爷明天一大早就要升天，向天帝汇报一年来人间的事情，所以人们提前一天祈祷。

其诗中说，古代腊月二十四，灶王将要见天帝，汇报人间一年事。以云为车风做马，逗留不久就离去。美酒佳肴献灶王，家家户户都祭祀。猪头烂熟双鱼鲜，豆沙甘甜粉团软。男子献祭女回避，敬酒烧纸灶王喜。女人争吵您别听，猫狗打斗您别生气。吃饱喝足登天门，家长里短您别提，乞求来年生意好，等您回来分红利。

从诗中可知，名义上是供奉灶王爷，其实供品还是人分享。

供奉灶王像时贴对联，通常是：上天言好事；下界保平安。横批：一家之主。

第八章　动物世界 ❶

动物和人类生活密切相关。早在远古时代，人类就和一些动物和谐相处，有的动物被驯化为家畜，和人类一起劳作；有的动物还成为人类的朋友，守护家园。

汉字溯源

mǎ

马

 马〔馬〕，象形字。甲骨文字形横过来看，像马的侧面形象，有头有尾，有身有腿，背上还有鬃毛，本义是马。马是十二属相之一。

六畜 马、牛、羊、鸡、犬、豕shǐ（猪）。六畜是我们的祖先早在远古时代选择驯养的六种家畜。这六种动物各有专长，各司其职：马负重，牛耕田，羊祭祀，鸡司晨，犬守夜，猪宴宾。

甲骨文	金文	小篆	隶书	楷书

常用词语
马匹　千军万马　兵强马壮
马车　一马当先　马到成功

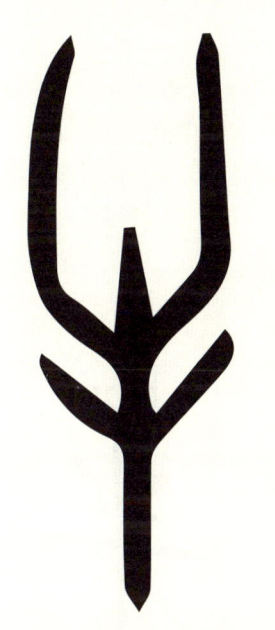

niú

牛

第八章 动物世界 1

汉字溯源

马牛半羊犬象鼠龙

牛字上部的 ∪ 像什么？

牛，象形字。甲骨文字形像牛头，突出牛头的一对大角，本义是牛。牛是十二属相之一，又表示牛郎星（牵牛星）。

十二属相 又叫十二生肖，是我国古代与十二地支相配，用来记录人的出生年份的十二种动物。依次是：子鼠、丑牛、寅虎、卯兔、辰龙、巳蛇、午马、未羊、申猴、酉鸡、戌狗、亥猪。

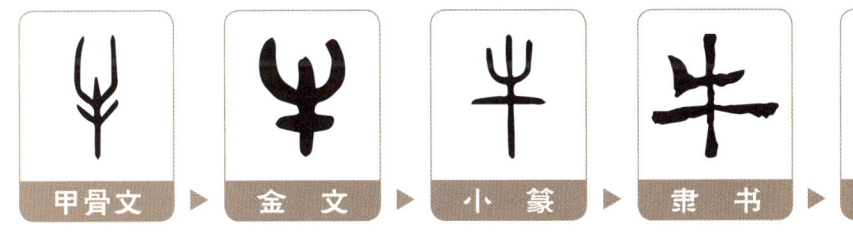

| 甲骨文 | 金文 | 小篆 | 隶书 | 楷书 |

| 常用词语 | 耕牛　多如牛毛　九牛一毛
牛车　牛毛细雨　气冲斗牛 |

95

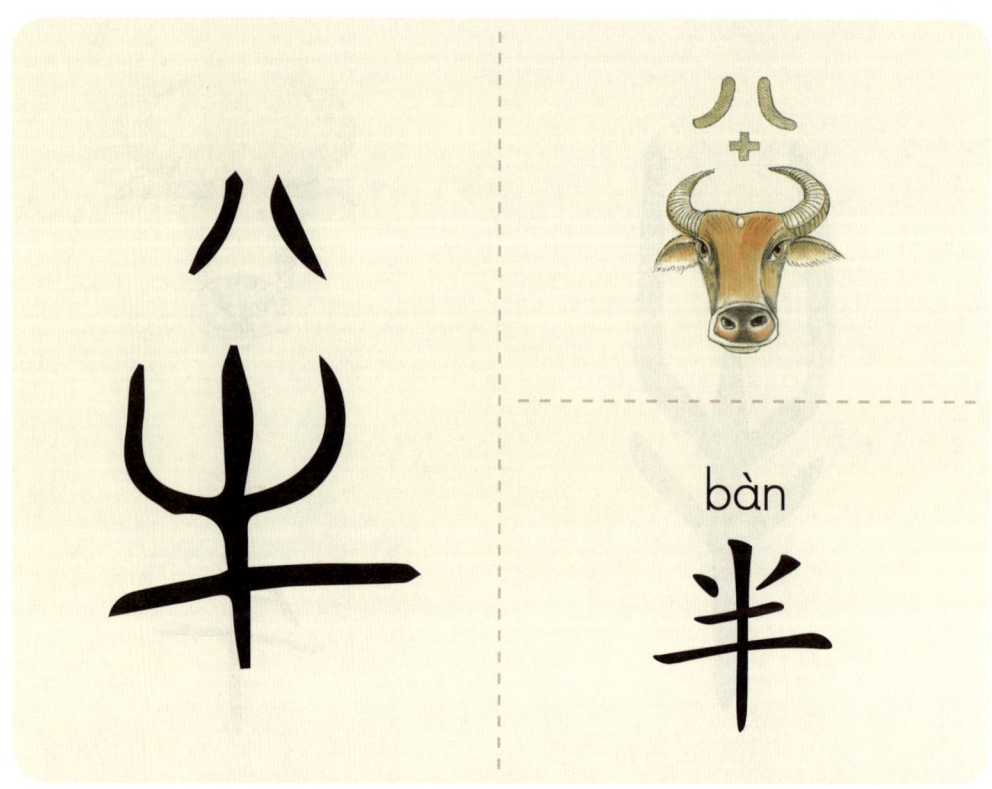

bàn

半

半，会意字。金文字形由八（八）和半（牛）构成，八是"分"的初文，表示分开，表示把牛的身体从中间分割开，本义是二分之一。引申为中间、部分。

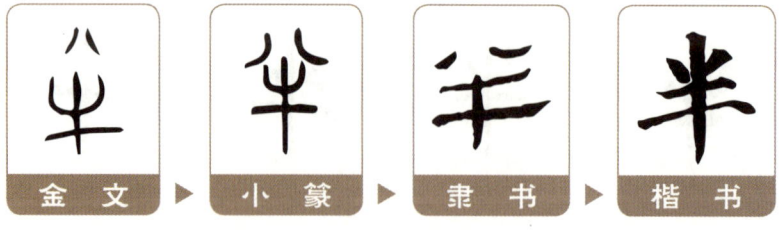

金文 ▶ 小篆 ▶ 隶书 ▶ 楷书

常用词语：一半　半信半疑　一年半载
半个　三更半夜　一知半解

yáng
羊

羊，象形字。甲骨文字形像两只角向下弯曲的羊头形状，突出一对弯曲的羊角，本义是羊，羊是十二属相之一。

| 甲骨文 | 金文 | 小篆 | 隶书 | 楷书 |

常用词语

山羊　顺手牵羊　羊肠小道
羊群　亡羊补牢　羊毛出在羊身上

犬 quǎn

犬，象形字。甲骨文字形横过来看，像一条狗，两只耳朵支棱着，尾巴翘起来，一副警觉的样子，本义是狗，狗是十二属相之一。

| 甲骨文 | 金文 | 小篆 | 隶书 | 楷书 |

常用词语：猎犬　鸡鸣犬吠　鸡犬不宁　警犬　鸡犬相闻　犬牙交错

xiàng

象

 象，象形字。甲骨文字形横过来看，像一头大象。巨大的身躯和头部，突出了大象长长的大鼻子，本义是大象，借用表示"形象"的"象"。

甲骨文 ▶	金文 ▶	小篆 ▶	隶书 ▶	楷书

常用词语　大象　盲人摸象　气象万千
　　　　　　象棋　万象回春　人心不足，蛇吞象

第八章 动物世界 ❶

汉字溯源

马牛半羊犬象鼠龙

shǔ 鼠

鼠，象形字。甲骨文字形横过来看，像一只老鼠，张开的嘴巴，细长的尾巴。老鼠的特性是啃食东西，嘴周围的小点儿表示老鼠啃东西掉下来的碎屑，用这个特征表示这是老鼠，本义是鼠类动物。鼠是十二属相之一。

甲骨文 ▶ 金文 ▶ 小篆 ▶ 隶书 ▶ 楷书

常用词语：老鼠　胆小如鼠　鼠目寸光　松鼠　抱头鼠窜　猫哭老鼠

lóng

龙

龙［龍］，象形字。甲骨文字形像传说中的一种神异的动物，头上有高冠，张着大口，长长的须子，身体弯曲，本义是龙。龙是华夏民族的图腾，龙是十二属相之一。

甲骨文	金文	小篆	隶书	楷书

常用词语　游龙　鱼跃龙门　画龙点睛
　　　　　龙王　龙腾虎跃　藏龙卧虎

第八章 动物世界 1

汉字溯源

马牛半羊犬象鼠龙

动物世界中的这些字，有的勾画出动物的完整形象，有的用动物头部代替动物全身，共同的特点是突出这种动物的特征，不然就分辨不出是哪种动物了。

牛，像牛头，突出牛最具特征的牛角，表示牛。

马，突出背上的鬃毛，像一匹马。

龙，龙头上有冠，大口长身，像传说中的一种神异动物，是华夏民族的图腾。

半，上面是八，下面是牛，表示分割牛体，本义是二分之一。

象，突出长鼻子，像一头大象。

犬，支起耳朵，翘着尾巴，像一条警觉的狗。

羊，像羊头，突出羊最具特征的向下弯曲的羊角，表示羊。

鼠，嘴边有啃东西掉的碎屑，尾巴细长，表示老鼠。

上面这一组字除了"半"是会意字外，其他都是象形字。下面就来看看我们的远古祖先是怎样用（牛）来构造会意字的。

牢，像牛在围栏中，表示养牛、羊、马等牲畜的围栏。

告，像把宰杀后的牛放入器皿中祭祀，表示告祭。

牡，⊥表示雄性家畜或者兽类，与（牛）合起来表示公牛，后来泛指雄性动物。本来是会意字，后来把⊥写成"土"，表示读音，就变成形声字了。

第八章 动物世界 ❶

汉字导图

龙
- 聋 耳聋
- 笼 鸡笼
- 拢 归拢
- 垄 垄断
- 庞 庞大
- 宠 宠物

象
- 像 好像
- 豫 豫剧
- 橡 橡皮

马
- 驼 驼背
- 骆 骆驼
- 驴 毛驴
- 骏 骏马
- 驰 奔驰
- 驳 反驳
- 驾 驾车
- 吗 好吗
- 妈 爸妈
- 蚂 蚂蚁

牛
- 牢 牢固
- 告 告诉
- 牡 牡丹
- 牧 放牧
- 物 万物
- 犁 犁田
- 牺 牺牲
- 牲 牲畜
- 特 特别

羊
- 美 美丽
- 羔 羊羔
- 洋 海洋
- 糕 糕点
- 养 养育
- 羹 羹汤
- 姜 生姜
- 群 羊群

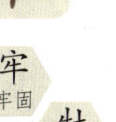

半
- 胖 肥胖
- 叛 背叛
- 伴 陪伴
- 绊 牵绊
- 拌 搅拌
- 判 判别

犬
- 狗 黄狗
- 吠 犬吠
- 犯 犯罪
- 猩 猩猩
- 猛 猛烈

鼠

马牛半羊犬象鼠龙

103

文物 青铜羊觥

"羊"字在甲骨文时代也表示吉祥，这个意思后来写作吉祥的"祥"，羊在中国传统文化中象征吉祥。

下图是商代晚期的青铜羊觥gōng，觥是古代礼器中的盛酒器。羊头和羊背是觥的盖子，羊背上有龙和凤，龙是手柄。它造型奇巧，憨态可爱，工艺精美，是商代青铜器的代表作。

商·青铜羊觥
规格：长22cm

传说 画龙点睛

龙是中华民族的图腾，千百年来流传着许多和龙有关的传说。六朝时期，有一位著名画家叫张僧繇yáo，擅长画龙。传说，张僧繇在金陵安乐寺的墙壁上画了四条龙，但是都没点上眼睛。他常说："如果点上眼睛，那龙就飞走了。"人们都认为张僧繇的说法十分荒唐，一定要请张僧繇为龙点上眼睛。张僧繇无奈，只得给其中的两条龙点上眼睛。不一会儿，只见雷鸣电闪，穿破墙壁，那两条点了眼睛的龙便腾云上天，而那两条没点上眼睛的龙仍然在墙壁上。后来人们就用"画龙点睛"比喻说话或写文章，在关键处用一两句精彩的话点明主旨，使之生动传神。 ■据唐代张彦远《历代名画记·张僧繇》

牛郎织女

农历七月晴朗的夜晚，在北方的星空可以看见银河东西两边有两颗璀璨的星，这是牵牛星和织女星。关于这两颗星，有一个凄美的爱情传说。

在天河的东边有一仙女，名为织女。织女是天帝的女儿，成年累月在机杼上织布，织出云锦天衣，却没时间打扮自己。天帝心疼女儿，便将织女嫁给了天河西边的牛郎。婚后的织女沉浸在美好的婚姻生活中，耽误了织布。天帝发怒，责令织女重回天河东边，只允许他们一年相会一次。入秋后的第七天，是牛郎织女相会的日子，可是天河阻隔，无法相见，他们就让喜鹊架起桥梁，两人在鹊桥上相见。这就是传说中的农历七月初七鹊桥相会，这一天就是"七夕节"。 ■据梁代殷芸《殷芸小说》

典故 千金市骨

战国时代，燕昭王姬职为复兴燕(yān)国，拜访郭隗(wěi)先生，请教招揽人才之策。郭隗先生说："我听说古代国君中，有用千金寻求千里马的，三年都没有得到。有个国君亲近的内侍对国君说：'请让我去寻求。'国君就派他去寻。只用了三个月就寻到千里马，但马已经死了，他就用五百金买下马头，返回国内报告国君。国君大怒，说：'我要的是活马，怎么弄来个死马，还花掉五百金？'内侍回答说：'买死马尚且用五百金，何况活马呢？天下人一定会认为大王有买良马的诚意，千里马就要到了。'于是，不到一年，便招引来多匹千里马。如果现在大王诚心招纳贤士，就先从我开始。我尚且被礼遇，何况才能比我高的人呢？难道会因千里之遥而不前来吗？"

闻听此言，燕昭王为郭隗建筑宫室，名曰"金台"，拜郭隗为师。天下震动，贤才云集，燕国逐渐强大起来。

■ 据《战国策·燕策一》

第九章　动物世界 ❷

"谁道群生性命微？一般骨肉一般皮。劝君莫打枝头鸟，子在巢中望母归。" ■白居易《鸟》诗人劝告人们保护鸟类，巢中的小鸟正盼望外出觅食的母亲归来呢！本章讲一组与鸟类有关的汉字。

niǎo 鸟

鸟〔鳥〕，象形字。甲骨文字形像一只直立的鸟的侧面的形象，尖尖的喙(huì)，丰满的羽翼，分开的鸟爪，本义是飞禽。

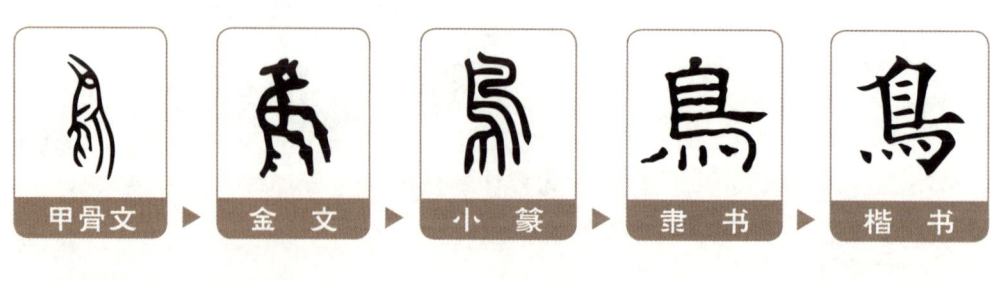

| 甲骨文 | 金文 | 小篆 | 隶书 | 楷书 |

常用词语：飞鸟　小鸟依人　鸟语花香　鸟鸣　百鸟朝凤　惊弓之鸟

wū
乌

乌 [烏]，象形字。金文字形，像一只乌鸦的样子，乌鸦叫声大，突出了乌鸦的喙(huī 乌嘴)，本义是乌鸦。乌鸦的羽毛是黑色的，所以"乌"引申为黑色。

| 金文 | 小篆 | 隶书 | 楷书 |

常用词语：乌云　爱屋及乌　乌云密布
乌黑　乌七八糟　乌烟瘴气

fēi

飞

飞〔飛〕，象形字。战国时期楚国文字字形像鸟儿展开翅膀，向上奋飞的样子。本义是鸟向上飞，泛指飞翔。现代简化字写作"飞"。

战国文字 ▶ 小篆 ▶ 隶书 ▶ 楷书

常用词语：飞行　一飞冲天　远走高飞　飞机　飞禽走兽　龙飞凤舞

习

xí

习〔習〕，会意字。甲骨文字形，由 羽（羽）和 日（日）组成，表示鸟儿展开羽翼，在日光下飞翔。本义是鸟反复练习飞翔，引申为反复地学习。现代简化字写作"习"。

| 甲骨文 | 战国文字 | 小篆 | 隶书 | 楷书 |

常用词语

学习　习以为常　习惯成自然
习惯　积习难改　学而时习之

第九章 动物世界 ❷

汉字溯源

鸟鸟飞习

上面这些有关鸟类的古文字，都突出了鸟类的特征：鸟喙、翅膀和鸟爪。鸟喙用来啄食，翅膀用来飞翔，鸟爪用来抓住树枝栖息，也用来捕捉猎物。

乌，乌鸦叫声大，突出它张大的喙。

习，用鸟的羽翼代表飞的动作，本义是鸟在日光下反复练飞。

飞，像鸟奋飞的样子，突出鸟展开的翅膀。

鸟，像站立的鸟类，本义是飞禽。

同样是和鸟有关的字，有的表示鸟和鸟的类别，有的表示鸟的动作。古老的汉字是怎样做到这一点的呢？乌鸦叫声大，所以"乌"字突出张开的喙，鸟飞凭借翅膀，所以"飞"和"习"突出鸟的羽翼。

现在让我们来看看甲骨文中还有哪些鸟。

凤：高高的鸟冠，丰满的羽翼，像孔雀类的鸟形，原本表示孔雀类的凤鸟，引申为传说中的凤凰。

燕：张开的翅膀，分开的尾翼，表示燕子。

隹zhuī：像鸟的形状，表示短尾鸟。

雀：会意字，由"小"和"隹"构成，意思是小鸟，表示雀类。

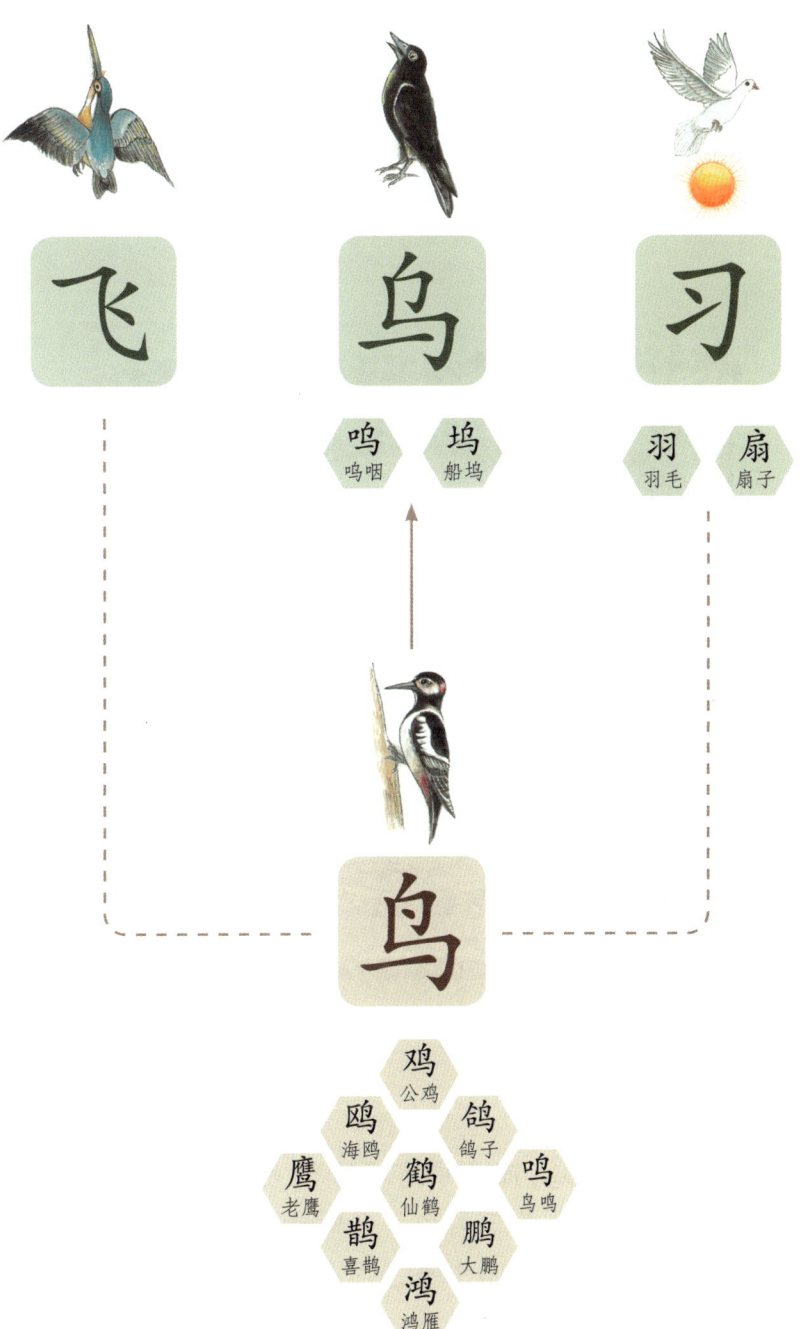

神话 日精金乌

远古神话传说世界上有十个太阳,十个太阳是帝俊与羲xī和的儿子。羲和在汤谷给十个太阳洗澡,汤谷上有神树扶桑,每天其中九个太阳居住在扶桑下面,一个太阳居住在扶桑上面。每天早晨,十个太阳轮流从东方神树扶桑上升起,由神鸟金乌驮着由东向西飞翔,到了晚上便落在西方神树若木上。

■据《山海经·大荒南经、海外东经、大荒东经》

传说,"日中有踆cūn乌,而月中有蟾蜍"。蟾蜍是月精,踆乌是日精。踆,是蹲的意思,踆乌就是三足乌,又叫赤乌,它的形象是一只黑色乌鸦,蹲居在金光闪耀的太阳中央,因此被称为金乌。因为金乌是日精,古人就把金乌作为太阳的别名。金乌是远古时代东方部落东夷民族的图腾之一。

■据《淮南子·精神训》

吉祥鸟

在中国传统文化中，鸟象征着富贵吉祥。在甲骨文和金文中，鸟的字形和古代器物的造型是一样的。人们喜欢用鸟形图案和造型制作配饰和生活用具。

下面左图是商代的玉鸟形佩。玉鸟头顶高冠，勾嘴，眼睛像甲骨文 ᾳ（臣）的字形。冠的两侧各阴刻一铭文，像是"牧""侯"两字。

下面右图是战国时代的鸟形勺。勺身为椭圆形，圆底圈足，前部有突起的雀鸟形雕饰，后有单柄和鸟相对。柄是平板形状，上面有复杂的金文。勺是舀酒器。这件勺有圈足，可以稳稳地置于几案上，因此又是一件可用来直接饮酒的器物。

商·玉鸟形佩
规格：高9cm 宽4cm 厚0.6cm
馆藏：故宫博物院

战国前期·鸟形勺
规格：高7.9cm 长17cm 口径长8cm
馆藏：故宫博物院

神话 精卫填海

传说，在上古时代，发鸠山上有许多桑树，树上有一只可爱的鸟，它的形状和乌鸦非常相似，头上有花纹，嘴巴是白色的，爪是红色的。它的啼叫声像"精卫！精卫！"所以人们就叫它"精卫"。

精卫鸟本来是炎帝的小女儿，名叫女娃。女娃非常喜欢游泳，有一天她在东海游泳，不幸遇到巨浪，被海水吞没，再也没能返回。女娃死后就化为精卫鸟，它下定决心要把东海填平。于是，精卫每天从西山衔着树枝、石子飞到东海上空，把它们投下去。就这样，一天又一天，一月又一月，一年又一年，一直如此。

■ 据《山海经·北山经》

"精卫填海"的神话，反映了远古时代人类为了生存与大自然抗争，精卫鸟就是远古先民与大海抗争的精神象征。后人用"精卫填海"来比喻不畏艰辛，奋斗不息。

传说 百鸟之王凤凰

龙和凤是中华民族的图腾，象征吉祥和谐。俗语"龙凤呈祥""龙凤和鸣"，表达了人们的美好愿望和祝福。凤凰被尊为百鸟之王，有"百鸟朝凤"的说法。雄鸟叫"凤"，雌鸟叫"凰"，合称凤凰。

商·玉凤佩
规格：长13.8cm 宽3.2cm 厚0.8cm
馆藏：中国国家博物馆

商·甲骨文"凤"

商代的凤凰形的玉器佩饰和商代的甲骨文"凤"字何其相似！

传说，丹穴山上遍布金属矿石和美玉。丹水从山中流出，向南奔流，注入渤海。山中有一种鸟，形状像鸡，名叫凤凰。它的羽毛五彩缤纷，呈现出文字形状的花纹：头上的花纹像"德"字，羽翼上的花纹像"仁"字，背上的花纹像"礼"字，胸部的花纹像"人"字，腹部的花纹像"信"字。这种鸟，把自然元气作为饮食，自由自在地歌唱舞蹈。它一出现，天下就祥和太平。■据《山海经·南山经》

惊弓之鸟

战国末年，日益强大的秦国对其他各国虎视眈眈。其他六国决定联合抗秦。赵国使者魏加得知楚国春申君准备让临武君担任主将，很不赞同。他说："从前魏国有个叫更羸的神箭手，百发百中。有一次，空中飞来一只大雁，他对魏王说：'我不用箭，只要虚拉弓弦，就可以让它跌落下来。'只见更羸拉弓扣弦，嘣的一声弦响，大雁先是向高处猛一蹿，随后扇动几下翅膀，便一头栽落下来。魏王很吃惊，更羸说：'不是我的箭术高超，是这只大雁身有隐伤。它飞得很慢，是因为它体内有伤；鸣声悲，是因为它长久失群。疮伤未愈，惊魂不定，所以一听见弓弦响声便惊惧高飞。由于急拍双翅，用力过猛，旧伤逬裂，才跌落下来。'"

魏加说到此，话锋一转，说："临武君刚被秦军打败，看到秦军就如惊弓之鸟，怎能担任主将呢？"春申君点头称是。

■据《战国策·楚策四》

后人用这个典故比喻曾受过打击或惊吓的人心有余悸，再遇到类似情况就惊慌害怕。

第十章　动物世界 ❸

"有虫鱼，有鸟兽，此动物，能飞走。"

■《三字经》 走：跑 虫鱼鸟兽，有的能飞，有的能跑，让我们再来认识一组有关动物的汉字。

chóng

虫

虫，象形字。甲骨文字形像一条蛇，本义是毒蛇。又同"蟲"泛指动物。

它，象形字，甲骨文 或 、金文 ，都像一条蛇，是"蛇"的初文，后来借用称人以外的事物。甲骨文的 （虫）和 （它）都像一条蛇， 的形体细小， 形体粗大、身上有花纹，金文 把花纹简化为一条竖线。蟲，会意字。小篆字形 像是三条蛇，本义是动物的总称，后来词义范围缩小了，指昆虫；老虎仍叫"大虫"，沿用了古代的称呼。现代汉字简化为"虫"。

| 常用词语 | 虫子　狼虫虎豹　雕虫小技
书虫　蛛丝虫迹　百足之虫，死而不僵 |

yǔ
禹

禹，象形字。金文字形像爬行动物虫的样子，有头有尾，有眼睛，还有足，本义是虫。又指夏朝第一位君主禹。

大禹 远古时期夏后氏部落领袖。传说大禹带领人民治理洪水，后来成为夏朝的第一位君主。学者推测，以治水闻名的夏后氏部落可能用"禹"作为图腾，后人就把这个部落的首领称为"禹"。

金文 ▶ 小篆 ▶ 隶书 ▶ 楷书

常用词语 大禹治水　禹惜寸阴　禹行舜趋

bā

巴

巴，象形字。小篆字形像蟒蛇形，本义是巴蛇，即古代传说中可以吞食大象的大蛇。重庆、四川一带蛇虫多，所以古国称"巴国"，至今还有"巴蜀"的称呼。

蛇吞象 据《山海经·海内南经》记载："巴蛇食象，三岁而出其骨。"意思是：巴蛇吞食一头象，要过三年才把象骨吐出来。俗语有：人心不足蛇吞象。

甲骨文	小篆	隶书	楷书

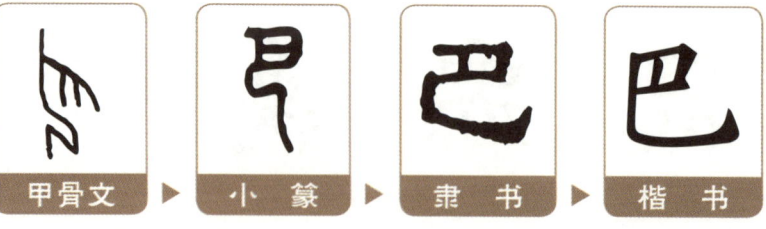

常用词语：巴蜀　巴山蜀水　巴山夜雨　下巴　老实巴交　狐狸尾巴

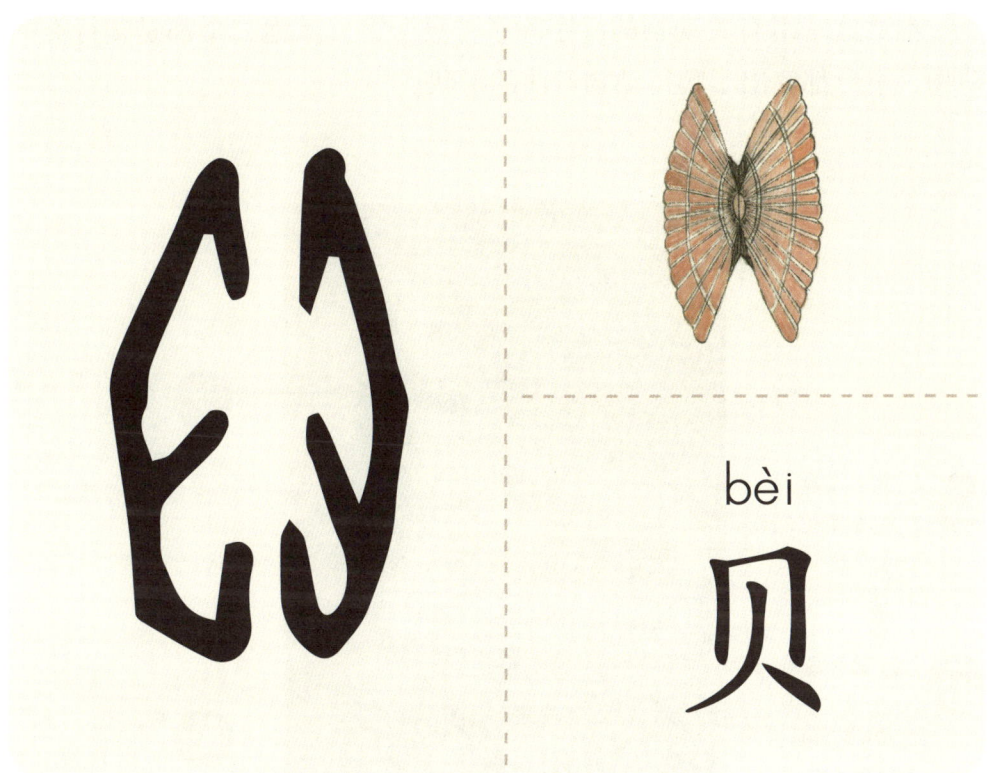

bèi
贝

贝[貝]，象形字，甲骨文字形从侧面看，像两扇合在一起的扇贝，本义是贝类动物。上古时期，贝壳曾被用作货币，所以又指古代用作货币的贝壳或贝形的货币。

甲骨文 ▶ 金文 ▶ 小篆 ▶ 隶书 ▶ 楷书

常用词语	贝壳　干贝　珠宫贝阙 què 形容房屋华丽 宝贝　海贝　束贝含犀 xī 形容牙齿整齐洁白

本章这一组有关动物的汉字除了"贝"字，其他三个都是爬行类的动物，字形都突出了爬行动物弯曲的形状。

虫，像一条蛇，本义是毒蛇，又同"蟲"泛指一切动物。

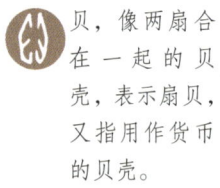
贝，像两扇合在一起的贝壳，表示扇贝，又指用作货币的贝壳。

巴，小篆像张着大口的蟒蛇，本义是巴蛇，传说能吞象。

禹，比"虫"字更具象，本义是虫。

我们再来看看古人是怎样用上面这些独体字来构造合体字的。

"禹"和"巴"常用来做声符。但是要注意，由于时代发展，语音发生了变化，同一个独体字做声符的时候，不只表示一个读音。

用"禹"做声符的字，如：属shǔ、龋qǔ；用"巴"做声符的字，如：爬pá、把bǎ。

再来看用"虫"和"贝"做形符的字。

用"虫"做形符的字，例如：蝴蝶、蜘蛛、蟒蛇、螃蟹。从天上飞的到水里游的，不同种类的动物都用"虫"字做形符，这恰好说明"虫"在古文字中泛指所有动物。

用"贝"做形符的字，例如：贵贱、财货、贫（穷）、资（产）。这些字都和钱财有关，这是因为"贝"在远古时代曾用来做货币，"贝"在古文字中既表示贝类，又表示贝币。

第十章 动物世界 ❸

汉字导图

虫
- 蛇 草蛇
- 萤 萤火虫
- 蜂 蜜蜂
- 蛙 青蛙
- 蚪 蝌蚪
- 虽 虽然
- 蝉 蝉鸣
- 蝶 蝴蝶
- 蛛 蜘蛛
- 蟹 螃蟹

巴
- 吧 好吧
- 色 色彩
- 把 把手
- 疤 伤疤
- 肥 肥胖

禹
- 属 属于

贝
- 购 购买
- 员 成员
- 败 失败
- 赠 赠送
- 责 责备
- 赞 称赞
- 赌 赌博
- 贺 祝贺
- 贵 富贵
- 赛 比赛
- 贫 贫穷
- 货 货物
- 资 工资
- 贤 贤明
- 坝 大坝
- 贡 贡献
- 则 守则
- 贯 连贯

虫 禹 巴 贝

神话 大禹治水

传说，远古时曾发生过一次大洪水。洪水滔天，一个叫鲧gǔn的部落首领，没等待天帝的命令，盗取了天帝的息壤来堵塞洪水。天帝让火神祝融在羽山近郊杀死了鲧。鲧死后，从他遗体的腹中生出了禹。天帝就命令禹率领部下治理洪水，划定了九州的区域。禹娶了涂山氏的女儿为妻，没有因为家事而耽误公事，回家只住四天，就返回治水。禹为了治洪水，开凿辕huán辕yuán山，化身为熊。禹对妻子涂山氏说："送饭时，听到鼓声再来。"禹凿石开山，踩落石块，击中了鼓。涂山氏听到鼓声来送饭，看到变成熊的丈夫，羞愧难当，掉头离去。她到了嵩高山下，变成岩石。这时她已有孕在身，儿子启就快出生了。禹说："把儿子还给我！"岩石朝北裂开，他们的儿子启诞生了。禹因为先父治水无功被杀，于是劳力操心，在外十三年，过家门却不敢进。史书上说，鲧用围堵的办法治水失败了，而禹用疏导的办法治水则获得了成功。

■据《山海经·海内经》《史记·夏本纪》

第十章 动物世界 ❸

汉字驿站

虫禹巴贝

127

漫谈 老虎为啥叫"大虫"?

古代作品中,常把老虎叫"大虫",这是为什么呢?

虫,现在指昆虫或类似昆虫的小动物;在古代,却可以指包括人的一切动物。

古书上说:有羽之虫三百六十种,凤凰是它们的首领;有毛之虫三百六十种,麒麟是首领;有甲之虫三百六十种,神龟是首领;有鳞之虫有三百六十种,蛟龙是首领;倮之虫(倮同裸,就是无羽、无毛、无甲、无鳞)三百六十种,圣人是首领。 ■据《大戴礼记·易本命第八十一》

老虎属于"有毛之虫",体型庞大,称之为"大虫"也就不奇怪了。《水浒传》中,店家说,"景阳冈上有只吊睛白额大虫",于是引出了之后武松打虎的故事。

最早的"钱"：贝币

天然贝币是世界上最早使用的货币，甲骨文和金文中都有赏赐贝币的记录。

早在夏代晚期，贝币就开始使用了，到了商代和周代就更普遍了。贝币中常见的是一种齿贝，常常把背面磨平，或者钻一个穿孔，便于携带，用来交换货物，叫货贝。后来，由于贝壳大小合适、携带方便、容易计数，就成了货币。东周以后，贝币逐渐被金属的钱币取代。

贝币以"朋"为计量单位，五贝为一串，两串为一朋。

从左面这组贝币可以看出，有的海贝经过加工去掉了一半，有的在贝的尖端钻出孔。

商·天然货贝
规格：高 1.9~2.7cm
　　　宽 1.3~1.9cm
　　　厚 1~1.2cm
馆藏：中国国家博物馆

除了天然贝币，还有人造贝币，主要有金贝、银贝、铜贝、铅贝、玉贝、石贝、骨贝等。右面这两件青铜贝币形状类似海贝，仿照磨平了背面花纹的海贝，俗称"鬼脸钱"或"蚁鼻钱"，是战国时期楚国特有的一种青铜铸币，也是楚国的主要货币。

战国（楚）·铜贝币
规格：左长 1.7cm　宽 1.2cm
　　　右长 1.9cm　宽 1.1cm
馆藏：中国国家博物馆

"巴人"传说和文化

传说，西南方有个巴国。太皞hào生咸鸟，咸鸟生乘釐lí，乘釐生后照，后照就是巴国人的始祖。

夏朝君王启有一个臣子叫孟涂，是主管巴人之神。有巴人到孟涂那里告状，孟涂看见告状人衣服上沾有血迹，就把他拘禁起来，被抓的人就向他请求饶命。■据《山海经·海内经》

巴人在夏朝时就建立了巴国，国都是夷城 今湖北恩施，后迁都到丹山 今四川叙永；商朝到西周时期，巴国的都城在巫山 今隶属重庆；春秋时期，巴、楚多次发生战争，巴国多次失败，都城迁移到江州 今重庆江北区。

在今重庆市巫山镇的大溪，发现了距今约6500~5000年新石器时代晚期的原始文化，被称为"大溪文化"。

新石器时代·彩绘陶罐
出土：重庆巫山大溪文化遗址

新石器时代·彩绘陶碗
出土：重庆巫山大溪文化遗址

王鹏伟

二级教授，北京师范大学中国语文与海外华文教育研究中心研究员、东北师范大学教育硕士专业学位教育指导委员会委员、教育部"国培计划"专家、中国教育学会理事、全国汉字文化教育联盟理事长，策划创办全国首家校园汉字博物馆。

王　公

笔名愚公、愚人。教授，中国美术家协会会员，中国当代水墨画家。

史殿生

中国美术家协会会员、国家一级美术师、北京师范大学中国画创作高级研究生班导师。

杨　峰

中国美术家协会会员、中国出版工作者协会装帧艺委会会员，现为吉林省社会科学院民族研究所研究员。

字源绘

汉字本来的样子

贰

王鹏伟 编著

长春出版社
国家一级出版社
全国百佳图书出版单位

中国的汉字和古埃及圣书文字、古代苏美尔文字、原始埃兰文字、克里特文字等,同属世界上最古老的文字,唯有汉字经历约3400年一直沿用至今,这是世界文明史上的一大奇迹。

第一章　人类家族 ❶

汉字溯源 ·· 2
人 / 大 / 太 / 立 / 夫 / 天 / 夭 / 亦 / 夹 / 夬 / 丂

汉字解码 ·· 13
汉字导图 ·· 14
汉字驿站 ·· 15
由"人"构成的大学校徽 / 从"桃之夭夭"到"逃之夭夭" /
盘古开天 / 豫让刺赵襄子

第二章　人类家族 ❷

汉字溯源 ·· 20
首 / 页 / 头 / 面 / 而 / 冉 / 囟 / 身 / 乃 / 心 / 勾

汉字解码 ·· 31
汉字导图 ·· 32
汉字驿站 ·· 33
穿越三千年的大金面具 / 美髯公 / 人生百态：京剧脸谱 /
人面桃花

第三章　人类家族 ❸

汉字溯源 ·· 40
口 / 甘 / 曰 / 言 / 也 / 乎 / 平

汉字解码 ·· 47
汉字导图 ·· 48
汉字驿站 ·· 49
东郭牙觉察伐莒 / 晏子使楚 / 张仪之舌

目录

第四章　人类家族 ❹
汉字溯源 …………………………………………… 54
　牙 / 耳 / 自 / 目 / 见 / 臣 / 民
汉字解码 …………………………………………… 61
汉字导图 …………………………………………… 62
汉字驿站 …………………………………………… 63
　巧笑倩兮，美目盼兮 / 一叶障目 / 唇亡齿寒 / 诤臣魏征

第五章　人类家族 ❺
汉字溯源 …………………………………………… 68
　手 / 爪 / 又 / 叉 / 及 / 尤 / 失 / 为 / 承 / 与 / 隶 / 击 / 更
汉字解码 …………………………………………… 81
汉字导图 …………………………………………… 82
汉字驿站 …………………………………………… 83
　王之爪牙——傅说 / 贾宝玉险些被"叉"出去 / 塞翁失马

第六章　人类家族 ❻
汉字溯源 …………………………………………… 88
　止 / 之 / 出 / 入 / 正 / 卫
汉字解码 …………………………………………… 94
汉字导图 …………………………………………… 95
汉字驿站 …………………………………………… 96
　古人穴居 / 征夫的歌谣 / 止戈为武 / 田单守城

第七章 人类家族 7

汉字溯源 ·················· 102
女 / 母 / 儿 / 已 / 了 / 长 / 父 / 弟

汉字解码 ·················· 110

汉字导图 ·················· 111

汉字驿站 ·················· 112
伊尹生于空桑 / 女娲造人 / 陶哺乳女俑

第八章 人类家族 8

汉字溯源 ·················· 116
严 / 肃

汉字解码 ·················· 118

汉字导图 ·················· 119

汉字驿站 ·················· 120
程门立雪 / 孙子练兵

第一章　人类家族 1

"三才者，天地人。"■《三字经》上有天，下有地，顶天立地的是人。古人认为天、地、人是构成生命现象的基本要素，与人体有关的古文字，反映出远古人类对自身的认知。

人 rén

人，象形字。甲骨文字形 ⺅，像一个侧面站立的人，胳膊向前伸开，腿稍弯曲，这种字形就把人和动物、植物等区分开了。本义是人，泛指人类。

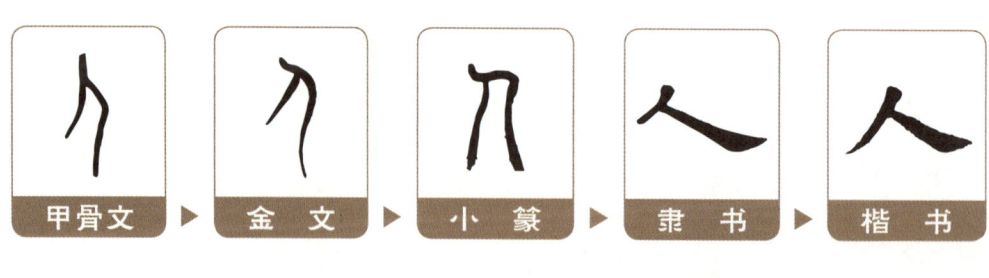

| 甲骨文 | 金文 | 小篆 | 隶书 | 楷书 |

常用词语

人类　舍己为人　助人为乐
主人　以人为本　一鸣惊人

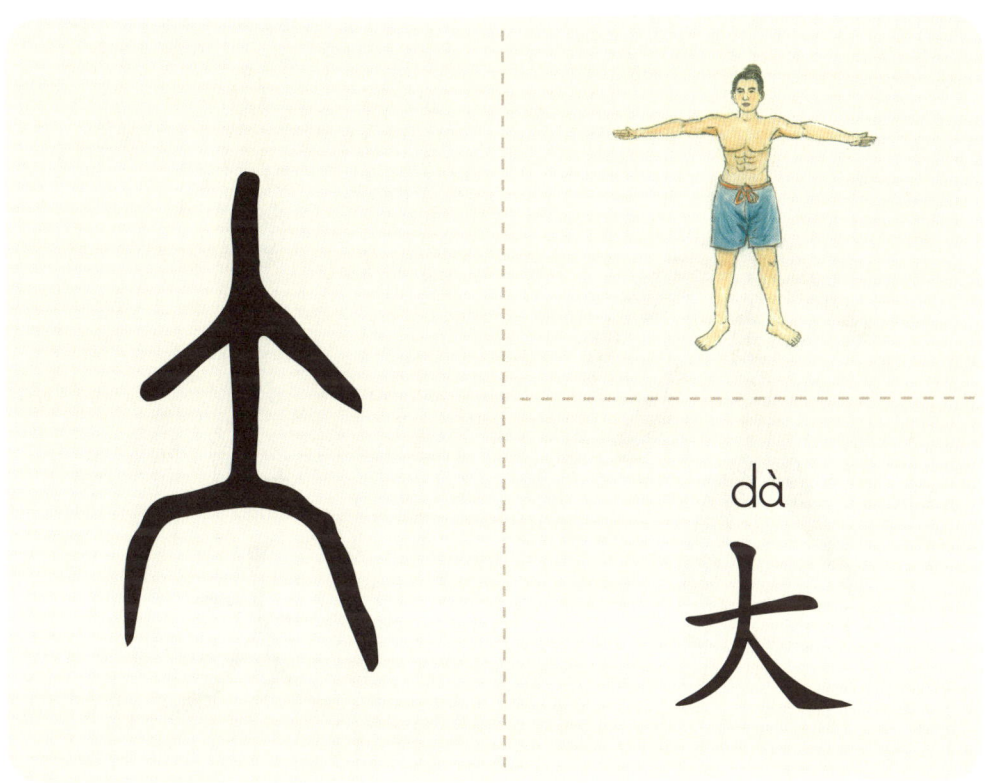

dà
大

大和亻（人）的字形有什么联系？

大，象形字。甲骨文字形像一个正面站立的人，两臂平伸、两腿分开，显得健硕有力，像一个成年人的样子。本义是大人（成年人），引申为大小的"大"。

甲骨文 ▶ 金文 ▶ 小篆 ▶ 隶书 ▶ 楷书

| 常用词语 | 大人　大模大样　落落大方
大小　大名鼎鼎　大公无私 |

第一章 人类家族 **1**

汉字溯源

人 大 太 立 夫 天 夭 亦 夹 央 丏

3

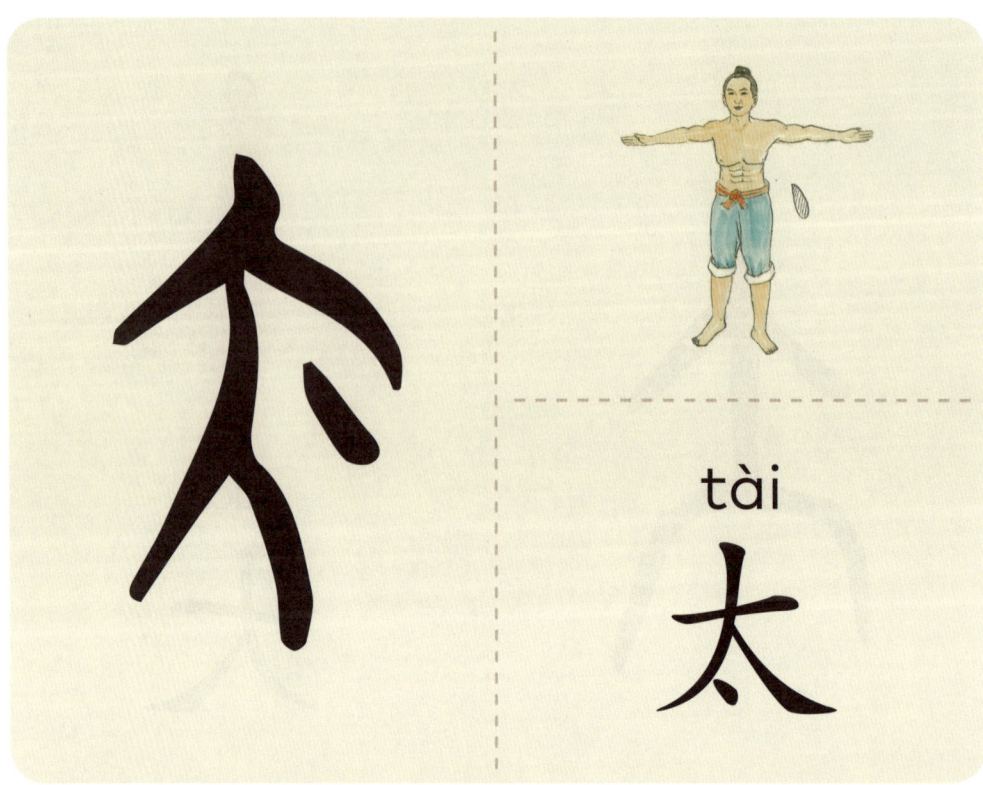

tài

太

𠕋 和 𠕋（大）的字形有什么联系？

太，指事字。战国古文字形像一个正面站立的人，和 𠕋 相比多了一点儿，表示比"大"还大，是"大"的分化字，本义是极大，引申为极、最。

源字 分化字 一个字原来往往表示几个不同的意思，后来为了区分，就另造两个以上的字来分担不同的意思，这些字就是分化字，原来的字就称为源字。例如："太"是"大"的分化字，"大"就是"太"的源字。

战国文字	小篆	隶书	楷书
𠕋	亣	太	太

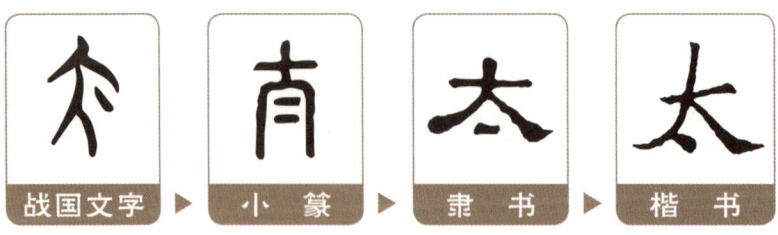

常用词语	太大　太公　天下太平
	太阳　太空　太仓一粟

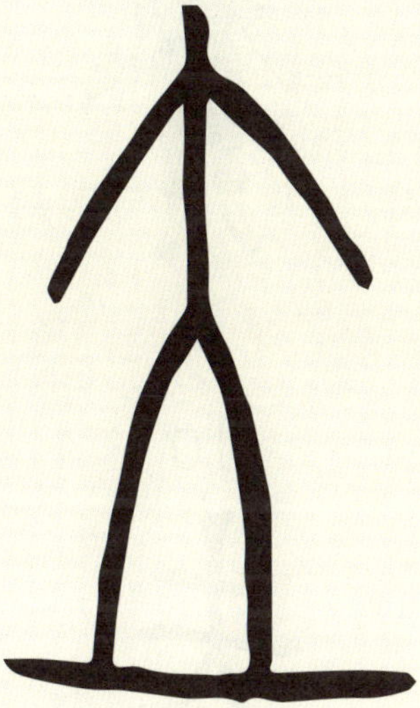

立

和 夫（大）的字形有什么联系？

立，会意字。甲骨文字形由 夫 和 ⎯ 构成，⎯ 表示地面，像一个正面站立的人站在地上。本义是站立，引申为竖起。

甲骨文 ▶ 金文 ▶ 小篆 ▶ 隶书 ▶ 楷书

常用词语

站立　顶天立地　坐立不安
竖立　鹤立鸡群　立竿见影

第一章 人类家族 ❶

汉字溯源

人 大 太 立 夫 天 夭 亦 夹 央 丏

fū
夫

夫和大（大）的字形有什么联系？

夫，象形字。甲骨文字形像一个束起长发，插上簪子的男子，本义是成年男子。引申为"夫妻"的"夫"。

冠礼 古代男子二十岁行冠礼，把头发束起来，插上簪子，表示成年。

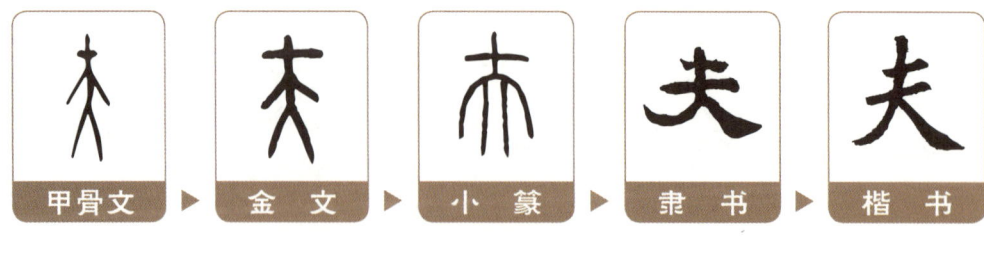

| 甲骨文 | 金文 | 小篆 | 隶书 | 楷书 |

常用词语：农夫　匹夫　凡夫俗子　丈夫　姑父　夫唱妇随

tiān
天

天，指事字。甲骨文字形和金文字形像一个正面站立的人，突出人的头部，表示人的头顶。本义是头、头顶，引申为天地的"天"。

甲骨文 ▶ 金文 ▶ 小篆 ▶ 隶书 ▶ 楷书

常用词语	天空　天长地久　雨过天晴
	秋天　顶天立地　海阔天空

第一章　人类家族 ❶

汉字溯源

人 大 太 立 夫 天 夭 亦 夹 央 丂

汉字溯源

yāo
夭

夭，象形字。甲骨文字形像人奔跑时两臂摆动的样子，本义是奔跑。因为奔跑时身体弯曲，引申为弯曲、夭折。借用表示草木茂盛的样子。

甲骨文	金文	小篆	隶书	楷书

常用词语：夭折　夭桃秾李　逃之夭夭　夭矫　桃夭李艳　桃夭柳媚

人 大 太 立 夫 天 夭 亦 夹 央 丂

8

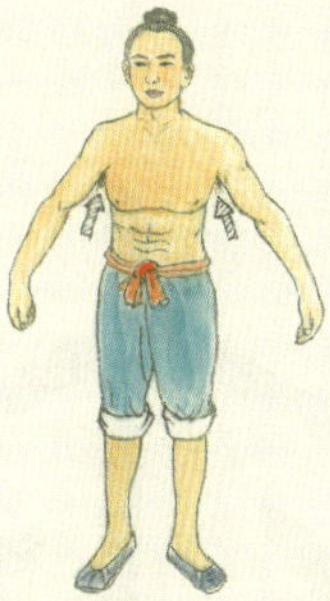

亦 yì

亦，指事字。甲骨文字形像一个正面站立的人，左右两点儿指示人的腋下部位，本义是胳肢窝，是"腋"的初文。借用表示"也"。

甲骨文 ▶ 金文 ▶ 小篆 ▶ 隶书 ▶ 楷书

常用词语：亦然　不亦乐乎　亦步亦趋　亦可　亦真亦幻　人云亦云

第一章　人类家族 ❶

汉字溯源

人 大 太 立 夫 天 夭 亦 夹 央 丏

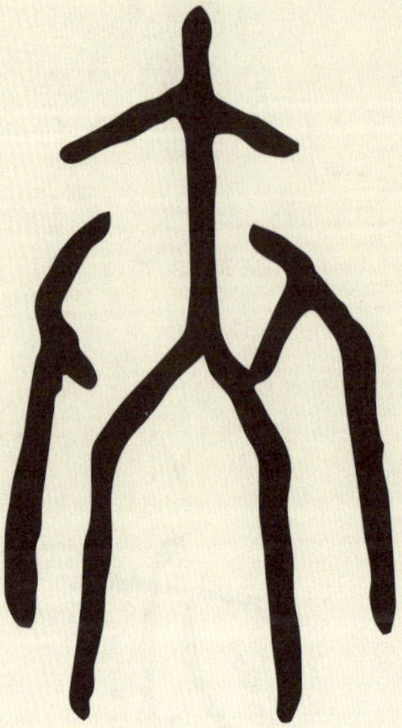

jiā, jiá

夹

𤇾和夹的字形有什么联系？𤇾是由哪些字构成的，表示什么意思？

夹〔夾〕，会意字。甲骨文字形像两个人从腋下扶持一人，读jiā，本义是扶持，引申为夹东西的"夹"。又读xié，表示挟持，这个意思后来写成"挟"。又读jiá，表示双层的。

| 甲骨文 | 金文 | 小篆 | 隶书 | 楷书 |

常用词语

夹住　夹道欢迎　内外夹攻
夹衣　夹枪带棒　煮夹生饭

yāng

央

央，会意字。甲骨文字形像一个正面站立的人，脖子上戴着枷锁，本义是祸殃，是"殃"的初文。后来借用表示中央。

| 甲骨文 | 金文 | 小篆 | 隶书 | 楷书 |

常用词语： 中央　央告　东央西告
央求　央托　长乐未央

第一章 人类家族 ❶

汉字溯源

人 大 太 立 夫 天 夭 亦 夹 央 丂

11

汉字溯源

gài 丐

丐，会意字。"丐"在古文字中是"匄 gài"和"匃 gài"的异体字，从 亾（亡）——亡从"刀"，小短画指示刀锋所在，是锋芒的"芒"的本字，借用表示逃亡——从亻（人），本义是逃亡的人，引申指乞丐。

甲骨文	金文	小篆	楷书

常用词语：丐命　乞丐

本章我们认识了人类家族中的第一组字，你能找出它们之间的联系吗？

夫，在大的上面加上一横，像人头上插着簪子，本义是成年男子。

太，在大的腋下加了一个点儿，本义是极大。

亦，在人的腋下加两点儿，本义是腋窝。

立，在大下面加一横，像人站立在地面上，本义是站立。

人，像人侧面站立的样子，本义是人。

夭，像人甩开双臂奔跑的样子，本义是奔跑。

天，突出人的头部，表示头顶天，本义是头顶。

大，像人张开手臂、岔开腿脚，正面站立的样子，本义是大人。

夹，像两个人从腋下架着一个人，本义是扶持。

央，像人戴着枷锁，本义是祸殃，是"殃"的初文。

丐 [匄、匃]，从亡从人，本义是逃亡的人，引申为乞丐。

上面这些字都是从 𠁼 字变来的。

现在，让我们看看古人是怎样用 𠁼 做偏旁来造字的：

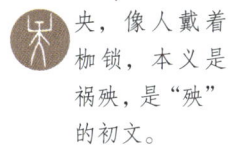 从，像一个人在前面，后面跟着一个人，本义是跟从、随从。

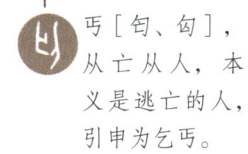 北，像两个人背靠背，本义是人的后背，是"背"的初文（最早的写法），后来借用表示北方。

化，像一正一倒两个人，本义是变化。

众，表示太阳下面有很多人，本义是众人。在遥远的古代，众人相聚，日出耕作，所以众人头上有太阳。

上面这几个字都是由两个或两个以上的独体字构成，合起来表示这个字的意思，这种造字法叫"会意"，用这种方法造的字叫"会意字"。

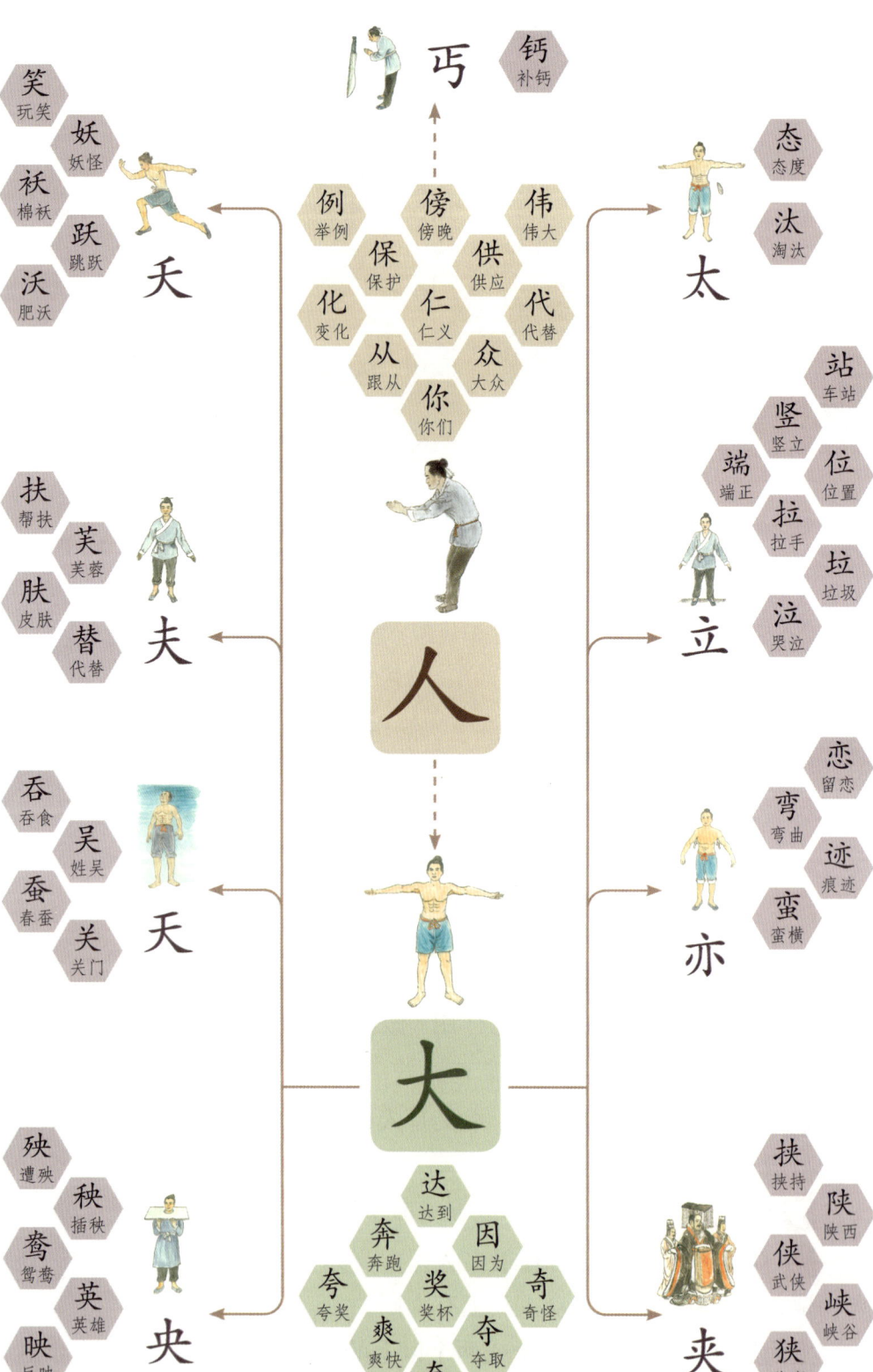

由"人"构成的大学校徽

象形的古文字富有具体可感的形象特点。因此,在现实生活中,古老的汉字成为人们隐含寓意或表示象征的直观意象。下面两个著名大学在不同历史时期的校徽,就是由"人"的古文字形构成的。

北京大学校徽,由鲁迅先生在 1917 年设计完成,2007 年后使用的北大校徽是在此基础上修改的。校徽图案以篆书的"北大"二字构成一个圆形,下面的"大"字像一个正面站立的人,上面的"北"字构成背对背两个侧立的人,整体构成"三人成众"的意象;又如一人而背负二人之象。校徽的象征意义是:北京大学肩负开启民智的使命。

北京大学校徽

中国人民大学校徽,由 1988 级校友章叶青于 2002 年设计完成。校徽图案以三个并列的篆书"人"字为基础构成。三个"人"字分别寓意:"人民""人本""人文",即"人民的大学""以人为本的精神"和"以人文社会科学为主的特色";三个"人"字的排列隐含"三人行,必有我师焉""三人成众"之意。

中国人民大学校徽

典故 从"桃之夭夭"到"逃之夭夭"

你知道"逃之夭夭"这个成语吗？它的意思是逃跑，是一种幽默的说法。但是你知道吗，"逃之夭夭"最初可不是指逃跑。"桃之夭夭"源于《诗经·国风·周南》里的一篇名为《桃夭》的民歌："桃之夭夭，灼灼其华。"诗中的"华"（華）金文字形 ，本义就是花朵，这个意思后来写作"花"。"夭夭"指草木茂盛的样子，"灼灼"指花朵艳丽的样子。这两句的意思是：茂盛桃树嫩枝丫，开着鲜艳粉红花。原本表示"桃花茂盛"的"桃之夭夭"，后来怎么又写成"逃之夭夭"，表示逃跑之意呢？原来，由于"桃"与"逃"谐音，于是明代冯梦龙的《醒世恒言·卢太学诗酒傲王侯》中便有："那（哪）知卢才听见钮成死了，料道不肯干休，已先逃之夭夭，不在话下。"从此就出现了一个成语"逃之夭夭"，歪打正着，它用的正是"夭"字的本义"奔跑"。这一字之差，竟创造了一个流传后世的诙谐成语。

清·恽寿平《武陵春色图》
规格：纵 69.8cm 横 31cm

神话 盘古开天

常言说：自从盘古开天地，三皇五帝到如今。

相传，天地开辟以前，混沌一团，像个鸡蛋一样，盘古就生在这当中。过了一万八千年，天地分开了，轻而清的阳气上升为天，重而浊的阴气下沉为地。盘古在天地中间，一天变化九次，他的智慧比天高超，他的能力比地强大。天每日升高一丈，地每日增厚一丈，盘古也每日长大一丈。这样又过了一万八千年，天升得极其高远，地沉得极其深厚，盘古也长得极其高大。天地开辟了以后，才出现了远古时代的"三皇"。■据《艺文类聚·卷一》引徐整《三五历纪》

第一章 人类家族 1

汉字驿站

人 大 太 立 夫 天 夭 亦 夹 央 丂

豫让刺赵襄子

春秋时期，晋国执政大臣智伯十分器重赏识他的家臣豫yù让。后来，与智伯积怨颇深的晋国大夫赵襄xiāng子，联合韩、魏两个氏族灭掉了智伯，瓜分了他的土地。豫让逃到山中，说："唉！士为知己者死，女为悦己者容。"他决心为智伯报仇。

于是豫让更名改姓，伪装成受过刑罚的人，混入赵襄子的宫中修整厕所，他怀揣匕首，伺机行刺。赵襄子识破并捉住了他，却认为他是个讲义气、有贤德的人把他释放了。

不久，豫让又把漆涂在身上，使皮肤烂得像癞lài疮chuāng，吞下火炭使嗓音嘶哑，让别人认不出他来。他伪装成乞丐沿街乞讨，连他的妻子都认不出他了。有一天，赵襄子出门，豫让就埋伏在赵襄子要经过的桥下。赵襄子一上桥，马就受到了惊吓，赵襄子说："这一定是豫让。"果不其然，赵襄子捉住了豫让，说："我已经放过你一次了，这次我不能再放你了。"豫让说："既然今天又被你捉住，我自然会伏法。但希望拿你的衣服让我击杀，这也算是为我的主人报仇了。"赵襄子被豫让的大义感动，就派人拿着自己的衣服，豫让拔剑跳跃三次刺穿衣服，然后说："我为智伯报仇了！"说罢，挥剑自刎而亡。

■据《史记·刺客列传》

豫让文身以报知己
武氏祠·左石室画像题字册（局部）
规格：纵27.2cm 不等　横49.6cm 不等
馆藏：故宫博物院

第二章 人类家族 2

设想一下，如果要你来造一个表示人或动物头部的象形字，会是什么样子的呢？现在，就让我们从头部开始，来看看汉字中表示人体的一组汉字。

首 shǒu

首，象形字。甲骨文字形像动物或人的头部，上面有眼睛、嘴、毛发，本义是头。引申为首领、首要、首先。

甲骨文	金文	小篆	隶书	楷书

常用词语：首领　首屈一指　昂首挺胸　首先　畏首畏尾　痛心疾首

页 yè

页［頁］，象形字。甲骨文字形像人形并突出人的头部。本义是头，借用表示书册的一张。(页)和(首)都表示人的头部，但多了人的身体部分做衬托，含义指向更为具体，只表示人的头部，不表示动物的头部。

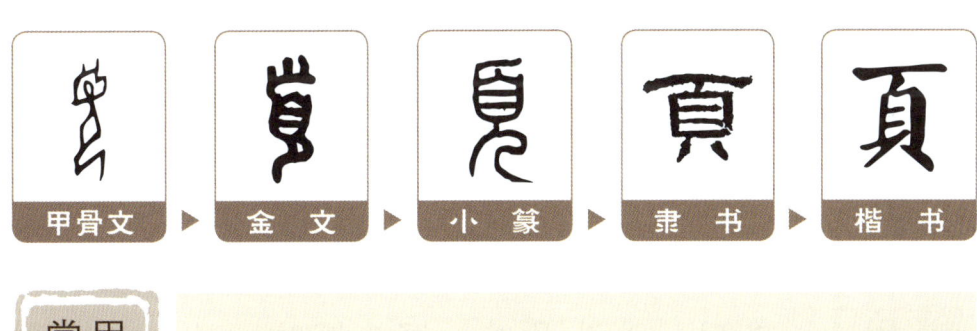

甲骨文	金文	小篆	隶书	楷书

常用词语：首页　页码　插页　册页　页面

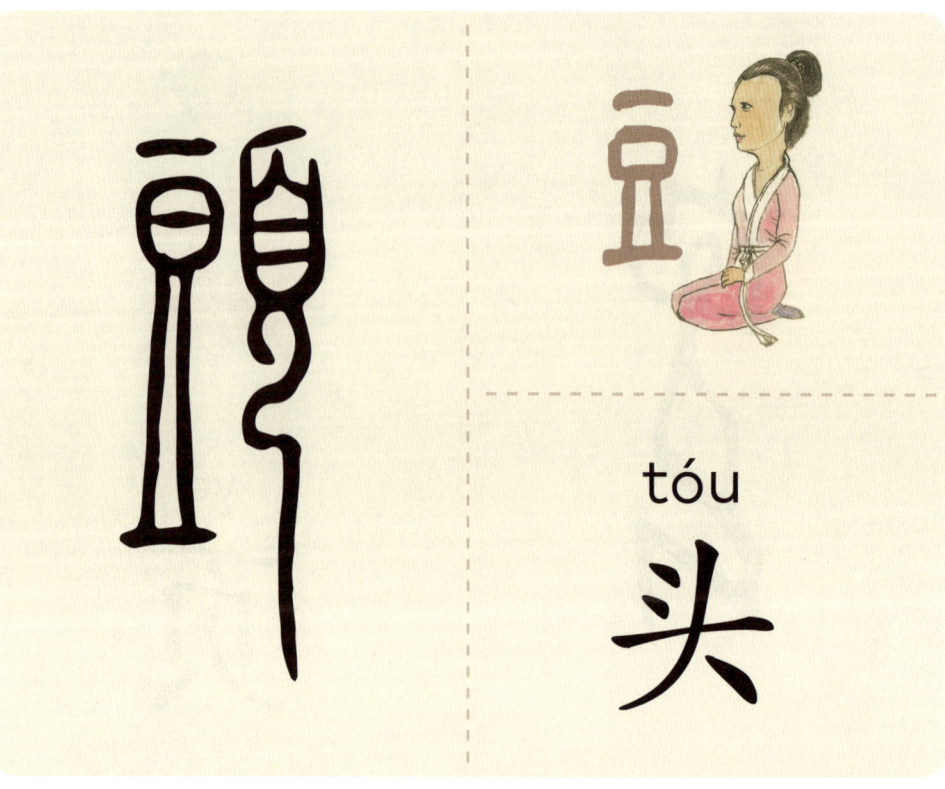

tóu

头

❓ 的哪个偏旁表示"头部"的含义？

头［頭］，形声字。金文字形从 (页)， (豆)声。本义是头部，引申为物体的顶端或末梢、事情的开始或结束。

頭 头 頭的简化字写法"头"首次出现在居延汉简中，是"頭"字的草书楷化。现代简体字的字形大部分并非新造，都有文字典籍作为出处依据。

金文 ▶ 小篆 ▶ 隶书 ▶ 楷书

常用词语　头脑　头头是道　探头探脑
　　　　　线头　交头接耳　街头巷尾

miàn

面

（面）与 （首）有什么相似之处？

面，甲骨文字形是会意字。外围表示脸的轮廓；脸上最传神的是眼睛（目），所以用眼睛表示脸；金文字形是指事字，在 （首）的左边用线条指示脸部。本义是脸，引申为表面、面对、方面。又做"麵"的简化字，表示面粉。

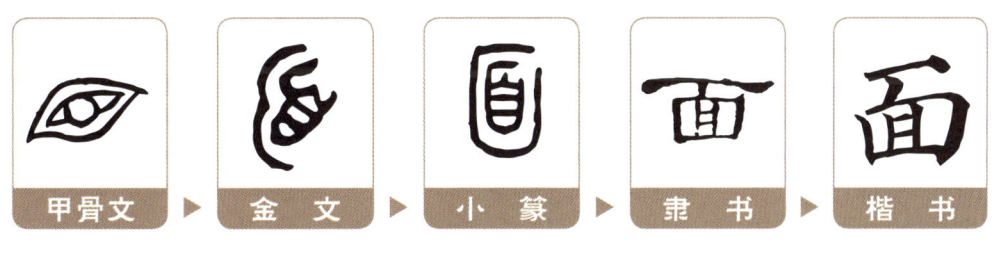

| 甲骨文 | ▶ | 金文 | ▶ | 小篆 | ▶ | 隶书 | ▶ | 楷书 |

常用词语：脸面　面目全非　千人一面　当面　满面春风　四面八方

首 页 头 面 而 典 囟 身 乃 心 匆

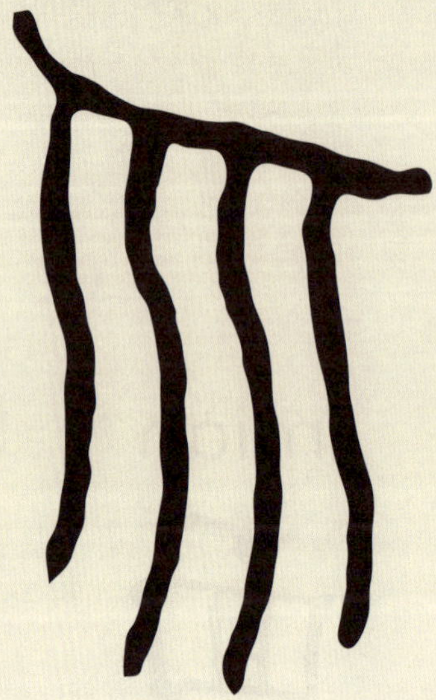

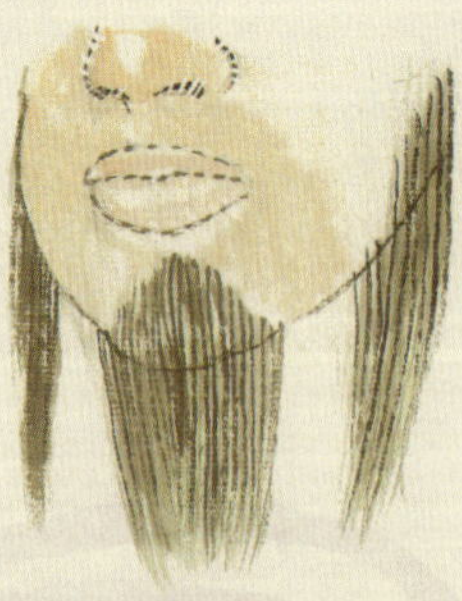

ér

而

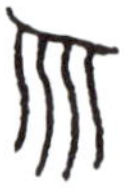 而，象形字。甲骨文字形像人的颊毛，上面表示脸颊，下垂部分像颊毛，甲骨文中有的写作三笔，有的写作四笔、五笔，笔数比较随意；金文时期逐渐固定为四笔。本义是胡须，借用表示而且。

甲骨文

金 文

小 篆

隶 书

楷 书

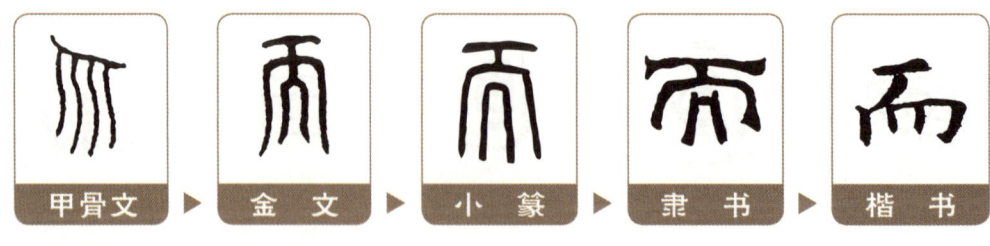

常用词语

而且　不约而同　脱口而出

然而　显而易见　随遇而安

rǎn

冉

冉，象形字。甲骨文字形像人面颊两边胡须下垂的样子，是"髯"rán的初文，本义是面颊两边的胡须。和（而）相比，分为两侧，强调面颊两边的胡须。引申为渐渐。

| 甲骨文 | 金文 | 小篆 | 隶书 | 楷书 |

常用词语　渐冉　冉冉升起　冉冉不绝　须发冉冉

xìn

囟

囟，象形字。甲骨文字形像婴儿头顶骨未合缝的形状，外边的菱形轮廓表示婴儿的脑袋，里面的十字表示头顶骨未合缝之处，本义是脑囟门。

甲骨文 ▶ 金文 ▶ 小篆 ▶ 隶书 ▶ 楷书

常用词语： 囟门　头囟

shēn

身

㇇和㇇(人)字形有什么不同？㇇的中部看起来像什么？

㇇ 身，象形字。甲骨文字形突出㇇(人)的腹部，像女人怀孕的样子，本义是怀孕，引申为身体。

| 甲骨文 | 金文 | 小篆 | 隶书 | 楷书 |

常用词语　身体　身怀六甲　大显身手
　　　　　身手　言传身教　现身说法

第二章 人类家族 2

汉字溯源

首页 头 面 而 冉 册 囚 身 乃 心 匆

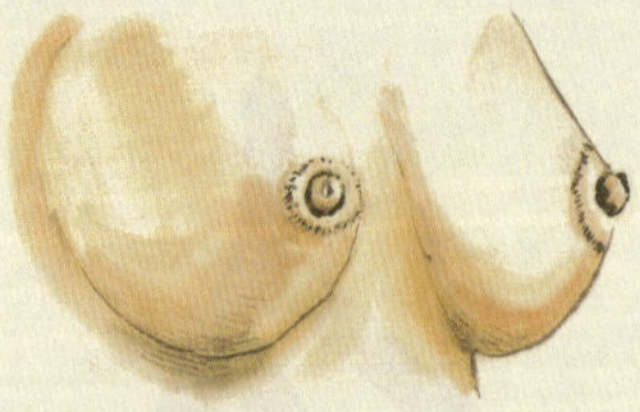

乃 nǎi

乃，象形字。甲骨文字形像乳房的形状，本义是奶，是"奶"的初文。借用表示你、你的，是、就是。

甲骨文	金文	小篆	隶书	楷书

常用词语：乃父　乃尔　乃玉乃金　乃兄　乃至　乃文乃武

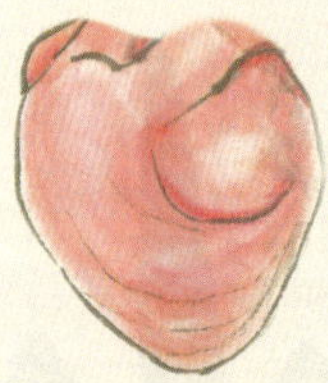

xīn

心

心，象形字。甲骨文字形 ♡，像心脏的形状，本义是心脏。因为心脏在身体的中心，所以引申为内心、中心。经历篆书、楷书的演变，"心"的字形跟象形的古文字的"心"已经没有相似之处了。

甲骨文	金文	小篆	隶书	楷书

常用词语

心脏　一心一意　三心二意
心情　齐心合力　万众一心

第二章 人类家族 ❷

汉字溯源

首页头面而冉囟身乃心勿

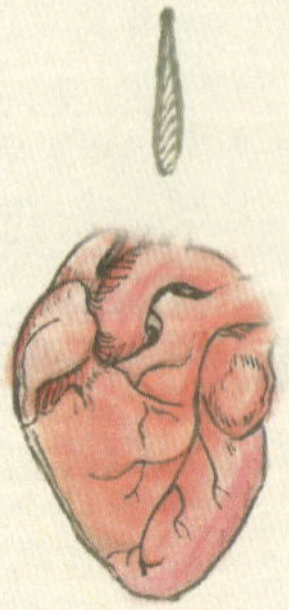

匆 cōng

匆［怱］，甲骨文字形是指事字，在"心"上加一点，表示心急。小篆字形 怱（恖），是形声字，从心，囱 cōng 声。"匆"的本义是心急，引申为急促。

甲骨文 ▶ 金文 ▶ 小篆 ▶ 楷书

常用词语　匆忙　来去匆匆　匆匆而过　匆促　匆匆过客　行色匆匆

- 面，在眼睛外围描上轮廓表示面部，本义是脸面。
- 头（頭），从页，豆声，本义是头部。
- 匆，在"心"上加一点，形成指事字，本义是心急。
- 心，像心脏形状，本义是心脏。
- 冉，与"而"相像，指面颊两边的胡须，后来写成"髯"。
- 页（頁），"首"字加上人的身体，突出头部，本义是人的头部。
- 乃，像乳房形状，本义是奶，是"奶"的初文。
- 而，上面的笔画表示脸的下部轮廓，下面像胡须，本义是胡须。
- 囟，像婴儿脑袋的轮廓，十字表示囟门的交合处，本义是囟门。
- 首，用简单的笔画勾勒出毛发、眼睛、耳朵、嘴巴，本义是人或动物的头部。
- 身，突出人的腹部，本义是怀孕。

本章的字有象形字、形声字和指事字，大部分为象形字，在这些象形字上加一笔，或者加一个部首，就形成了新的指事字或形声字。下面以"页、心"为例。

页[頁]，本义指头部，带"页"的字大多与头部有关。例如：

顶[頂]，大篆从"页"，"鼎"声，表示头顶；小篆写作，从"页"，"丁"声，是现代汉字"顶"的原形；

额[額]，小篆从"页"，"各"声，本义是额头、前额。

心，本义是心脏，受认知所限，古人认为"心"是用来思考的主要器官，所以与思想有关的字也大多带"心"字。例如：

想，从"心"，"相"声，本义是想象，引申为思考、想念；

念，从"心"，"今"声，本义是思念，引申为思考、怜爱。

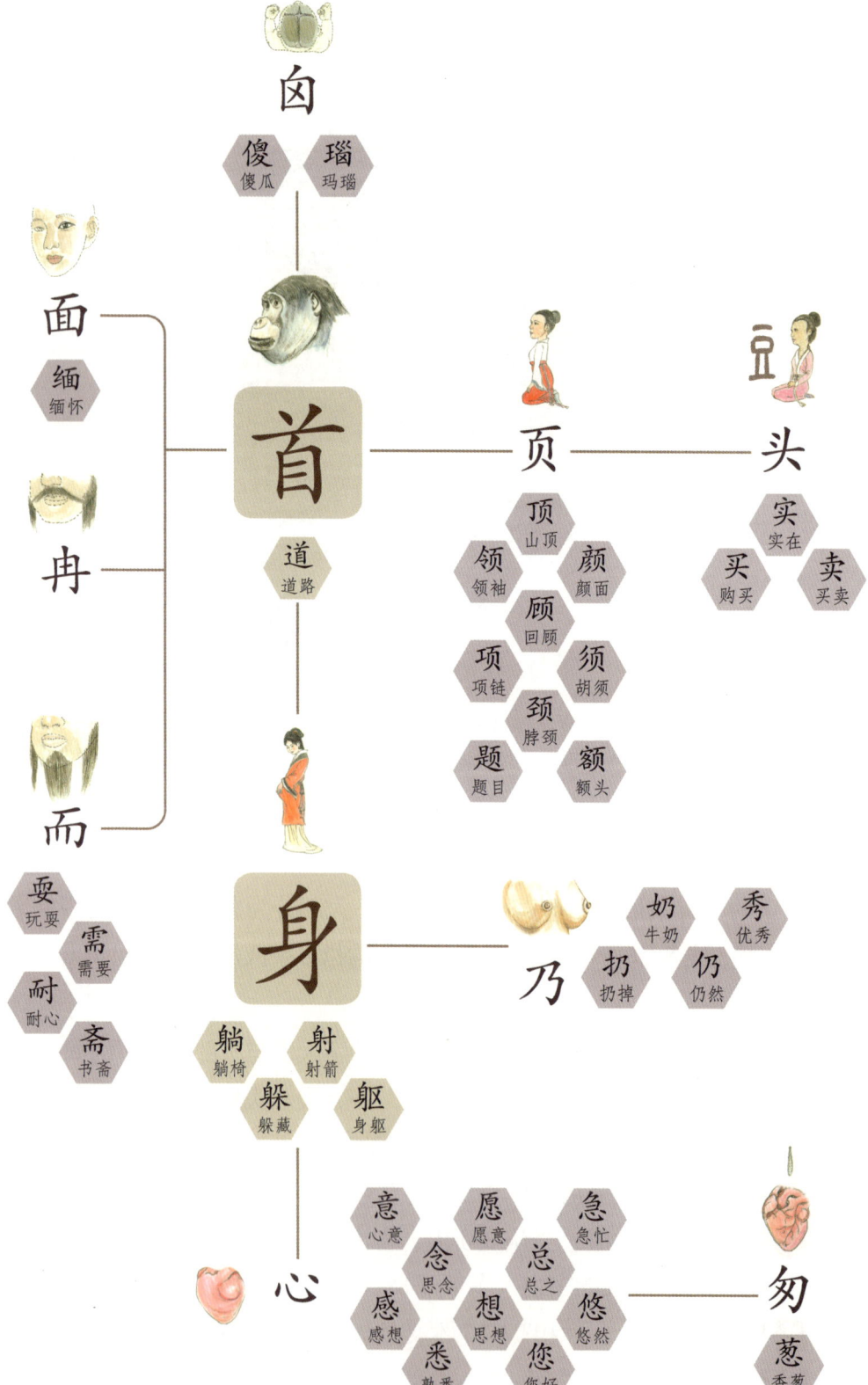

穿越三千年的大金面具

据考古发现，早在大约3000年前的商周时期，我国西南先民已经开始用贵重的黄金制作面具了，造型夸张，工艺精美。下面这个面具就是其中的代表作。

这是古蜀国的金质面具，是立体脸谱。这是在模具上锤 chuí 揲 dié 成形的，眼睛、鼻子、嘴巴、耳朵采用剪切形成。面相接近方形，额头较平；眉毛凸起，中央宽而两头窄，呈现新月形状；大眼眶，双眼镂空，上眼帘呈现弧形，下眼帘深凹；耳朵外展，耳垂穿孔；鼻梁高直；嘴巴微张。整张面具眉眼夸张，表情威严。这件文物是研究商周时期成都地区古蜀文明的重要实物资料。

商周·大金面具
规格：长20.5cm　宽10.4cm　高10.7cm　厚0.08cm
馆藏：金沙遗址博物馆

字源绘 汉字本来的样子 贰

汉字驿站

首页头面而冉典囚身乃心勿

34

美髯公

关羽,字云长,是汉末三国时期蜀国的著名将领,被尊为"武圣",因留有长长的须髯,雅号"美髯公"。

相传,在一次战役中,刘备战败逃跑,关羽等人被曹操俘虏。爱才的曹操想劝降关羽,对他礼敬有加。在一次酒宴中,关羽喝醉了,捋着自己的胡须感慨道:"我现在不能报效国家,还背弃了兄长,真的是枉为人啊!"曹操听罢,并不作答,反而被关羽的胡须吸引,问道:"云长,你的胡须有多少呢?"关羽回答道:"大约有几百根吧,每年秋天一个月大概会掉三五根;冬天的时候都会用皂纱囊包裹,以防胡须断掉。"于是,曹操便用纱锦作囊,送给关羽保护胡须。

第二天,朝堂之上,汉献帝看到了关羽胸前的纱锦囊,十分好奇,关羽以实相告。汉献帝让关羽在大殿之上摘掉纱锦囊,发现关羽的胡须长垂过腹,优美柔顺,赞叹道:"真是美髯公啊!"从此,世人皆称呼关羽为"美髯公"。

■据《三国演义·第二十五回》

漫谈 人生百态：京剧脸谱

京剧脸谱，是一种具有中国文化特色的特殊化妆方法。京剧中某个历史人物或某一种类型的人物角色都有一种大概的谱式，在这些角色脸上画的用来表现人物性格特征的图案，就称为"脸谱"。

京剧的角色类别叫"行 háng 当"，分为生、旦、净、丑四种："生"是男角色，"旦"是女角色，"净"是男花脸，"丑"就是丑角。行当不同，脸谱不同。"生"和"旦"面部化妆简单，略施脂粉；"净"和"丑"面部绘画复杂。特别是"净"，重施油彩，花纹多样，因此称"花脸"。"丑"，因为是丑角，在鼻梁上抹一小块白粉，显得很滑稽，俗称"小花脸"。京剧脸谱主要指"花脸"，花脸以色定调，如红色表示忠诚耿直、热情吉祥；黑脸表示豪爽粗暴、刚正不阿；紫色表示老实忠厚；黄色表示凶狠勇猛；蓝色表示桀骜不驯、刚强爽快；白色表示奸诈多疑；绿色表示骁勇鲁莽；粉红色表示年迈血衰；金银色表示庄严，多用于神仙圣人。如关羽"面如重枣"，就画红脸，包拯"铁面无私"就画黑脸，曹操"面带奸诈"就画白脸。人生如戏，性格各异，我们可不要做现实生活中的白脸噢！

―― 整 脸 ――

关羽（《华容道》）

曹操（《群英会》）

| 三块瓦脸 |

马谡（《失街亭》）

窦尔敦（《盗御马》）

| 十字门脸 |

张飞（《甘露寺》）

司马师（《铁笼山》）

| 六分脸 |

李克用（《沙陀国》）

尉迟恭（《白良关》）

| 碎花脸 |　　| 歪　脸 |

彭越（《九里山》）

祝彪（《三打祝家庄》）

典故 人面桃花

　　书生崔护，仪表堂堂，性情清高。清明时节，他独自到都城南游玩。遇到一座庄园，桃花掩映，寂静无声。崔护上前敲门，讨水解渴。开门的是位妙龄女子，貌美如花，招待他喝水，倚着桃枝，风姿绰(chuò)约。崔护主动搭话，她不回应，两目注视，脉脉含情。两人一见倾心，告别时，依依不舍。

　　第二年清明，崔护忽然思念起那女子，情不自禁，直奔而去。门墙依旧，可院门紧锁。无奈之下，崔护在左边门扇上挥笔题诗："去年今日此门中，人面桃花相映红。人面不知何处去，桃花依旧笑春风。"

■ 据唐代孟棨 qǐ《本事诗·情感第一》

第三章　人类家族 ❸

"酸苦甘，及辛咸。此五味，口所含。" ■《三字经》这些味道，是通过"口"品尝出来的。本章我们就来认识一些和口有关的汉字。

汉字溯源

kǒu 口

口,象形字。甲骨文字形像人或动物的嘴。本义是口,引申为人口、出入口。

甲骨文 ▶ 金文 ▶ 小篆 ▶ 隶书 ▶ 楷书

常用词语: 人口　口若悬河　心直口快　口才　守口如瓶　脱口而出

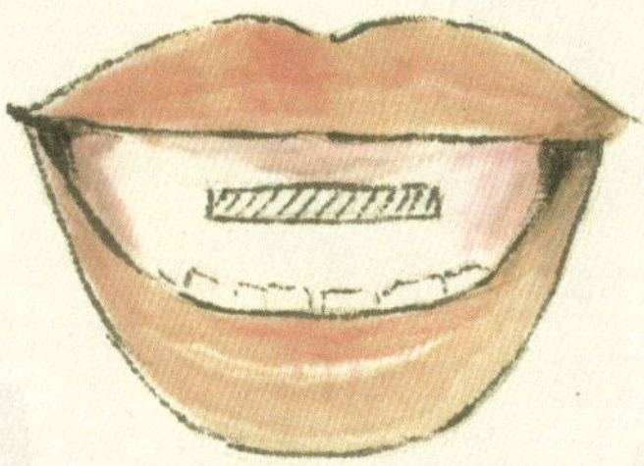

甘 gān

甘，指事字。甲骨文字形 ᗅ 是在 ᗞ（口）里面加指示符号一，表示嘴里含着一点东西，味道甘甜。本义是美味，特指味甜。引申为美好、乐意。

甲骨文	金文	小篆	隶书	楷书
ᗅ	ᗅ	甘	甘	甘

常用词语

甘甜　心甘情愿　不甘示弱
甘草　甘拜下风　苦尽甘来

第三章 人类家族 ❸

汉字溯源

口甘曰言也乎平

41

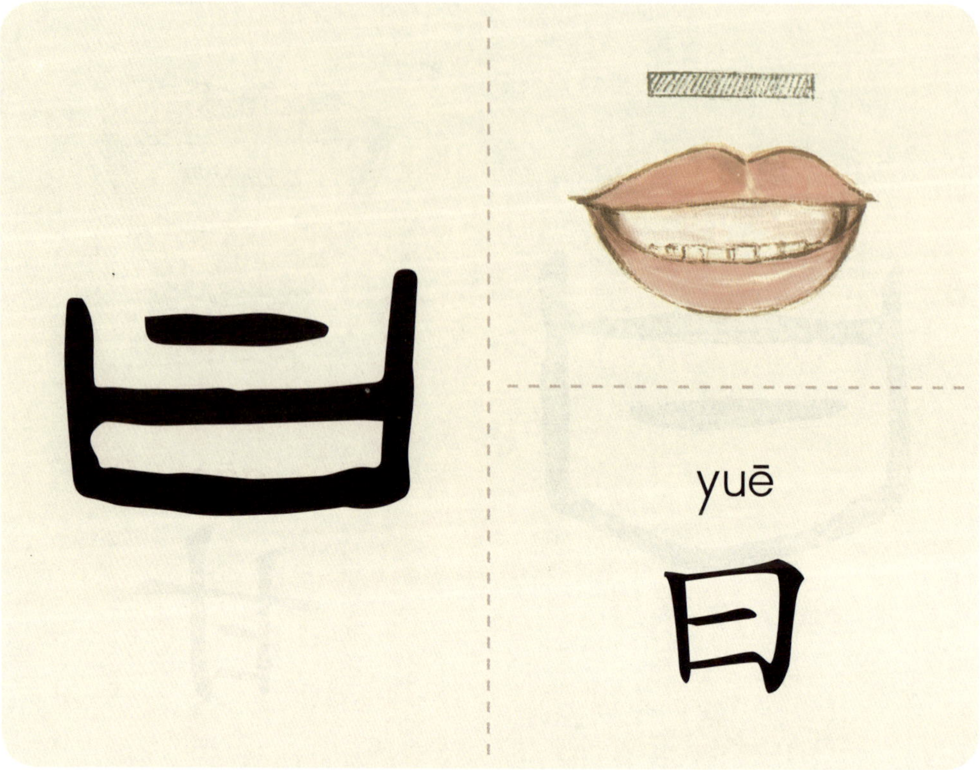

曰

yuē

曰，指事字。甲骨文字形是在 ᴗ（口）上面加 一（一），表示言从口出。本义是"说"，引申为叫作。

甲骨文	金文	小篆	隶书	楷书

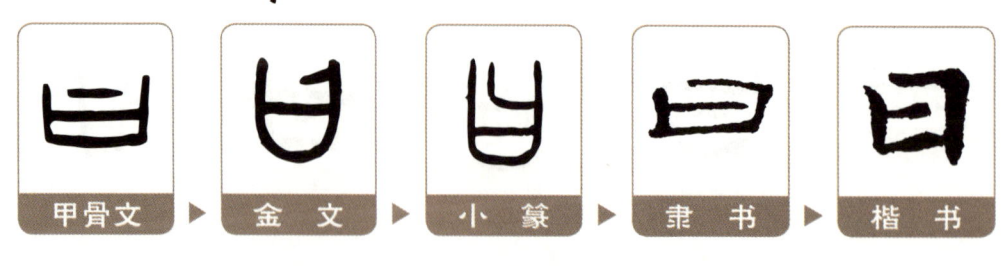

常用词语：子曰诗云　美其名曰

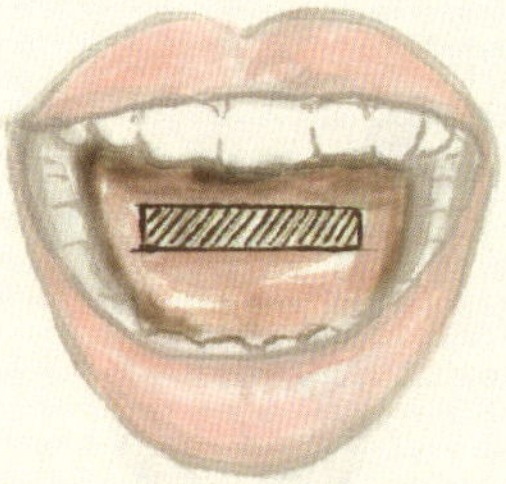

言 yán

言，指事字。甲骨文字形是在 ㄓ（舌）上加一横，表示舌头前伸。本义是说话，引申为语言。

甲骨文 ▶ 金文 ▶ 小篆 ▶ 隶书 ▶ 楷书

常用词语：语言　言归正传　一言为定
方言　甜言蜜语　妙不可言

第三章　人类家族 3

汉字溯源

口甘曰言也乎平

43

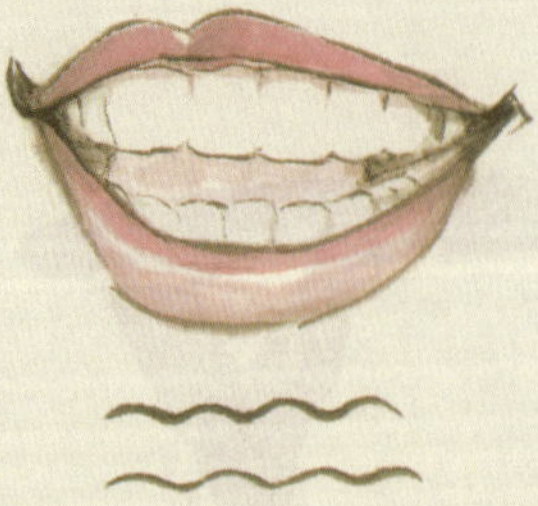

也 yě

也，会意字。金文字形从"口"从"乙"，表示语气停顿。借用表示同样。

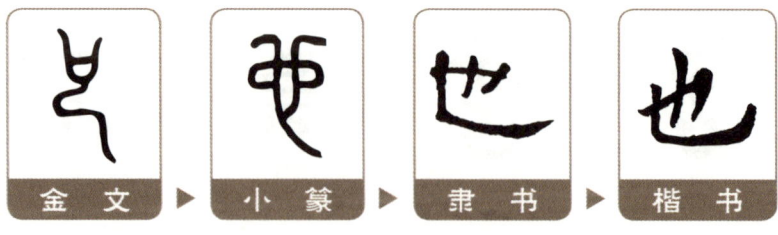

金文 ▶ 小篆 ▶ 隶书 ▶ 楷书

常用词语：也许　也罢　空空如也　也要　也好　之乎者也

hū
乎

乎，形声字。甲骨文字形中，川是形符，表示声气分散上扬（并不是一个独立的字形）；丨（丂）是声符。"乎"是"呼"的初文，本义是招呼、呼叫，借用表示语气。

形声字 由形符（旁）与声符（旁）两部分组成的字，形符表示字义，声符表示字音。形声是汉字"六书"之一。

常用词语	似乎 出乎意料 微乎其微
	几乎 神乎其神 不亦乐乎

45

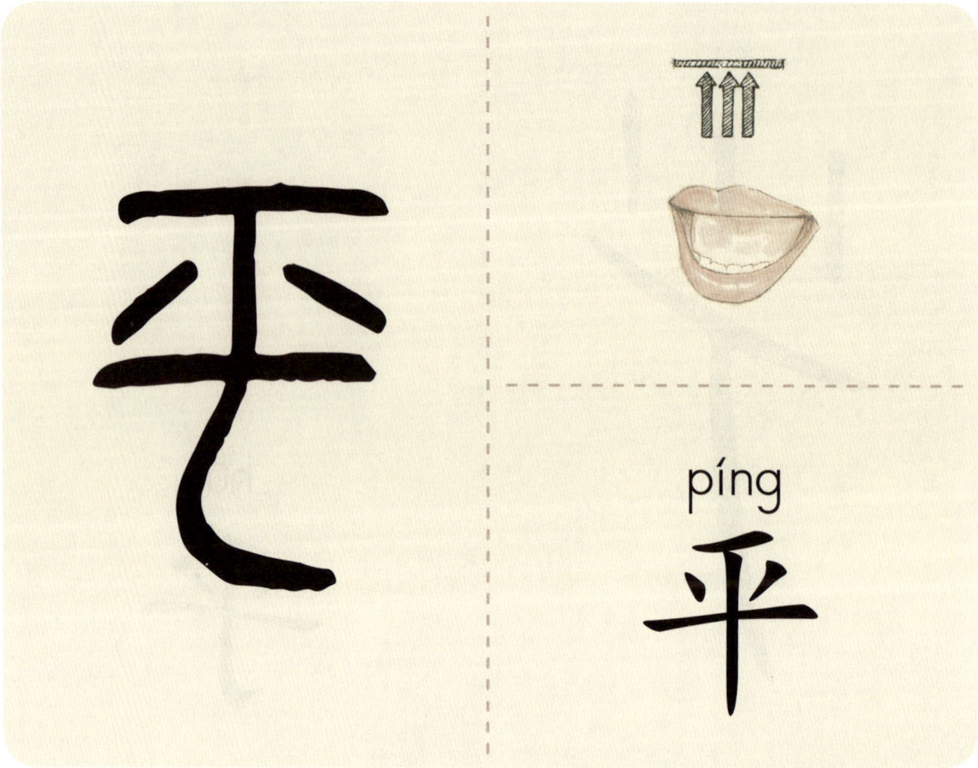

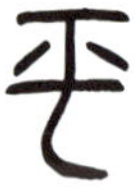

汉字溯源

píng
平

平，指事字。金文字形是在"兮"上加指示符号"一"，本义是气息平舒，引申为平静、平坦、公平。

金文 ▶ 小篆 ▶ 隶书 ▶ 楷书

常用词语

平坦　风平浪静　一路平安
平静　四平八稳　平安无事

本章我们认识了与"口"有关的字，比如通过"口"来品尝的"甘"，通过"口"来说的"曰""言"，通过"口"发出的呼叫和语气"乎""平"。接下来，就让我们来看一看，这些字是如何造出来的。

甘，在"口"的中间加一横，本义是甘甜。

平，在"兮"上加指示符号"一"，本义是气息平舒。

也，在"口"下加"乙"，表示停顿。

乎，从 川, 丂（丂）声，本义是呼叫，是"呼"的初文。

口，描摹口的形状，本义是人或动物的嘴。

言，在"舌"上加一横表示舌头前伸，本义是说话，引申为语言。

曰，在"口"的上面加一横，表示话从口出，本义是说。

上面的"甘、曰、言"都是在象形字"口"的基础上，添加象征性符号或指示性符号形成的指事字。下面我们再来看看用"口"构造形声字的情况：

吻，从"口"，"勿"声，本义是嘴唇。
喉，从"口"，"侯"声，本义是咽喉。
吞，从"口"，"天"声，本义是咽下。
咽，从"口"，"因"声，本义是咽下。
含，从"口"，"今"声，本义口含。
吸，从"口"，"及"声，本义是吸入。

在上面这些形声字中，"口"都作为形符（也叫义符），因此这些字都和"口"的意义有关，有的表示和嘴相关的器官及其动作。

"口"有时候也作声符，例如：

扣，从"手"，"口"声，本义是拉住、牵住。

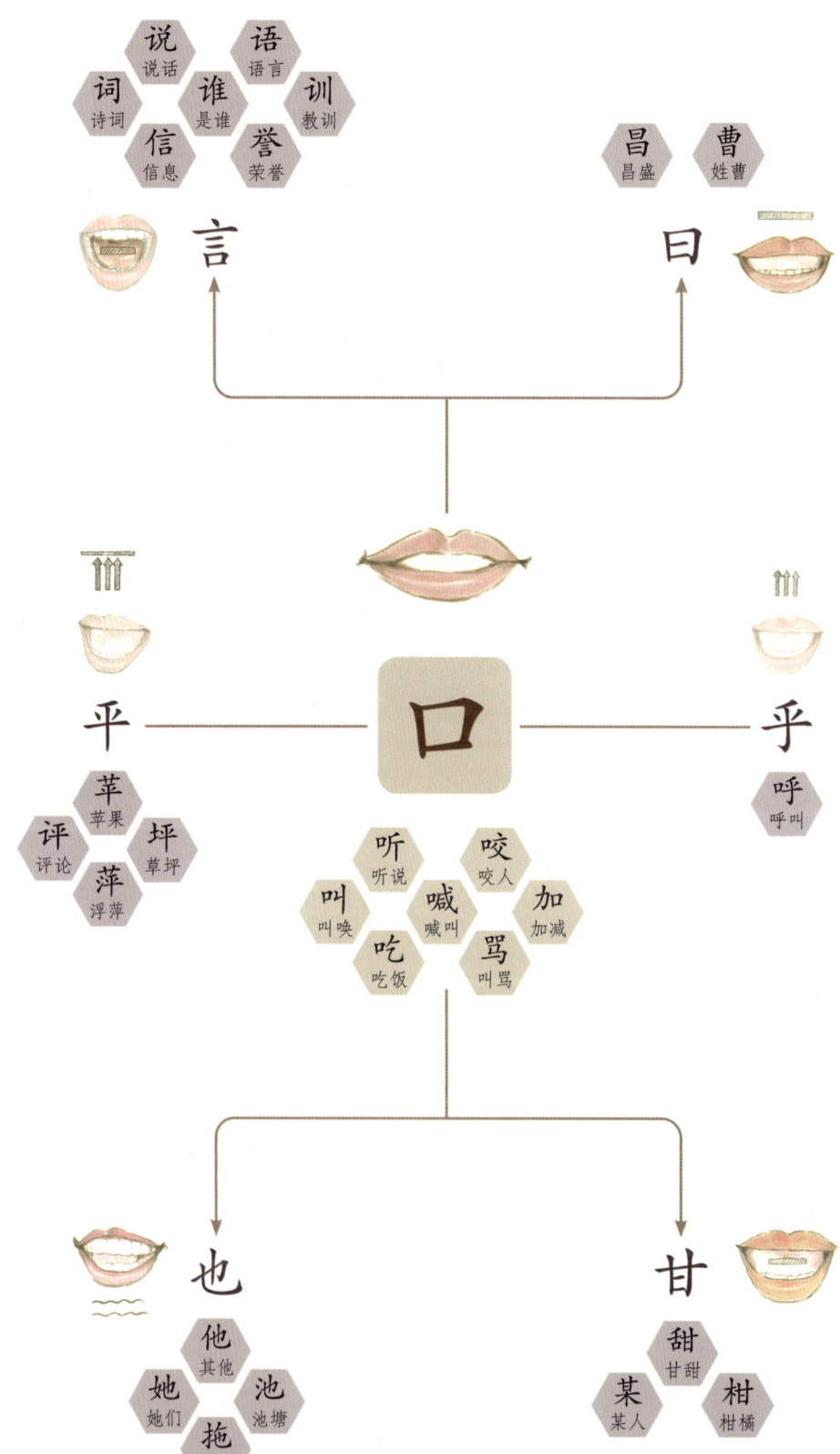

东郭牙觉察伐莒

有一次,春秋五霸之首的齐桓(huán)公和国相管仲一同谋划攻伐莒(jǔ)国的事,还没有谋划好,国都中的人就都知道了。齐桓公感到奇怪,就问管仲。管仲说:"国都中一定有圣人。"齐桓公叹道:"嗨!白天值班的杂役中,有个拿着柘(zhè)木杵(chǔ)向台上张望的人,我猜测就是这人!"于是就把他找来,这人叫东郭牙。管仲问:"你就是那个说我国要攻伐莒国的人吗?"东郭牙说:"是的。"又问:"我没说攻伐莒国,你凭什么说我们将要攻伐莒国?"东郭牙回答道:"君子善于谋划,小人善于猜测,我只是猜测到了。"管仲问:"我没说攻伐莒国,你凭什么猜测?"东郭牙回答道:"我听说君子有三种脸色:悠然喜悦,是听音乐的脸色;忧愁沉静,是有丧事的脸色;满脸怒容,就是要用兵的脸色。白天,根据您说话的口型可以猜测出说的是'莒';您举起手臂指的方向也是莒国。我私下想,诸侯中还没臣服的,不就只有莒国吗?所以我说要攻伐莒国了。"圣人善于从无声无形中推测事物,即使像齐桓公、管仲这些善于谋划的人,在圣人面前也隐藏不住机密。从此,齐桓公就开始优待礼遇东郭牙。 ■据《吕氏春秋·重言》

晏子使楚

晏子，本名晏婴，春秋时期齐国的大夫，是我国古代著名的政治家、思想家、外交家。

一次晏子出使楚国，楚王听说他个子矮，又善于言辞，就设法羞辱他。

晏子到了，楚国人就打开都城大门旁边的小门迎接晏子。晏子不进，说："出使狗国，从狗门进入；我现在出使楚国，不该从这个门进去。"接引的人只好让晏子从大门进入。

见面后，楚王问道："齐国没人了吗？"晏子回答："齐国都城临淄千家万户，人们走在街上，举起袖子，天就阴了；挥洒一下汗水，就像下雨一样；肩碰肩、脚碰脚，怎么能没有人呢？"楚王又问："既然如此，那怎么会派你这样的人来出使呢？"晏子回答："齐国派使节出使，都是各有所主的：贤能的大臣出使贤能的国君，平庸的大臣出使平庸的国君。我最平庸，所以就只能出使楚国了。"

后来，楚王赐晏子饮酒，喝得正高兴时，小吏绑着一个人从堂下走过，楚王便问："绑着的是什么人啊？"差役答道："是齐国人。"又问："犯了什么罪？"答道："犯了偷盗罪。"楚王盯住晏子问："难道齐国人本来就善于偷盗吗？"

晏子离开座席，表示恭敬，回答道："我听说，橘子生长在淮南，就是甘甜的橘子；如果生长在淮北，就是酸涩的枳zhǐ，只是叶子相似，果实味道不同。为什么呢？因为水土不同。现在齐国的百姓在齐国不偷盗，到了楚国就偷盗，这不是楚国的水土让人善于偷盗吗？"楚王听了，只能讪shàn讪地笑着说"不能跟圣人开玩笑啊，是我自讨没趣了。"

■据《晏子春秋》

第三章 人类家族 ③

汉字驿站

口甘曰言也乎平

典故 张仪之舌

张仪，战国时期著名的纵横家、外交家和谋略家。他原本是魏国人，一开始与苏秦一起跟随鬼谷先生学习游说(shuì)之术，苏秦自认为本事不及张仪。

学成之后，张仪去游说诸侯。他曾跟楚国宰相一起饮酒，不久宰相的玉璧丢了，下属猜测是张仪偷走了，对宰相说："张仪贫穷而且人品低下，一定是他偷了您的玉璧。"于是，他们捉拿了张仪，打了数百鞭子，可张仪始终不承认，最后还是把张仪放了。

张仪回家之后，妻子说："哎！如果当初你不读书游说，怎会受到这样的侮辱呢？"张仪并不在乎伤势，只是问他的妻子："我的舌头还在吗？"张仪的妻子便笑答："在的。"张仪说："这就足够了。"

后来，张仪出任秦国宰相，就写文书公开声讨楚国宰相，说："当初我陪着你饮酒，我没偷你的玉璧，你却鞭打我。现在你要好好地守护住你的国家，我反而要盗窃你的城池了！"

张仪，出使游说各国，提出"连横"的外交策略，瓦解了苏秦游说六国联合的"合纵"策略，为秦国一统六国立下汗马功劳。

这件事后来成为一个典故，叫"张仪舌"，指能言善辩的口才，也指处世的独特本领。

■据《史记·张仪列传》

第四章　人类家族 4

人们常用五官端正来赞许一个人的外貌。那么,什么是"五官"呢?人们常说的"五官",指的是人的五个面部器官"耳、目、口、鼻、舌"。本章我们就来探索一下与人体面部器官有关的汉字。

yá 牙

牙，象形字。金文字形像上下咬合的两颗大牙。本义指磨牙，泛指牙齿，引申为形状像牙的东西。

牙齿 在古代语言中，牙和齿最初是不同的。牙的本义是指磨牙（臼齿），齿的本义是指切牙。牙和齿后来就都泛指牙齿了。

金文	小篆	隶书	楷书
𠂉	𠂆	牙	牙

常用词语：牙齿　咬牙切齿　伶牙俐齿　月牙　张牙舞爪　虎口拔牙

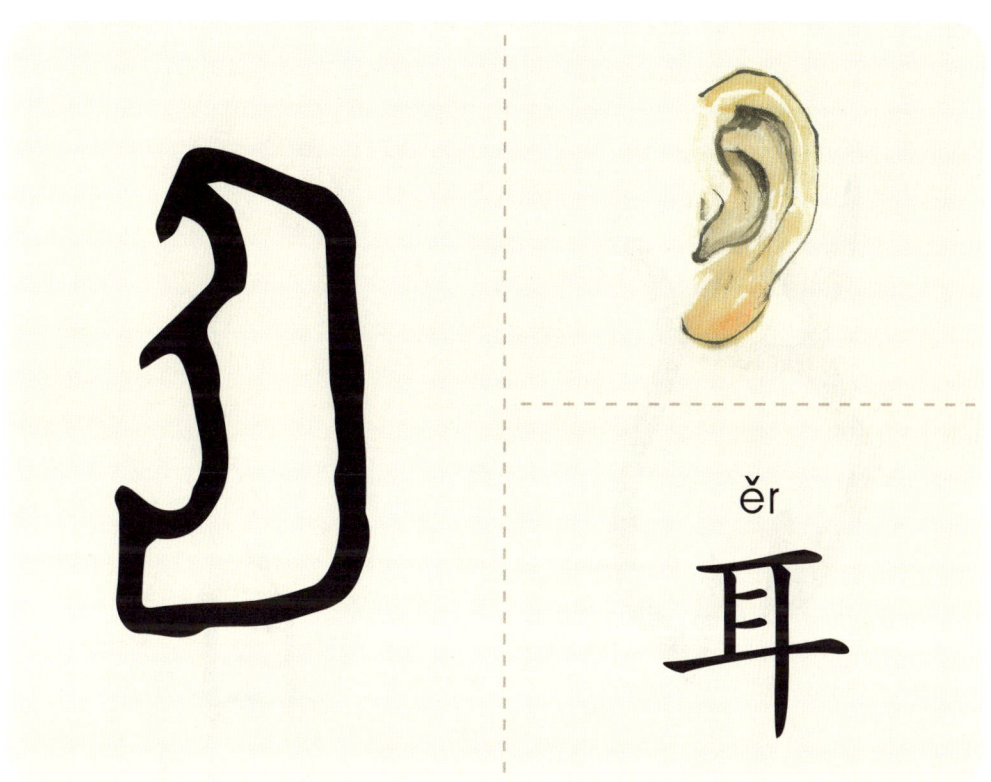

ěr

耳

耳，象形字。甲骨文字形像耳朵的形状，本义是耳朵。引申为形状像耳朵的东西。

| 甲骨文 | 金文 | 小篆 | 隶书 | 楷书 |

| 常用词语 | 耳朵　耳聪目明　面红耳赤
木耳　抓耳挠腮　掩耳盗铃 |

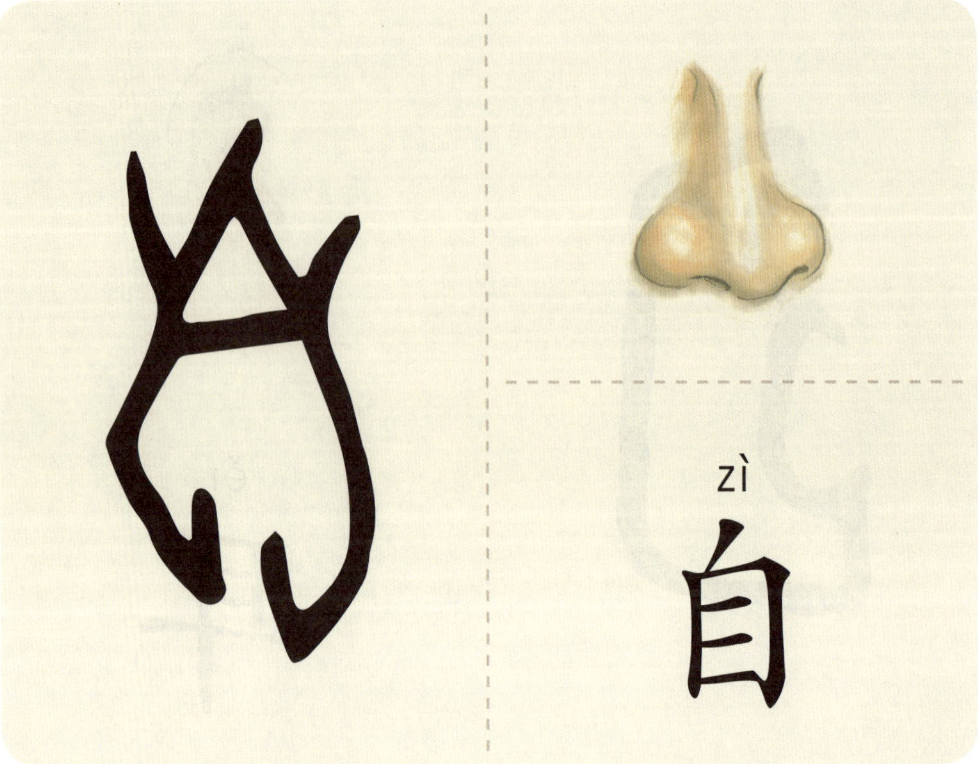

自 zì

自，象形字。甲骨文字形像人的鼻子，本义是鼻子。人说到自己时常指着自己的鼻子，所以引申指自己。

甲骨文	金文	小篆	隶书	楷书

常用词语

自己　自由自在　自以为是
自觉　不由自主　自强不息

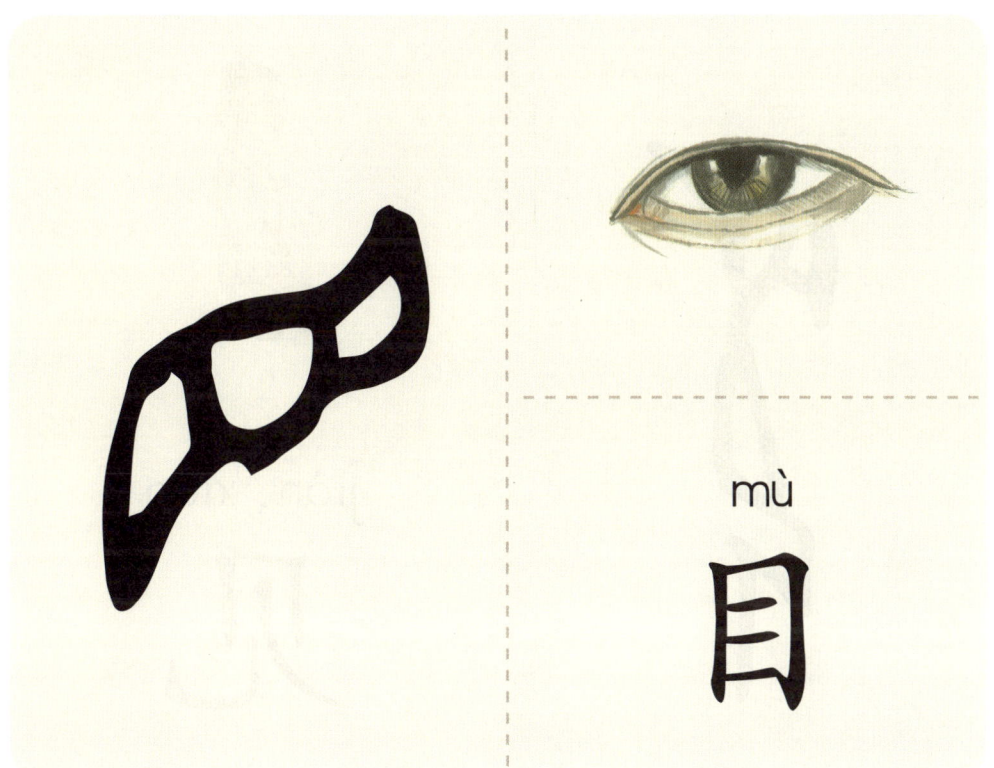

mù

目

目，象形字。甲骨文字形像眼睛的形状，本义是眼睛。引申为注视、使眼色。

甲骨文 ▶ 金文 ▶ 小篆 ▶ 隶书 ▶ 楷书

| 常用词语 | 耳目　目瞪口呆　赏心悦目
目标　眉清目秀　耳目一新 |

jiàn, xiàn
见

见［見］，会意字。甲骨文字形上面是 （目），下面是跪坐的人，突出人的眼睛，像人用眼睛看的样子，本义是看见。又读 xiàn，是"现"的初文，表示被看见、出现。

| 甲骨文 | 金文 | 小篆 | 隶书 | 楷书 |

常用词语：看见　开门见山　视而不见　见面　一针见血　远见卓识

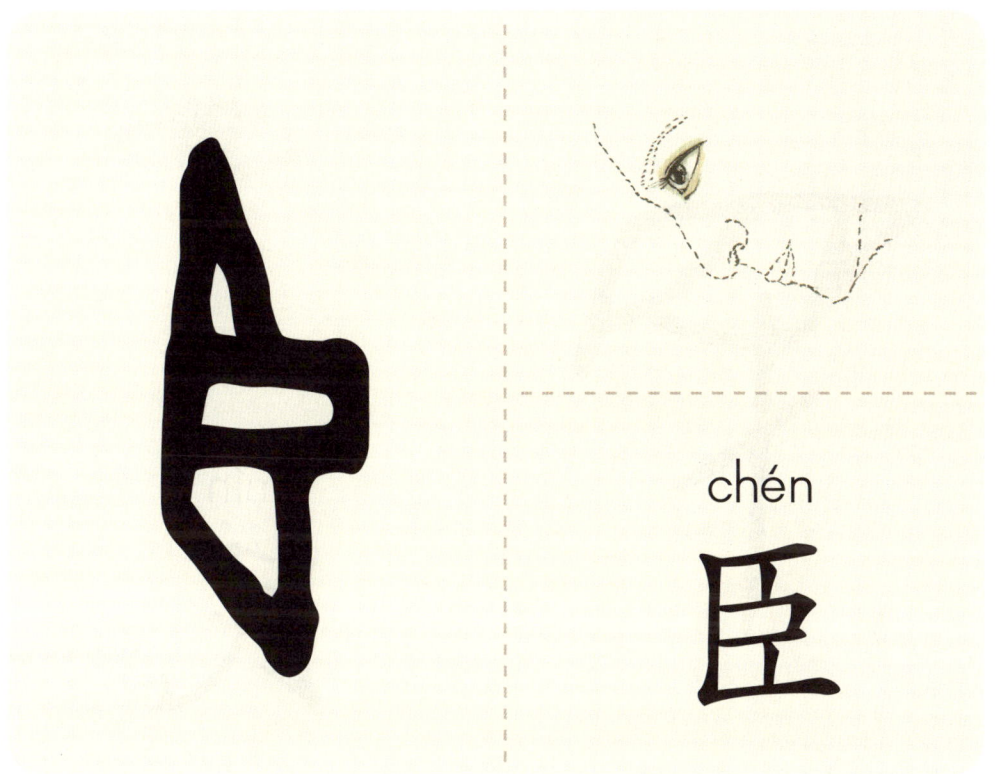

chén

臣

臣，象形字。甲骨文字形和金文字形，像一只竖着的眼睛，人在低头往上看时，眼睛像是竖着的。低头往上看表示臣服，所以臣的本义是战俘、奴仆，引申为臣子、官吏。

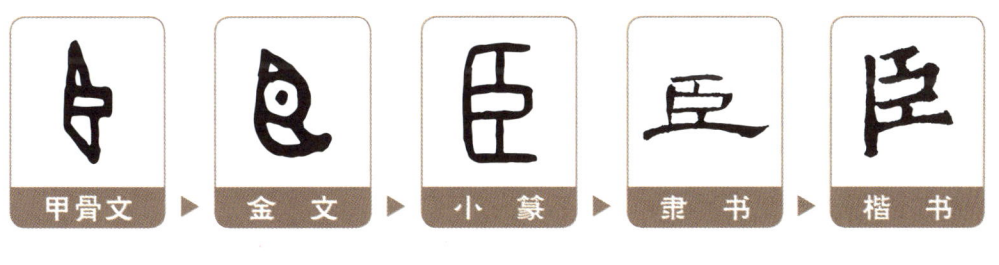

| 甲骨文 | 金文 | 小篆 | 隶书 | 楷书 |

常用词语　臣子　臣服　文臣武将
　　　　　大臣　君臣　有功之臣

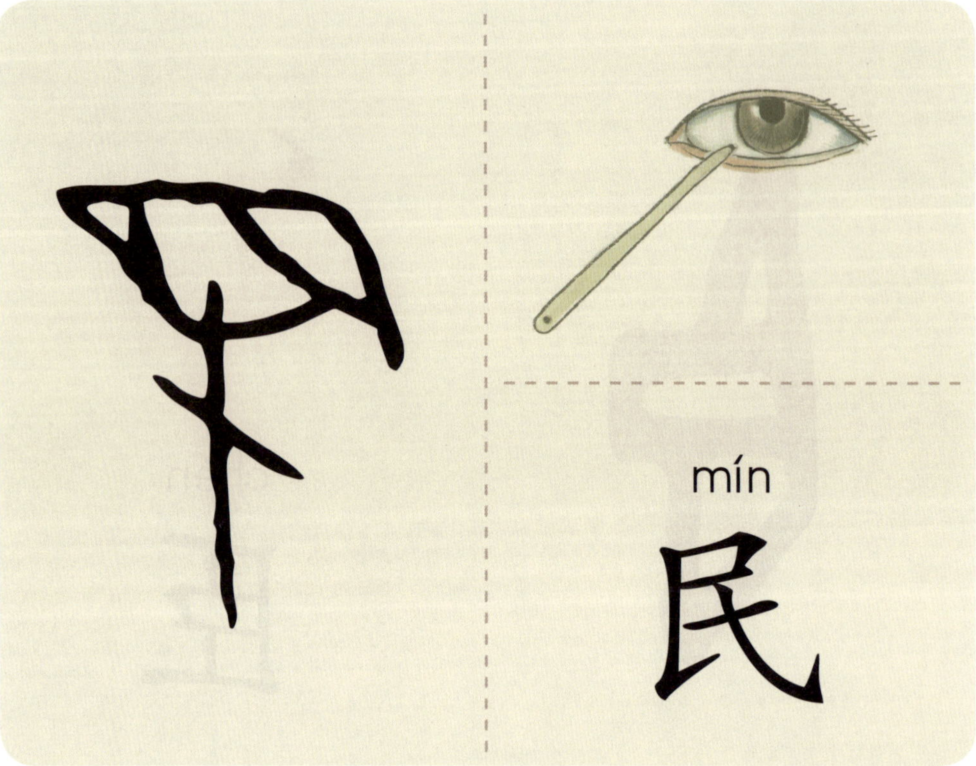
mín
民

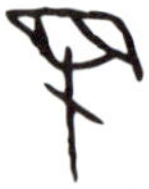民，象形字。甲骨文字形像用锐物刺眼睛的样子，是“盲”的初文。古代俘获敌人刺瞎左眼，当作奴隶。本义是奴隶，引申为平民百姓。

甲骨文
金 文
小 篆
隶 书
楷 书

常用词语

人民　民贵君轻　劳民伤财
民众　国泰民安　忧国忧民

牙 耳 自 目 见 臣 民

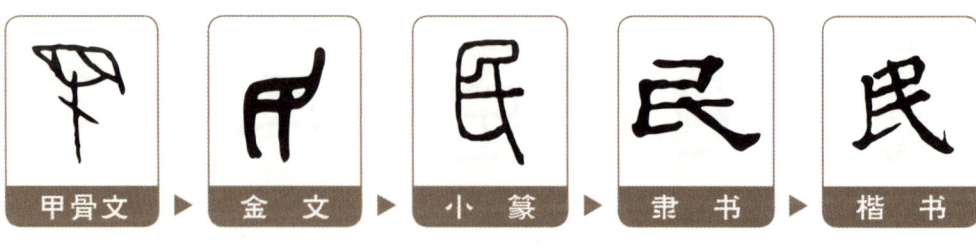

古人通过描摹牙齿、耳朵、鼻子、眼睛的形状，创造了表示这些器官的象形字，并在这些字的基础上，创造出了表示其相关动作的字。

耳，像耳朵的形状，本义是耳朵。

牙，像上下咬合的两颗槽牙，本义是磨牙（白齿），泛指牙齿。

见，像人跪坐的样子，突出 👁（眼睛），表示看见。

目，像人的眼睛，本义是眼睛，引申为注视。

自，像人的鼻子，本义是鼻子，引申为自己。

民，像用锐物刺眼睛，是"盲"的初文，本义是奴隶，引申为平民。

臣，像竖着的眼睛，表示臣服，本义是战俘、奴仆，引申为臣子。

人们常把"阝"叫作"耳刀旁"，其实这个看似耳朵的偏旁和耳朵没有任何关系。"阝"表示的意思可以概括为"左阜 fù 右邑 yì"。

"阜"甲骨文字形 ，像阶梯形状，本义是山坡上的阶梯，引申为山丘。"阜"用作左偏旁时，变体为"阝左"，俗称"左耳刀"。用阜作形符大多与丘陵、登降有关，例如：陵 （丘陵）、陟 （升登）、降 （下降）；有的与建筑有关，例如：阶 （台阶）。

"邑"甲骨文字形 ，上部"囗 wéi"表示城市，下部是跪坐的人形；有城有人，本义是人聚居的城市。用作右偏旁时变体为"阝右"，俗称"右耳刀"。用"邑"作偏旁的字多和城邦有关，如都 （都城）、郡 （郡县）、邦 （邦国）等。

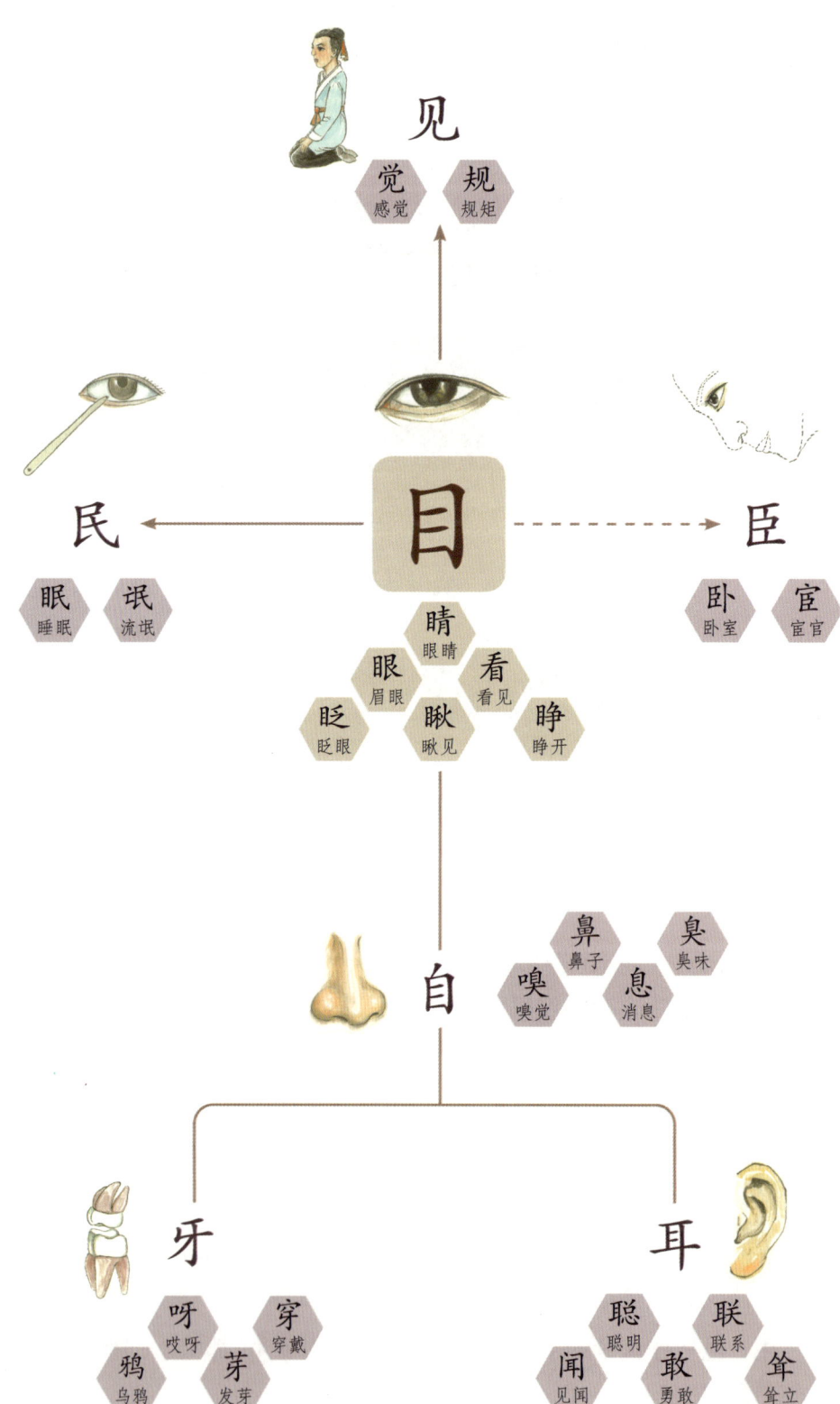

巧笑倩兮，美目盼兮

人们常用"巧笑倩qiàn兮，美目盼兮"来形容女子容貌楚楚动人。"倩"是美丽的意思，"盼"是眼珠转动的样子，这两句的意思是：她微微一笑，眼珠一转，就令人心动，美丽优雅。

这两句出自《诗经·卫风·硕人》，这首诗描写了庄姜出嫁卫庄公的盛况。庄姜是齐国的公主，姜是齐国王室的姓，因为她嫁给了卫国国君卫庄公，所以人称"庄姜"。诗中用生动的比喻描写了庄姜的美貌和神态："手如柔荑tí，肤如凝脂，领如蝤蛴qiú qí，齿如瓠犀hù xī，螓qín首蛾眉，巧笑倩兮，美目盼兮。"意思是：手像白茅芽一样柔嫩，皮肤像凝固的脂肪一样白润，脖子像蝤蛴（天牛的幼虫，色白身长）一样滑顺，牙齿像瓠瓜的子一样整齐，额头像螓（一种形体较小、头宽且方正的蝉）一样方正，眉毛像蚕蛾一样细长，嘴含笑意多么美丽，眼神波动多么动人。

典故 一叶障目

有个楚国人,家境贫寒。他读《淮南子》的时候,看到书上有这样的记载:"螳螂捕蝉时,用一片树叶遮住自己的身体,其他小虫就看不见它,要是有人得到了那片树叶,就可以让自己隐形。"他很高兴,于是跑到一棵树下抬头仰望,希望找到那片螳螂在捕蝉时用来遮蔽自己的树叶,且把那片树叶摘下来。偶然真的发现了,马上去摘,不料失手,那片树叶竟飘落到地上,和别的树叶混在一起。于是,他索性将落叶全都扫起来,搬运回家。他一片一片地轮番拿树叶来遮住自己的眼睛,问他妻子:"你能看见我吗?"开始,妻子一直说:"能看见。"后来,折腾了一整天,妻子厌倦不堪,很不耐烦,便骗他说:"看不见了!"这人一听,心里大喜,急忙将选出的树叶揣在怀里,跑到集市上。他举着树叶遮住自己的眼睛,当面拿人家的东西。结果被官差当场抓住,押送县衙。县官审问他,他老老实实地叙述了事情的来龙去脉,县官听了大笑不止,没治罪就把他放了。

■据三国魏邯郸淳《笑林》

典故 唇亡齿寒

春秋时期，虢guó国和虞yú国是两个相邻友好的小国，旁边是强大的晋国，晋国一直想吞并这两个小国。

有一年，晋献公向虞国借路攻打虢国，大臣宫之奇劝告国君虞公说："虢国是虞国的外围。如果虢国灭亡了，虞国也必然亡国。俗话说，'辅车相依，唇亡齿寒'颊骨和牙床相互依存，没了嘴唇牙齿就会寒冷，这说的就是虞国和虢国的关系啊！"虞公不听，说："晋国和我国同宗，难道会害我吗？"宫之奇回答道："虢国也和晋国同宗，现在，晋国将要消灭虢国，就舍不得灭掉虞国吗？桓huán叔是晋侯的曾祖，庄伯是晋侯的祖父，晋侯却把这两族人都杀了，不就是因为晋侯感受到了他们的威胁吗？他们是晋侯的近亲且受宠，晋侯尚且把他们都杀害了，更何况我们一个小国呢？"虞公不听，执意借路给晋国。

宫之奇就带着全族人离开了虞国，说："虞国过不了今年的腊祭了，晋国趁着攻打虢国就会灭掉虞国，不需要再出兵了。"果然，冬天十二月初一，晋国灭掉了虢国。晋国军队回国的时候，驻扎在虞国京城附近，里应外合乘机袭击，又轻而易举地灭掉了虞国。

■据《左传·僖xī公五年》

典故 诤臣魏征

唐朝宰相魏征以直言进谏著称，是历史上有名的诤臣。他辅佐唐太宗成就了唐朝贞观之治的繁荣盛世。

魏征样貌平常，却有胆识谋略，善于让皇帝回心转意。魏征总是当面直言规劝，有时唐太宗非常生气，魏征却依旧面不改色、若无其事地进行劝谏，皇上也就息怒、不再发威了。

有一次，魏征请假回家扫墓，回来后对皇上说："听说皇上打算出游南山，已经安排妥当、整装待发，最终却没出行，这是为什么？"唐太宗笑着回答说："起初确实有这样的打算，后来担心你责怪，就中途取消了。"还有一次，唐太宗得到一只长相极好的鹞(yào)鹰，放在手臂上把玩。突然望见魏征前来进见，唐太宗就急忙把鹞鹰藏到怀中，但还是被魏征察觉到了，于是魏征有意久久不停地上奏国事，最终鹞鹰被闷死在唐太宗怀中。

■ 据《唐会要·卷五十二·忠谏》

一首早年的歌曲唱道:"我有一双万能的手,样样事情都会做,修桌子呀,补图书呀,平操场呀,栽鲜花呀……" ■孙自伦、天河《我有一双万能的手》人类用手触摸世界,用手创造生活。

现在就让我们来认识汉字中"万能的手"。

手 shǒu

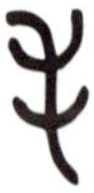

手，象形字。金文字形像张开的手掌和五指，本义是人的手。人用手劳作，所以引申为擅长某种技能或专门做某种事的人。

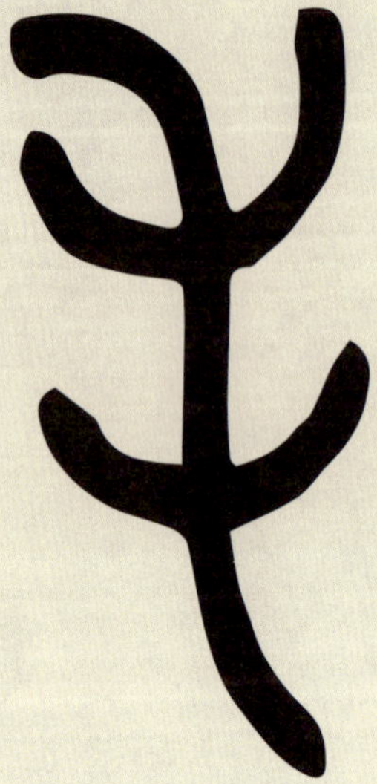

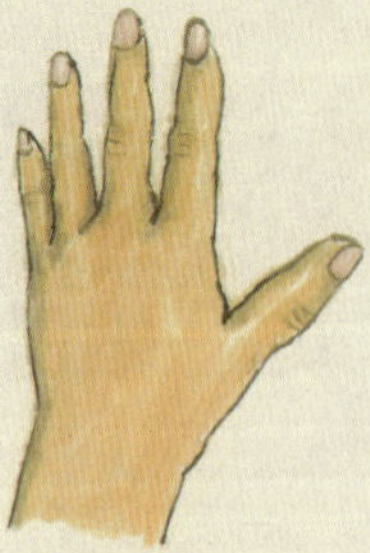

| 金文 | 小篆 | 隶书 | 楷书 |

常用词语：手掌　人手　手眼通天　指手画脚
歌手　手段　大显身手　手舞足蹈

zhǎo
爪

爪，象形字。甲骨文字形像向下翻的手爪；金文字形像鸟爪，突出了鸟爪前端的趾甲。本义是鸟兽的脚趾或趾甲，也指人的指甲。

甲骨文 ▶ 金文 ▶ 小篆 ▶ 楷书

常用词语

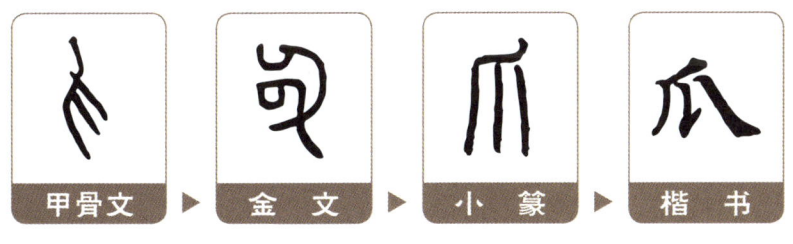

第五章 人类家族 5

汉字溯源

手 爪 又 叉 及 尤 失 为 承 与 隶 击 更

69

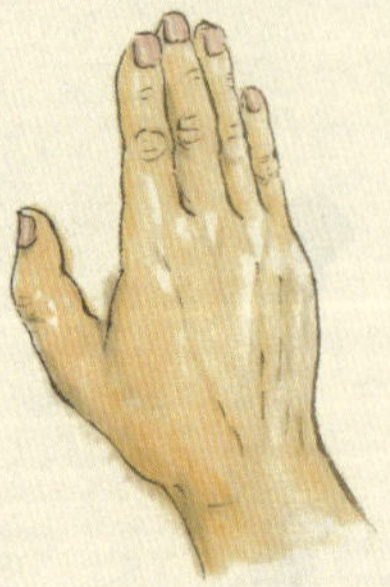

汉字溯源

手 爪 又 叉 及 尤 失 为 承 与 隶 击 更

yòu 又

又，象形字。甲骨文字形像右手形状，本义是右手。后来借用表示重复或继续。

甲骨文	金文	小篆	隶书	楷书

常用词语

又好又快　一波未平，一波又起
柳暗花明又一村　赔了夫人又折兵

cha

叉

叉，指事字。甲骨文字形像手形，手指缝中加一点，本义是两手手指分张交错。

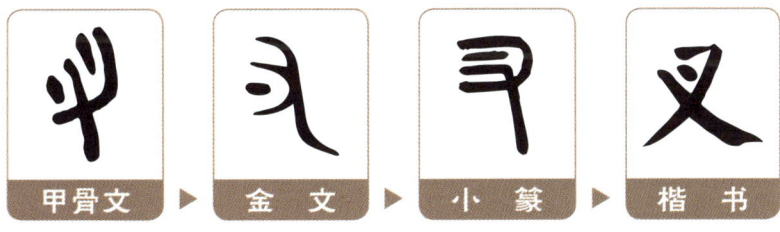

| 甲骨文 | 金文 | 小篆 | 楷书 |

常用词语：交叉　叉腰　笑面夜叉
　　　　　铁叉　叉鱼　四仰八叉

第五章 人类家族 5

汉字溯源

手爪叉叉及尤失为承与隶击更

71

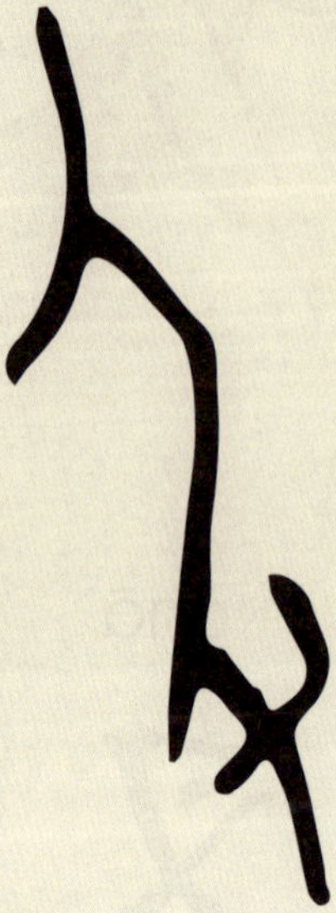

jí

及

及，会意字。甲骨文字形从𰀀（人）从𰀀（又），表示从后面捉到前面的人。本义是赶上、捉住。

| 甲骨文 | 金文 | 小篆 | 隶书 | 楷书 |

常用词语：及时　迫不及待　望尘莫及　触及　由表及里　过犹不及

yóu
尤

尤，指事字。甲骨文字形在㇏（又）上加一指示性符号，表示手上有赘 zhuì 疣 yóu，本义即是赘疣。引申为特异、尤其。

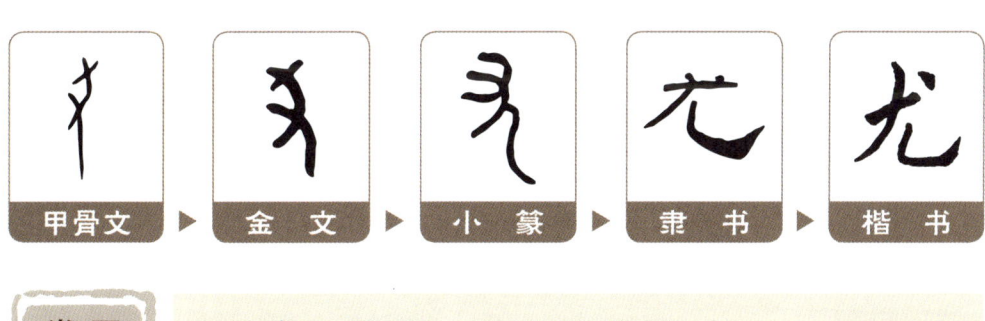

甲骨文 ▶ 金文 ▶ 小篆 ▶ 隶书 ▶ 楷书

| 常用词语 | 尤其　尤为　怨天尤人
效尤　尤异　无耻之尤 |

第五章 人类家族 5

汉字溯源

手 爪 又 叉 及 尤 失 为 承 与 隶 击 更

73

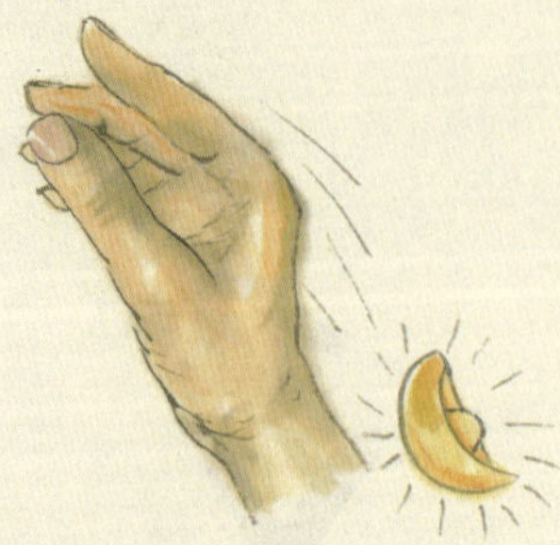

shī
失

失，指事字。金文字形像东西丶从手中掉落的样子，本义是丢失。引申为过失。

金文 ▶ 小篆 ▶ 隶书 ▶ 楷书

常用词语：丢失　万无一失　不失时机　失望　大惊失色　失魂落魄

wéi

为

为 [為]，会意字。甲骨文字形左边是一只手，右边是一头象，像人手牵象的样子，本义是用象劳作，泛指做。

甲骨文 ▶ 金文 ▶ 小篆 ▶ 隶书 ▶ 楷书

常用词语：作为　助人为乐　自以为是
为了　一言为定　四海为家

第五章 人类家族 5

汉字溯源

手爪又叉及尤失为承与隶击更

chéng 承

承，会意字。甲骨文像一个跪坐的人，被双手托着，本义是捧着、接受。引申为承受、继承。

甲骨文	金文	小篆	隶书	楷书

常用词语：承接　承前启后　承上启下
　　　　　　继承　一脉相承　子承父业

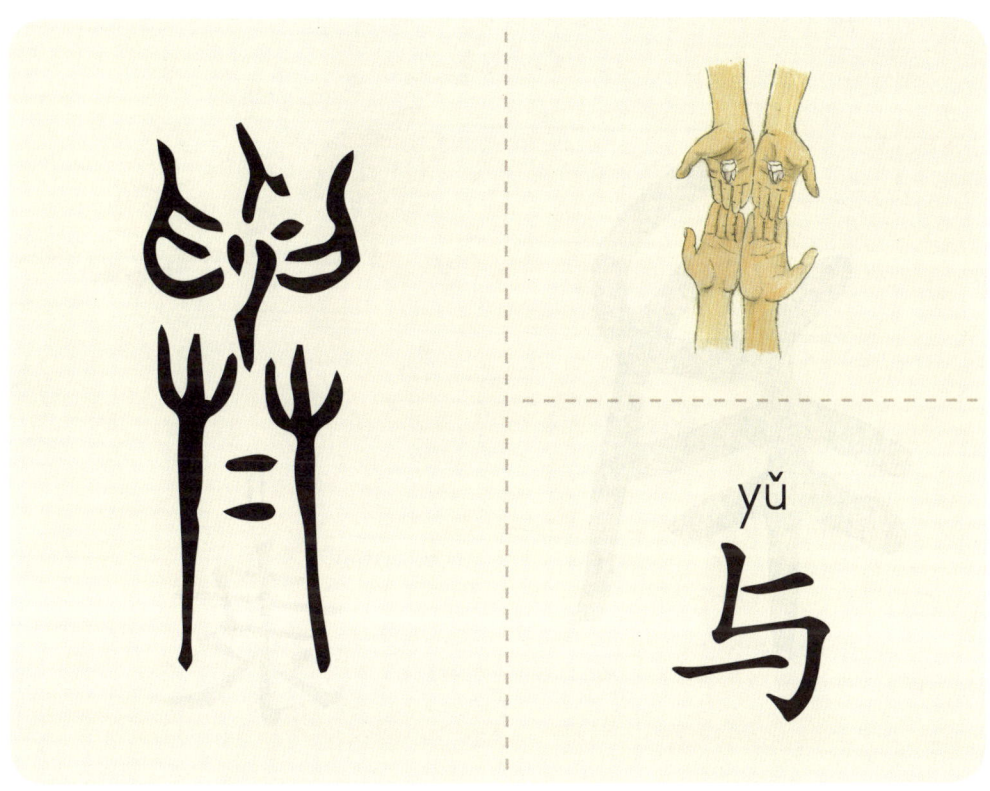

第五章 人类家族 ❺ 汉字溯源 手 爪 又 叉 及 尤 失 为 承 与 隶 击 更

yǔ
与

❓ 字中一共包含了几只手？

与〔與〕，形声字。金文字形中 舁 yú，上下两双、四只手，表示一起抬，是形符兼声符，牙（牙）是声符。本义是给与，借用表示和。

 ▶  ▶  ▶ 與

金文 ▶ 小篆 ▶ 隶书 ▶ 楷书

| 常用词语 | 给与　与日俱增　与世隔绝
参与　与人为善　与虎谋皮 |

77

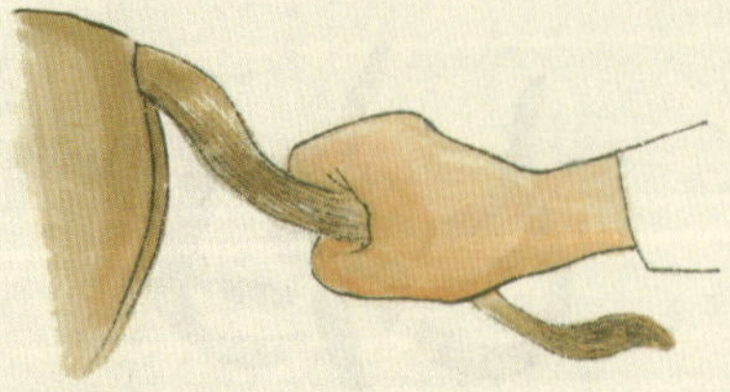

汉字溯源

手爪又叉及尤失为承与隶击更

隶，会意字。金文字形从🤚（又）从🐂。像用手抓住尾巴，是"逮"的初文，本义是捕获。现代汉字中又作为"隸"的简化字，指奴隶。

金文 ▶ 小篆 ▶ 隶书 ▶ 楷书

常用词语

隶属　隶书　奴隶　贩夫皂隶

jī
击

 击［擊］，形声字。小篆字形从手，毄声。本义是敲打，引申为碰撞、攻打。

 →  →
小篆 → 隶书 → 楷书

常用词语　击打　旁敲侧击　声东击西
　　　　　　攻击　以卵击石　乘胜追击

第五章 人类家族 5

汉字溯源

手 爪 又 叉 及 尤 失 为 承 与 隶 击 更

79

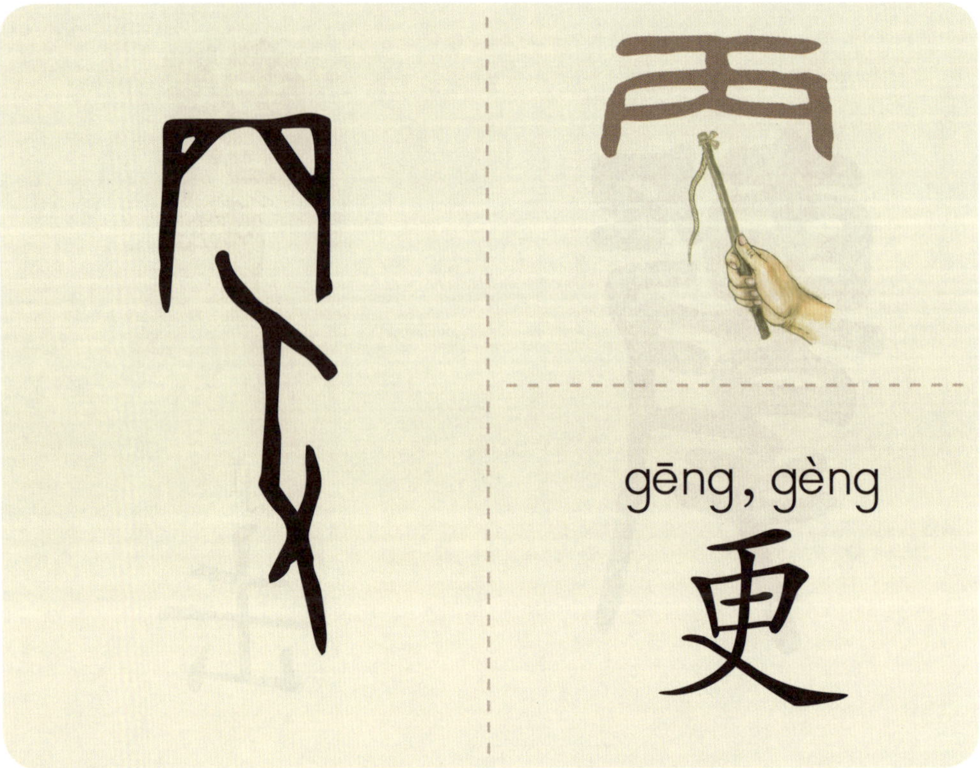

更 gēng, gèng

更 gēng，形声字。甲骨文字形从（攴 pū），像手拿器械做事的样子；（丙）声。本义是更改，引申为交替、轮换，击鼓打更。又读更 gèng，表示更加，又、再。

| 甲骨文 | 金文 | 小篆 | 隶书 | 楷书 |

常用词语：打更　三更半夜　自力更生
更正　万象更新　更胜一筹

古人用象形的方式"画"出了"手",然后再用"手"通过指事、会意、形声等方法造字,表示和手有关的行为。下面,就让我们看一看古人用"手"造这些字,以及这些字之间有什么联系。

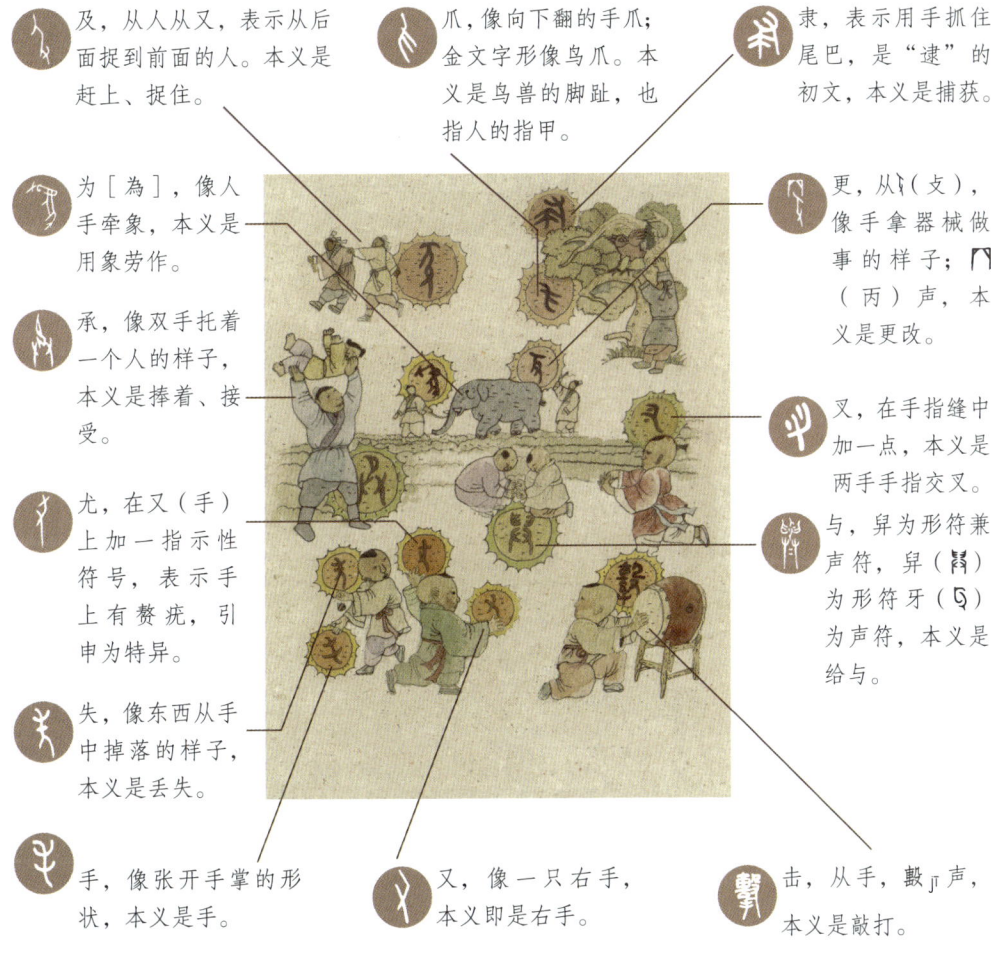

及,从人从又,表示从后面捉到前面的人。本义是赶上、捉住。

爪,像向下翻的手爪;金文字形像鸟爪。本义是鸟兽的脚趾,也指人的指甲。

隶,表示用手抓住尾巴,是"逮"的初文,本义是捕获。

为〔爲〕,像人手牵象,本义是用象劳作。

更,从攴(攵),像手拿器械做事的样子;丙(丙)声,本义是更改。

承,像双手托着一个人的样子,本义是捧着、接受。

叉,在手指缝中加一点,本义是两手手指交叉。

尤,在又(手)上加一指示性符号,表示手上有赘疣,引申为特异。

与,舁为形符兼声符,舁(𦥑)为形符牙(𠔼)为声符,本义是给与。

失,像东西从手中掉落的样子,本义是丢失。

手,像张开手掌的形状,本义是手。

又,像一只右手,本义即是右手。

击,从手,毄声,本义是敲打。

古人以"手"为部首,创造了很多字,其中大部分都和"手"的动作有关。比如,扑(打),表示用手去攻击;挂(挂),表示用手借助绳索等使物体附着到另一个物体上。

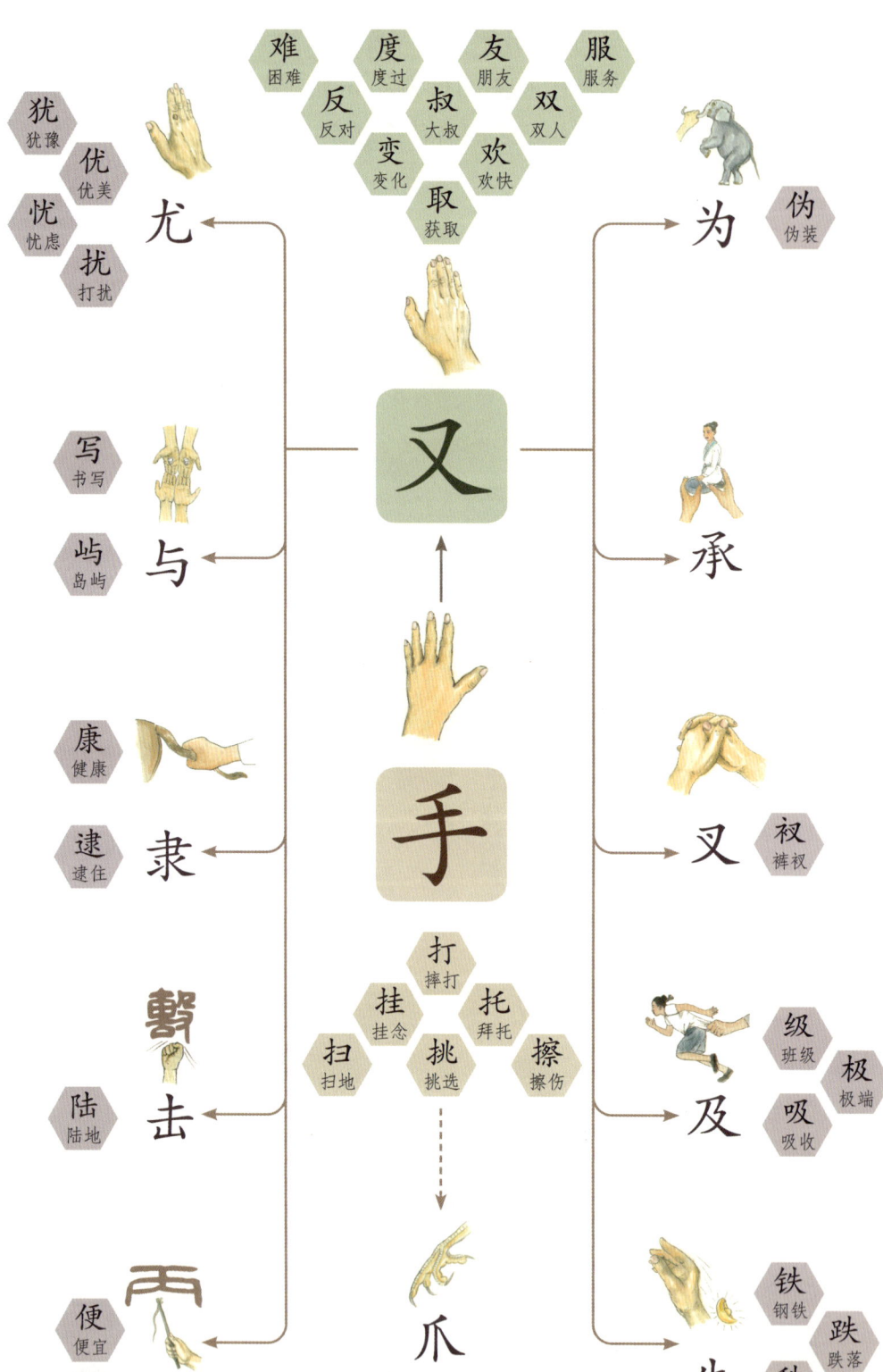

典故 王之爪牙——傅说

"爪牙"一词最初指猛禽猛兽的尖爪利齿，常常用来比喻勇士、武臣或者辅佐君王的人，是一个褒义词。例如《诗经·祈父》中说"祈父！予王之爪牙"，意思是武臣是国君的卫士；《汉书·李广传》中说"将军者，国之爪牙也"，意思是将军是国家的卫士；《后汉书·窦宪传》中说"宪既平匈奴，威名大盛，以任尚等为爪牙"，意思是说大将窦宪平定了匈奴战乱，名声大震，把任尚等人作为亲信。这些意思都是从"爪牙"的本义引申出来的，前两个例子还含有褒义。

随着时代的发展，"爪牙"的意思发生了变化，表示给恶势力首领做帮凶。《现代汉语词典》中"爪牙"词条解释为"爪和牙是猛禽、猛兽的武器，比喻坏人的党羽"，带有明显的贬义。

商代君主武丁即位的时候，商朝的势力已经衰落。武丁思考如何复兴商王朝，但一直没有得到能胜任的爪牙——辅佐之臣。他三年不发表政见，国家政事都交给太宰去处理，自己则乘机观察国家民情风俗。

有一天他梦见一位圣人，那位圣人叫说yuè。第二天，武丁按梦中所见圣人的形貌审视在朝的群臣百官，却没有一个像那位圣人。于是，他就派百官去民间寻找。后来，在傅fù险这个地方，找到了这个叫说

傅说像

的人，是个正在服刑役修筑城墙的奴隶。官吏把他引见给武丁，武丁一看正是梦中之人。武丁和说交谈，发现他果真是贤圣之人，就任用他做国相。说不负重托，辅佐武丁安邦治相，实现了商王朝的复兴。说本无姓氏，于是就用傅险这个地名来作说的姓，称他为"傅说"。

武丁最终得力于爪牙之臣傅说的辅佐，励精图治，商朝政治、经济、军事、文化得到空前发展。史称"五丁中兴"。■据《史记·殷本纪第三》

贾宝玉险些被"叉"出去

"叉出去"指古代衙门审理案件时,官员下令强行驱逐失礼的人或不相干的人,由两名差役用棍棒架在人的两个胳膊腋下,使人脚腾空,扔出衙门。在中国古典名著《红楼梦》中,贾宝玉就曾险些被"叉出去"。

大观园刚落成之时,贾政带着下属和宝玉一起去大观园游览题匾。走到一处田园风光景点,房舍朴素,贾政心生欢喜,就问宝玉:"此处如何?"

宝玉直言说不好,贾政感到扫兴。宝玉说:"此处置一田庄,分明见得人力穿凿(牵强扭捏)而成。远无邻村,近不负郭(背靠城郭),背山山无脉,

邻水水无源，高无隐寺_{隐藏的寺庙}之塔，下无通市之桥，峭然_{陡峭的样子}孤出，似非大观_{壮观景象}。争似先处有自然之理，得自然之气，虽种竹引泉，亦不伤于穿凿。古人云'天然图画'四字，正畏非其地而强（qiǎng 勉强）为地，非其山而强为山，虽百般精而终不相宜……"未及说完，贾政气得喝命："叉出去！"刚出去，又喝命："回来！"命宝玉再题一联："若不通，一并打嘴！"

贾宝玉眼光独到，出语不凡，竟然险些被"叉出去"。可见古代礼教严厉，在长辈面前说话，需倍加小心才是。

■据《红楼梦·第十七回至十八回 大观园试才题对额 荣国府归省庆元宵》

清·孙温《绘全本红楼梦》（局部）
规格：纵 43.3cm 横 76.5cm
馆藏：旅顺博物馆

典故 塞翁失马

有位擅长术数(推测吉凶)的老人,住在靠近边塞(sài)的地方,所以叫他"塞翁"。有一次,他的马无缘无故跑到了胡人(古代北方少数民族)的住地,人们都来安慰他,他却说:"这怎么就不是一种福气呢?"过了几个月,他的那匹马带着许多匹胡人的骏马回来了,人们又都来祝贺他,他又说:"这怎么就不是一种灾祸呢?"他家有很多好马,他儿子爱好骑马,可却从马上掉下来摔断了腿,人们又都来慰问他,他说:"这怎么就不是一件好事呢?"过了一年,胡人大举入侵边塞,健壮男子都被征兵去打仗,边塞附近的人大多死去,唯有塞翁的儿子因为腿瘸而免于征战,父子俩都保全了性命。所以说,福转化为祸,祸转化为福,变数不可穷尽,深奥不可预测。

■据《淮南子·人间训》

第六章　人类家族 6

《诗经·秦风·黄鸟》中有诗句:"交交黄鸟,止于桑。"意思是:交交鸣叫的黄鸟啊,栖息在桑树上。在这里,"止"是栖息的意思。本章我们就来认识一下和"止"有关的一组古老汉字。

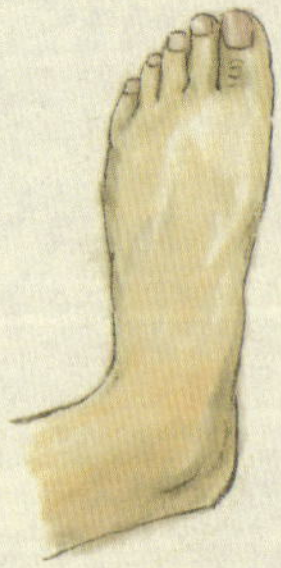

zhǐ

止

止，象形字。甲骨文字形像人脚，本义是脚，引申为脚趾，这个意义后来写作"趾"；引申为基址（基础），这个意义后来写作"址"。"止"是"趾"和"址"的初文。通过脚可以去任何地方，因此引申为"到"，由"到"引申为停止、停留、栖息。

甲骨文	金文	小篆	隶书	楷书

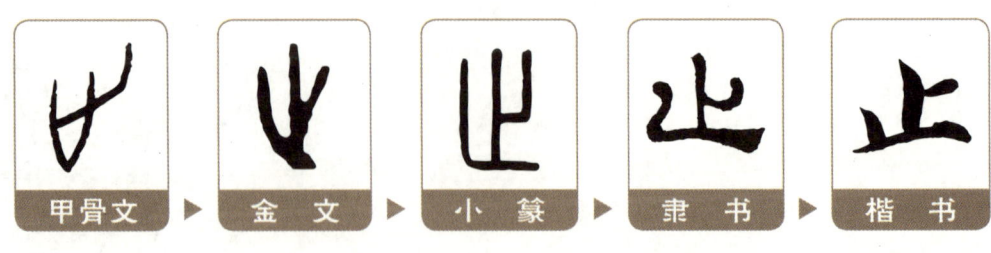

常用词语：止步　适可而止　望梅止渴　禁止　叹为观止　高山仰止

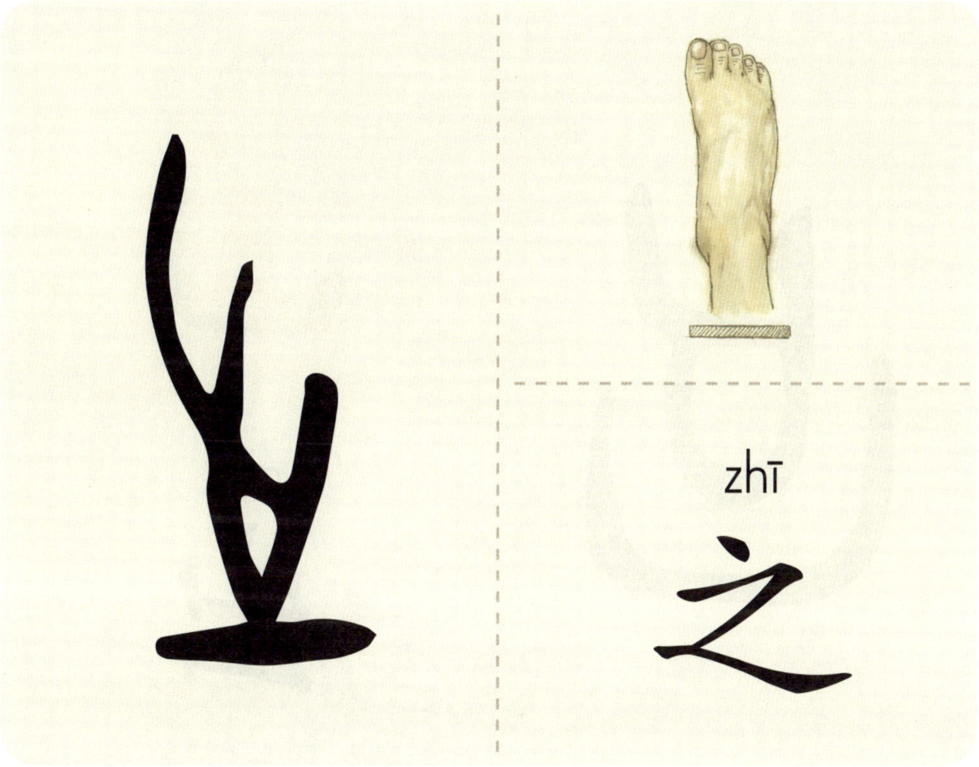

zhī
之

之，会意字。甲骨文字形上面是 ✔（止），下面的横画表示从此地出发，本义是前往。借用表示第三人称代词和结构助词，相当于"的"。

甲骨文 ▶ 金文 ▶ 小篆 ▶ 隶书 ▶ 楷书

常用词语：之后　一技之长　井底之蛙　总之　无价之宝　神来之笔

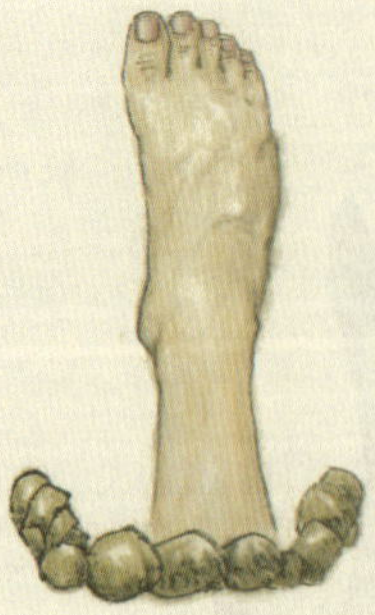

汉字溯源

chū

出

出，会意字。甲骨文字形从 ㄓ（止）从 凵，凵 代表古人居住的洞穴口，本义是从里面走向外面。

甲骨文	金文	小篆	隶书	楷书

止之出入正卫

常用词语　出来　脱口而出　神出鬼没
　　　　　　出现　出乎意料　水落石出

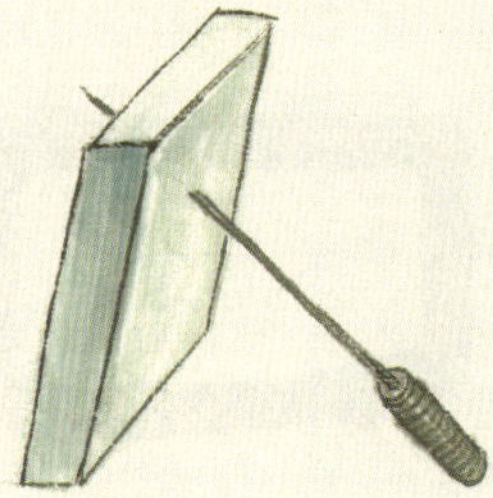

入 rù

入，指事字。甲骨文字形像尖锐的东西，表示尖锐的东西突入物体，泛指进入。

甲骨文 ▶ 金文 ▶ 小篆 ▶ 隶书 ▶ 楷书

常用词语：进入　单刀直入　先入为主　入口　引人入胜　入木三分

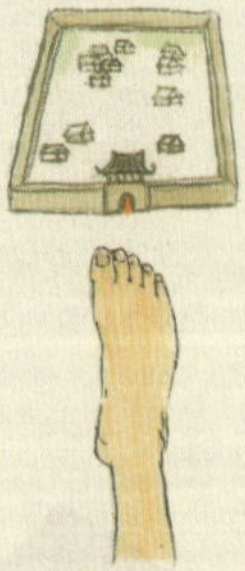

正 zhèng

正，会意字。甲骨文字形从 ᐱ（止）从表示城邑的 ▭，表示向着城邑进发，本义是远征、征伐，是"征"的初文。引申为不偏斜、正义。

甲骨文 ▶ 金文 ▶ 小篆 ▶ 隶书 ▶ 楷书

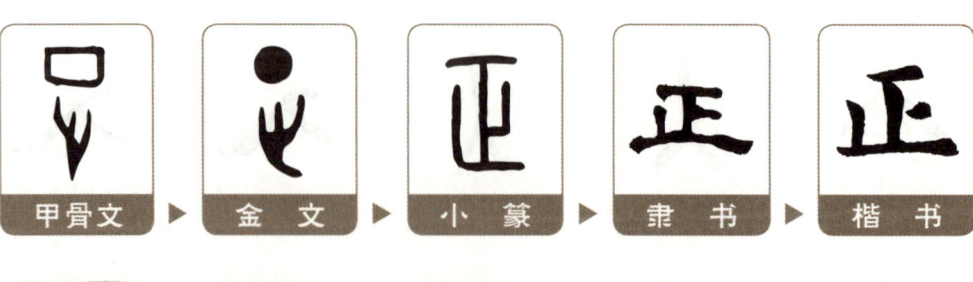

常用词语：正直　一本正经　正大光明
正常　堂堂正正　邪不压正

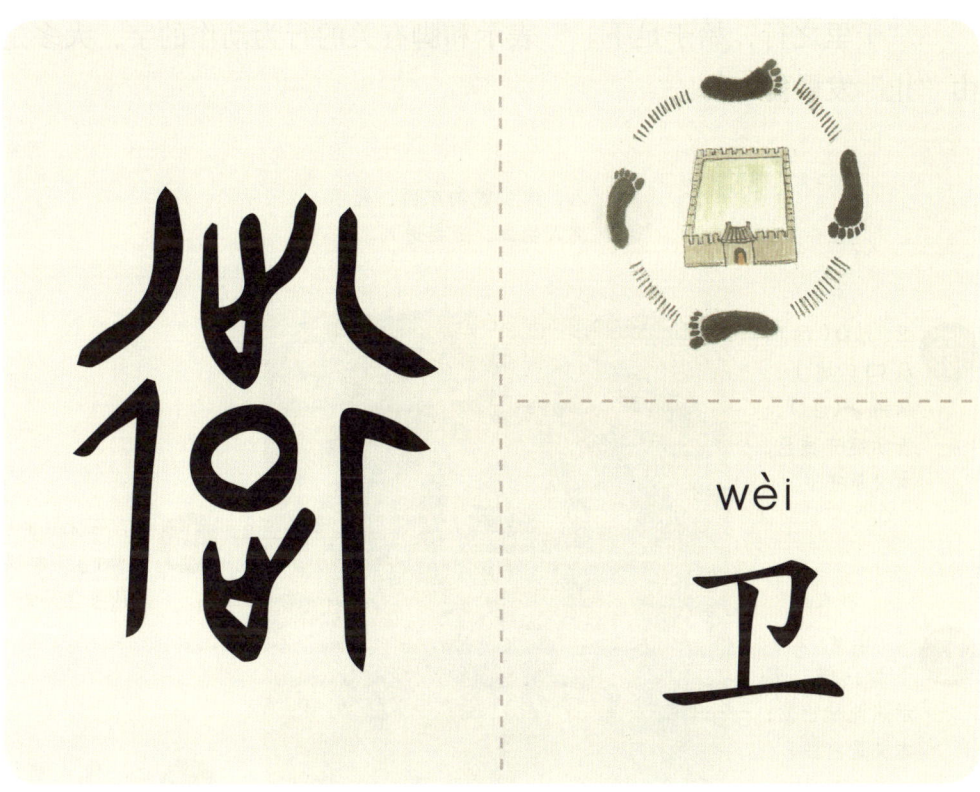

wèi

卫

卫［衛］，会意兼形声字。甲骨文字形，从彳（行）、从表示城邑的口、从两止（止），表示巡行守卫城邑。本义是防守、保卫。现代汉语"衛"简化为"卫"。

甲骨文 → 金文 → 小篆 → 隶书 → 楷书

常用词语　保卫　保家卫国　螳螂之卫
　　　　　卫士　引虎自卫　郑卫之音

"千里之行，始于足下。"表示和脚有关的行为动作的字，大多是由"止"发展而来的。

入，像尖锐的东西，表示突入物体，泛指进入。

卫，从 𔘁（行）、从 囗（城）、从两 𣥂（止），表示巡守城邑，本义是守卫。

出，在止（𣥂）下加 ∪，本义是从里往外走。

之，在 𣥂（止）下加一横，表示从此地出发，本义是前往。

止，像人脚，本义是脚，后来写成"趾"。

正，在 𣥂（止）上加囗，表示向着城邑进发，本义是远征。

除了上面的字，还有很多字由 𣥂（止）构成，例如：

步，由一左一右两 𣥂（止）构成，表示行走，本意是步行。

武，从 𣥂（止），表示行进；从 戈（戈），表示武器。本义是征伐、示威。

除此之外，"止"还可以在形声字中作声符，比如 址（址）、齿（齿）等。

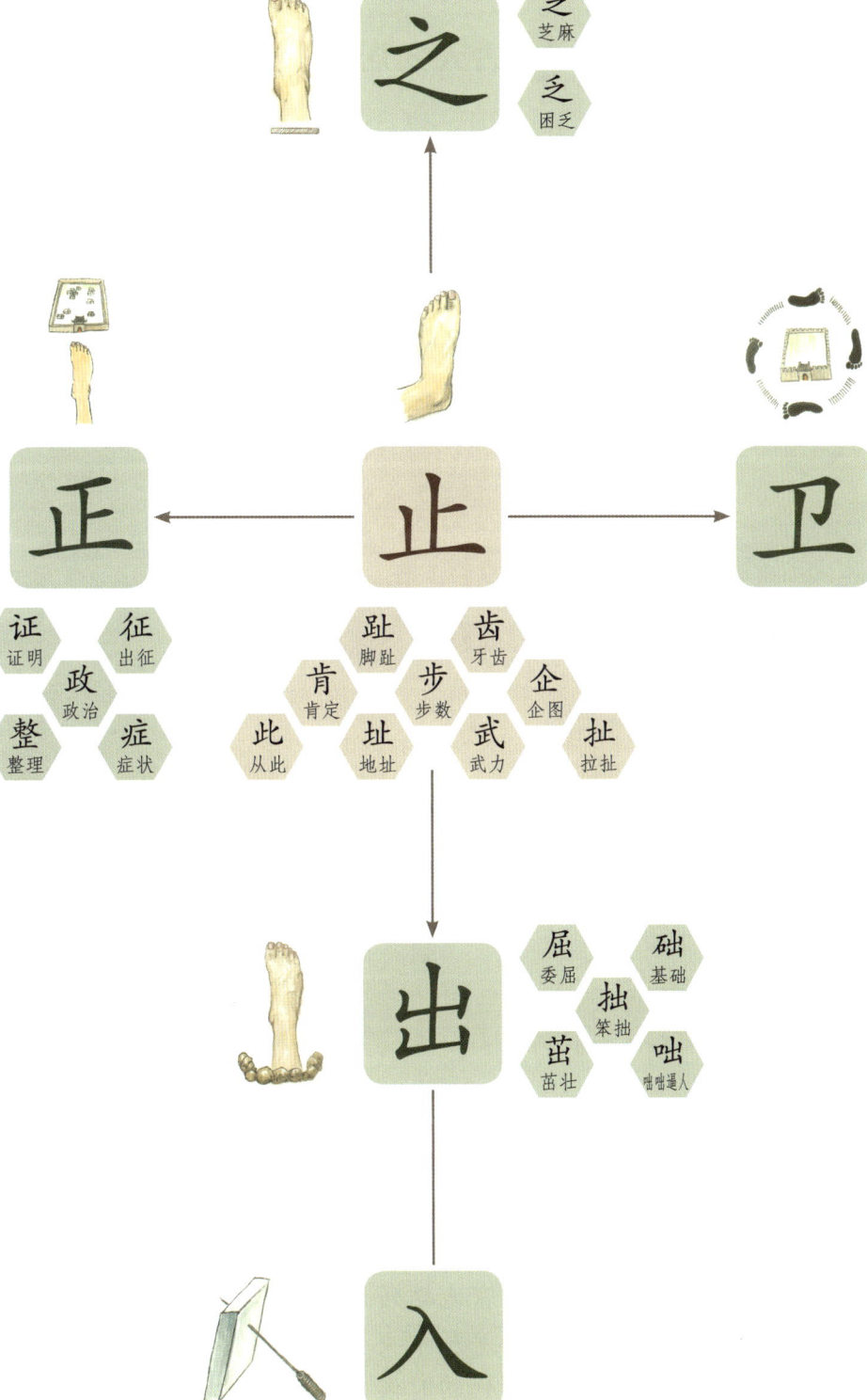

第六章 人类家族 6

汉字导图

止之出入正卫

95

漫谈 古人穴居

远古先民最初是穴居，从原始人利用天然崖洞躲避风雪，发展到在平地上建造浅穴式的房屋，在相当长的历史时期中，一直都没有脱离一个"穴"字。凸（出）在造字之初，就是一只脚从"穴"中出来的意思。

半坡遗址

半坡遗址是黄河流域一处典型的新石器时代仰韶文化母系氏族聚落遗址，距今5600—6700年之间。半坡遗址中，大多为方形的浅穴，深50到80厘米，穴的四周紧密地排列着木柱，并从外面敷上草或草泥形成墙壁。这些半地穴式的房屋中央（有的略靠近门口），都有一个灶坑，这个坑也是个穴。商代的时候，已经大量使用版筑的方法立墙，半穴式的房屋仍然存在，但大概只是奴隶的住所。

半坡遗址

半坡遗址

■据许嘉璐《中国古代衣食住行》

漫谈 征夫的歌谣

《诗经·小雅·采薇》是古代一首有名的征夫歌谣,歌唱的是戍边将士返回故乡的情景,回想起从军的艰辛,抒发了思乡的心情。诗歌的大意是,为了抵抗北方的猃狁 xiǎn yǔn 我国古代北方的一个民族,征夫们在春天出发远征,在千里之外与敌人浴血厮杀,昼夜苦战。因为不断更换驻地,家书都无法寄出,饱尝思乡之苦,不知何时才能回家。终于,战争结束了,征夫们可以回家了。可是回到家乡的时候,已经是大雪纷飞的冬季。歌谣结尾唱道:"昔我往矣,杨柳依依。今我来思,雨yù雪霏霏。"意思是,回想当初出征,杨柳依依;如今归来,大雪纷飞。征夫不禁感叹道:"行道迟迟,载渴载饥。我心伤悲,莫知我哀!"意思是:道路难走,又渴又饿。内心伤悲,谁能理解!

典故 止戈为武

公元前597年，春秋五霸之一的楚庄王亲率楚军再次围攻郑国，晋国再次救郑，晋楚在邲(bì 今河南荥 xíng 阳北)展开争夺，楚国大败晋国，一洗先前城濮(pú)之战失败的耻辱。

邲之战后，楚国大夫潘党对楚庄王说："君王何不修筑一座壁垒，收聚晋军尸体，封土形成高高的坟丘，用以显耀武力呢？我听说战胜敌人后，一定要将这件事昭告后代子孙，以此让他们不弃武力。"楚庄王并没有同意，说："从文字来看，'武'由'止'和'戈'构成，所谓'武'，就是禁止暴力，消除战争，巩固功业，安定人民，使民众和谐，财物丰富，这才能让后代子孙记住我们的显赫功德。现在，我让两国将士横尸郊野，这是很残暴的事情。借此显示兵力，威慑诸侯，这怎么能保持强大呢？"

于是，楚庄王并没有筑垒封丘显耀武力，他祭祀了黄河，修建了先王的庙宇，向先王报告了战事的胜利，之后就班师回国了。

■据《左传·宣公十二年》

"武"的甲骨文字形，上端是戈（ ），表示武器；下端是止（ ），表示行进。从字形来看，"武"的本义是出征打仗或示威。显然，楚庄王对"武"的解释是牵强的，但从中也可以看出楚庄王的德行。

战国·嵌错水陆攻战纹铜鉴墨线图（局部）
出土：1935年河南汲县山彪镇大墓

典故 田单守城

战国时期，燕昭王即位后，公元前 284 年，燕国大将乐 yuè 毅统帅六国联军进攻齐国，攻下七十余城，仅剩莒 jǔ 和即墨两座城池。即墨全城军民在将军田单率领下，拼死抵抗，双方交战一年，僵持三年。公元前 279 年，燕昭王死，燕惠王即位，任命骑劫取代乐毅为大将，对即墨发起猛攻，仍久攻不下。

田单对内佯 yáng 假装 称神来助齐，振奋城中人心；对外佯装兵力虚弱，命令精壮甲士潜伏起来，用老弱、妇女登城守望，使燕军误以为齐军少壮已伤亡殆 dài 尽，失去作战能力。然后田单派人向燕军诈降。燕军信以为真，坐待受降。

田单趁机汇集牛千余头，画上五彩花纹，披上土黄绸缎，牛角捆上尖刀，牛尾绑上浸过油的苇草；把城墙凿开十余个出口，夜里点燃牛尾，放牛出城，牛因疼痛而横冲直撞，突袭燕军大营，齐军五千壮士紧随冲杀；城中鼓声雷鸣，老弱敲击铜器，声势浩大，震天动地。燕军见状，以为天降神兵，吓得溃不成军，大将骑劫死于乱军之中。田单一举击败燕军，乘胜反攻，收复了齐国七十余城。

这次攻防之战史称即墨之战，是历史上有名的守城之战。

■据《资治通鉴·卷四》

第七章　人类家族 7

"香九龄，能温席。孝于亲，所当执。融四岁，能让梨。弟tì于长，宜先知。"■《三字经》

黄香九岁替父亲暖被窝，孔融四岁就懂得把大梨让给哥哥们，自己吃最小的。孝敬父母，尊敬兄长，是中华民族的传统美德。

本章，我们就来认识汉字中的"一家人"。

女 nǚ

女，象形字。甲骨文字形像女子两手在身前交叠，屈膝跪坐；或者在头部加上一横（ ），表示头饰，更突出女性特征。本义是指没出嫁的女子，泛指女性，特指女儿。

甲骨文	金文	小篆	隶书	楷书

常用词语：少女　金童玉女　黄花闺女
　　　　　女儿　牛郎织女　窈窕淑女

mǔ

母

母，象形字。甲骨文字形像女子有乳房的样子。本义是养育孩子的妇女，特指母亲；引申为女性长辈。

母 娘 妈 三者现在都表示母亲的意思。"母"是自古传下来的词，现在在书面语中使用；"娘"本义是少女，中古时期在方言里表示母亲，现在常在方言中使用；"妈"是"母"的口语音变，出现在古代白话文中，如今常在口语中使用。

甲骨文 ▶ 金文 ▶ 小篆 ▶ 隶书 ▶ 楷书

常用词语 母亲　母爱　贤妻良母
母乳　母语　母慈子孝

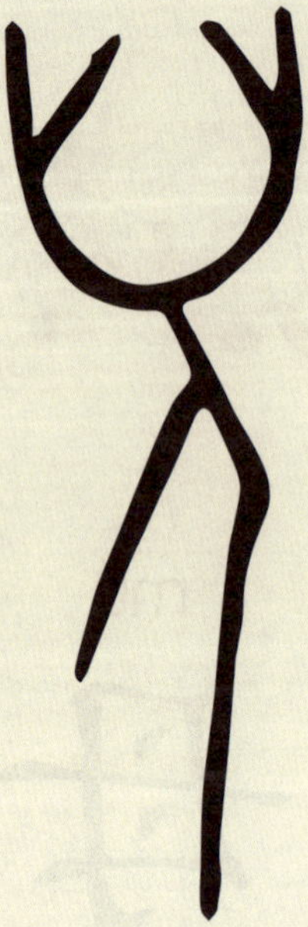

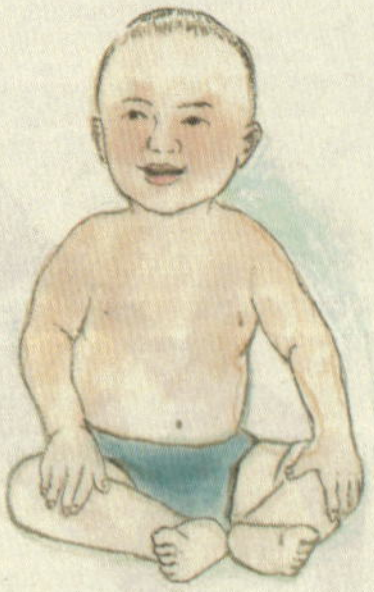

汉字溯源

ér
儿

儿 [兒]，象形字。甲骨文字形上部像囟门还没闭合的婴儿头部，下部像人的身躯，本义是小孩儿。

| 甲骨文 | 金文 | 小篆 | 隶书 | 楷书 |

常用词语：婴儿　妻儿老小　黄口小儿　儿童　生儿育女　视同儿戏

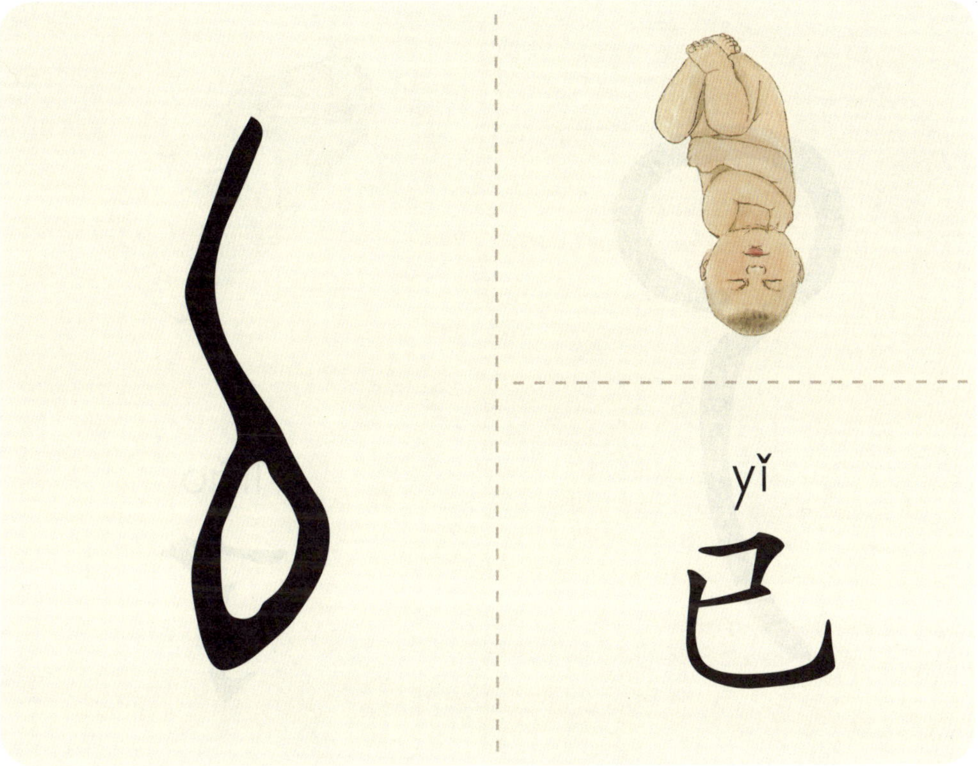

已 yǐ

已，象形字。甲骨文字形像胎儿将要降生，本义是怀孕截止。引申为停止、已经。

在甲骨文和金文中，𠃊（巳）是𠃌（已）倒过来的字形，是同源分化字。巳表示还没出生的胎儿，已表示胎儿成熟将要降生。

甲骨文	金文	小篆	隶书	楷书

常用词语：已经　已忽不见　赞叹不已
已然　木已成舟　学不可以已

了 liǎo

了，象形字。小篆字形像婴儿两臂和两腿被捆扎在襁褓中。本义是婴儿被捆扎在襁褓中，引申为结束、完毕。

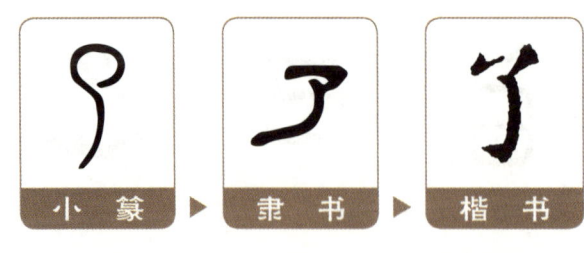

小篆 ▶ 隶书 ▶ 楷书

常用词语：了结　没完没了　不了了之　明了　一目了然　了如指掌

zhǎng, cháng

长

长[長]，象形字。甲骨文字形像一个拄杖（丨）的长发（𠤎）老人，本义是年长发长。引申表示长短的长 cháng，又引申为年长 zhǎng，意指相比之下年龄大。"長"的字形主要有两种，一种包含手杖，另一种是省去了手杖。楷书"長"是从含手杖的字形发展来的，简化字"长"是"長"字的草书楷化。

甲骨文 ▶ 金文 ▶ 小篆 ▶ 隶书 ▶ 楷书

| 常用词语 | 年长 　天长地久 　夜长梦多
长辈 　长幼有序 　取长补短 |

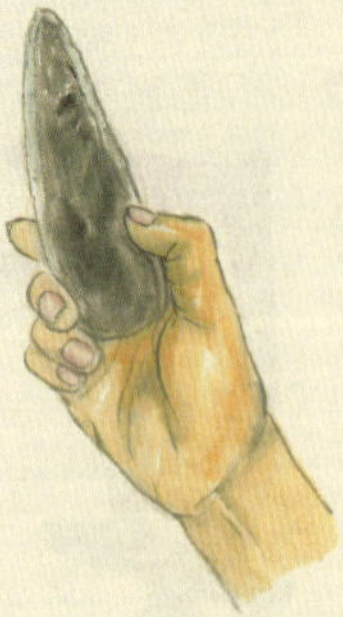

父 fǔ, fù

父，会意字。甲骨文字形像手持石斧的样子，读 fǔ，本义是手持石斧，是"斧"的初文；通称从事某种行业的人，如：渔父。又读 fù，引申为对男性长辈的通称，后来专指父亲。

甲骨文 ▶ 金文 ▶ 小篆 ▶ 隶书 ▶ 楷书

| 常用词语 | 渔父　子承父业　父老乡亲 父辈　衣食父母　夸父追日 |

dì
弟

弟，象形字。甲骨文字形像用绳索缠绕弋 yì 箭杆儿，表示缠绕的次序，本义是次第、次序，是"第"的初文；引申为弟弟。

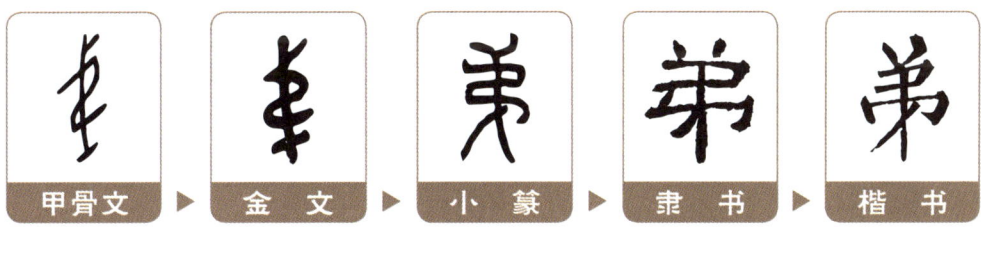
甲骨文 ▶ 金文 ▶ 小篆 ▶ 隶书 ▶ 楷书

| 常用词语 | 表弟　难兄难弟　称兄道弟
兄弟　误人子弟　昆弟之好 |

第七章 人类家族 7

汉字溯源

女母儿已了长父弟

109

原始社会初期，繁 fán 衍 yǎn 后代是氏族发展的关键，女性当家做主，是母系氏族社会；后来劳动力显得十分重要，男性当家做主，转变为父系氏族社会。下面让我们来看看汉字一家人中的主要成员。

母，像突出乳房的女人，本义是养育孩子的妇女，特指母亲。

弟，像用绳索缠绕箭杆儿，表示缠绕的次序，是"第"的初文，引申为弟弟。

女，像两手身前交叠，屈膝跪坐的女子，本义是还没出嫁的女子。

了，像婴儿两臂和两腿被捆扎在襁褓中，本义指婴儿被捆扎在襁褓中。

儿，上部像囟门还没闭合的婴儿头部，下部像人的身躯，本义是小孩儿。

已，像胎儿将要降生，本义是怀孕截止。

长，像一个挂杖的长发老者，本义是年长发长。

父，像手持石斧的样子，是"斧"的初文，引申为父亲。

现在，让我们来看看汉字家族中还有哪些女子，他们在家庭和社会中是什么身份。

姐，从"女"，"且"声，在古代方言中是母亲的别称。
妹，从"女"，"未"声，表示妹妹。
妇［婦］，从"女"从"帚"，表示妇女拿着扫帚做家务，指已经嫁人的女子。
姑，从"女"，"古"声，表示丈夫的母亲，也就是婆母。
嫂，从"女"，"叟"声，表示哥哥的妻子。
姨，从"女"，"夷"声，表示妻子的姐妹。

上面有的字表示的意思现在发生了变化，例如："姑"古代表示丈夫的母亲，而现在丈夫的母亲叫婆母，丈夫的姐妹叫大姑、小姑，父亲的姐妹叫姑姑……这些你能弄明白吗？

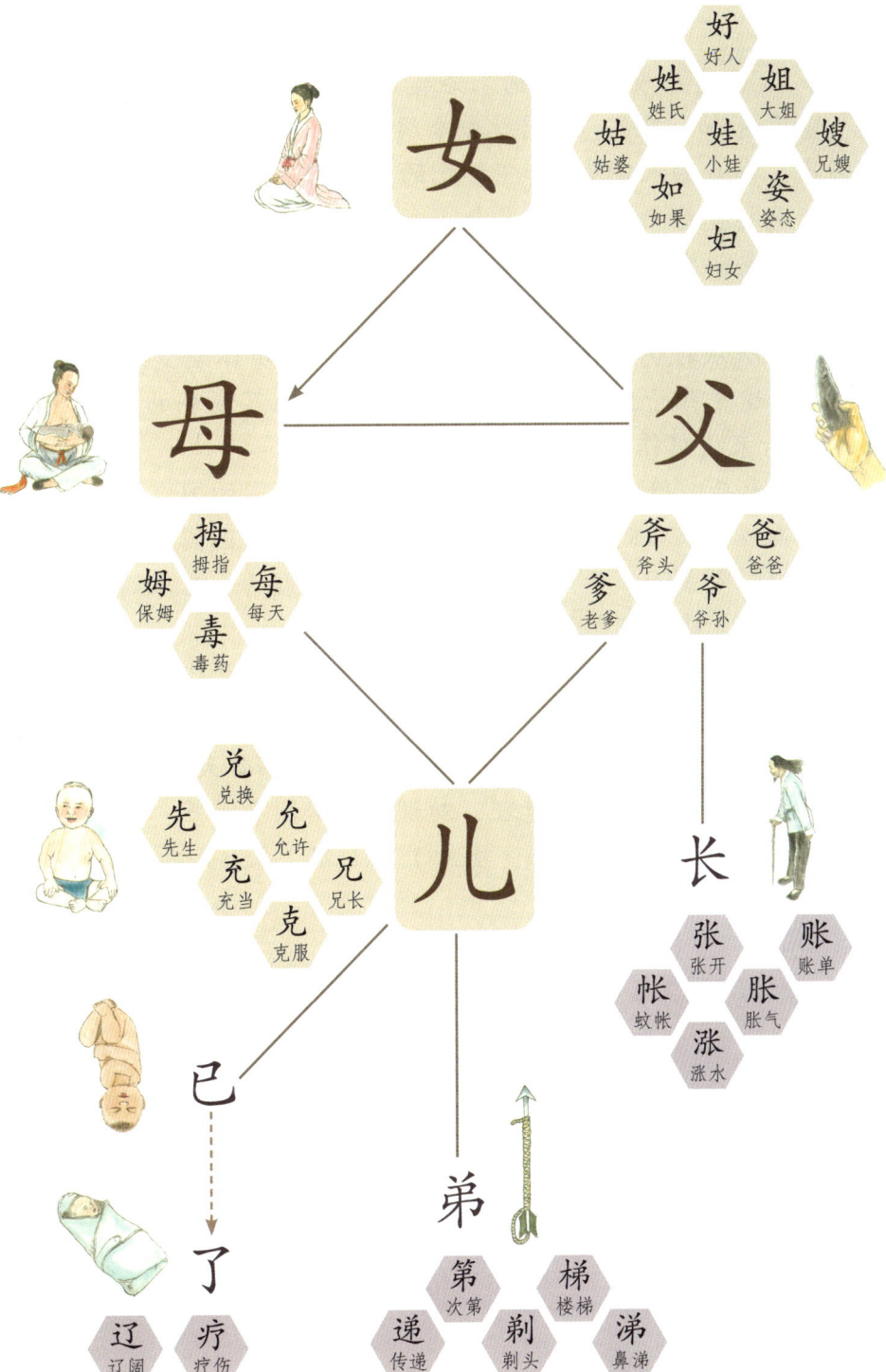

传说 伊尹生于空桑

有莘 shēn 国有个女子采桑时,在空枯的桑树中捡到一个婴儿,她把这个婴儿送给了国君。国君就命令厨师抚养他,并派人去调查这是怎么回事。调查的人回来说:"婴儿的母亲居住在伊 yī 水的上游,怀孕后,梦见神灵告诉她:'如果春 chōng 米的石臼 jiù 出了水,你就赶快往东跑,不要回头看。'第二天,石臼果然出了水,她就马上告诉了邻居,自己往东跑了十里,回头看时,她居住的地方全被洪水淹没了。但她因没有听从神灵告诫,回望了家乡,所以身体就变成了这空枯的桑树。"这个孩子出生在伊水边,长大后又做了商朝的"尹"_{相当于宰相},所以后来被叫作"伊尹"。

伊尹长大后,德才兼备。当时夏朝附属国商国的国君成汤听说了伊尹的名声,就派人向有莘国国君要这个人,有莘国国君不肯。其实伊尹也有心归附成汤,于是成汤就向有莘国国君的女儿求婚,有莘国国君非常高兴,就让伊尹作为随嫁的人跟去。

伊尹原是奴隶,成汤得到伊尹后,按照当时的礼仪制度,在宗庙中为他举行除灾祛 qū 邪的祭祀仪式,烧萑 huán 苇 wěi 来熏身,烧爟 guàn 火来祓 fú 除不祥,把牲畜的血涂在他身上。然后,第二天才设朝召见他。见面后,伊尹用烹调美味的道理,劝说成汤治国平天下。后来,伊尹辅佐成汤打败施暴政的夏桀 jié,建立了商王朝,立下大功。

■据《吕氏春秋·本味篇》

神话 女娲造人

传说,当天地刚开辟的时候,世上还没有人类,女娲就捏弄黄土造人。这工作太繁重了,女娲忙得无法应付。于是,后来她就拿了一根大绳子浸在泥土中,然后提起来一甩,那甩落的泥点也变成了人。所以,富有高贵的人,就是用黄土捏成的;而贫贱平庸的人就是用绳子甩出来的。 ■据《太平御览·卷七八》引《风俗通》

女娲造人的神话产生在黄河流域,那里到处是黄土,这使黄土造人的神话显得真实。在过去,常听老人讲女娲用泥造人的故事,老人最后总是说:"哪怕你刚洗完澡,一出汗也能搓下'泥'来,人身上的泥是洗不净的,因为人是泥捏的。"在北方农村天晴晒炕时,揭开炕席,就会看到席缝漏下的尘土,老人也会联系到人是泥捏的神话传说,认为人身上总往下落土。

汉字驿站 女 母 儿 已 了 长 父 弟

陶哺乳女俑

　　这是2000多年前东汉时期的陶俑。女俑盘坐，头梳髻，身穿广袖长衣，左手将婴儿斜抱于怀中，右手托乳喂奶。人物面庞虽已模糊，但仍能看出浮泛在母亲脸上的幸福笑容。

年代：东汉（公元25年—220年）
规格：高 19.3cm　宽 13.7cm
馆藏：故宫博物院

第八章 人类家族 8

"养不教,父之过。教不严,师之惰。" ■《三字经》抚养子女而不教育,是父亲的过错;教育学生而不严格,是老师的懒惰。中国传统文化历来有"严父慈母""严师高徒"的说法。

本章我们来认识"严、肃"这两个字。

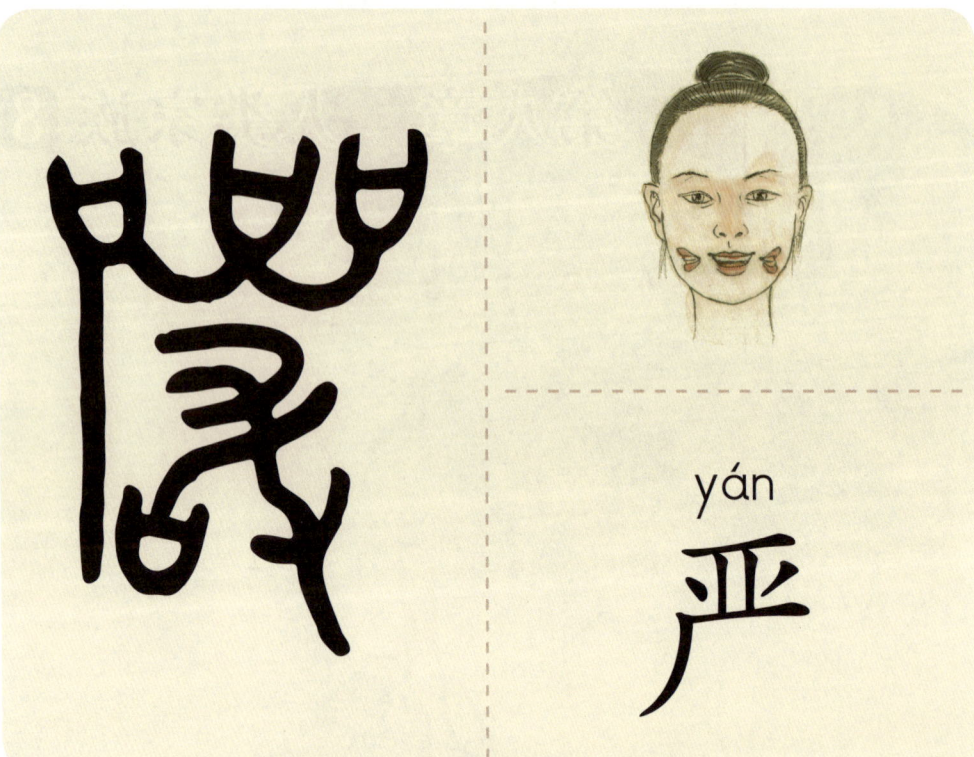

yán
严

严［嚴］，形声字，金文字形从 （ 㗗 yán），（ 敢 ）声。的上面是三个"口"，表示多言；下面的"厂"是"人"的变形。"嚴"是"譀" hàn 的初文，简化为"严"。本义是夸张地说话、荒诞，借用表示严厉、严肃。

金文	小篆	隶书	楷书

常用词语：严厉　父严子孝　纪律严明
严格　戒备森严　严丝合缝

sù

肃

肃［肅］，会意字。金文字形从"聿"yù 从"胐"yuān；"聿"像手（又）持"笔"，"胐"像蓄水的潭渊。表示临渊战战兢 jīng 兢，本义是恭敬，引申为严肃。

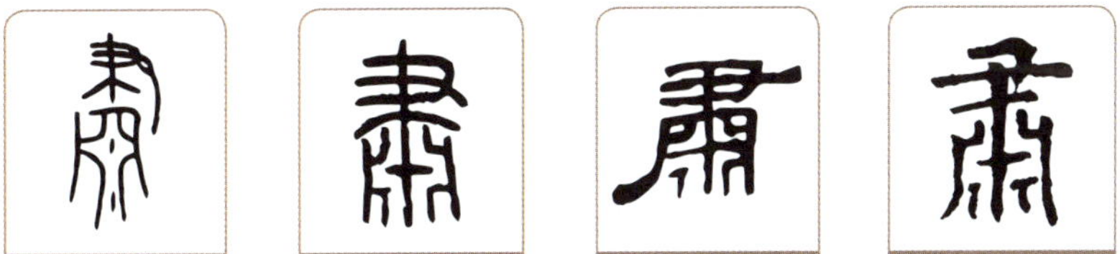

| 金文 | 小篆 | 隶书 | 楷书 |

常用词语：严肃　肃然无声　肃然起敬　肃立　肃杀之气　整肃军纪

合体字是由独体字构成的，可以拆分成独体字。有些字在古文字中是合体字，但后来就变成了独体字——不能拆分了。"严""肃"两个字就是这样。

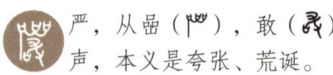
严，从㕇（），敢（）声，本义是夸张、荒诞。

肃，从"聿"从"𣶒"，本义是恭敬。

"肃"常用来构造形声字。例如：

萧，从"艸 cǎo"，"肃"声，是一种植物的名称，即香蒿。

箫，从"竹"，"肃"声，汉隶"箫"的形符"竹"有的讹变为"艸"，与"萧"同形，现在简化为"箫"，是古代的一种竹管乐器。

啸，从"口"，"肃"声，表示撮口出声。

第八章 人类家族 8

汉字导图

严
俨
俨然

肃
萧
萧瑟
箫
吹箫
啸
呼啸

严肃

119

典故 程门立雪

宋朝有个学者叫杨时，字中立，是南剑将乐 jiāng lè 今福建将乐县 人。小时候就聪明出众，善写文章；年纪稍大一点就潜心学习经史。宋神宗熙宁九年考中进士。当时河南人程颢 hào 和弟弟程颐 yí 在宋神宗熙宁、元丰年间讲授已经失传的孔子和孟子的学说，中原一带的学者都拜他们为师。杨时在颍 yǐng 昌拜程颢为师，师生相处很开心。

杨时回家的时候，程颢目送他说："我的学说将向南方传播了。"过了四年，程颢去世了，杨时听说后，在内室设了程颢的灵位哭祭，又用书信讣 fù 告同学等人。

程颢死后，杨时又到洛阳拜见程颐，这时杨时已四十岁了。有一天，拜见程颐时，正赶上程颐坐着闭目养神，杨时与同学游酢 zuò 就恭敬地侍 shì 立一旁，没有离开。古代执师礼、父礼，不谓之进不敢进，不谓之退不敢退，不问不敢对 等到程颐醒来时，门外的雪已经下了一尺深了。

■据《宋史·杨时传》

明·仇英 《程门立雪图》
规格：纵140cm 横74cm

典故 孙子练兵

孙子拿自己著的兵法去见吴王阖 hé 闾 lǘ。吴王想刁难一下孙子，于是从宫中选出一百八十名美女，让他用妇女操练军队。孙子将她们分为两队，手持战戟 jǐ，任命吴王的两个宠妃分别做队长。孙子先让她们识别前后左右行进方向，她们表示明白。孙子便陈设斧钺 yuè，三令五申。

于是击鼓指挥向右，妇女们大笑。孙子说："约束不明，申令不熟，这是将领的过错。"孙子又三令五申，再击鼓指挥向左，她们依旧大笑。孙子说："军令已经申明却不按命令操作，这是队长的过错。"于是要斩左右两队的队长。吴王在台上观看，见爱妃将要被斩，大惊失色。急忙派使者求情，孙子说："我既已受命为将，将在军中，君命有所不受。"于是将两个队长斩首示众。又用次一等的人当队长，再次击鼓操练。妇女行军，左右前后，跪下起立，动作规范，肃然无声。

于是孙子派使者报告吴王："阵容已经操练整齐，大王可下台观看。即使赴汤蹈火，士兵也在所不辞。"吴王说："将军请回客舍休息，我不愿下台观看。"孙子说："大王只喜欢空谈兵法，不能用于实际。"吴王由此深知孙子善于用兵，终于任命他为大将。吴国向西击破强大的楚国，向北威慑齐国、晋国。吴国在诸侯中扬名，得力于孙子。

■据《史记·孙子吴起列传》

王鹏伟

二级教授，北京师范大学中国语文与海外华文教育研究中心研究员、东北师范大学教育硕士专业学位教育指导委员会委员、教育部"国培计划"专家、中国教育学会理事、全国汉字文化教育联盟理事长，策划创办全国首家校园汉字博物馆。

王　公

笔名愚公、愚人。教授，中国美术家协会会员，中国当代水墨画家。

史殿生

中国美术家协会会员、国家一级美术师、北京师范大学中国画创作高级研究生班导师。

杨　峰

中国美术家协会会员、中国出版工作者协会装帧艺委会会员，现为吉林省社会科学院民族研究所研究员。

汉字本来的样子

字源绘

王鹏伟 编著

长春出版社
国家一级出版社
全国百佳图书出版单位

中国的汉字和古埃及圣书文字、古代苏美尔文字、原始埃兰文字、克里特文字等，同属世界上最古老的文字，唯有汉字经历约3400年一直沿用至今，这是世界文明史上的一大奇迹。

目录

第一章　衣食住行 ❶

汉字溯源 …………………………… 2
衣／求／巾／玉／串

汉字解码 …………………………… 7

汉字导图 …………………………… 8

汉字驿站 …………………………… 9
玉玦与决绝／鸿门宴——范增举玦／两千年前的禅衣／
鸡鸣狗盗

第二章　衣食住行 ❷

汉字溯源 …………………………… 14
乡／卤／皿／由／凡／刁／匕／几／用

汉字解码 …………………………… 23

汉字导图 …………………………… 24

汉字驿站 …………………………… 25
古代炊具／古代食器／古代烧烤／嗟来之食

第三章　衣食住行 ❸

汉字溯源 …………………………… 30
厂／广／斤／户／门／开／瓦／囱／亚／井

汉字解码 …………………………… 40

汉字导图 …………………………… 41

汉字驿站 …………………………… 42
从"穴居"到"窑洞"／从"巢居"到"吊脚楼"／
大门和二门／建筑精灵：瓦当／《天工开物》：造瓦工艺图

一

第四章　衣食住行 ❹

汉字溯源 ··· 48
舟 / 车 / 术 / 卡

汉字解码 ··· 52

汉字导图 ··· 53

汉字驿站 ··· 54
古代乘车姿势 / 古代乘车礼节 / 古代驿站 / 赤壁之战

第五章　农耕狩猎 ❶

汉字溯源 ··· 58
田 / 甫 / 力 / 乍 / 生 / 产 / 丰 / 屯 / 农

汉字解码 ··· 67

汉字导图 ··· 68

汉字驿站 ··· 69
人文始祖：伏羲 / 神农氏 / 远古时代的农具及耕种

第六章　农耕狩猎 ❷

汉字溯源 ··· 74
朿 / 束 / 重 / 弗 / 甩

汉字解码 ··· 79

汉字导图 ··· 80

汉字驿站 ··· 81
朿与束 橐与囊 锦囊妙计 从"慎、重"看"名、字"

第七章　农耕狩猎 ❸
汉字溯源 ·· 86
夷 / 羌 / 血 / 肉 / 歹 / 毛 / 革

汉字解码 ·· 93
汉字导图 ·· 94
汉字驿站 ·· 95
铜壶铭纹识射猎之礼 / 宋词名篇观田猎阵仗

第八章　工具兵器 ❶

汉字溯源 ·· 98
工 / 巨 / 专 / 予 / 臼 / 互 / 片

汉字解码 ·· 105
汉字导图 ·· 106
汉字驿站 ·· 107
看物识字：古代工具

第九章　工具兵器 ❷
汉字溯源 ·· 110
刀 / 刃 / 亡 / 勿 / 王 / 士 / 干 / 矛 / 戈 / 必 / 我 / 乂 / 弓 / 矢

汉字解码 ·· 124
汉字导图 ·· 126
汉字驿站 ·· 127
刑天舞干戚 / 干将莫邪铸剑 / 十八般兵器 /
《天工开物》：造弩工艺图

第一章 衣食住行 1

"玉不琢,不成器。人不学,不知义。"■《三字经》意思是,美玉不雕琢,就不会成为玉器;人不学习,就不懂得事理。古人崇尚礼仪,穿衣戴帽、佩戴饰物要合乎礼仪规范。

本章我们就来认识一组有关服饰的汉字。

衣 yī

衣，象形字。甲骨文字形像带大襟的古代上衣的轮廓，上面是衣领，下面像前衣襟向另一边掩盖的样子。本义是上衣，泛指衣裳。

衣裳 古代上衣叫"衣"，下衣叫"裳"cháng，合称衣裳。

甲骨文	金文	小篆	隶书	楷书

常用词语
衣服　丰衣足食　量体裁衣
糖衣　衣冠楚楚　衣锦还乡

第一章 衣食住行 ❶

汉字溯源

qiú
求

㲿和夕（衣）的字形有什么联系？

求，象形字。甲骨文字形像毛朝外的衣；金文在中间位置加上"又"（手）作为声符，成为形声字。"求"是"裘"的初文。本义是皮衣，借用表示寻求。

| 甲骨文 ▶ 金 文 ▶ 小 篆 ▶ 隶 书 ▶ 楷 书 |

| 常用词语 | 寻求　求同存异　舍近求远 |
| | 要求　精益求精　实事求是 |

衣求巾玉串

3

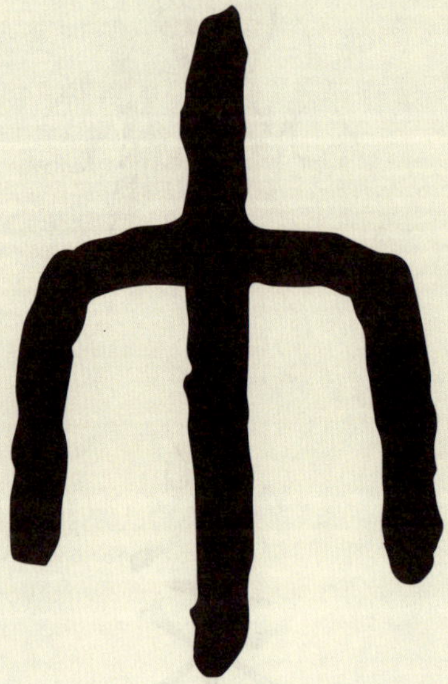

巾 jīn

巾，象形字。甲骨文字形像布巾下垂的样子。本义是布巾；引申为冠的一种——头巾。

甲骨文	金文	小篆	隶书	楷书

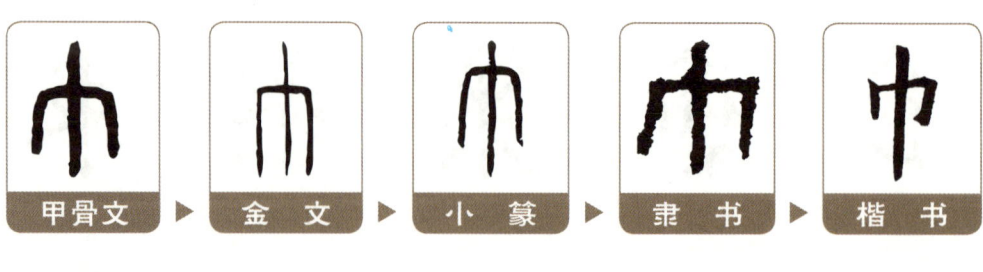

常用词语

手巾　围巾　巾帼英雄
头巾　浴巾　羽扇纶(guān)巾

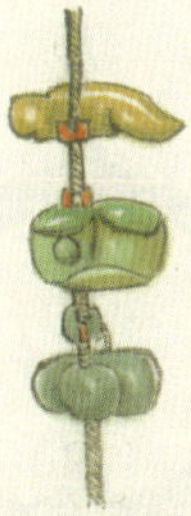

第一章 衣食住行 1

汉字溯源

yù
玉

玉，象形字。甲骨文字形像一串玉的形状。本义是玉石，引申为精美、洁白。

"玉"的甲骨文字形多样，串上的玉三块（丰）、四块（ᆂ）、五块（玊）都有，但常见的是三块。后来为了和"王"字区别开，就中间加一点写成"玉"。

| 甲骨文 | 金文 | 小篆 | 隶书 | 楷书 |

常用词语：玉石　如花似玉　亭亭玉立　玉器　抛砖引玉　玉石俱焚

chuàn

串

串,象形兼指事字。金文字形像用绳子或棍棒把东西贯串起来。本义是贯串,又指连贯成串的东西。

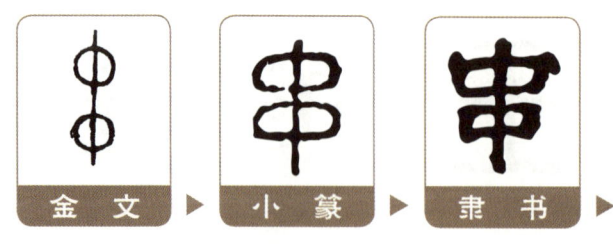
金文 → 小篆 → 隶书 → 楷书

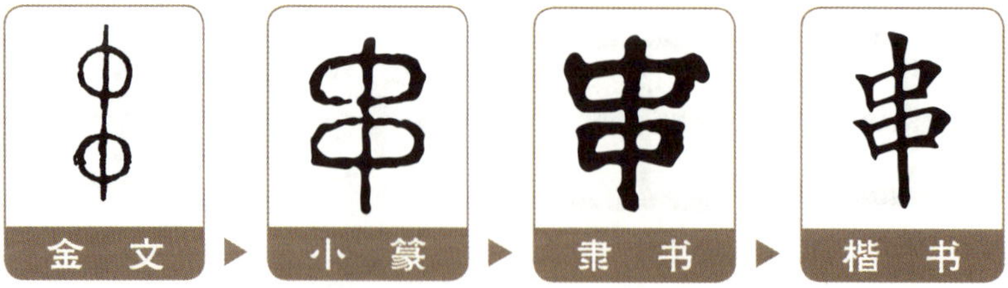

常用词语: 贯串　串联　走街串巷
肉串　串味　串通一气

古文字中的象形字是描摹实物的，实物形状相近，字形必然相近；实物相关，字形也必然相关。例如本章这一组汉字：

巾，像布巾下垂的样子，本义是布巾。

衣，像古人穿的上衣的轮廓，本义是上衣。

串，字形和"玉"近似，像把东西贯串起来，本义是贯串。

求，字形和"衣"相近，像毛朝外的衣，本义是皮衣。

玉，像一串玉的形状，本义是玉石。

象形字是独体字，作合体字的形符时，合体字表示的意思就和这个独体字有关，因此形符又叫"义符"。下面以"衣"和"玉"为例。

以"衣"作形符的字，大多是和衣被、穿着等有关。例如：

表，从"衣"从"毛"，本义是加在衣服外面的衣服，引申为外表。

初，从"衣"从"刀"，表示裁剪衣服的开始，本义是开始。

补（補），从"衣"，"甫"声，本义是修补衣服，泛指修补。

以"玉"作为形符的字，常常和玉的种类、外形、颜色、音色和质地有关。例如：

琼，从"玉"，"夐"xiòng声，本义是赤色玉。

琳，从"玉"，"林"声，本义是美玉。

璧，从"玉"，"辟"声，本义是一种玉制礼器_{圆形扁平，正中有孔，边宽为内孔直径的二倍}，泛指美玉。

汉字导图

衣 求 巾 玉 串

帅 元帅	币 货币	带 衣带
幅 条幅	布 布匹	常 经常
帽 帽子	帮 帮助	吊 吊挂
	幕 幕布	帝 帝王

巾

救 救人	球 气球	裘 狐裘

 **衣** → **求**

初 初始	表 外表	裁 裁衣
袍 长袍	衫 衬衫	依 依靠
袋 布袋	裂 分裂	
袭 承袭	装 服装	

 **玉**

宝 宝贝	国 中国	环 花环
弄 戏弄	璧 玉璧	
瑞 瑞雪	玲 玲珑	
	玩 玩耍	

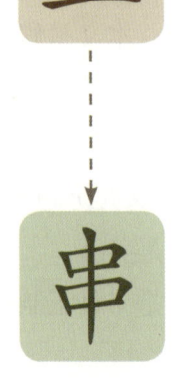 **串**

窜 乱窜	患 患病

漫谈 玉玦与决绝

玉是中国古人最重要的佩饰，佩玉的种类有多种，"玦"jué 是其中的一种。在西周晚期和春秋时期，玉玦多为圆形片状且带有缺口，并多雕刻纹饰，纹饰多琢zhuó刻龙纹，缺口部分两侧作对称双龙首。战国以后，玉玦从耳饰逐渐演变为佩饰，因为玉玦的"玦"与决断、断绝的"决（绝）"谐音，所以"玦"产生出新的含义，表示决绝之意。古书上说："君子能决断则佩玦。"■《白虎通》"逐臣赐玦，义取与之诀jué别也。"■《广韵》意思是：君子能够决断就佩戴"玦"；君驱逐臣就赐给他"玦"，表示与之诀别。

春秋·玉龙纹玦
规格：直径3.7cm 孔径1.2cm 厚0.4cm
馆藏：中国国家博物馆

商·龙形玉玦
规格：直径5.9cm 孔径2.3cm 厚0.4cm
馆藏：中国国家博物馆

典故 鸿门宴——范增举玦

秦朝末年，项羽、刘邦起兵反秦。当初约定，谁先攻入秦朝都城咸阳，谁就做关中王。后来，项羽攻破秦军主力，自称"西楚霸王"，成为诸侯上将军；而刘邦集合三千子弟，攻占沛县，自称"沛公"，后来率先攻入咸阳。这时，项羽的谋士范增劝他赶快攻击刘邦。刘邦听说后，赶紧到项王驻地鸿门道歉。项羽设宴招待他。范增明白，此时不杀刘邦，就是放虎归山。宴会上，范增屡次给项羽使眼色，多次举起佩戴的玉玦，暗示项羽作出决断，杀掉刘邦。项羽沉默，不回应，他不忍心杀刘邦。范增又让项羽的堂弟项庄到宴会上表演舞剑，想借此击杀刘邦；项羽的叔父项伯也拔剑起舞，用身体掩护刘邦。于是刘邦借机逃走。最后，刘邦打败了项羽，建立了汉朝，像范增所言："夺项王天下者，必沛公也！"典故"项庄舞剑，意在沛公"就出自这里，而在这鸿门宴上范增数次举玉玦向项羽示意，就蕴含着决断与决绝之意。

■据《史记·项羽本纪》

两千年前的禅衣

古代上衣有单_{单层}、夹_{双层}之分。《说文解字》中说:"禅_{dān},衣不重_{chóng}_{重叠}。"禅衣应该出现在"衣"与"裳"都流行的时候。"衣"指上衣,短上衣叫襦_{rú},又叫短衣,这是和深衣相对而言的,深衣长到脚踝_{huái}。

右图是1972年出土于湖南长沙马王堆一号汉墓的两千多年前的西汉直裾_{jū}_{衣襟方直}素纱_{没染色}禅衣。这件禅衣是至今所见最早、最薄、最轻的服装珍品,是西汉时期纺织技术的巅峰之作,代表了西汉初期养蚕、缫_{sāo}丝、织造工艺的最高水平。

这件素纱禅衣交领、右衽_{rèn}_{左前襟掩向右,将右襟掩覆在内}、直裾,类似汉代流行的上下衣裳相连的深衣,而袖口较宽。除衣领和袖口边缘用织锦做装饰外,整件衣服以素纱为面料,没有衬里,所以称之为"素纱禅衣"。它由精缫的蚕丝织造,单经单纬交织,方孔平纹,丝缕极细,轻盈精湛,孔眼均匀清晰,仅重49克,可谓轻若烟雾,薄如蝉翼。

西汉·直裾素纱禅衣
规格:衣长128cm 通袖长195cm 重49g
馆藏:湖南省博物馆

鸡鸣狗盗

战国时期，秦昭zhāo王早就听说孟尝君贤能，便向齐国提出要求，要见孟尝君。齐湣mǐn王二十五年，齐国终于派孟尝君率众门客出使秦国，秦国立即让他担任相国。有人对秦昭王说："孟尝君十分贤能，又是齐国人，如今在秦国做相，一定先为齐国考虑，然后才为秦国考虑，那秦国就危险了！"于是，秦昭王改变了主意，就把孟尝君软禁起来，谋划找借口杀他。

孟尝君派人求秦昭王最宠幸的一个姬jī妾qiè，让她为自己求情。那位姬妾说："把孟尝君的那件狐白裘衣送给我，不然我不会帮他。"孟尝君确实有一件狐白裘衣，价值千金，天下无双。但是，他刚到秦国时，已经把它献给秦昭王了。孟尝君正为此发愁，恰巧他的低等门客中有个人会装扮成狗偷盗，于是那个人夜间潜入秦宫仓库，将那件狐白裘衣偷了回来，献给了那位姬妾。姬妾为孟尝君说情，秦昭王就释放了孟尝君。

孟尝君被释放后，害怕秦昭王反悔，立即乘快车逃离。他更换了出境凭证，并改名换姓，至夜半时分一行来到了函谷关。按照规定，要到鸡鸣时分才能放人出关。这时秦昭王果然反悔了，派人去追孟尝君。好在孟尝君的低等门客中有一个人会学鸡叫，此人一学鸡叫，附近的鸡一起跟着鸣叫起来。函谷关开关，孟尝君最终得以逃出秦国。

■据《史记·孟尝君列传》

第二章　衣食住行 ❷

"蜜食馃(guǒ)子，又香又甜。高粱煎饼，绿豆水饭，小米黏(nián)粥，麦子细面。麸(fū)子喂马，豆腐蘸(zhàn)蒜。"　■山西民间蒙学课本《山西杂字》

这几句韵文说的是日常饮食。俗话说"民以食为天"，本章我们就来认识几个有关饮食日用的汉字。

xiāng

乡

乡 [鄉]，会意字。甲骨文字形像左右两边面对面的两个人形，中间是盛满食物的器皿，合起来表示两人相向而食。本义是面对面吃饭，是飨 [饗] xiǎng 的初文。引申为乡里、乡村、家乡。

甲骨文	金文	小篆	隶书	楷书

常用词语：乡土　本乡本土　鱼米之乡　山乡　背井离乡　入乡随俗

lǔ

卤

卤，指事字。甲骨文字形、金文字形和 ◊（西）近似，像一个制盐煎熬时漉 lù 汁用的竹器，中间加四个点儿，象征盐粒。本义是盐卤。盐卤也叫卤水，是制盐时剩下的味苦有毒的黑色液体，可以使豆浆凝结为豆腐。

甲骨文	金文	小篆	隶书	楷书

常用词语　　盐卤　卤蛋　卤水　卤味

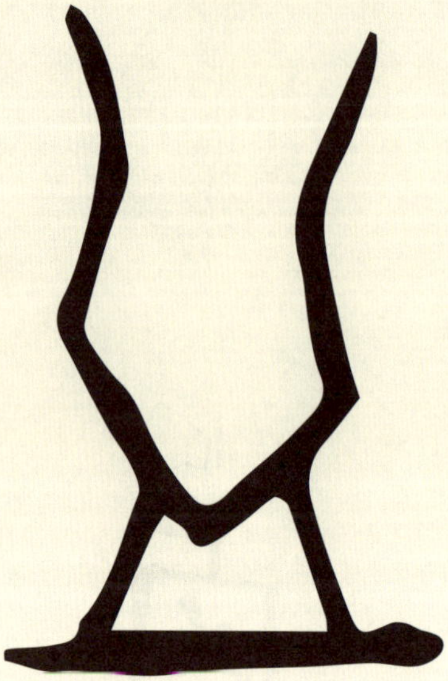

mǐn

皿

皿，象形字。甲骨文字形像古代饮食器具的形状，上部像口沿外展的容器，下部像底座，本义是饮食器具，泛指碗盘杯碟一类的饮食用具。

| 甲骨文 | 金文 | 小篆 | 隶书 | 楷书 |

常用词语： 器皿　金皿　皿字底

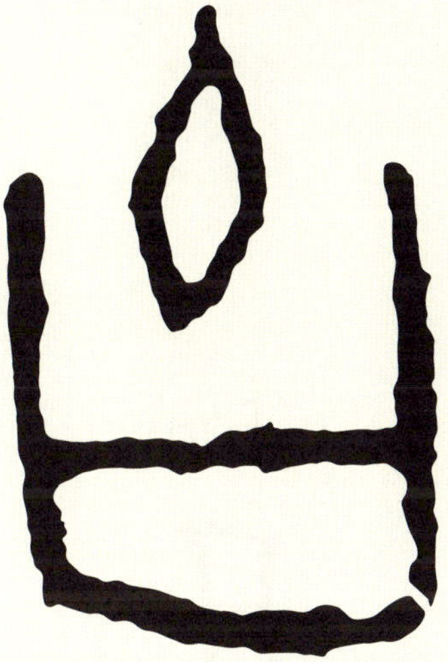

由 yóu

由，象形字。甲骨文字形像古代盛酒浆或汲 jí 水用的瓦器缶 fǒu。本义是缶，借用表示缘由、由于。

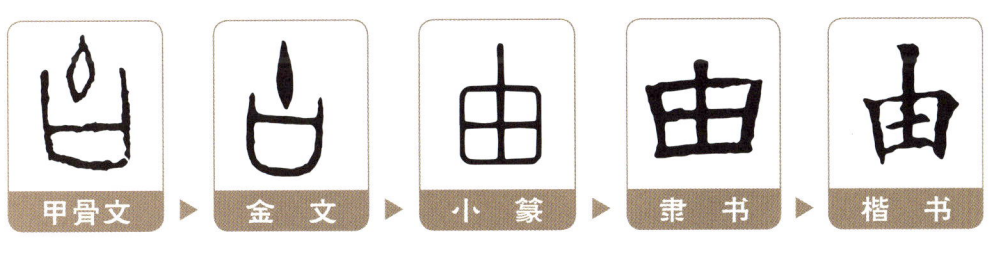

甲骨文 ▶ 金文 ▶ 小篆 ▶ 隶书 ▶ 楷书

常用词语：理由　自由自在　不由自主
由头　言不由衷　身不由己

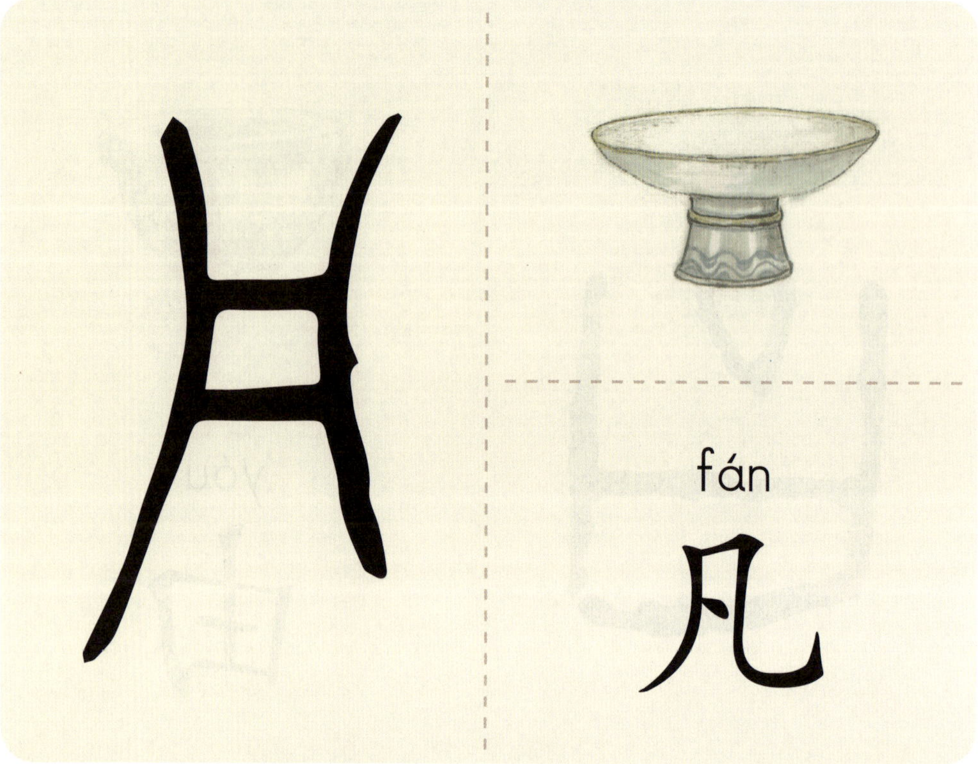
fán
凡

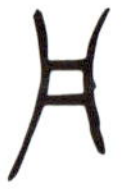

凡，象形字。甲骨文字形像侧视的高足盘形状。是“盘”的初文。本义是盘子，借用表示“平凡”的“凡”。

甲骨文
金 文
小 篆
隶 书
楷 书

常用词语

凡庸　自命不凡　不同凡响
凡是　凡夫俗子　天仙下凡

乡 卤 皿 由 凡 刁 匕 几 用

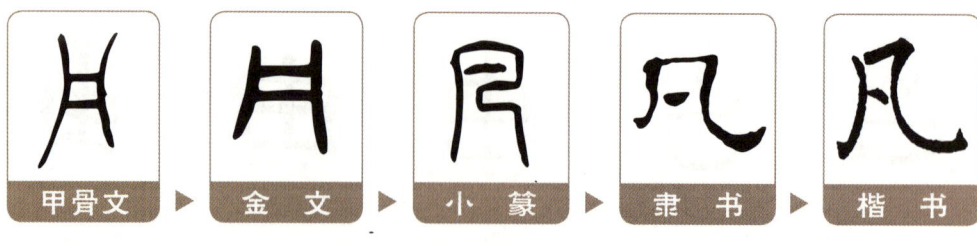

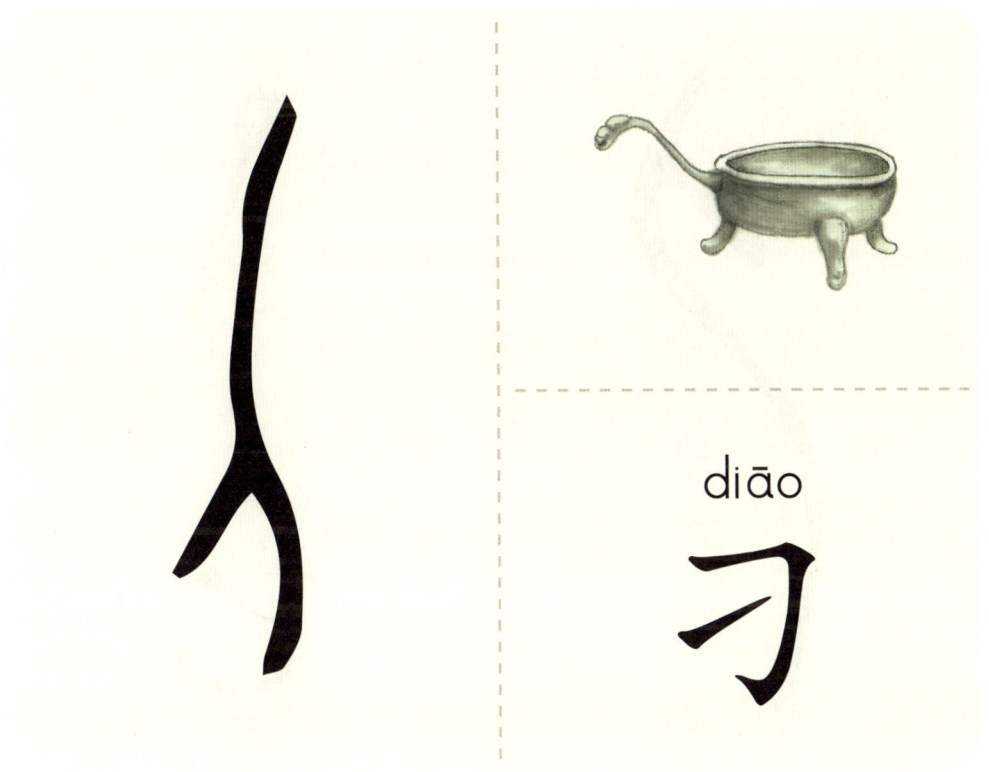

diāo

刁

刁，象形字。甲骨文字形像一种有柄的金属小斗，即刁斗的形状。刁斗是古代行军用具，白天用来煮饭，晚上用来巡夜打更。本义是刁斗，后来表示狡猾。

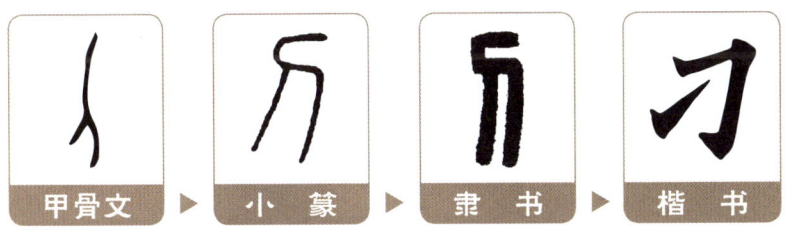

甲骨文 ▶ 小篆 ▶ 隶书 ▶ 楷书

常用词语	刁横 hèng	刁斗森严	刁钻古怪
	刁难	刁钻刻薄	百般刁难

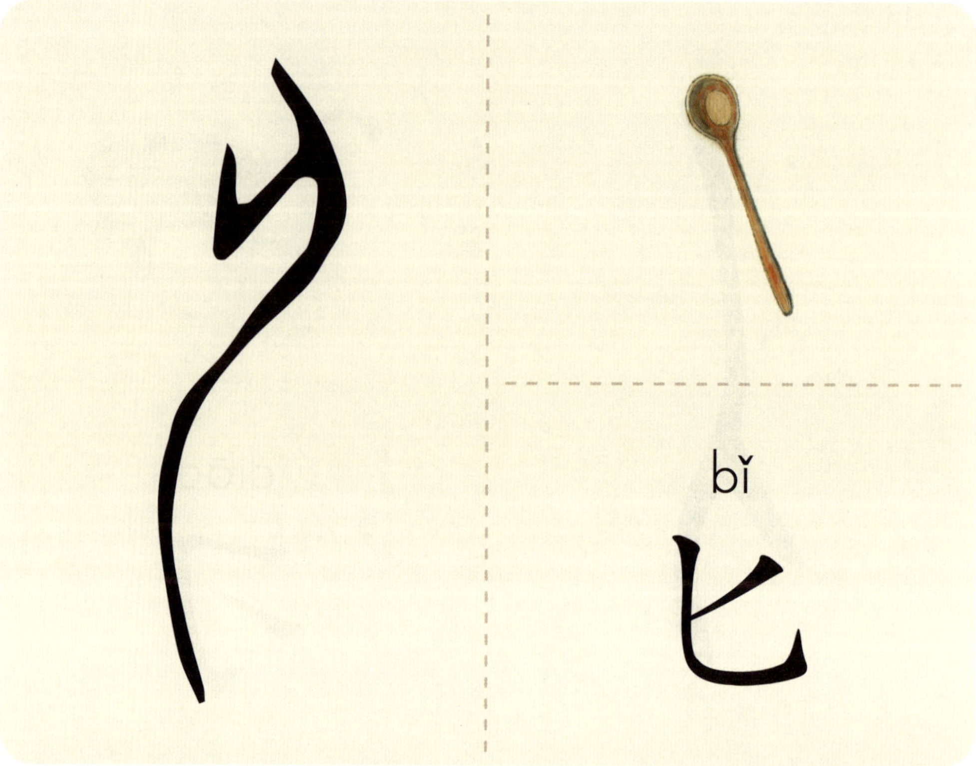

匕 bǐ

匕，象形字。甲骨文字形像一种长柄取食用具。本义是古代一种长柄取食用具，形状类似后代的羹匙，又指和匕形状相似的一种兵器——匕首。

甲骨文 ▶ 金文 ▶ 小篆 ▶ 隶书 ▶ 楷书

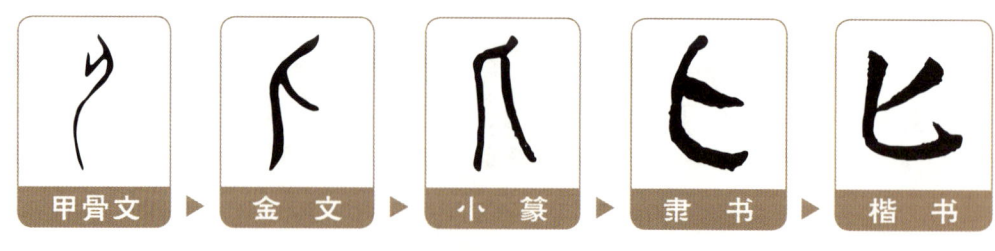

常用词语： 玉匕　匕首　匕首投枪　图穷匕见 xiàn

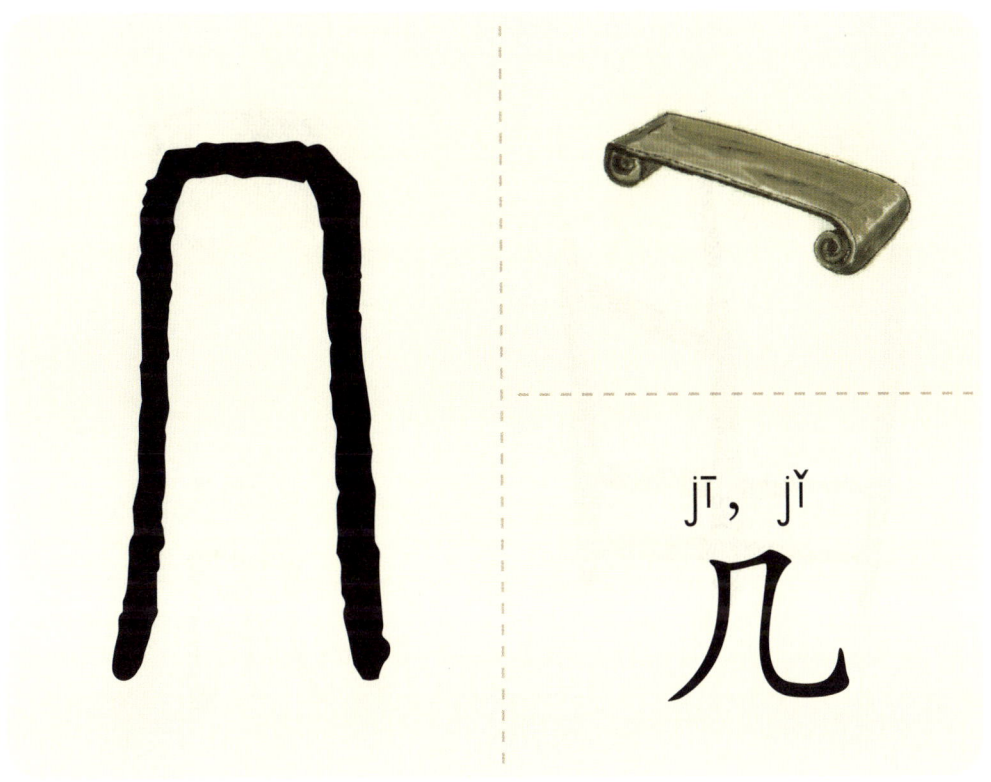

几，象形字。甲骨文字形像矮小的几案。本义指古人席地而坐时倚靠的器具，引申为放东西的小桌子。后来作为"幾"的简化字，表示"几乎"的"几"，以及"几个"的"几"。

小篆 ▶ 隶书 ▶ 楷书

| 常用词语 | 茶几　窗明几净　所剩无几
几乎　几番风雨　几经周折 |

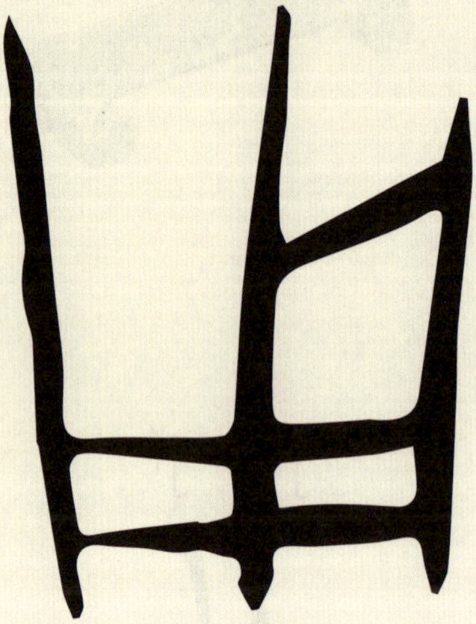

yòng 用

用，象形字。甲骨文字形像桶的形状，三个竖线表示多块木板，横线表示把木板连起来箍成桶，是"桶"字的初文。后来表示"使用"。

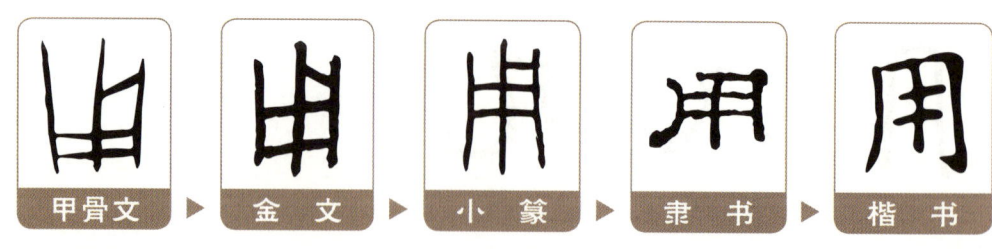

甲骨文 ▶ 金文 ▶ 小篆 ▶ 隶书 ▶ 楷书

| 常用词语 | 作用　大材小用　古为今用
用法　物尽其用　一心不可二用 |

本章这一组和饮食器具有关的汉字，形象地展现出古人的饮食状况，把这些字联系起来，仿佛看到了古人餐饮的场景。

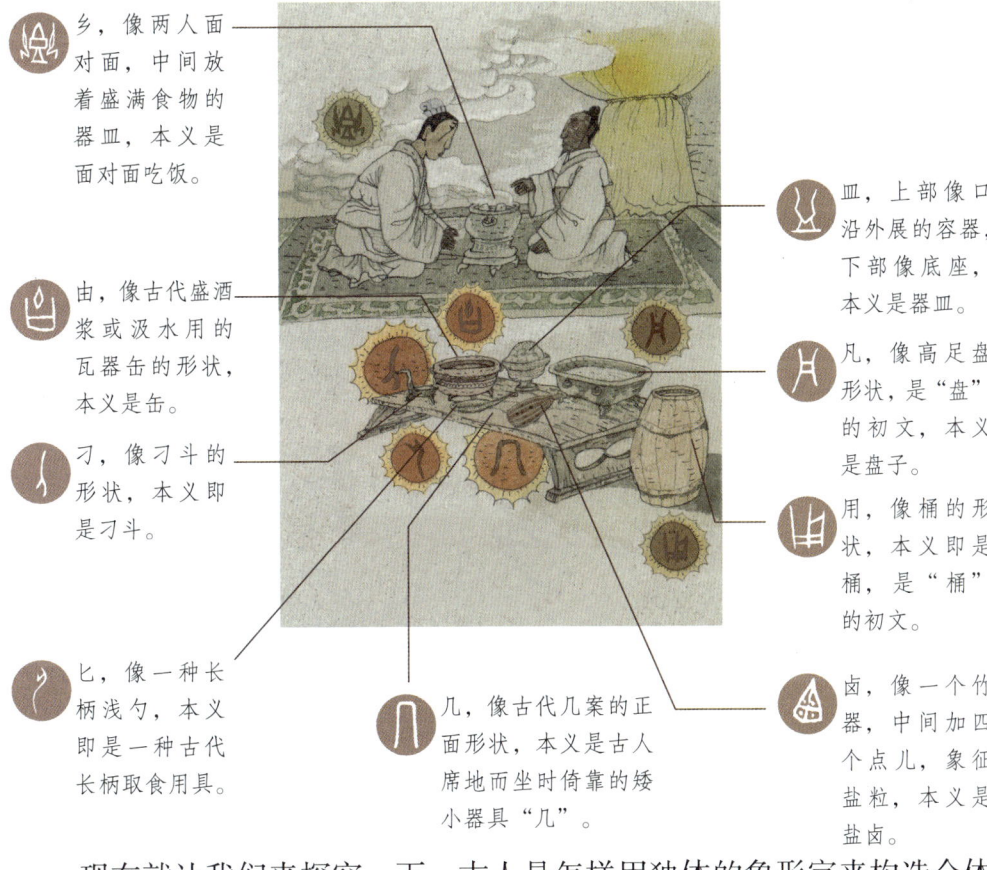

乡，像两人面对面，中间放着盛满食物的器皿，本义是面对面吃饭。

由，像古代盛酒浆或汲水用的瓦器缶的形状，本义是缶。

刁，像刁斗的形状，本义即是刁斗。

匕，像一种长柄浅勺，本义即是一种古代长柄取食用具。

皿，上部像口沿外展的容器，下部像底座，本义是器皿。

凡，像高足盘形状，是"盘"的初文，本义是盘子。

用，像桶的形状，本义即是桶，是"桶"的初文。

几，像古代几案的正面形状，本义是古人席地而坐时倚靠的矮小器具"几"。

卤，像一个竹器，中间加四个点儿，象征盐粒，本义是盐卤。

现在就让我们来探究一下，古人是怎样用独体的象形字来构造合体字的，以"皿"为例。

先来看用"皿"构造会意字：

益，像器皿中有水，会水满外溢之意，是"溢"的初文，本义是水满溢出。

尽[盡]，像手拿着刷子刷器皿内壁，本义是容器中没有东西。

在形声字中，"皿"经常作为形（义）符，从"皿"取义的字常和容器相关：

盛，"成"声，本义是盛装、容纳。

盆，"分"声，本义是盆子。

盏，"戋"声，本义即是盏，一种盛食物的器皿。

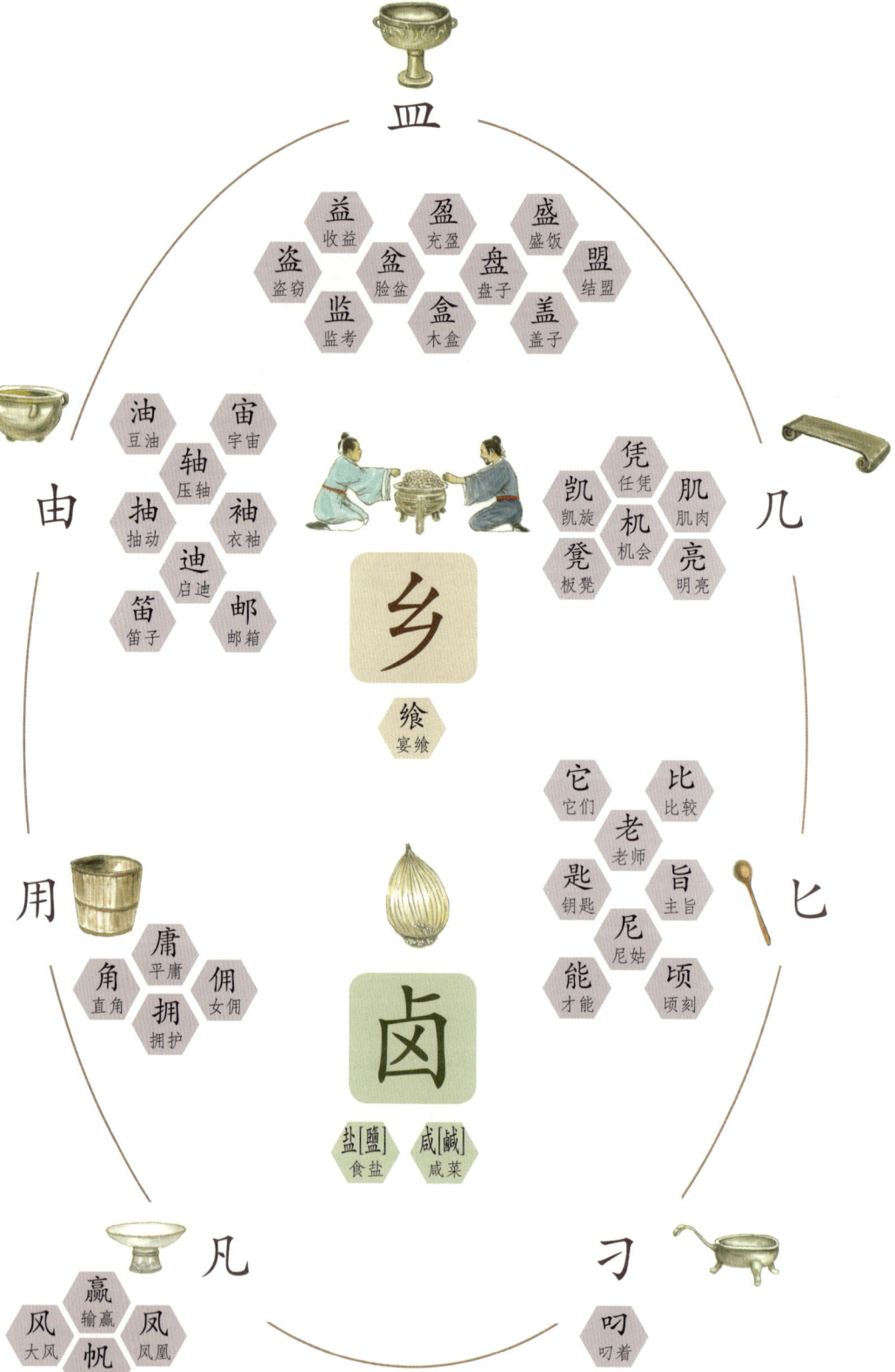

古代炊具

古代常用炊具有鼎dǐng、镬huò、鬲lì、甑zèng、甗yǎn等。

鼎是煮肉和盛肉用的。古时的肉食并不是切成小块，而是除了"羹"（带汁的肉）之外，一般都要把牲体解为几大块，或不进行体解而煮全牲。因此，鼎一般都比较大。同时，鼎也是重要的礼器，是政权的象征，在祭祀和宴飨时使用。鼎以圆腹三足为多，也有方腹四足的。

古代的匕有两种，一种是舀yǎo饭用的匕，这种匕比较小；另一种是从鼎中把大块的肉取出的匕，这种匕比较大。

鬲是用来煮粥的，形状与鼎相近，三足是中空的，与腹相连。和鼎相比，鬲较小，空足可以承重同时又能最大限度地受火，加快米熟的速度，十分节省能源。

甗是由上部的甑，下部的鬲组合而成。甑是蒸饭的工具，类似今天的笼屉，平底，底部有孔通气。米放在甑中，甑放在鬲上，鬲中放水。

春秋·"王子午"升鼎（附匕）
规格：鼎通高62cm 口径62cm
匕长63cm
馆藏：河南博物院

春秋·"江叔"铜鬲（附匕）
规格：鬲高10cm 口径16cm
匕长16cm 宽4cm
馆藏：河南博物院

西周·饕餮纹甗
规格：通高39.5cm 口径23.5cm
馆藏：中国国家博物馆

古代食器

古代常用食器有簋 gǔi、铺 pū、豆等。这些食器最初是用来盛粮食的，后来也用来进食，成为食器；这些食器在祭祀和宴飨时使用，就成了礼器。

簋的形状像大碗，圆口，大腹，下有圆座。有的有耳，有的是方座。在祭祀和宴飨时和鼎配合使用。古人吃饭时先从甗中把饭盛到簋里再食用。

西周·中再父簋
规格：通高 26.5cm　口径 21.5cm
馆藏：河南博物院

西周·"虢季"铜铺
规格：高 15.5cm　口径 23.5cm
　　　圈足径 16cm
馆藏：河南博物院

铺与簋同类，形制类似豆，上有圆盘，下有圈足，形状很像现在的高脚盘。

豆的样子与铺相近，豆在盘下的立茎上有柄，铺没有。豆既是食器，同时还是量器，古代四升为一豆。

春秋·蔡侯申豆
规格：通高 35cm　口径 17.5cm
　　　足径 13.2cm
馆藏：中国国家博物馆

古代烧烤

吃烧烤不仅现代人非常喜欢，其实这种饮食方式早在古代就已流行了。

右图是两千多年前汉代画像石中的情景。在汉代画像石中，类似场景并不少见，看来那时的确也是一个青睐吃烧烤的时代。

东汉·烤肉串图画像刻石（拓片）

画面上，两人对坐在房内火炉两侧。右侧的人一手拿肉串举在火上烧烤，一手执扇状物扇火；左侧的人像在专注于切肉。二人之间放置两个圆盘，应该是用来盛肉的。屋外则有一仆从侍立观望。

■ 据许嘉璐《中国古代衣食住行》

再看下面一件汉代的烧烤炊具。

上林方炉分上下两层：上层是长槽形炉身，其底部有数条条形镂孔而形同箅bì子。下层为浅盘式四足底座，炉身也有四条蹄足安放于承盘之上。

上层炉身的平沿上有四十二字铭文。据此可知：该方炉为弘农宫之物，汉元帝初元三年（公元前46年）被征调到上林荣宫使用，该炉铸造于汉宣帝甘露二年（公元前52年）。上林荣宫与弘农宫均为西汉都城长安城内的皇家宫殿。

西汉·上林方炉
规格：长47cm　宽23cm　高16cm
　　　重18kg
出土：1969年陕西省西安市延兴门村
馆藏：陕西历史博物馆

典故 嗟来之食

　　春秋时期，有一年齐国发生了大饥荒。有个叫黔(qián)敖(áo)的富人在路边摆放了食物，等待饥饿的人来吃。过了很久，有个饥民用袖子遮住脸，拖拉着鞋子，昏昏沉沉地走来。黔敖左手拿着食物，右手端着汤，说道："嗟！来食！"意思是"喂！来这吃东西！"那人抬起头，睁大眼睛瞪着他说："我就是因为不愿意吃你这种'嗟来之食'，才饿到今天这个地步！"说完转身就走开了。黔敖感到惭愧，追上去道歉，那人仍旧拒绝了黔敖的施舍，最终饿死了。

　　曾子听到这件事后说："何必这样啊！黔敖无礼呼唤时，当然可以拒绝；但当他道歉之后，就可以接受了。"

■据《礼记·檀弓下》

第三章　衣食住行 ③

现代社会中，人们大多居住在水泥森林般的高楼大厦中，那么，古人的居住环境怎样，古代建筑是什么样子的呢？本章就让我们通过认识一组汉字，从中了解古人的居住环境和古代建筑。

hǎn, chǎng

厂

厂 hǎn，象形字。甲骨文字形像山崖向前凸出的样子。远古人不会盖房子，就住在山崖下，"厂"的本义是下面可供人居住的山崖。又读 chǎng，在现代汉字中被作为"廠"的简化字，指没有墙壁或只有一面墙壁的棚屋，引申为工厂。

厂作形符 用"厂"作形符的形声字多与山崖和房屋有关，例如：原 山崖下有泉水从洞穴中流出、厚 酒储藏在山崖洞穴、厅、厨、厢等。

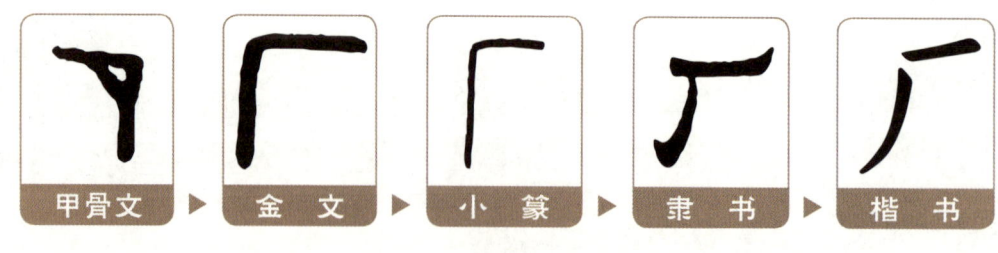

甲骨文 ▶ 金文 ▶ 小篆 ▶ 隶书 ▶ 楷书

常用词语　厂房　工厂　厂矿

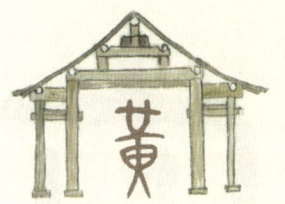

yǎn, guǎng
广

广[廣]guǎng，形声字。甲骨文字形，冂（广 yǎn），黄（黄）声。本义是大屋，引申为宽大、广大。广 yǎn 本义指依旁山崖而建的房子、小屋。现代汉字中用广 yǎn 作为廣的简化字。

甲骨文	金 文	小 篆	隶 书	楷 书

常用词语	广大　地广人稀　大庭广众 广场　神通广大　见多识广

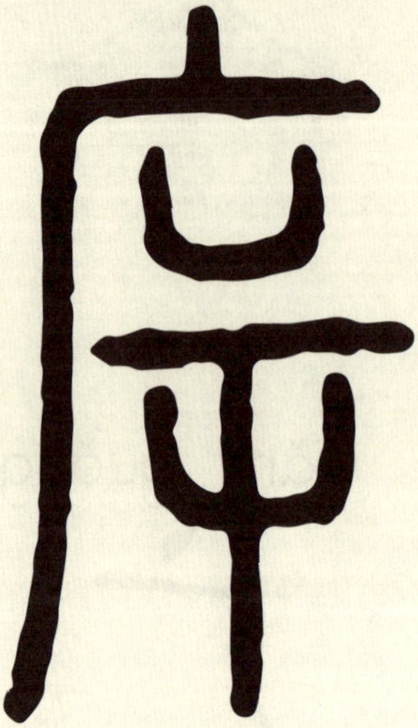

chì

斥

斥，形声兼会意字。小篆字形以广（广 yǎn）为形符，屰（屰 nì）为形符兼声符，像头朝下的人形，是"逆"的本字。本义是向外扩展房屋，引申为开拓、斥责等。

小篆	隶书	楷书
庴	斥	斥

常用词语

斥责　斥退　呵斥　斥资　排斥异己

hù
户

户，象形字。甲骨文字形像单扇的门。本义是单扇门，引申为房屋的出入口、人家。

| 甲骨文 | 金文 | 小篆 | 隶书 | 楷书 |

常用词语：门户　足不出户　夜不闭户
　　　　　窗户　千家万户　安家落户

第三章　衣食住行 ❸

汉字溯源

厂广斥户门开瓦囱亚井

33

门 mén

门

门，象形字。甲骨文字形像两扇门。本义是双扇门，引申为途经、关卡qiǎ。

甲骨文	金文	小篆	隶书	楷书

常用词语：城门　独门独户　开门见山　门外　双喜临门　门当户对

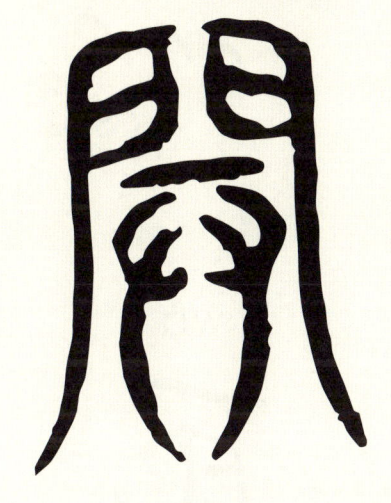

kāi

开

 开[開]，会意字。古文字形中，门中有两只手，手上面是门闩，会双手拉动门闩之意，表示开门。本义是开门，引申为舒展、开始。

古文字 ▶ 小篆 ▶ 隶书 ▶ 楷书

常用词语　开门　开天辟地　异想天开
　　　　　开学　眉开眼笑　开卷有益

第三章 衣食住行 ❸

汉字溯源

厂 广 斤 户 门 开 瓦 囱 亚 井

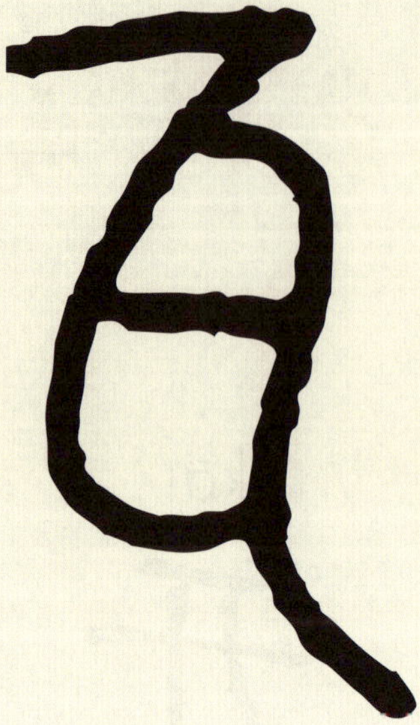

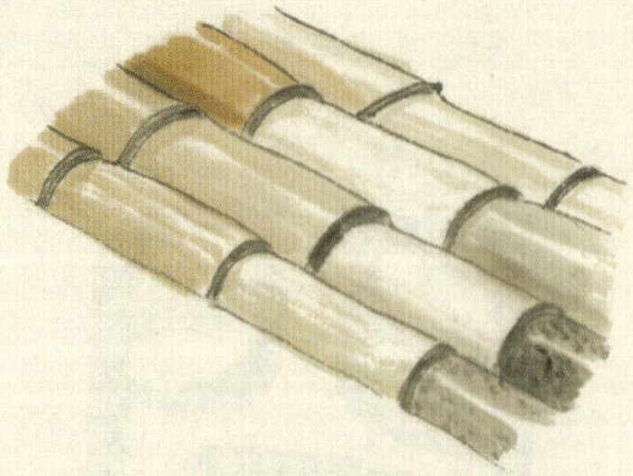

wǎ

瓦

瓦，象形字。篆文字形像屋顶上两块相互扣合的瓦片。本义是瓦器，泛指用陶土烧制而成的器物。

小篆 ▶ 隶书 ▶ 楷书

常用词语：瓦片　土崩瓦解　添砖加瓦
砖瓦　宁为玉碎，不为瓦全

cōng

囱

 囱,象形字。小篆字形像原始房屋屋顶上用来透气或出烟的洞,是"窗"的初文。本义是天窗,引申为侧窗;又表示烟囱。

 ▶

小篆　楷书

 烟囱

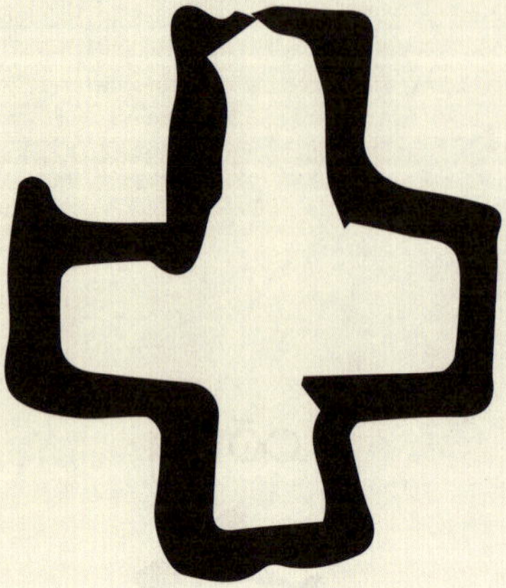

亚 yà

亚，象形字。甲骨文字形像古代聚族而居的建筑群平面图，指代同族聚居的血亲关系。本义是血亲，引申为挨着、次于，又指亚洲。

甲骨文	金文	小篆	隶书	楷书

常用词语：亚父　亚军　亚洲　亚健康　亚肩迭背

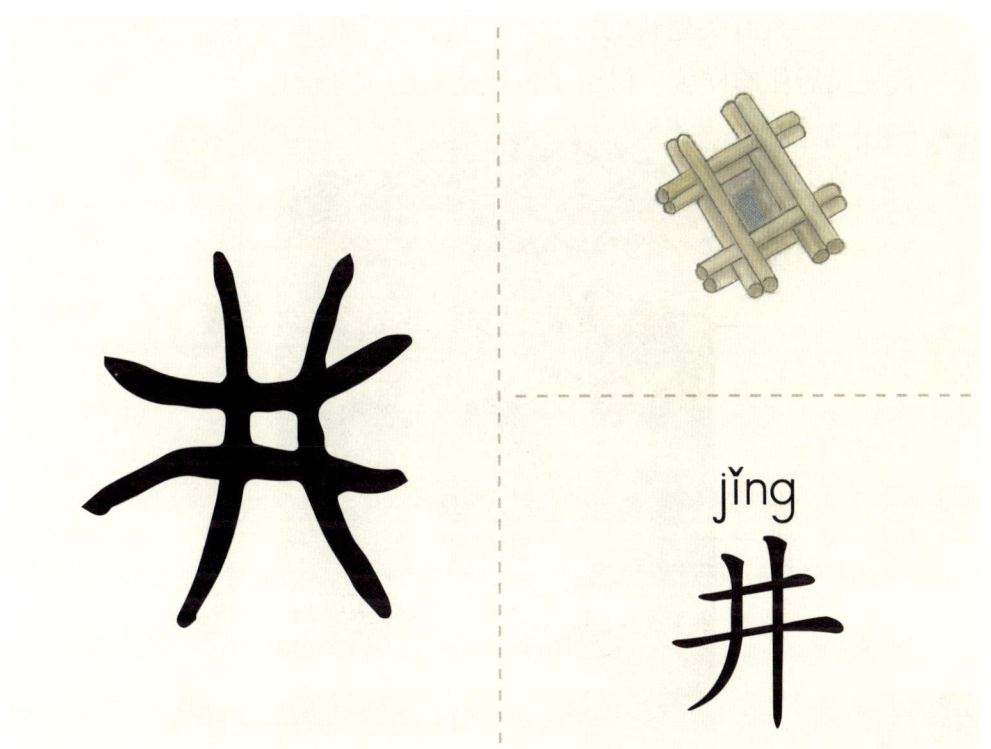

jǐng

井

井，象形字。甲骨文字形中间像井口，周围像四木交搭的井栏；金文字形有的中间加一点儿，表示井水。本义是水井，引申为形状像井的东西，又引申为整齐有条理。

| 甲骨文 | 金文 | 小篆 | 隶书 | 楷书 |

常用词语：水井　坐井观天　背井离乡
天井　井井有条　秩序井然

本章是一组有关建筑的古文字，这些文字的形态为我们真实地展示了古代先民居住的样貌，保留了古代建筑的古老信息。

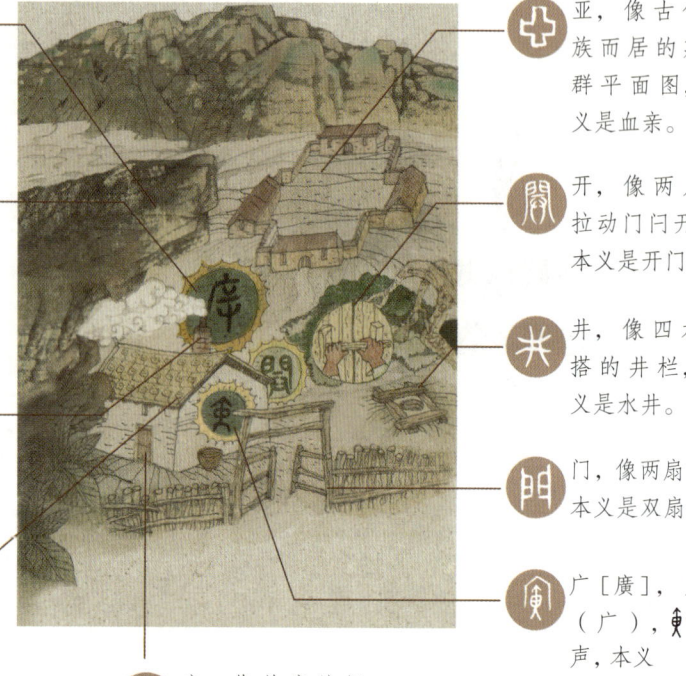

厂，像山崖向前凸出的样子，本义是下面可供人居住的山崖。

斥，从"广"从"屰"（逆），本义是向外扩展房屋。

囱，像屋顶上留下的洞，用来透光和出烟，是"窗"的初文，本义是天窗。

瓦，像屋顶上两块相互扣合的瓦片，本义是瓦器。

户，像单扇的门，本义是单扇门。

亚，像古代聚族而居的建筑群平面图，本义是血亲。

开，像两只手拉动门闩开门，本义是开门。

井，像四木交搭的井栏，本义是水井。

门，像两扇门，本义是双扇门。

广[廣]，从 门（广），更（黄）声，本义是大屋。

单扇的"户"构成双扇的"门"，下面让我们来看看古人又是怎样用"门"来造合体字的。

间，从"门"从"月"，甲骨文上面是"月"，表示门有间隙，从门内可以看到月光，本义是缝隙。

闭，金文"闭"的门中本不是"才"字，而像门闩，本义是闭门。

闪，从"人"从"门"，本义是从门中张望。

闯，从"门"从"马"，马在门中，本义是马出门。

辟（闢），金文字形 ，是会意字，像双手推开门；小篆字形 闢，是形声字。本义是推开、开启。

闺，从"门"，"圭"声；"圭"兼表意，是上圆下方的瑞玉。圭玉形的门叫闺，本义指上圆下方的小门。

阁，从"门"，"各"声，本义指古代安装在门扇两旁防止门自动闭合的长橛。

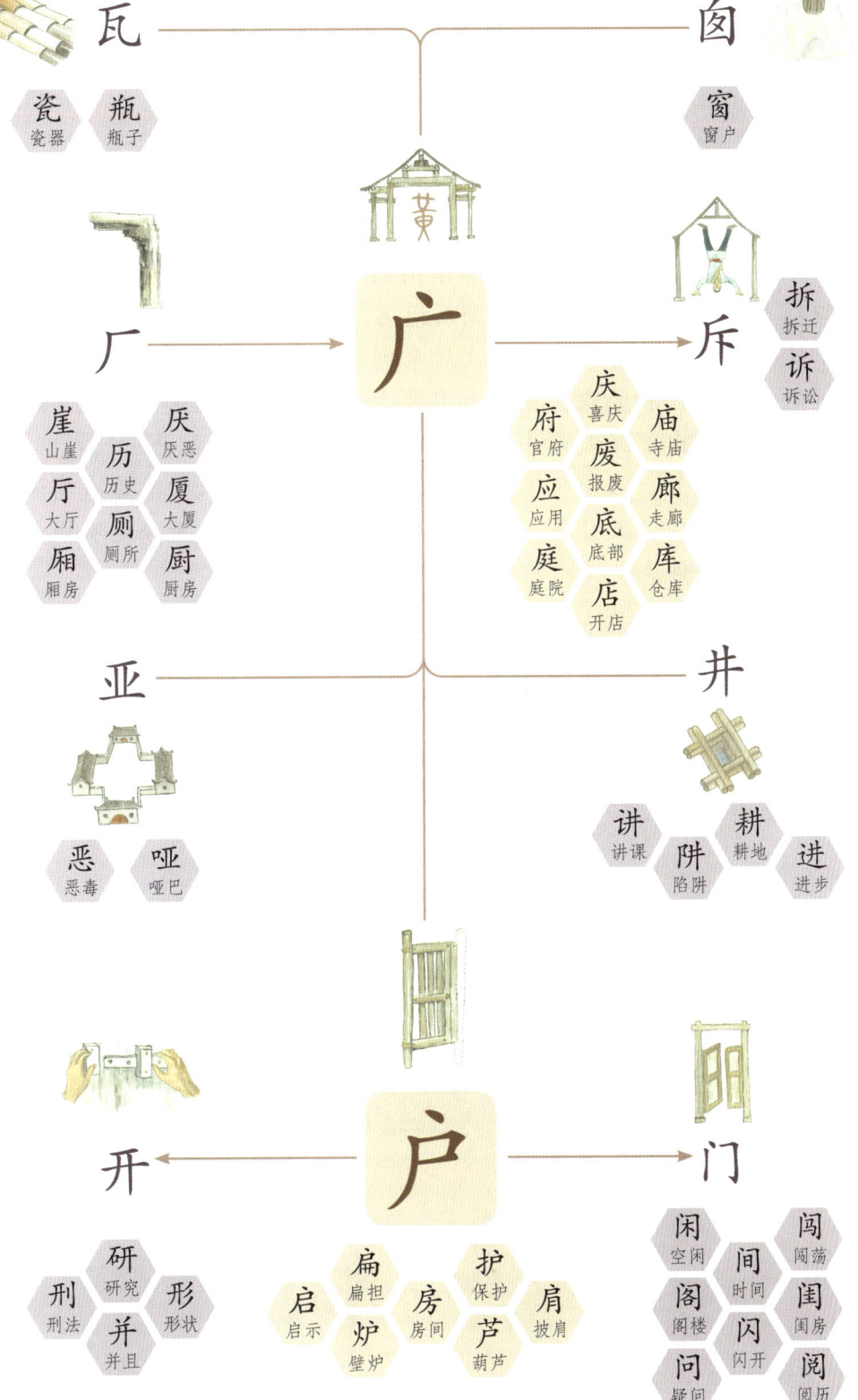

漫谈 从"穴居"到"窑洞"

"上古穴居而野处。"■《易经·系辞下》我们最早的先民居住在野外的洞穴,甲骨文中的ㄏ(厂),表示的就是远古人居住的山崖。距今约3万年前旧石器时代晚期的北京山顶洞人,就因被发现于今北京市周口店龙骨山顶部其居住的山洞而得名。

从山洞里走出的北方先民,后来到了平原,就挖地穴来居住。地穴一般分为横穴和竖穴:在黄土沟壁上开挖横穴,就是靠崖式窑洞;先在地面上挖出下沉式天井,再在院壁上挖出窑洞,就是下沉式窑洞,俗称"天井院"。因地势不同,西北黄土高原的居民住靠崖式窑洞,河南平原居民住"天井院"式窑洞。窑洞冬暖夏凉,至今还有很多人在里面生活居住。

陕北靠崖式窑洞

河南陕州天井院

漫谈 从"巢居"到"吊脚楼"

从山洞中走出来的南方原始人，居住在哪里呢？古书上说："古者禽兽多而人少，于是民皆巢居以避之。昼拾橡栗，暮栖木上，故命之曰有巢氏之民。" ■《庄子·盗跖》最初的先民为了躲避禽兽，也为了防地下的潮湿，构木为巢。白天捡橡树果实吃，夜晚住到树上。这类似飞鸟筑巢，就叫"巢居"。后代学者把这叫"干栏式"建筑，指底层架空、上层住人的房屋。"吊脚楼" 吊楼就是"巢居"，至今苗族、壮族、布依族、侗族、水族、土家族等仍然保持着这种古老的居住方式。

史传巢居的发明者是有巢氏，列华夏民族远古部落首领"五氏" 有巢氏、燧人氏、伏羲氏、神农氏、轩辕氏 之首，被誉为"第一人文始祖"。旧石器时代，他在今安徽巢湖流域建立了古巢国，大禹就是有巢氏的后裔 yì。

湘西凤凰古城吊脚楼

典故 大门和二门

春秋时期,晋国国君晋灵公荒淫无道、残虐不君。因怀恨多次劝谏他的卿大夫赵盾,便派一位勇士前去刺杀他。勇士进入赵盾家的大门,没人守护大门;勇士进入闺门,没人守护闺门;勇士再进入前堂,也不见人;勇士俯身从门缝窥探内室,发现赵盾正在吃只有鱼的晚饭。<small>按当时社会等级,贵人吃牛羊,贱者吃鱼鳖。</small>勇士见他如此简朴廉洁,不但不设看门的守卫,而且作为国家重臣,晚餐不吃理应享用的牛羊,仅仅吃些鱼肉,不忍心杀他,可又无法回去向晋灵公交代,于是自刎(wěn)而死。

■《公羊传·宣公六年》

这个历史事件中提到的"大门"和"闺门",就是通常所说的"大门""二门"。古代住宅用墙垣(yuán)围住,最外面的门叫"大门",周代的大门一般是三开间。门内是庭,也就是院子。比较讲究的住宅还要设置一道二门,叫"闺",又叫寝门。大门和二门之间的院落叫外庭<small>王宫叫外朝</small>,二门以内的院落叫内庭<small>王宫叫内朝</small>。二门以内是主人居住的场所,外人如果进入二门之内,双方就要严格地按"礼"行事。

东汉·执戟门吏门柱画像石
规格:高 122cm 宽 37cm
馆藏:故宫博物院
汉代做官的人按级别设门吏,一般的门吏手持戟或盾牌,出行时也可用作仪仗使用。

建筑精灵：瓦当

当你站在古老建筑下，仰望檐头时，总会被瓦当所吸引，那精致美丽的图案令人浮想联翩，似乎在述说着古老的故事。

瓦当是筒瓦之头，覆盖在宫殿、庙堂或其他房屋建筑顶部边缘。因它有遮蔽檐头、阻止瓦片下滑的作用，所以叫"当"，意思是阻挡、遮挡。瓦当面通常是圆形，以各种动物、植物、文字等图案做装饰。瓦当既有实用功能，又有装饰作用，是中国特有的文化遗产。

汉·青龙纹瓦当
规格：直径 18.5cm
馆藏：故宫博物院
青龙是主管东方的神灵，与白虎、朱雀、玄武共同组成四神（四灵）。瓦当面中心有圆钮，青龙大口张开，双翼飘动，腿爪蹬踏。

汉·陶白虎纹瓦当
规格：直径 19.3cm
馆藏：故宫博物院
瓦当面白虎造型，张牙舞爪，蕴含气势，凸显虎威。

西汉·"甲天下"瓦当
规格：直径 19.8cm　馆藏：故宫博物院
瓦当面上部是一马一鹿，下部"甲天下"三字凸起，篆书字体。

西汉·"汉并天下"瓦当
规格：直径 17cm
馆藏：故宫博物院
瓦当面"汉并天下"四字凸起，篆书字体。

《天工开物》：造瓦工艺图

　　《天工开物》是明代科学家宋应星撰写的一部著作，是世界上第一部关于农业和手工业生产的综合性技术著作，全书收录了机械、砖瓦、陶瓷、硫黄、烛、纸、火药、染色、制盐、采煤、榨油等生产技术。外国学者称它是"中国17世纪的工艺百科全书"。

　　早在古代，我国的书籍就很讲究图文并茂。下面是《天工开物》中有关制瓦的插图，从中可以了解我国古代的生产技术。

造瓦图——用泥制造瓦片

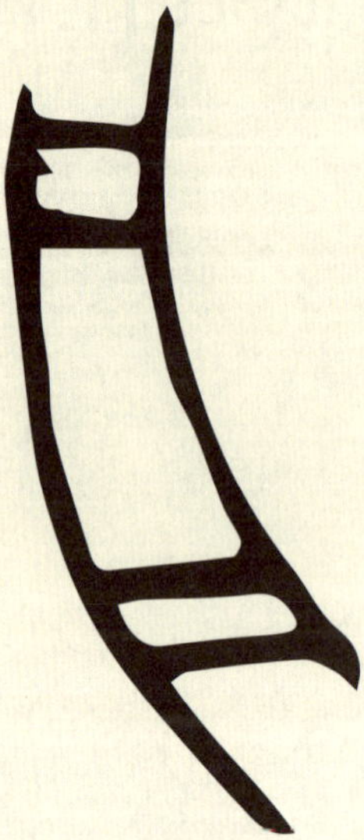

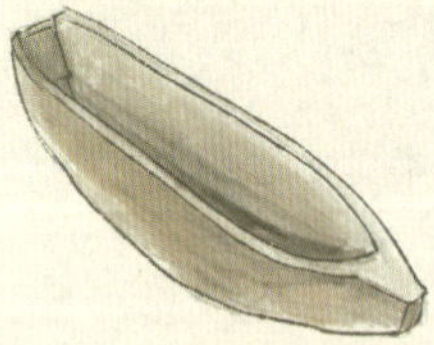

zhōu

舟

舟，象形字。甲骨文字形像一艘独木舟，本义是船。这种我们常见的水上交通工具最初叫"舟"，汉代以后就渐渐叫"船"了。

甲骨文	金文	小篆	隶书	楷书

常用词语：扁pian舟　木已成舟　顺水推舟　龙舟　同舟共济　风雨同舟

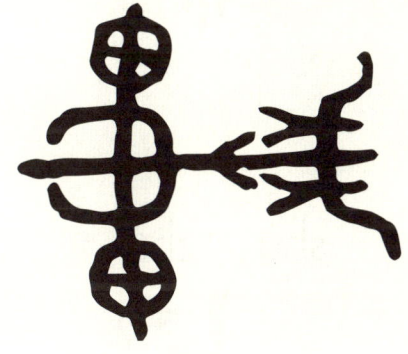

chē

车

车，象形字。甲骨文字形像古代车的形状。这是从俯视的角度横着看车的形状：后（左）面两边是车轮，两轮中间是载人的车舆 yú，前（右）面是架在马脖子上的横木车衡，车衡上的两个"人"形是架在马脖子上的车轭 è，贯串前后的是架马的直木车辕 yuán。本义是车。

甲骨文	金文	小篆	隶书	楷书

常用词语： 马车　车水马龙　闭门造车
　　　　　汽车　学富五车　舟车劳顿

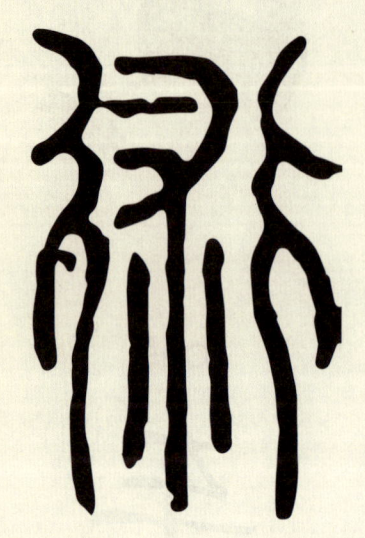

shù，zhú

术

术[術]，小篆字形从"行"，"术"声。"行"是象形字，甲骨文字形是 ，表示街道。本义是城邑中的道路，道路四通八达，所以引申为技术、方法、学问等。现代汉字简化为"术"。

术zhú的甲骨文字形是象形字，像一种掐下来的高粱穗形，本义指黏高粱。小篆加了偏旁（禾木旁），有两种字形同时存在。现代汉字中作"術"shù的简化字形。

小篆	隶书	楷书
	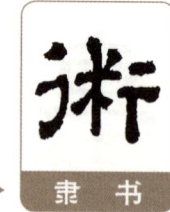	

常用词语

算术　　回天乏术　　不学无术
技术　　心术不正　　仁心仁术

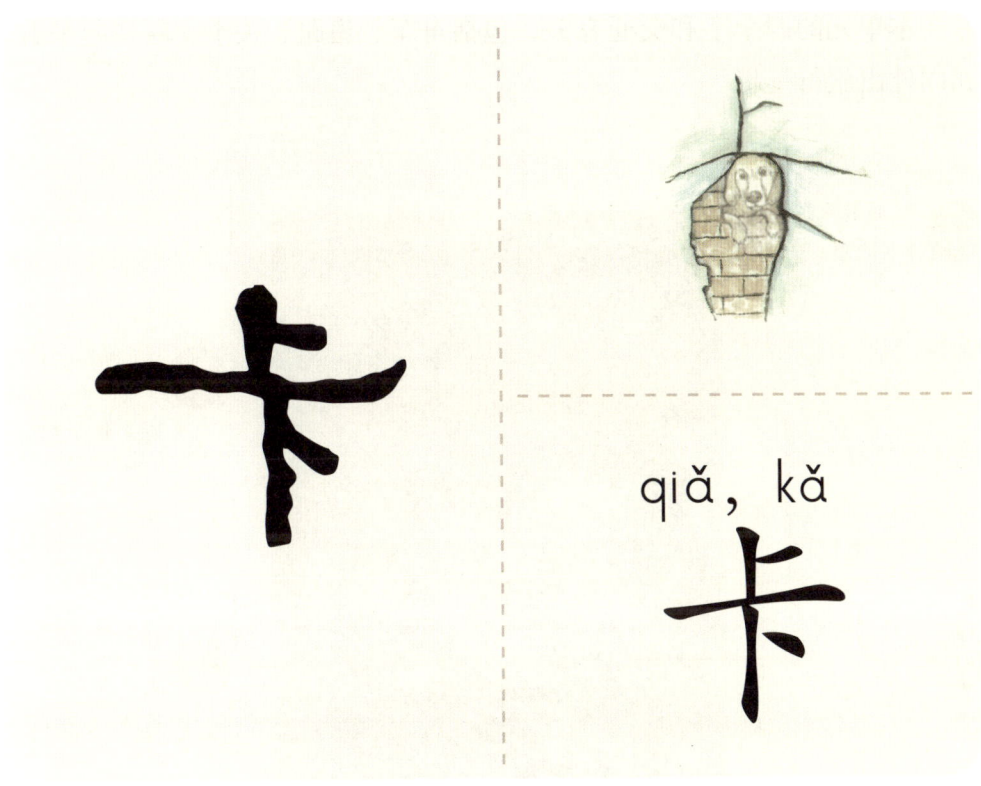

qiǎ, kǎ

卡看上去是由哪两个字组成的?

卡 qiǎ，会意字，从"上"从"下"，表示卡在中间。本义是关卡，引申为夹在中间。现代汉语中又读 kǎ，指卡片、卡车、卡路里。

小篆 ▶ 隶书 ▶ 楷书

常用词语　关卡 qiǎ　卡 qiǎ 壳　发卡 qiǎ　刷卡　卡车

第四章 衣食住行 ❹

汉字溯源

舟车术卡

本单元的四个字和交通有关，包括舟车、道路、关卡，联系起来看，如同外出旅行一趟。

舟，像独木舟，本义是船。

术〔術〕从"行"，"术"声，表示城邑中的道路。

车，像车的形状，本义是车。

卡，从"上"从"下"，表示卡在中间，本义是关卡。

在文字出现以前，人类的祖先使用图画记录事物，后来逐渐演变为象形文字。例如 字，就是一幅勾画古代车辆各部分造型的简笔画。

而"術"字的形符"行"，甲骨文字形 ，像四通八达的道路，用作偏旁时省略为"彳"chì（双人旁）。用"彳"做偏旁的字，一般和道路、行走有关。例如："径"本义是小路，"徒"本义是步行、徒步，"征"本义是远行。

用"舟"做偏旁的字大多和船相关，用"车"做偏旁的字大多和车有关。例如：

舫，从"舟"，"方"声，本义是并连的两船，或并连起来的船。初文是"方"，后来写作"舫"。

轮，从"车"，"仑"声，本义是车轮。

第四章 衣食住行 ❹

汉字导图

舟车术卡

艇 小艇　船 帆船　航 航天　般 一般　舱 船舱
舰 军舰　　　　　　　　　艘 三艘船

舟

术

述 叙述

车

卡

连 连续　轰 轰炸
军 军队　轻 轻重　辑 编辑
阵 阵地　软 软件　较 比较　载 承载
轿 轿车　辐 辐射　输 输赢
　　　　辈 前辈

53

漫谈 古代乘车姿势

古代乘车有"坐乘"和"立乘"之分。选择坐乘还是立乘，和车的结构有关，尤其是车厢前面用作扶手的横木——"车轼"的高度。根据部分陪葬车马坑资料统计，最矮的车轼只有35厘米，最高的车轼也不过67厘米，平均高度为52厘米。其中，35~50厘米的占51%，51~60厘米的占28%，61~67厘米仅占21%。根据各地出土墓葬的人骨架鉴定报告显示，秦代以前，男子平均身高166.35厘米，女子平均身高158.78厘米。如果人站立乘车，车轼的高度与人膝盖的高度差不多。所以，秦代以前人们大多应该是"坐乘"，也就是跽 jì 坐 臀部贴后脚跟的坐法。学者指出，秦代以前的"立乘"，并不是"站立而乘"，而是"跪立而乘"。根据一些出土壁画等材料，也可以看出，先秦人们多"坐乘"。秦代开始，普遍"站立而乘"。

总之，乘坐方式主要根据车型和乘车环境决定。战车、礼车，以及车舆 车厢 没有前后室之分的车型，主要是跪坐与踞 jù 坐 伸开两腿坐。

■ 据黄文新《先秦马车乘坐方式与乘员》

先秦时代乘车姿势示意图

秦·秦陵一号铜马车
馆藏：秦始皇帝陵博物院

漫谈 古代乘车礼节

古人崇尚礼仪，一般以右为尊，唯有乘车以左为尊，空着左边的位置以待宾客，叫"虚左"。例如战国时期，魏国公子信陵君要大宴宾客，他驾车空出左边尊贵的位置，亲自去接都城守门人侯嬴，"虚左以待"表示对侯嬴的尊重。

"虚左"是有原因的：古代车马横向长，站着乘车，所以身份尊贵的人须有人护持。御者（驾车的人）站在中间，尊贵的人站在左边，骖（cān）乘（陪乘的人）从右边扶持，这样顺手，反过来就不顺手了。

古代乘车，通常是一车三人。三人的位次是：尊者在左，御者居中，护卫在右，叫"车右"。兵车有所不同：指挥车，主帅居中执掌旗鼓，御者在左，另有一车右保护主帅。普通兵车，御者居中，左右各有一位甲士，车左持弓，车右持戟。

漫谈 古代驿站

"长安回望绣成堆，山顶千门次第开。一骑红尘妃子笑，无人知是荔枝来。"这是唐代诗人杜牧写的《过华清宫》，说的是杨贵妃吃荔枝的事。相传，杨贵妃非常喜欢吃荔枝，但荔枝产自岭南，杨贵妃在长安，路途十分遥远。她怎么才能吃到新鲜的荔枝呢？靠快马和驿（yì）站。

驿站是古代接待传递官府文书和军事情报的差役、来访官员途中食宿、换马的处所。诗人岑参在《初过陇山途中呈宇文判官》一诗中写道："一驿过一驿，驿骑如星流。平明发咸阳，暮及陇山头。"按唐朝政府官方规定，快马要求一天行 90 公里左右，再快些则要求日行 150 公里，最快的要求日驰 250 公里。唐朝时，安禄山在范阳起兵叛乱，当时唐玄宗正在临潼华清宫，两地相隔 1500 公里，6 天之内唐玄宗就知道了这一消息，这传递消息的速度就达到每天 250 公里。

后来，驿站又发展出了更多用途，既承担政府文书、军事情报传递，又承担官府物资运输。

■ 据李爽《略谈古代驿站的功能》

典故 赤壁之战

赤壁之战是中国历史上以少胜多，以弱胜强的著名战役。当时曹军二十余万（号称八十万）人，孙权、刘备的联军只有五万人。

曹军士兵多为北方人，不习水战，曹操将战船首尾连接，使得战士在船上也能如履平地。孙权的大都督（古代军事首长）周瑜的部将黄盖说："敌众我寡，难打持久战。敌舰首尾相连，可用火攻。"于是，用十艘艨艟（méng chōng，古代一种战船）、斗舰（dòu jiàn，古代大战船），满载柴草，灌进油，外用帷幕伪装，上插旌旗，船尾系上轻快的小船。黄盖先写信给曹操诈降。当时东南风急，黄盖把十艘战舰放在前面，船行江心时升起风帆。曹军官兵都走出军营观看，指指点点，说黄盖前来投降了。离曹军约二里水路的时候，黄盖水军同时点火，火烈风猛，船速如飞箭一般，烧尽曹军船只，并蔓延到岸上军营。顷刻间，浓烟烈火，遮天蔽日，曹军人马烧死和淹死的不计其数。

周瑜等率领轻装精锐部队紧随其后，鼓声震天，曹军大败。曹军败走华容道，步行撤退，道路泥泞不通。曹操让所有老弱残兵背草铺路，骑兵才勉强通过。

赤壁之战是中国历史上第一次在长江流域进行的大规模水战，以曹军失败而告终，奠定了三国鼎立局势的基础。

■ 据《资治通鉴·卷第六十五》

第五章　农耕狩猎 ❶

"田夫抛秧田妇接，小儿拔秧大儿插。笠是兜鍪 dōu móu 头盔 蓑 suō 是甲，雨从头上湿到胛 jiǎ 肩膀。唤渠他们朝餐歇半霎 shà 一会儿，低头折腰只不答。秧根未牢莳 shí 移栽未匝 zā 遍，照管鹅儿与雏鸭。"■杨万里《插秧歌》

这是一首描写农忙时节的诗歌。一家人在雨中插秧，阿婆送饭来了，可他们只顾劳作，说：您赶紧回去照看好那帮小鹅和小鸭子吧！

本章就让我们来认识一组有关农耕的汉字。

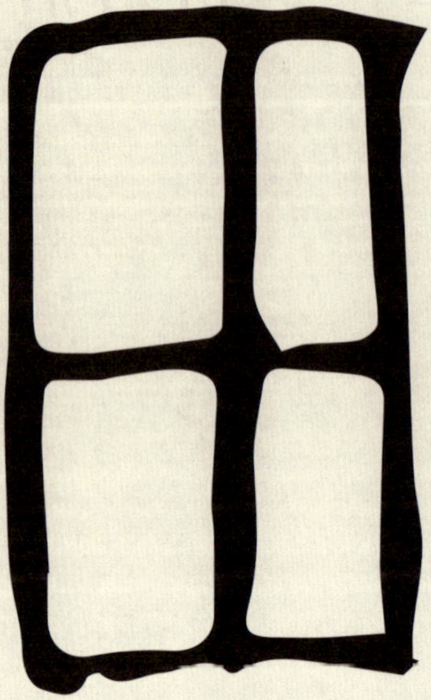

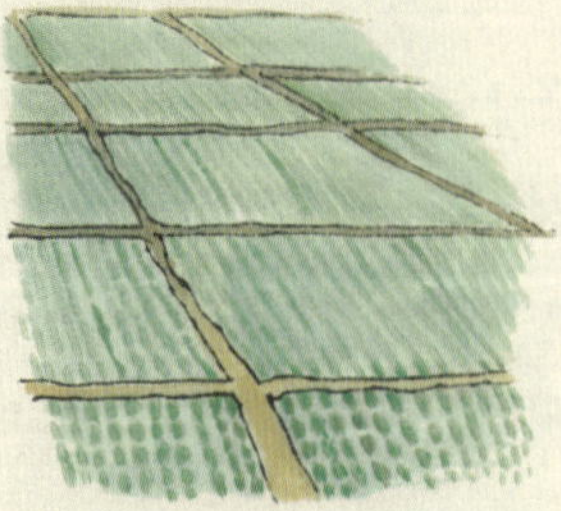

tián
田

田，象形字。甲骨文字形像一片阡 qiān 陌 mò 纵横的田地。本义是田地；又表示在田野里打猎，这个意思后来写作"畋" tián。

阡陌 指田地间纵横交错的小路。南北方向的小路叫"阡"，东西方向的小路叫"陌"。

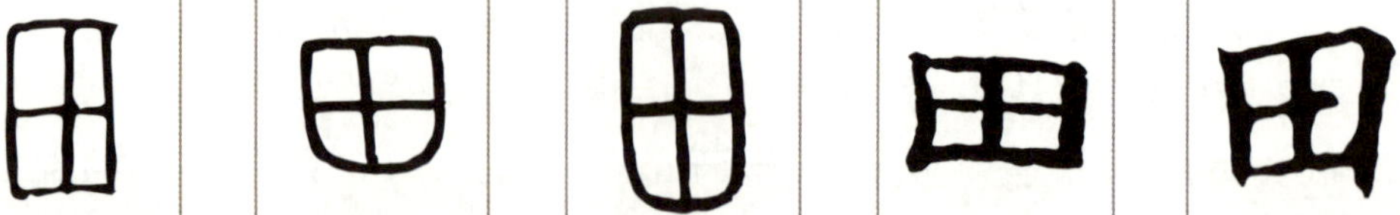

甲骨文 ▶ 金文 ▶ 小篆 ▶ 隶书 ▶ 楷书

常用词语　田地　瓜田李下　求田问舍
　　　　　田野　沧海桑田　解甲归田

fǔ

甫

 甫,象形字。甲骨文字形像田地里长着蔬菜或幼苗,是"圃"的初文,本义是种植果木瓜菜的园地,引申为刚刚、开始。

甲骨文	金文	小篆	隶书	楷书

常用词语 姓甫　杜甫　惊魂甫定　年甫二十

力 [lì]

力,象形字。甲骨文字形像古代耕地用的农具耒[lěi],其形状像木叉。本义是农具"耒",引申为力量。

甲骨文	金文	小篆	隶书	楷书

常用词语：力气　力大无穷　身强力壮
　　　　　用力　力不从心　量力而行

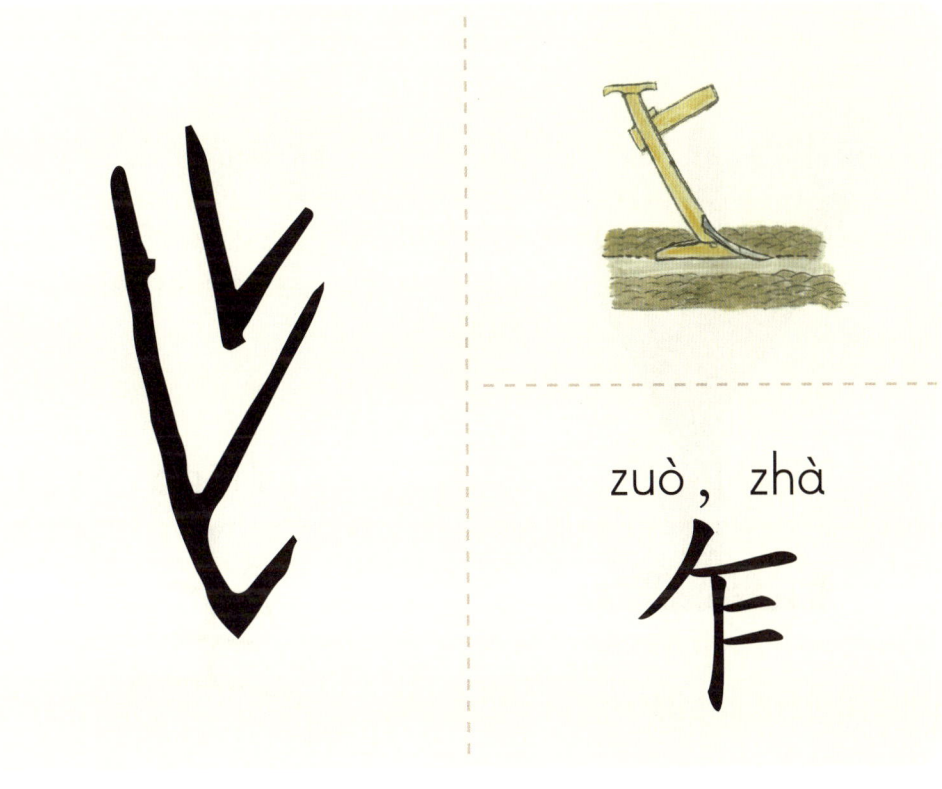

zuò，zhà

乍

乍，会意字。甲骨文字形中，↓ 表示农具耒，ⅴ 表示土块，合起来的意思是用耒起土。本义是耕作，是"作"的初文，读 zuò。引申为初始、突然，读 zhà。

| 常用词语 | 惊乍 乍一看 | 初来乍到 乍冷乍热 | 乍暖还寒 山风乍起 |

第五章 农耕狩猎 1

汉字溯源

田甫力乍生产丰屯农

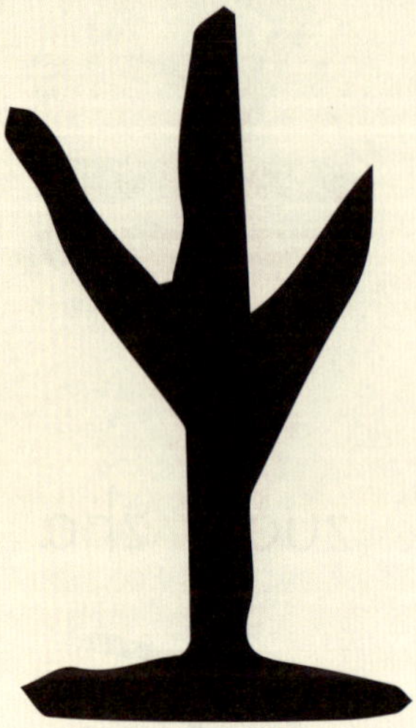

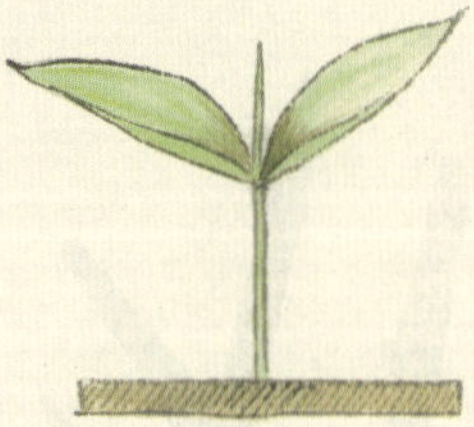

shēng

生

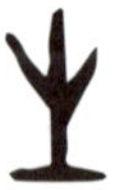 生，会意字。甲骨文字形下面一横代表土地，上面是生长出来的草木。本义是植物从土地里长出来，引申为生长、生育。

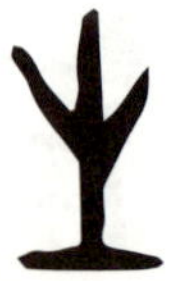

甲骨文 ▶

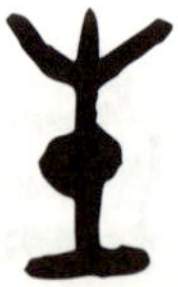

金 文 ▶

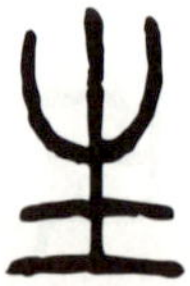

小 篆 ▶

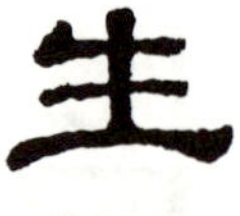

隶 书 ▶

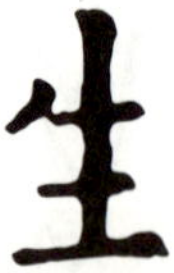

楷 书

常用词语

生长 落地生根 寸草不生

生活 生生不息 生儿育女

田 甫 力 乍 生 产 丰 屯 农

chǎn
产

产[產]，形声字。形符 （生），声符 yàn "彦"的初文。本义是生、生育，引申为出产、生产。

金文	小篆	隶书	楷书
产	產	產	產

常用词语：出产　产生　倾家荡产　产妇　产品　物产丰富

第五章　农耕狩猎 1

汉字溯源

田甫力乍生产丰屯农

fēng
丰

丰，象形字。甲骨文字形像植物根茎，丰满肥大。本义是丰满，引申为农作物丰收。丰是"封"的初文，又作"豐"的简化字。

| 甲骨文 | 金文 | 小篆 | 隶书 | 楷书 |

常用词语：丰满　体态丰盈　羽翼未丰　丰收　五谷丰登　人寿年丰

zhūn, tún

屯

屯 zhūn，象形字。甲骨文字形像植物发芽时屈曲地拱出地面的样子。本义是草木初生，艰难地拱出地面。又读 tún，引申为聚集、积蓄，驻扎、驻守，还引申为村庄名。

| 甲骨文 | 金文 | 小篆 | 隶书 | 楷书 |

常用词语

村屯　屯扎　屯粮积草
屯集　屯落　云屯雨集

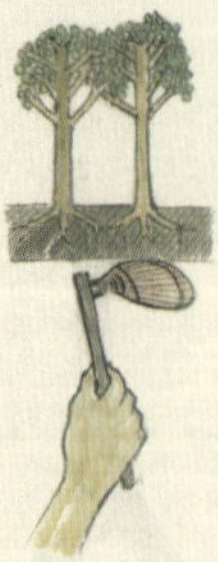

nóng

农

农[農]，会意字。甲骨文字形像手持用"辰"（"蜃"的初文，指蛤蜊做的农具），除去草木的样子。本义是耕作，引申为从事耕作的农民。

| 甲骨文 | 金文 | 小篆 | 隶书 | 楷书 |

常用词语：农业　农历　士农工商　农民　务农　不违农时

本章是一组有关种庄稼的汉字，把这些字联系起来，仿佛看到了古人在田间劳作的情景。

力，像古代耕地用的农具耒之形，本义是"耒"。

田，像阡陌纵横的田地，本义是田地；又表示田猎，后来写作"畋"。

乍，像用耒起土之形，本义是耕作。

生，像草木从地面生长出来之形，本义是草木生长。

屯，像植物发芽拱出地面之形，本义是草木初生。

甫，像田地里长着蔬菜或幼苗，本义是种植果木瓜菜的园地。

农，像手持农具除去草木或林木，本义是耕作。

产，业（生）形，产声，本义是生孩子，引申为出产。

丰，像植物根茎丰满肥大之形，本义是丰满，引申为丰收。

现在让我们来看看古人如何用"田"作偏旁来造字。

畋，从"田"（兼声符）从"攴"pū，像手持工具平整田地之形，本义是平田，引申为打猎。

甸，从"田"从"人"，表示人在田中劳作。金文和"佃"diàn是同一个字，后来分化为两个字。

畴[疇]，本为象形字，像耕田垄沟弯曲之形，小篆字形疇又加上表意偏旁的"田"，成为形声字，表示已经耕作的农田。

畔，从"田"，"半"声，表示田界。

界，从"田"，"介"声，表示地界、边界。

略，从"田"，"各"声，表示经营土地，划清界限。

第五章 农耕狩猎 1

汉字解码

田 甫 力 乍 生 产 丰 屯 农

67

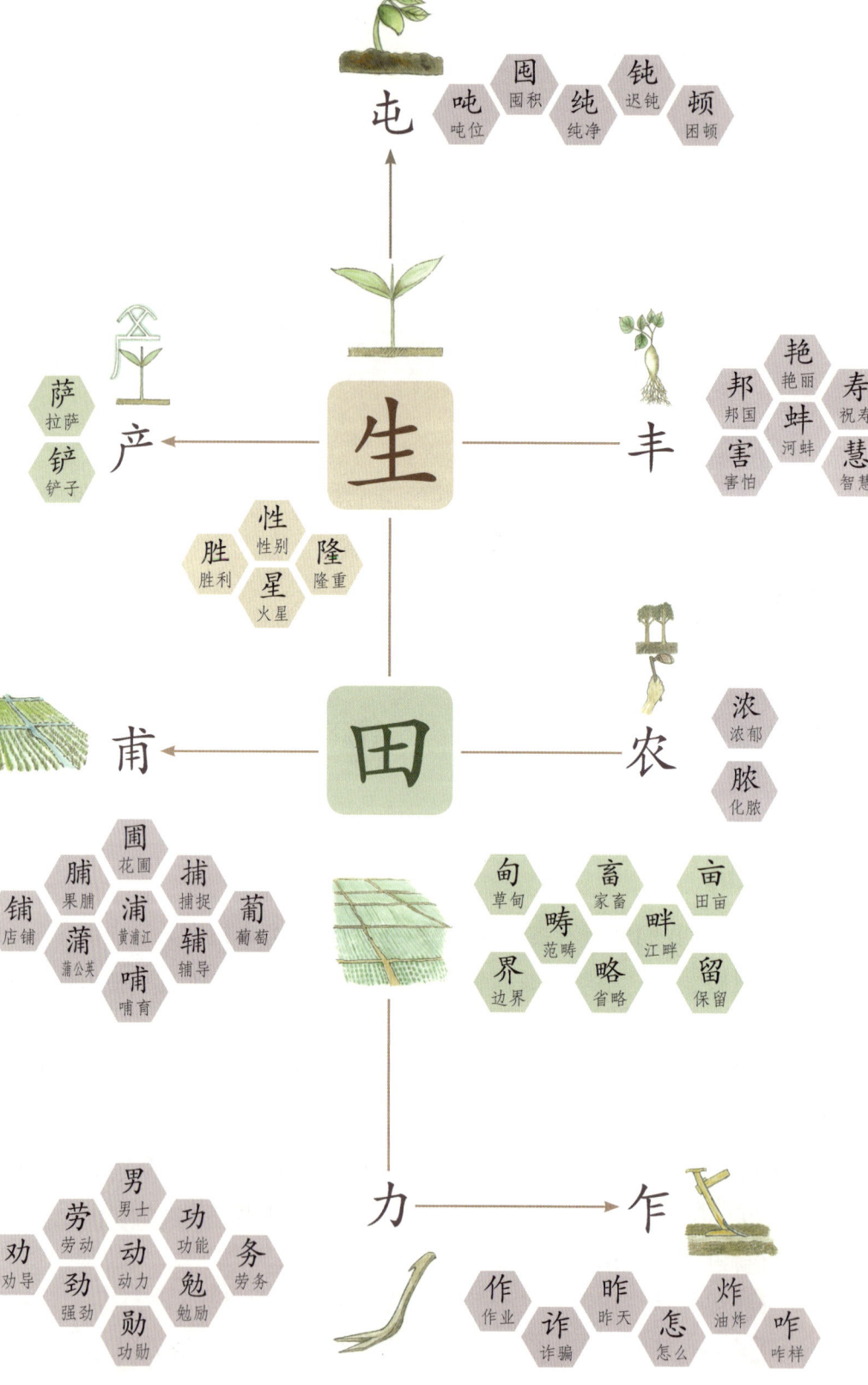

神话 人文始祖：伏羲

伏羲是中国历史上有记载的最早的创世神，也是中国神话传说中的"三皇"之一。相传，天地曾处于一片混沌当中，风雨积聚，大水泛滥，伏羲和女娲二人本为兄妹，但为了洪水后重建天地，繁衍后人，伏羲和女娲便结为夫妻，生了四个孩子，这四个孩子后来就成了代表春夏秋冬的四时之神。 ■据《长沙子弹库楚帛书·甲篇》

伏羲根据天地万物的变化，创造了占卜八卦，又创造文字结束了"结绳记事"的历史，还创制了婚姻制度。他又结绳为网，用来捕鸟打猎，并教会了人们渔猎的方法，还发明了乐器瑟，创作了乐曲。 ■据《史记三家注·三皇本纪》

东汉·伏羲女娲交尾画像刻石
现存：山东嘉祥武梁祠
这是伏羲和女娲人首蛇身交尾像，伏羲手持矩，女娲手持规，二人中间夹着个小人。画面左上方并有题记"伏戏（羲）仓精，初造王业，画卦结绳，以理海内"。

神农氏

相传，上古时代，伏羲氏没落之后，神农氏便兴起了。神农氏砍木头制成耜﹝sì 古代一种铲状用来翻土的农具﹞，弯曲木头制成耒﹝lěi 古代一种二分叉形的翻土工具﹞，教百姓农耕。在渔猎时代，打猎是很艰难的，为了让百姓吃得饱，神农氏遍尝百余种植物及其果实，然后教百姓种植五谷。神农氏还开创了市场，跟百姓们约定，每到中午的时候，可以到集市上交换货物。所以，在神农氏时代，男耕女织，不用刑罚就天下太平，神农氏不用战争就成了新的首领。

■ 据《周易·系辞下》《太平御览·卷七十八》引贾谊《新书》《管子·形势解》

远古时代的农具及耕种

下面的两种文物就是传说中神农氏发明的农具,是距今约 7000 年前的新石器时代的农具。

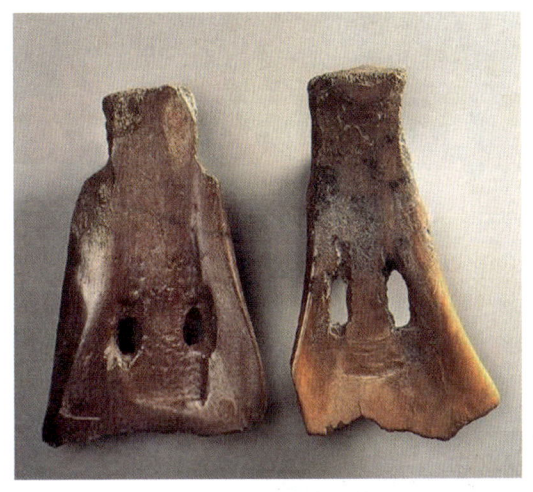

这两件骨耜由牛肩胛骨制成,肩胛骨的臼部锉削平整,骨板正中部凿一道纵向浅凹槽,凹槽下端各凿一孔,用来绑缚木柄。

新石器时代·河姆渡文化　骨耜
规格:长 17.3cm　宽 9.1cm;
　　　长 16cm　宽 10cm
馆藏:中国国家博物馆

耜比铲体型大,扁平锋利,多为长方形,也有舌形、桃形、梯形和椭圆形,两面刃。

新石器时代·石耜
规格:长 23.3cm　宽 23.5cm
馆藏:中国国家博物馆

锸 chā 是汉代的起土农具，由原始的耒耜演变而来，用来深耕。在疏通河道、建筑土台、筑墙等工程中也需要锸。史书上写汉代聚集大批劳工挖沟渠的情景："举锸为云，决渠为雨。"

■《汉书·沟洫 xù 志》

东汉·执锸农夫陶俑
规格：高 20.5cm
馆藏：中国国家博物馆

北宋·舜子耕田砖雕
规格：高 19.5cm
　　　宽 26cm
　　　厚 3cm
馆藏：故宫博物院

砖长方形，砖面内凹凿成壸 kǔn 门——一种镂空的装饰样式状，正上方刻有"舜子"二字。画面上小鸟在天空中飞翔，两头大象与三头小象正在耕地，舜子 后来的舜帝 在后面挥鞭播种。这块砖雕描绘的是二十四孝之一《孝感动天》的故事情境，同时也为我们展现了远古时期人们耕作的场面。

第六章　农耕狩猎 ❷

　　有一首农耕歌谣唱道:"七月里来乞巧节,女人过节爷们忙。打草割麦搂豆子,一年一个麦儿黄。八月十五云遮月,一年的庄稼上了场 cháng。碌 gǔn 子响来洋芋长,做梦粮食溢了场。"■《务息庄稼十二月》(节选)

　　本章我们来认识有关劳作的一组汉字。

shù

束

束，象形字。甲骨文字形像两头系起来的橐 tuó 两端不封口的口袋，是"橐"的初文。用来表示动作，本义是系、捆，引申为约束。

束東 "束"与"東"（东）字形相近，甲骨文字形分别是 ◊ 和 ◊，金文字形分别是 ◊ 和 ◊，都是"橐"的初文。只是在古文字中"東"表示橐，"束"表示系扎橐的动作。

甲骨文	金文	小篆	隶书	楷书

常用词语　拘束　束手束脚　束手就擒
　　　　　　束缚　束手无策　无拘无束

jiǎn

柬

柬，会意字。金文字形由"束"_{囊袋}和"八"_{表示分开}组成，表示把囊袋中的东西分拣出来，是"揀"（拣）的初文。本义是挑拣，借用表示书柬。

金文	小篆	隶书	楷书

常用词语　　请柬　书柬　柬帖　柬札

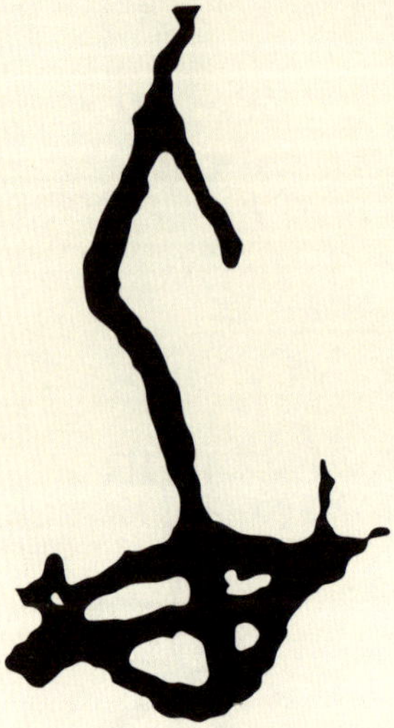

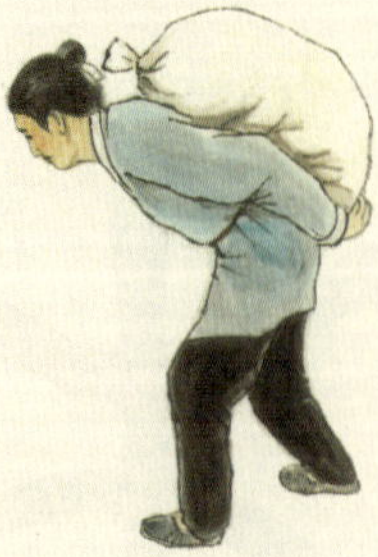

zhòng

重

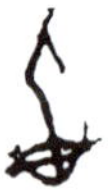

 重，会意字。甲骨文字形从 （人）从 （東）；金文字形则像人背着大橐囊。本义是沉重，引申为重量、重要。

			重	重
甲骨文 ▶	金文 ▶	小篆 ▶	隶书 ▶	楷书

常用词语

沉重　避重就轻　恩重如山
重量　尊师重道　语重心长

束 柬 重 弗 甩

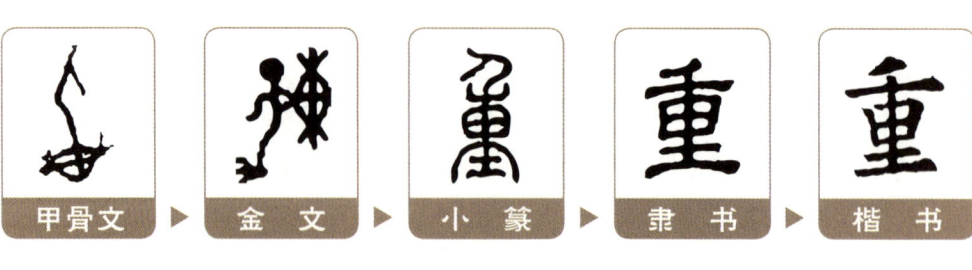

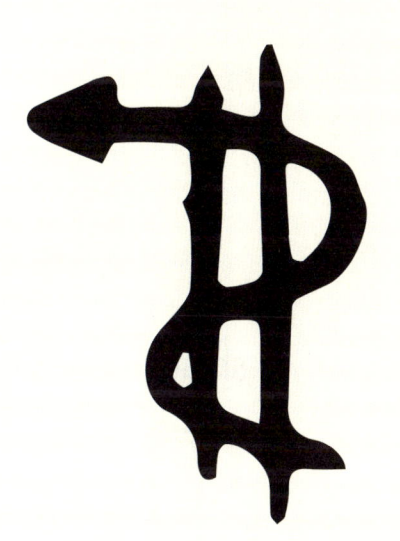

fú

弗

 弗，会意字。甲骨文字形像用绳索（ㄜ）捆绑竹木（‖）之类的东西，使其不弯曲。本义是矫正，借用表示否定，相当于"不"。

| 甲骨文 | 金文 | 小篆 | 隶书 | 楷书 |

常用词语　弗是　弗若　自愧弗如　弗如远甚_{远不如}

汉字溯源

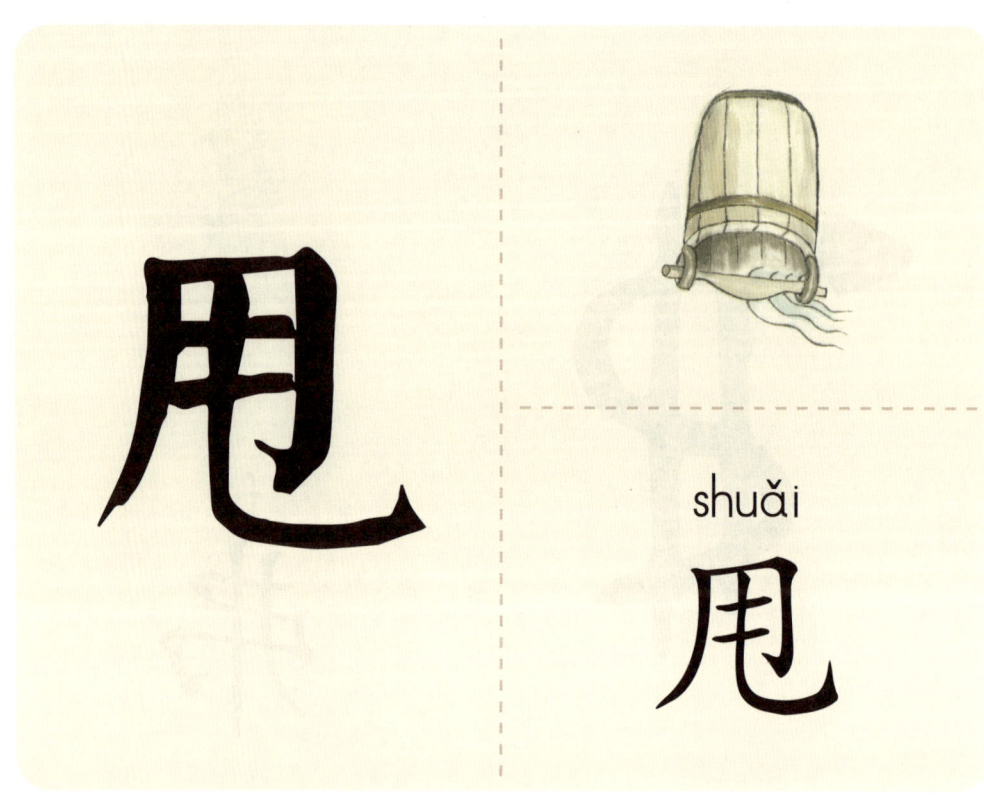

shuǎi

甩

甩，近代新造的指事字。把"用"字中间的一竖拉长并向右面弯钩，表示甩出。本义是挥动、抡（lūn），引申为用甩的动作扔、抛开。

隶书

楷书

常用词语　甩开　甩货　甩手跺脚　甩手掌柜

本章这一组字与劳作有关。

弗，像用绳索捆绑竹木之类的东西，使不弯曲，本义是矫正。

柬，从"束"从"八"，表示把橐囊中的东西分拣出来，本义是挑拣。

甩，"用"字中间的竖弯出，本义是挥动、抡。

重，金文字形像人背着橐囊，本义是沉重。

束，像两头系起来的橐，本义是系、捆。

下面我们来看看用"弗"作偏旁的形声字。

佛，从"人"，"弗"声，本义是看不清楚。
拂，从"手"，"弗"声，本义是掠过、擦过。
沸，从"水"，"弗"声，本义是泉涌出来的样子。
费，从"贝"，"弗"声，本义是耗费、损耗。

从上面的例子可以看出，在现代汉语中，"弗"作声符表示的读音有：fú 仿佛、拂晓，fèi 沸腾、消费；此外，"佛"除了读 fú 之外，还读 fó 佛教 等读音。可见独体字作偏旁时，并不仅仅表示一种读音。这是我们学习形声字时应该注意的。

字源绘 汉字本来的样子 叁

汉字导图

束 柬 重 弗 甩

80

 柬
 谏
谏言

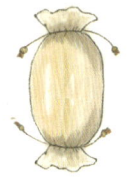
 束
速 速度
赖 依赖
辣 辣椒

 重
 董
董事

 弗
 佛 佛手
费 花费
 拂 吹拂
沸 沸腾

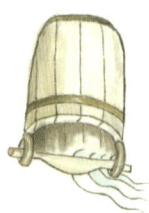
 甩

漫谈 束与東 橐与囊

朿(束)和東(東-东)本是同一个字,是"橐"tuó的初文;東(柬)和🙼(重)是由朿或東合成的会意字。总之,这四个字都与"橐""囊"有关。

橐与囊都是装东西的口袋。"囊",上有口,下有底。"橐",有两种:一是无底橐,两端扎口;一是有底橐,两端封底,中间开口,可以装干粮、食具、书籍、簿册等,适宜远行。现代出行的僧人有些还在使用后一种橐。由后一种橐的形制,又引申指古代鼓风吹火器——风箱,这种古老的风箱至今仍在一些乡村炉灶使用。

绣花囊

橐——风箱

字源绘 汉字本来的样子 叁

汉字驿站

束 朿 重 弗 甩

82

锦囊妙计

赤壁之战后，诸葛亮夺取荆州。周瑜想使用美人计让刘备归还荆州——先以迎娶孙权之妹孙尚香为诱饵，骗刘备来东吴；然后再以刘备为人质，迫使诸葛亮用荆州换刘备。刘备临行前，诸葛亮给了随行的赵云将军三个锦囊，说："囊中有三条妙计，依次而行。"

孙权并非真心嫁妹，此事只有少数大臣知道。刚到东吴，赵云就打开第一个锦囊，依计行事：在城中买猪羊果品，大肆宣扬，搞得满城风雨，众人皆知。孙权的母亲吴国太闻知此事，见刘备仪表非凡，很称心，如此，也就弄假成真了。

此计不成，周瑜又生一计。刘备出身卑微，没享过荣华富贵，于是周瑜就让孙权用华堂大厦、美女金帛供他享受，使其沉醉温柔之乡，不思回归。一直到了年底，正当赵云一筹莫展之时，想起诸葛亮曾说，年底打开第二个锦囊。于是又依计行事，谎称曹操要攻取荆州，让刘备有了归心。

在刘备回荆州的路上，周瑜派人拦截，此时，刘备打开第三个锦囊，依计行事，对孙尚香据实以告。孙尚香得知真相后，骂退追兵。

因为有了诸葛亮的锦囊妙计，刘备既娶了孙尚香为夫人，又保住了荆州；而孙权、周瑜一方却赔了夫人又折兵。

■据《三国演义·五十四回、五十五回》

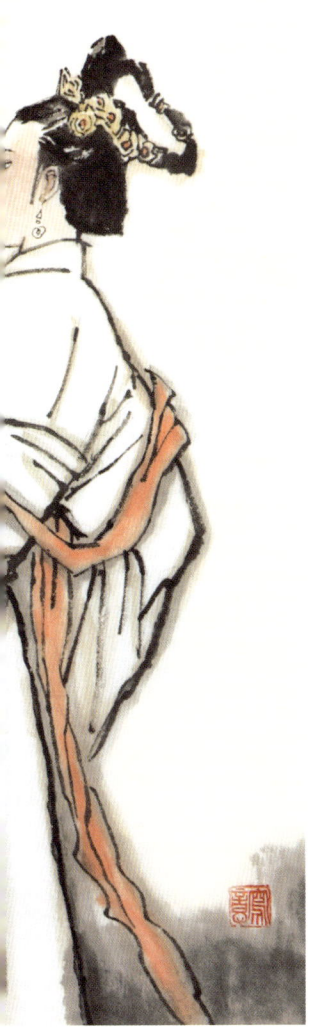

漫谈 从"慎、重"看"名、字"

我国第一部系统字书《说文解字》的作者,是东汉的许慎,字叔重。这里的"重"字,应该读 zhòng 还是 chóng 呢?

古人有名有字。旧说上古婴儿出生三月后由父亲命名;男子二十岁成人,举行冠礼时取字;女子十五岁许嫁,举行笄礼_{女子成人礼}时取字。名和字有意义上的联系。例如,战国时期楚国诗人屈原,名平,字原。《尔雅·释地》:"广平曰原。"意思是"宽广平坦的地方叫原"。又如孔子的弟子颜回,字子渊。《说文》:"渊,回水也。"意思是"回旋的水叫渊"。上面的名和字是同义词,名和字还可以是反义词:例如孔子的弟子曾点,字皙。《说文》:"点,小黑也。""皙,人色白也。"意思是"点,是细小的黑斑,皙,指人脸色白"。 ■据王力《中国古代文化常识》

所以,许慎名"慎",字应该读叔重_{zhòng},因为"慎_{谨慎}"和"重_{zhòng 不轻率}"有意义上的联系,是对应的。

古人重礼,称呼有讲究:尊对卑称名,卑自称也称名;对平辈或尊者称字。例如:老师对学生称名,学生自称也称名;对同学或者老师,只能称字,不能称名,否则就失礼了。

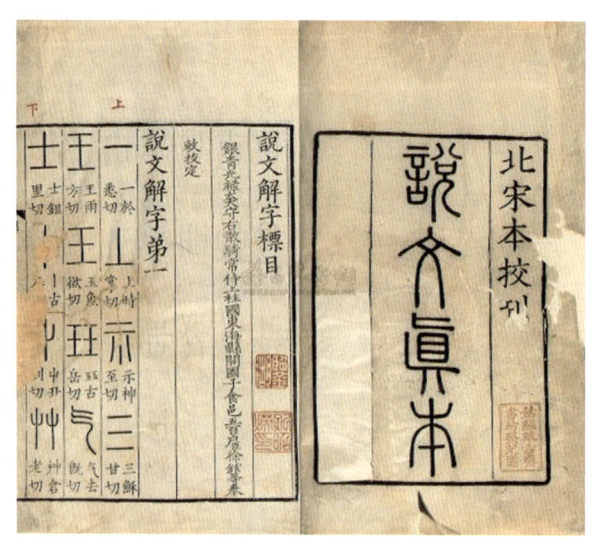

《说文解字》书影

第七章　农耕狩猎 ③

远古先民是以捕鱼狩猎为生的，这种原始的生存本领延续至今。本章我们就来认识一下有关狩猎的汉字，从中了解先民的生存状态。

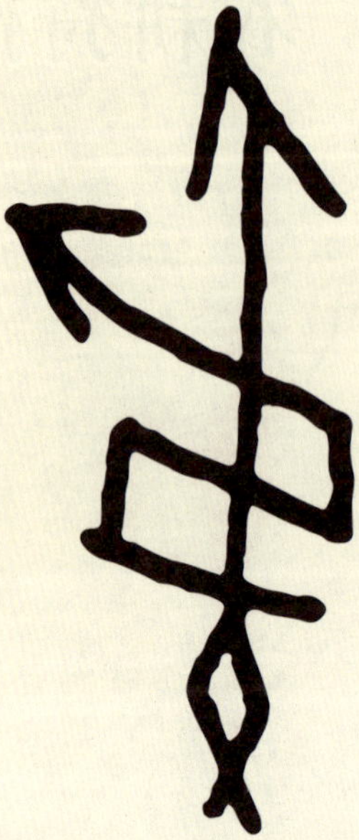

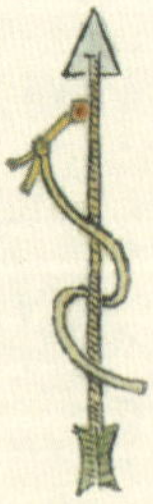

yí
夷

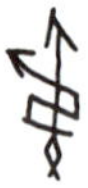

夷，会意字。甲骨文字形像带绳子的箭，方便射猎时取回猎物和箭矢。本义是缴zhuó带有细丝绳的箭射。古代东方游猎部族以弓箭为武器，引申指游猎为生的东方部族。引申为平定、平安、平坦。

甲骨文 ▸ 金文 ▸ 小篆 ▸ 隶书 ▸ 楷书

常用词语

东夷　以夷制夷　夷为平地
夷族　化险为夷　视险如夷

夷 羌 血 肉 歹 毛 革

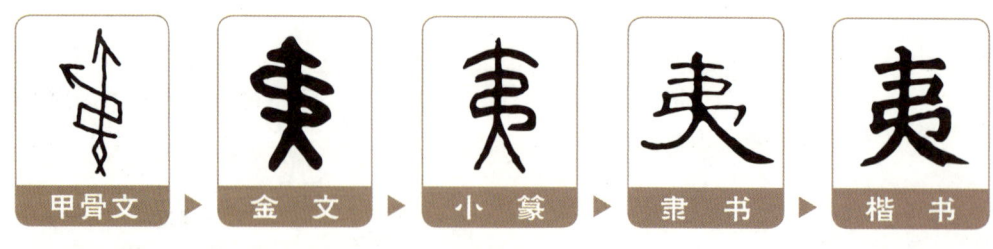

qiāng
羌

羌，会意兼形声字。甲骨文字形，从"人"从"羊"，"羊"兼表声，像人戴着羊角形头饰。本义是商代西方游牧部落的羌人。

甲骨文 ▶ 金文 ▶ 小篆 ▶ 隶书 ▶ 楷书

常用词语　羌族　羌笛　羌语

xuè

血

血，指事字。甲骨文字形像祭祀的器皿中落入血滴的样子。本义是血液，特指祭祀用的牲畜的鲜血。

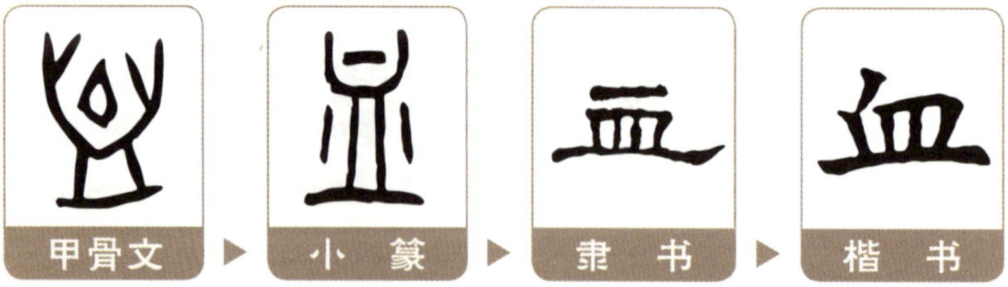

甲骨文	小篆	隶书	楷书
		血	血

常用词语

鲜血　一针见血　兵不血刃
血液　血流成河　血口喷人

ròu

肉

第七章 农耕狩猎 3

汉字溯源

 肉，象形字。甲骨文字形像切下来的肉块形状。本义指供食用的动物的肉，引申为肌肉、肉体。

月肉旁 "肉"作偏旁时，字形演变成"月"，但字义与月亮无关。这样一来，用"月"字作偏旁的字就分成两类：一类是和"月"字有关的，例如：明、朗；另一类是和"肉"有关的，例如：腿、脚。

甲骨文	小篆	隶书	楷书

常用词语	羊肉　血肉相连　行尸走肉
	骨肉　酒肉朋友　挂羊头卖狗肉

夷 羌 血 肉 歹 毛 革

è, dǎi

歹

歹 è，象形字。甲骨文字形，像剔去筋肉后的残骨，本义是残骨。又读 dǎi，意思是坏、恶。

甲骨文 ▶ 小篆 ▶ 楷书

常用词语　歹人　好歹　为非作歹
　　　　　歹意　歹徒　好说歹说

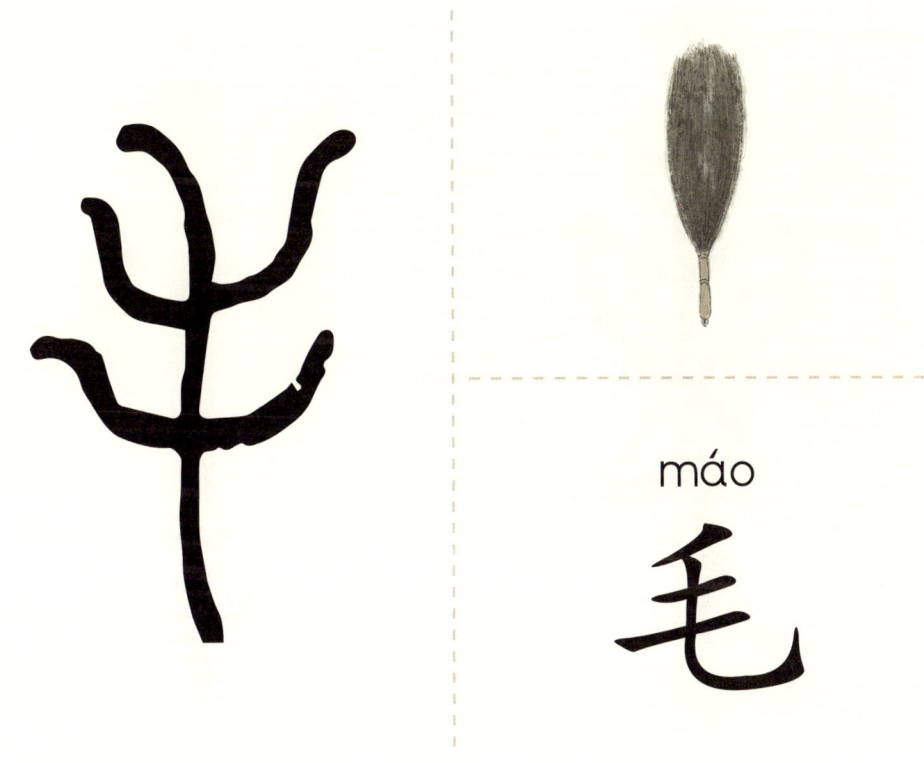

máo

毛

毛，象形字。金文字形像牛尾。古人跳舞手拿牦 máo 牛尾指挥。本义指牦牛尾，是"旄" 古代用牦牛尾装饰的旗子 的本字。引申为兽毛、毛发。

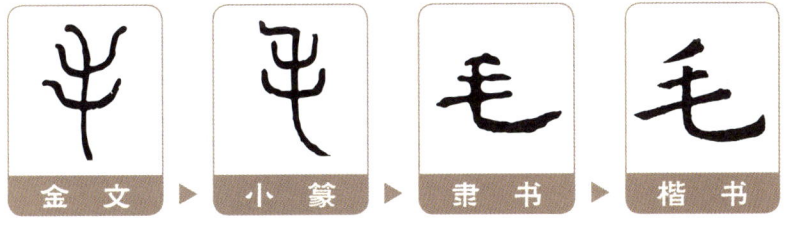

金文 ▶ 小篆 ▶ 隶书 ▶ 楷书

常用词语　毛发　九牛一毛　轻如鸿毛
　　　　　毛笔　鸡毛蒜皮　火烧眉毛

第七章 农耕狩猎 ③

汉字溯源

夷 羌 血 肉 歹 毛 革

91

革，象形字。甲骨文字形像一整张展开的兽皮。本义是兽皮，引申为铠甲。因为"革"是加工改变后的兽皮，所以又引申为变革。

甲骨文	金文	小篆	隶书	楷书

常用词语：皮革　西装革履　马革裹尸　革命　革故鼎新　洗心革面

远古人类以渔猎为生，本章这一组有关狩猎的汉字为我们展示了远古人类狩猎的情景。

羌，像人戴着羊角头饰，表示游牧部落羌人。

夷，像带绳子的箭，本义是缴射。

血，像祭祀的器皿中落入血滴，本义是血液，特指祭祀用的牲畜鲜血。

革，像一整张展开的兽皮，本义是兽皮。

毛，像牛尾，本义是牦牛尾，是"牦"的本字。

肉，像切下来的肉块，本义是供食用的动物的肉。

歹，像剔去筋肉后的残骨，表示残骨。

须要注意的是，"肉"作偏旁时，字形会变成"月"。让我们来看下面几个字：

胎，从"肉"，"台"声，本义是人或动物母体里的胎儿。

胃，从"肉"从 ⊕，⊕像胃中有谷米，是"胃"的初文。整个字的本义是胃。

肝，从"肉"，"干"声，本义是肝脏。

肺，从"肉"，"巿"fú声，本义是肺。

脾，从"肉"，"卑"bēi声，本义是脾。

从上面所举的例子来看，"肉"作偏旁时常做形（义）符，组成的合体字多和身体器官有关。

汉字导图

夷 羌 血 肉 歹 毛 革

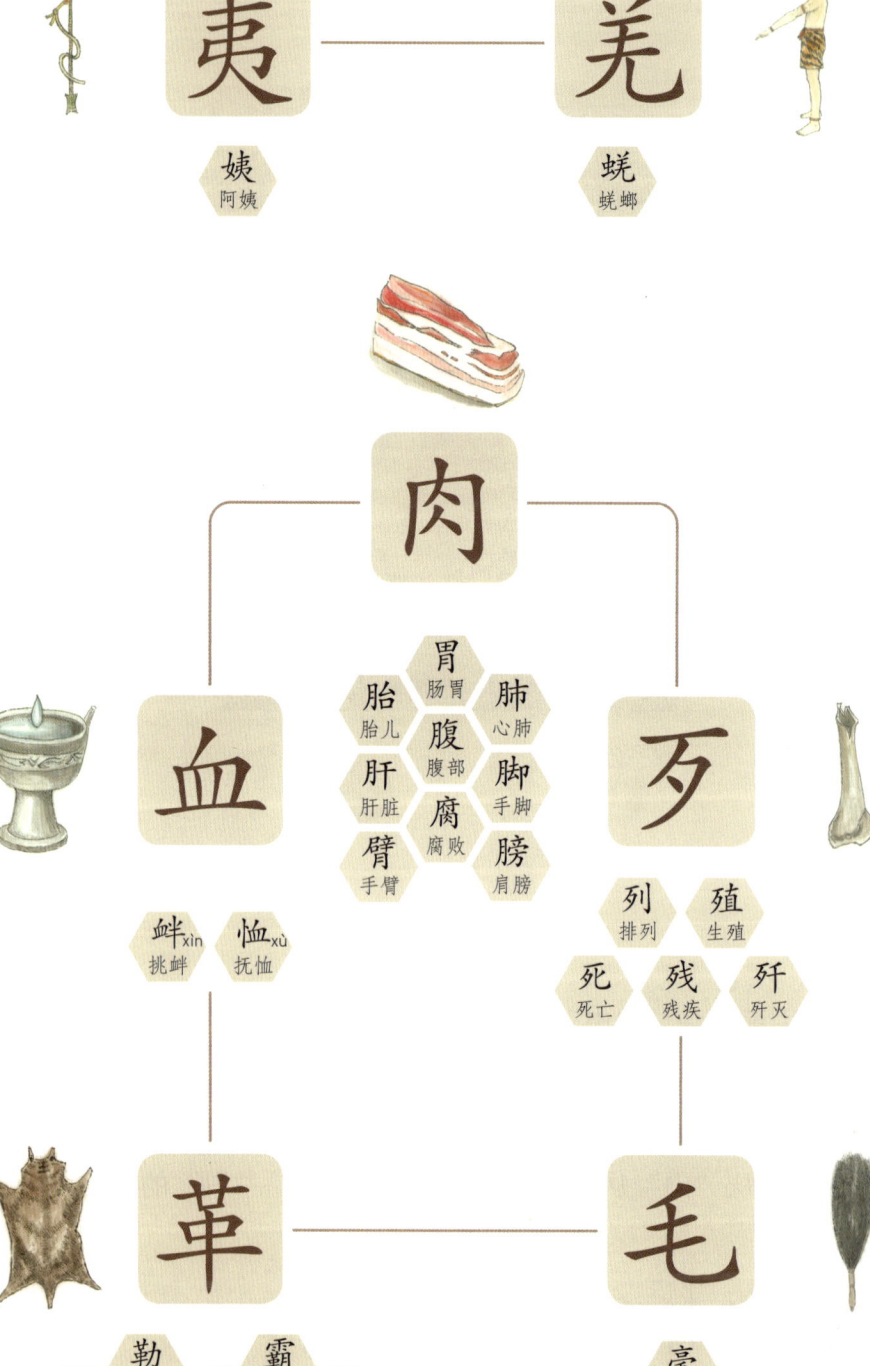

- 夷 — 羌
  - 姨 阿姨
  - 蜣 蜣螂

- 肉
  - 血
    - 衅 xìn 挑衅
    - 恤 xù 抚恤
  - 胃 肠胃
  - 胎 胎儿
  - 肝 肝脏
  - 臂 手臂
  - 肺 心肺
  - 腹 腹部
  - 腐 腐败
  - 膀 肩膀
  - 脚 手脚
  - 歹
    - 列 排列
    - 殖 生殖
    - 死 死亡
    - 残 残疾
    - 歼 歼灭

- 革
  - 鞋 皮鞋
  - 勒 勒索
  - 鞭 马鞭
  - 霸 霸气
  - 靶 靶子
- 毛
  - 毫 毫米
  - 笔 毛笔
  - 尾 尾巴
  - 耗 消耗

94

在原始社会，人们狩猎是为了获取食物。当农业、畜牧业发展起来能满足人们需要时，狩猎就有了练兵、娱乐、选拔人才等多方面的用途。

铜壶铭纹识射猎之礼

这件宴乐渔猎攻战纹图壶的铭纹以双铺首环耳为中心，前后中线为界，分为两部分，形成完全对称的相同画面。从口下到圈足，被五条斜角云纹带划分为四区：

第一区位于壶的颈部，上下两层，左右分为两组，主要表现采桑、射礼活动：妇女在桑树上采摘桑叶，表现的可能是后妃所行的蚕桑之礼。男子束装佩剑像在选取弓材。习射组四人在较射，描绘的应是古代举行射礼时的场景。

战国·宴乐渔猎攻战纹图壶（青铜）
规格：高 31.6cm 口径 10.9cm
腹颈 21.5cm 重 3.54kg
馆藏：故宫博物院

第二区位于壶的上腹部，分为两组画面。左面一组为宴享乐舞的场面，下面是乐舞部分。右面一组为射猎的场景，鸟兽鱼鳖或飞、或立、或游，四人仰身用矰缴 zēngzhuó 猎取飞鸟的射具 弋 yì 射，一人立于船上持弓射箭。

第三区为水陆攻战的场面。一组为陆上攻守城之战，横线上方与竖线左方为守城者，右下方沿云梯上行者为攻城者。另一组为两战船水战，船上各立旌旗和羽旗，右船尾部一人击鼓助战。船上人多使用适于水战的长兵器，船下有鱼鳖游动，表示船行水中，双方都有蛙人潜入水中活动。

第四区为壶的底部垂叶纹装饰。

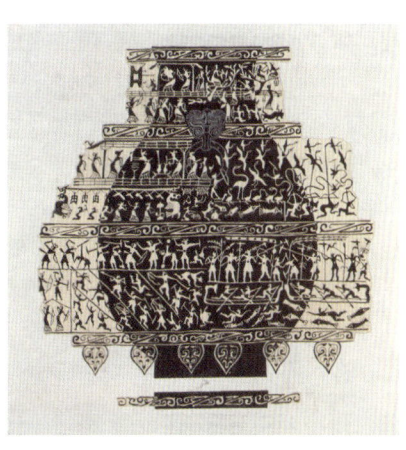

宴乐渔猎攻战纹图壶展示图

漫谈 宋词名篇观田猎阵仗

宋代大词人苏轼任密州太守时，写过一首《江城子·密州出猎》：

老夫聊发少年狂，左牵黄，右擎qíng苍，锦帽貂diāo裘qiú，千骑jì卷平冈。为报倾城随太守，亲射虎，看孙郎。　　酒酣胸胆尚开张，鬓微霜，又何妨！持节云中，何日遣冯唐？会挽雕弓如满月，西北望，射天狼。

从这首词的上阕què中可以看出古代官员出猎的排场和阵势，大意是：我姑且抒发一下少年人的狂傲之气，左手牵着黄狗，右手托着苍鹰。随从的将士们头戴华美的帽子，身穿貂皮衣服，上千骑士像疾风一样，席卷平展的山冈。为报答全城百姓随我出猎，我一定要像孙权那样，射杀一头老虎给大家看看。

这是多么豪放的气概，多么壮观的狩猎场面啊！

第八章　工具兵器

子曰："工欲善其事，必先利其器。"■《论语·卫灵公》俗语又云："磨刀不误砍柴工。"工匠要做好手艺，必须先准备好工具。本章我们就来认识一组有关工具的汉字。

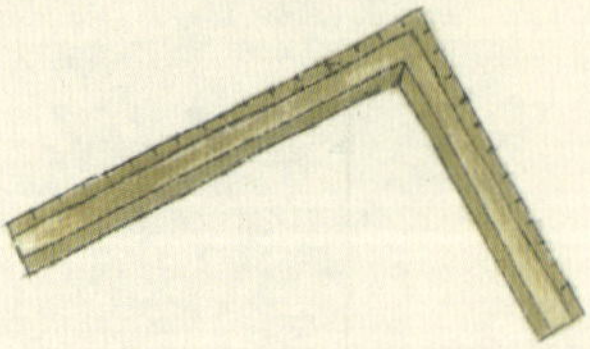

gōng

工

工，象形字。甲骨文字形像古代画直角或方形的曲尺。本义是曲尺，引申为工匠、技艺。

规矩 规和矩，分别是画圆、画方的工具。"规"用来画圆形，即圆规；"矩"用来画方形，即曲尺。

甲骨文 ▶ 金文 ▶ 小篆 ▶ 隶书 ▶ 楷书

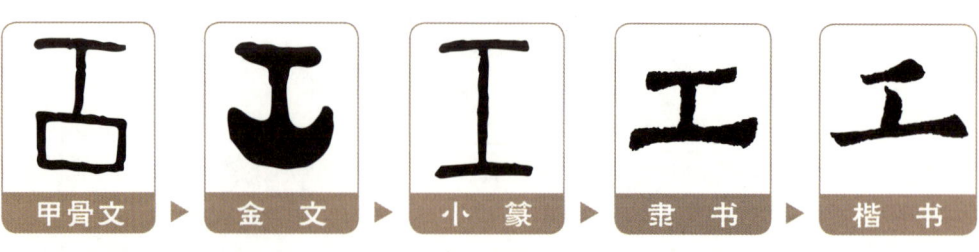

常用词语
工具　巧夺天工　鬼斧神工
工作　异曲同工　偷工减料

jù

巨

 巨，合体象形字。金文字形由 （大）和 （工）构成，像人手持"工"，本义是曲尺。"巨"是"矩"的本字，金文有的写成 （巨），是"矩"的省略写法。后来借用表示大。"巨"和"工"字义相同，字形不同。

金文	小篆	隶书	楷书

常用词语：巨大　事无巨细　老奸巨猾
　　　　　巨人　鸿篇巨制　惊涛巨浪

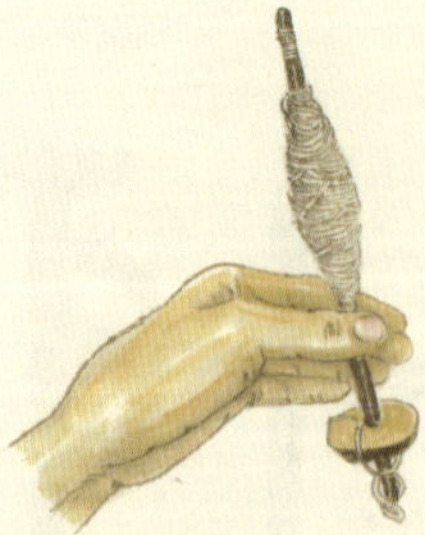

zhuān
专

专[專]，会意兼形声字。甲骨文字形中 ᵩ（叀）是形符兼声符，像纺专（纺轮），又（又）是形符，表示转动"专"纺纱。本义是纺专，引申为专一、专长、专有。

甲骨文	金文	小篆	隶书	楷书
		叀	叀	專

常用词语：专门　专心致志　专心一意　专业　心神专注　独断专行

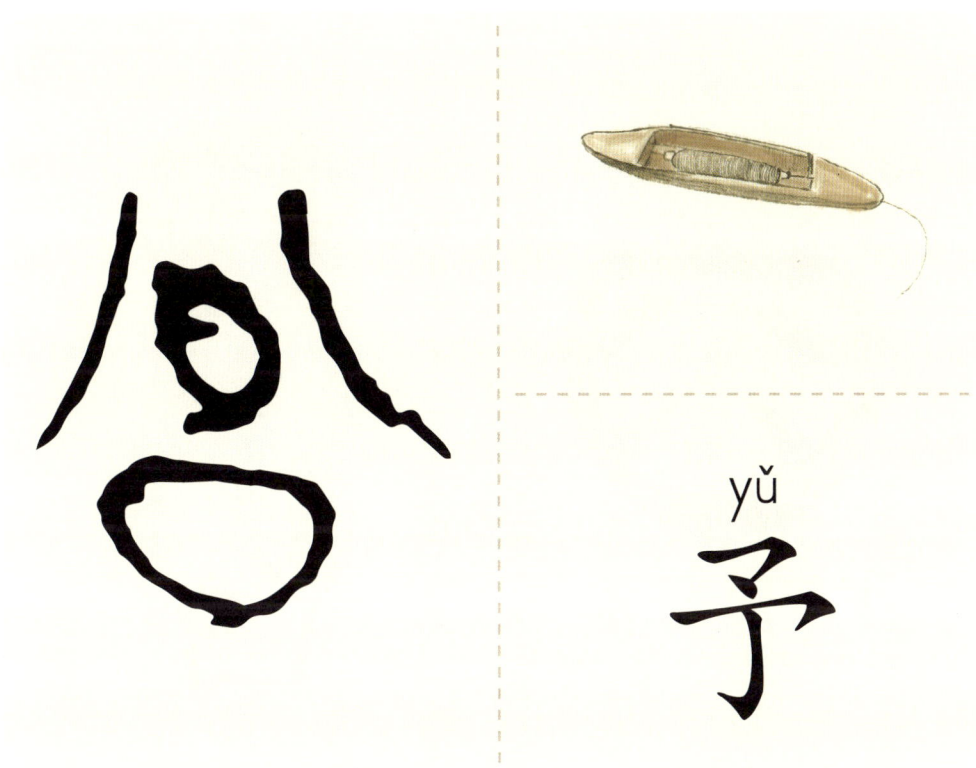

yǔ
予

予，会意字。小篆字形表示来回推送梭子织布，下面引着一条线。本义是织布梭子，是"杼"zhù 的本字，引申为给予。

金文 ▶ 小篆 ▶ 隶书 ▶ 楷书

常用词语　给予　予以　生杀予夺
　　　　　授予　免予　予人口实

第八章　工具兵器 I

汉字溯源

工 巨 专 予 臼 互 片

臼 jiù

臼，象形字。战国时期字形像用木头或石头制成、里面有沟槽的舂 chōng 米工具臼。本义是舂米的工具臼，引申为形状像臼，或起臼的作用的东西。

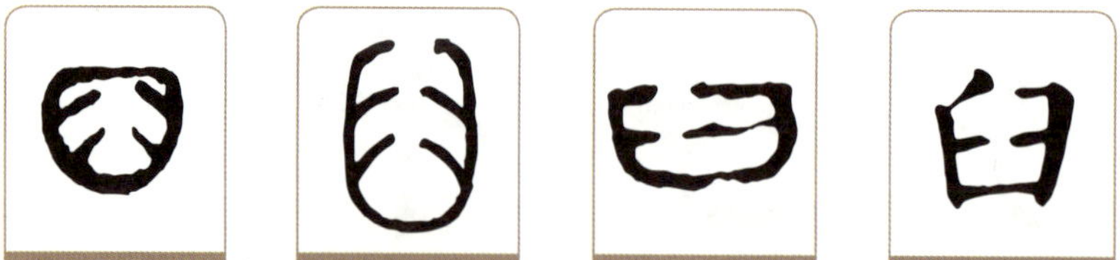

战国文字 ▶ 小篆 ▶ 隶书 ▶ 楷书

常用词语

石臼　白齿　臼杵之交　不落窠 kē 臼

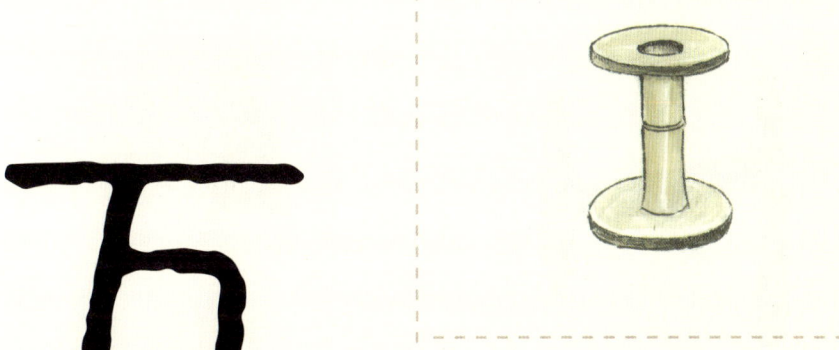

hù

互

互，象形字。小篆字形像收绳子的工具。本义是收绳器，引申为交错、互相。

小篆 ▶ 隶书 ▶ 楷书

| 常用词语 | 互相　互通有无　互帮互助
互助　互为因果　互为表里 |

片

piàn

片，象形字。甲骨文字形像筑土墙用的夹板——筑版，是"版"（板）的初文，引申为片状的东西。

片与爿 在甲骨文中，"片"与"爿"pán 正反无别，本为一字，后来分化为两个字。

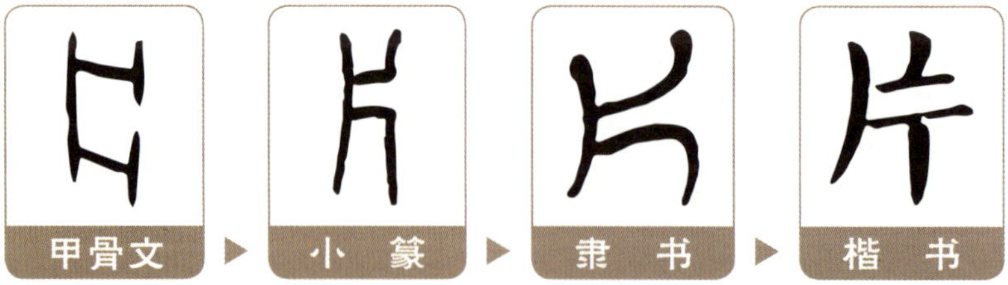

甲骨文 → 小篆 → 隶书 → 楷书

常用词语：

木片　片瓦无存　只言片语
瓦片　一鳞片爪　一片冰心

本章是一组有关工具的汉字，包括绘图工具、纺织工具、舂米工具、建筑工具等。

片，像筑土墙用的夹板——筑版，是"版"（板）的初文。

巨，像人手持"工"，本义是矩尺，和"工"同义不同形。"巨"是"矩"的本字。

予，表示来回推送梭子织布，本义是织布梭子，是"杼"的本字。

工，像古代画直角或方形的矩尺，本义矩尺。

互，像收绳子的工具，本义是一种收绳器。

专[專]，像用手转动纺专纺纱，本义是纺专。

臼，像舂米的工具臼，本义是臼。

下面我们看看古人用"工"造合体字的情况：

式，从"工"，"弋"yì声，本义是准则、法度。
巧，从"工"，"丂"qiǎo声，本义是技艺、技巧。
功，从"力"从"工"，"工"兼声符，本义是功劳。
缸，从"缶"，"工"声，一种盛东西的容器。
扛，从"手"，"工"声，表示两手对举，以托重物。
由于时代的变化，"工"作声符时，不止表示一种读音，表示的读音有 gong、gang、kang 等。

汉字导图

工 巨 专 予 臼 互 片

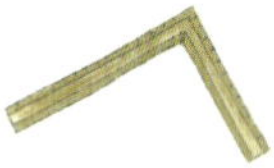

工 → 巨

工：式（样式）、缸（水缸）、巧（技巧）、巩（巩固）、空（空气）、虹（彩虹）、攻（进攻）、红（红旗）、差（差别）、经（经历）、江（长江）

巨：矩（矩形）、距（距离）、柜（衣柜）、拒（拒绝）

专

传（传播）、砖（砖头）、转（转动）

互 — 予

予：序（顺序）、预（预习）、舒（舒服）、野（野花）

臼 片

臼：舀（舀水）、毁（毁灭）、舅（大舅）

片：版（出版）、牌（品牌）

106

看物识字：古代工具

我们可以根据象形的古文字形来推测事物的原始样貌；反过来，用古代留存或沿用下来的实物来比照古文字形，也可以证实古文字的字义。下面我们就用实物和古文字来比照一下。

规 矩

甲骨文 㠯（工），像古代画直角或方形的矩尺；金文 （矩），像人伸臂，一手持 㠯（工）之形，本义是矩尺。古人说："不以规矩，不能成方圆。"■《孟子·离娄上》"规"就是圆规，"矩"就是矩尺。

右图是出土于新疆阿斯塔那古墓群的唐代绘画《伏羲女娲图》，伏羲和女娲是上古神话传说中的人类始祖。图中的伏羲与女娲上半身是人，下半身是蛇，相交在一起。伏羲在右，左手执矩，女娲在左，右手执规。他们手中拿的规和矩，就是画圆和方的工具，象征着天圆地方。

唐·伏羲女娲图
馆藏：新疆维吾尔自治区博物馆

纺 专

甲骨文 ᪵（专），像用手转动纺专之形，表示捻"专"纺纱的动作，本义是纺专。纺专由砖（塼）zhuān 盘和砖杆组成，砖盘中间有圆孔，用来插砖杆。用手转动砖盘，把纤维牵伸拉细，捻成纱线。砖盘停止转动时，把纱线缠在砖杆上，这就是原始的"纺纱"过程。

右图就是原始人曾使用的纺专的砖盘。

新石器时代·纺专（砖盘）
馆藏：郑州考古研究院

杵chǔ臼jiù 和 碓duì臼

战国时期文字 ᪴，像舂chōng米工具臼，用石头或木头凿制而成，里面有沟槽，用杵在里面捣稻谷，脱去稻谷的壳，或把米捣成年糕。杵和臼组合，叫杵臼。碓和臼组合，叫碓臼，利用杠杆，脚踏另一端，碓就会起落舂米。这种古老的舂米工具沿用至今。

杵臼

碓臼

第九章　工具兵器 ❷

《诗经》上说："岂曰无衣？与子同袍。王于兴师，修我戈矛，与子同仇。" ■《诗经·秦风·无衣》意思是：谁说没有衣服？我们同披一件战袍。君王兴师征伐，修整我的戈矛，和你共同对敌。

诗中提到的"戈"和"矛"是古代常用的兵器。本章就让我们来认识一下汉字中的兵器。

刀 dāo

刀，象形字。甲骨文、金文字形都像一把短柄刀。本义是古代的一种兵器。

秦朝以前，"刀"既指一种兵器，又指一种金属铸币"刀币"，其形状由金属工具削刀演变而来，主要流通于春秋战国时期的齐、燕、赵等国。

甲骨文 ▶ 金文 ▶ 小篆 ▶ 隶书 ▶ 楷书

常用词语：战刀　一刀两断　借刀杀人　菜刀　单刀直入　大刀阔斧

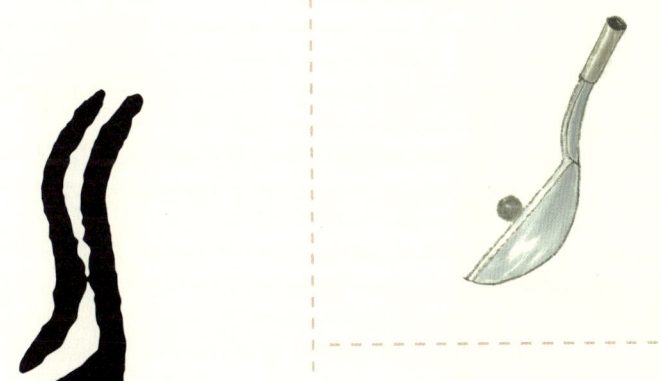

rèn

刃

刃，指事字。甲骨文字形是在刀上加一点，表示刀口所在的位置。本义是刀刃、刀锋。

| 甲骨文 | 金文 | 小篆 | 隶书 | 楷书 |

常用词语　　刀刃　兵不血刃　迎刃而解
　　　　　　刃口　游刃有余　坚甲利刃

第九章　工具兵器 2

汉字溯源

刀 刃 亡 勿 王 士 干 矛 戈 火 我 义 弓 矢

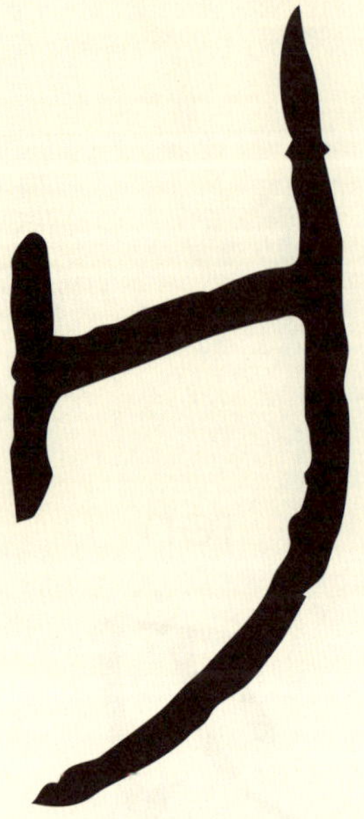

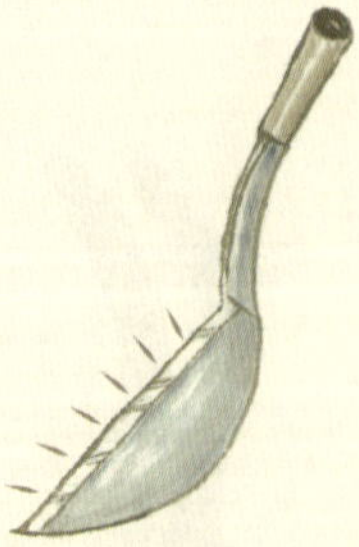

wáng 亡

亡，指事字。甲骨文字形中用短竖┃指示刂（刀）刃的锋芒，是"芒"的本字，本义是锋芒。借用为逃亡，引申为灭亡。

甲骨文	小篆	隶书	楷书

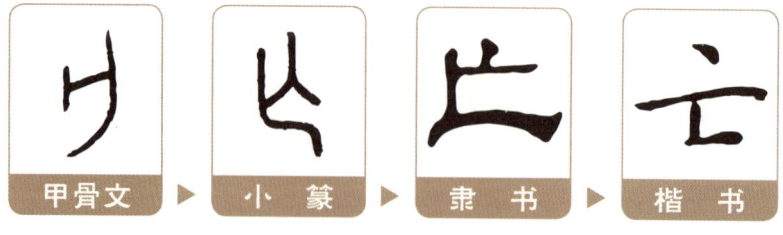

常用词语：逃亡　亡羊补牢　家破人亡　灭亡　生死存亡　名存实亡

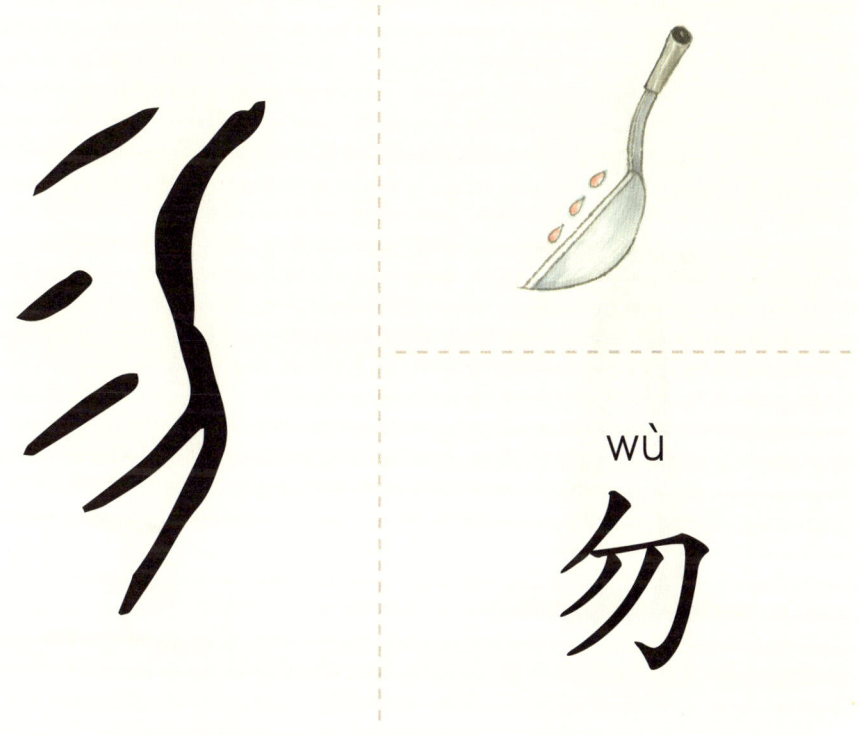

wù

勿

勿，象形字。甲骨文字形像刀旁有血滴，是"刎"wěn的初文。本义是分割、割断，借用表示不、不要。

| 甲骨文 | 金文 | 小篆 | 隶书 | 楷书 |

常用词语

勿入　穷寇勿追 不要追无路可走的敌人
勿听　己所不欲，勿施于人

wáng

王

王，象形字。甲骨文字形像刃部朝下的大斧，下面像大斧的弯刃，本义是大斧。大斧是刑杀武器，象征王权，因此引申为君王。又表示姓王。

甲骨文	金文	小篆	隶书	楷书

常用词语：

帝王　王侯将相　目无王法
姓王　称王称霸　公子王孙

shì

士

士，象形字。金文字形与 🐧（王）类似，是"王"的分化字，像斧钺 yuè 形状。本义是斧头，引申指手持斧头的武士，后来用作男子的通称，又泛指官吏、读书人。

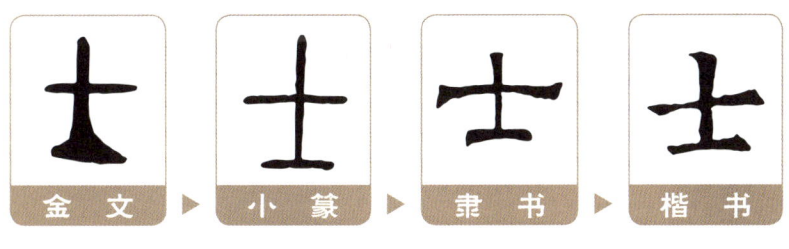

金文 ▶ 小篆 ▶ 隶书 ▶ 楷书

| 常用词语 | 武士　有识之士　身先士卒
男士　招贤纳士　开科取士 |

第九章　工具兵器 ❷

汉字溯源

刀 刃 亡 勿 王 士 干 矛 戈 兴 我 义 弓 矢

115

汉字溯源

刀 刃 亡 勿 王 士 干 矛 戈 必 我 义 弓 矢

gān, gàn 干

丫 干，象形字。甲骨文字形像带有羽饰的盾形。本义是盾，引申为捍卫、干扰。又读 gàn，指事物的主要部分。

甲骨文 ▶ 金文 ▶ 小篆 ▶ 隶书 ▶ 楷书

常用词语

干支　大动干戈　化干戈为玉帛
树干　外强中干　干打雷，不下雨

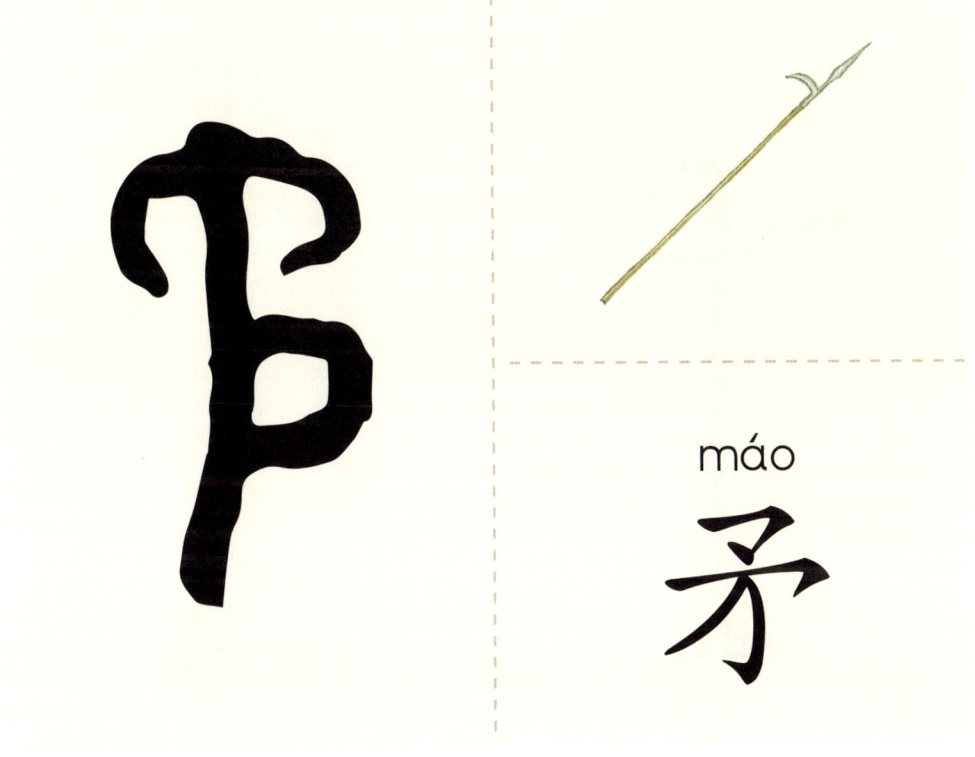

máo

矛

矛，象形字。金文字形像一种上有尖利的矛头，下有长杆和把手的兵器。本义是古代的一种兵器——长矛。

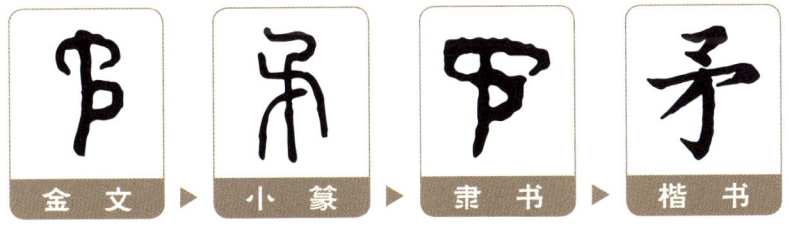

金文 ▶ 小篆 ▶ 隶书 ▶ 楷书

| 常用词语 | 长矛　自相矛盾
矛头　以子之矛，攻子之盾 |

第九章 工具兵器 ❷

汉字溯源

刀 刃 亡 勿 王 士 干 矛 戈 兴 我 义 弓 矢

戈 gē

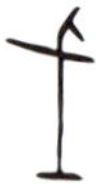

戈，象形字。甲骨文字形像一种有长柄的横刃兵器。本义是平头戟，引申为战乱、战争。

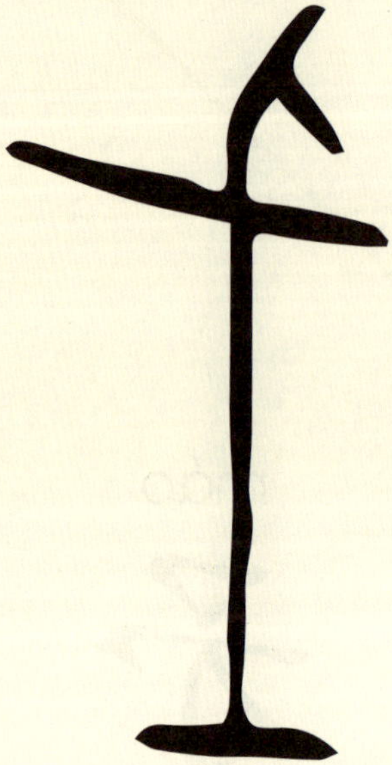

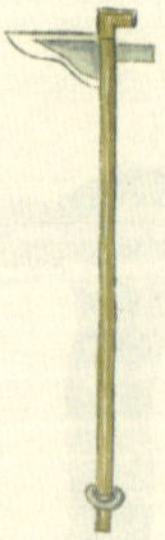

| 甲骨文 | 金文 | 小篆 | 隶书 | 楷书 |

常用词语

干戈　大动干戈　反戈一击
倒戈　同室操戈　金戈铁马

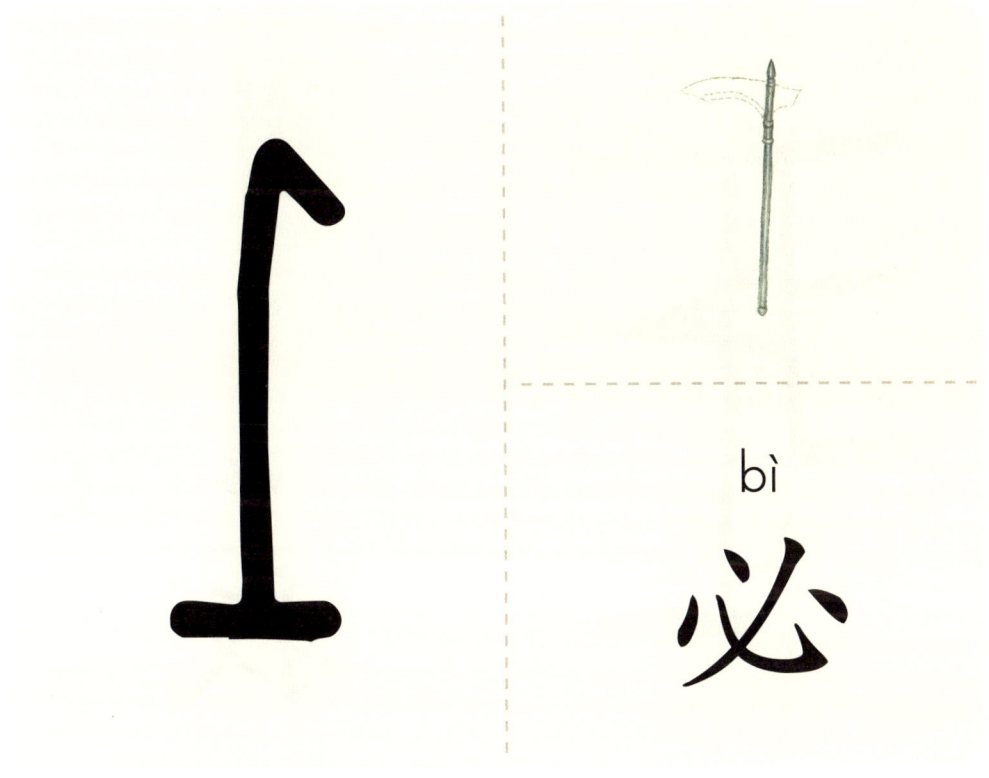

bì

必

必，甲骨文字形像戈、矛的长柄形状，是象形字；金文字形，添加了声符八（八），是形声字。本义是戈、矛之类兵器的长柄，是"柲"bì的初文，借用表示肯定。

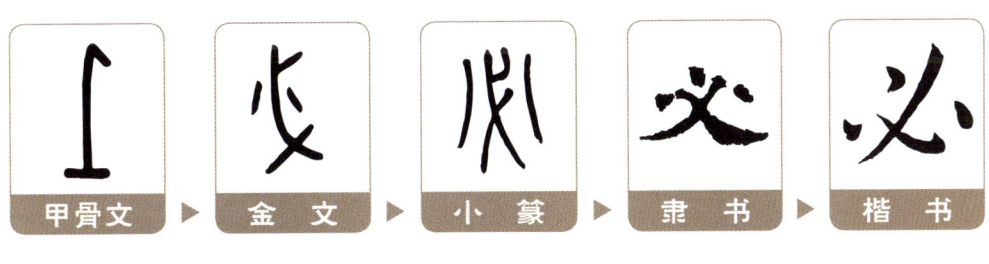

甲骨文 ▶ 金文 ▶ 小篆 ▶ 隶书 ▶ 楷书

常用词语：必须　必由之路　有求必应　必然　物极必反　势在必行

119

汉字溯源

刀 刃 亡 勿 王 士 干 矛 戈 戉 我 义 弓 矢

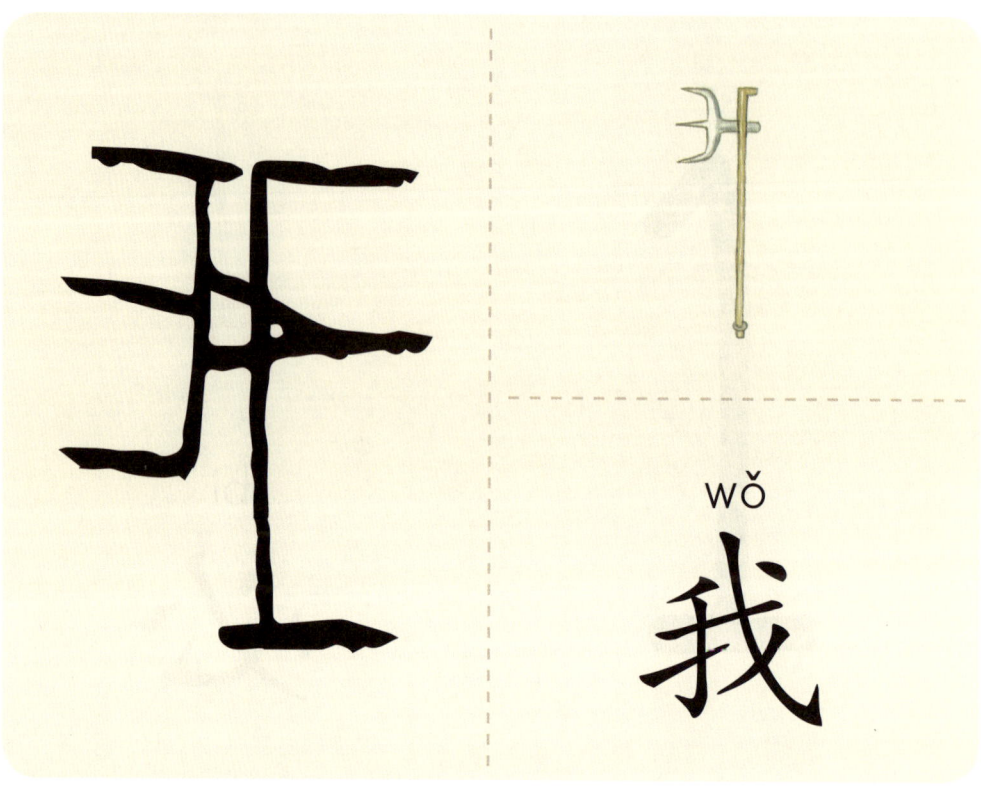

wǒ
我

我，象形字。甲骨文字形像刃口为锯齿形的长柄兵器。本义是一种刃口为锯齿形的长柄兵器，后来借用表示第一人称。

甲骨文 ▶ 金文 ▶ 小篆 ▶ 隶书 ▶ 楷书

常用词语：自我　我行我素　时不我待
我们　唯我独尊　舍我其谁

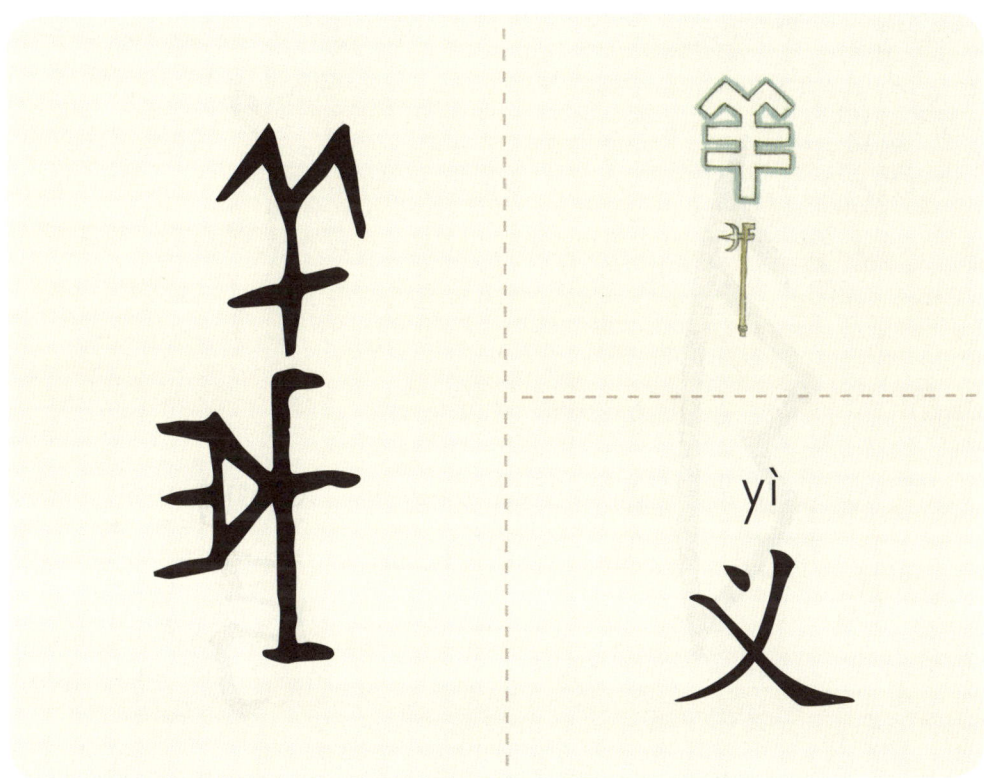

义 [義]，形声字。甲骨文字形中从"我"，"羊"声。"義"（义）是"儀"（仪）的本字，本义是威仪，专指军队或士兵的威仪。引申为正义、情义、意义。

| 甲骨文 | 金文 | 小篆 | 隶书 | 楷书 |

常用词语：
正义　仁至义尽　仗义疏财
情义　大义凛然　断章取义

gōng 弓

弓，象形字。甲骨文字形像上了弦的弓，小篆以后的字形省去了弓弦。本义是一种射箭的武器——弓。引申为弓形的器具或形态。

甲骨文	金文	小篆	隶书	楷书

常用词语

弓箭　左右开弓　杯弓蛇影
弓背　惊弓之鸟　鸟尽弓藏

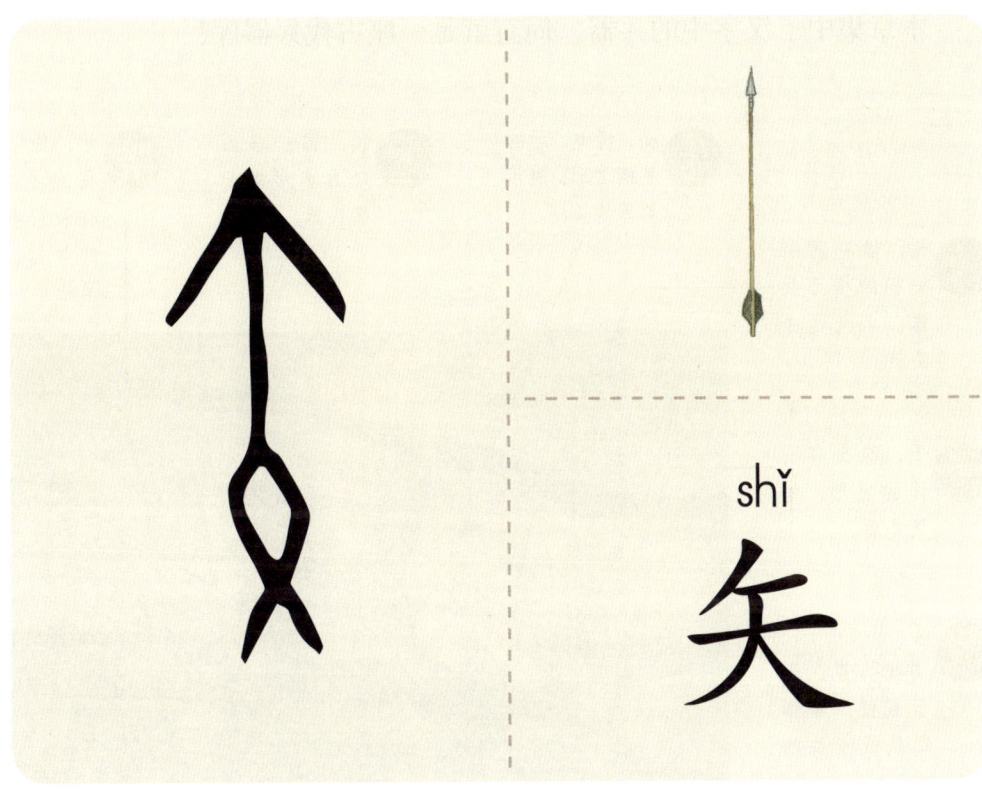

矢，象形字。甲骨文字形像一支竖直的箭，上面像箭头，中间像杆，下面像翎羽做的箭尾，本义是箭。

常用词语

箭矢　矢在弦上　有的放矢
矢口　众矢之的　矢志不渝

本章集中了汉字中的兵器，简直就是一座古代兵器库！

必，像戈、矛的长柄之形，表示兵器的长柄。

我，像一种刃口为齿形的长柄兵器。

矛，像上有尖利的矛头、下有长杆和把手的兵器，本义是长矛。

戈，像一种有长柄的横刃兵器，本义是平头戟。

干，像带有羽饰的盾形，本义是盾。

义，从"羊"，"我"声，表示威仪，专指军队或士兵的威仪。

弓，像上了弦的弓，后来省去了弦，本义是弓。

矢，像一支箭，本义是箭。

刀，像一把短柄刀，本义是刀。

刃，刀上加一点，指示刀刃，本义是刀刃。

王，像刃部朝下的大斧，本义是大斧。斧钺 yuè 象征着王权，引申为君王。

士，像斧钺，是"王"的分化字，本义是斧头，引申为武士。

勿，像刀刃上有血滴，是"刎"的初文，本义是割断。

亡，用短竖指示刀刃的锋芒，是"芒"的本字，本义是锋芒。

这是一组表示兵器的字，用这些字构造的合体字，大多与军事或武力有关。例如用"戈"做偏旁的字：

戍，从"人"从"戈"，像人背着戈，本义是戍守、守卫。

伐，从"戈"从"人"，像用戈把人头割掉，本义是砍头、斩首。

战[戰]，从"單"（单）从"戈"，"單"像狩猎或作战用的器具，本义是作战、征战。

戏[戲]，从"戈"，"虘"xī 声，本义是偏师，即主力军以外的军队。

贼[賊]，从"戈"，"則"（则）声，本义是伤害。

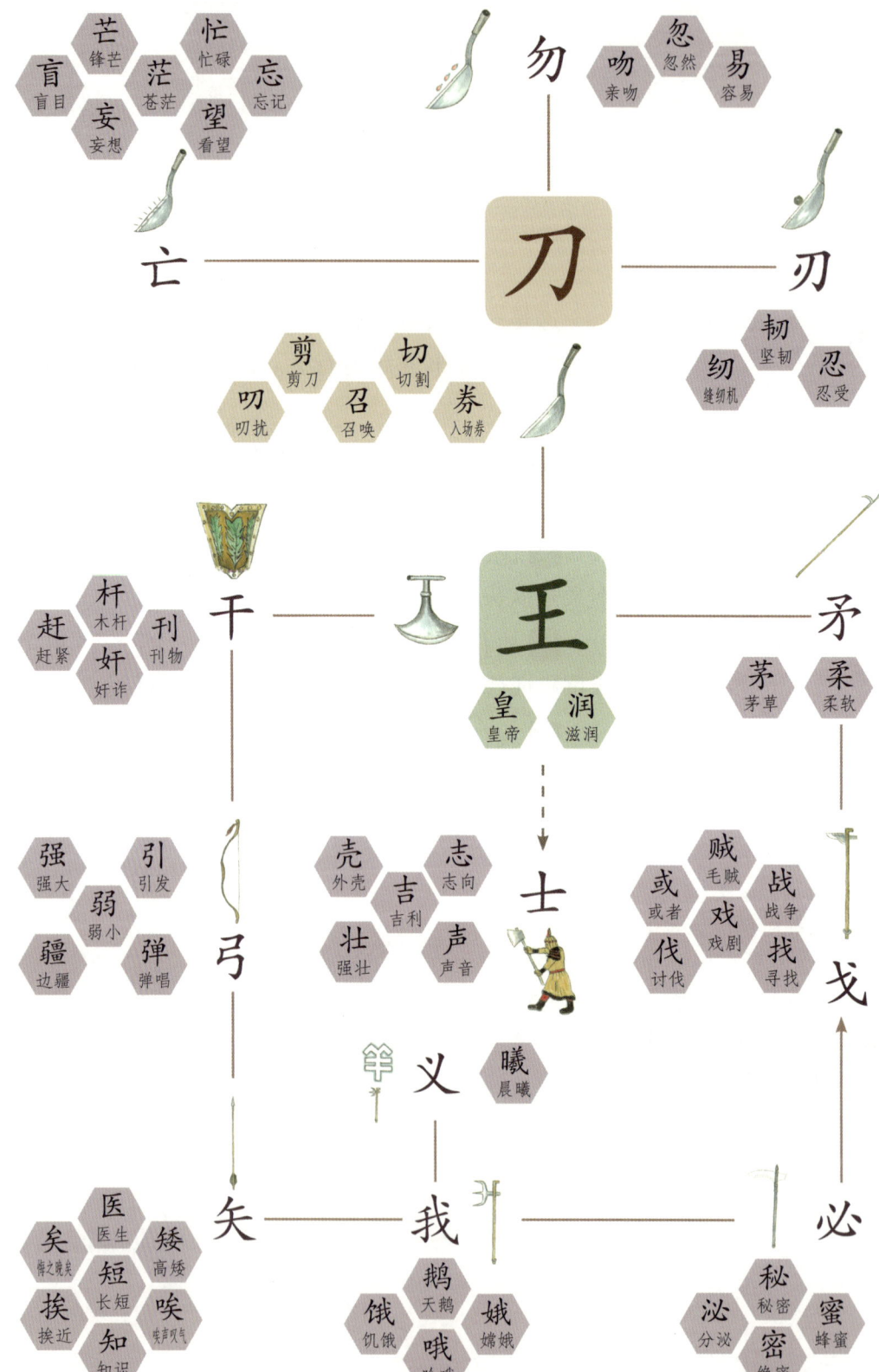

神话 刑天舞干戚

刑天是古代神话中的巨人，炎帝的大臣。

传说，刑天与黄帝争夺天神的权力。黄帝砍断了他的头，把它埋在常羊山。刑天就用两个乳头当眼睛，用肚脐当嘴巴，一手拿着干（盾牌），一手拿着戚（斧类兵器），挥舞着继续抗争。■据《山海经·海外西经》

这则神话，反映了古代先民反抗强暴统治的愿望，凸显了刑天不屈不挠的反抗精神和勇猛刚毅的性格。晋代诗人陶渊明在《读山海经·其十》一诗中称颂道："刑天舞干戚，猛志固常在。"

字源绘 汉字本来的样子 叁

汉字驿站

刀 刃 亡 勿 王 士 干 矛 戈 ⺷ 我 义 弓 矢

128

干将 gān jiāng 莫邪 mò yé 铸剑

春秋时期，吴国人干将，与当时铸剑大师欧冶子拜同一个师傅，都擅长铸剑。越国献来三把宝剑，吴王阖闾 hé lǘ 得到后非常珍惜，命令干将再铸造两把宝剑，一把剑就叫干将，一把剑就叫莫邪——莫邪是干将的妻子。

干将造剑时，采集了五方名山中的铁精和天下金属的精华，观察天时地利，等待阴阳交会，百神降临观看时开始铸剑。这天，气温突然下降，铁块不销熔，铁水凝固。干将不知道这是什么缘故，莫邪说："你因擅长铸剑，名声传到吴王那里，现在吴王派你造剑，造了三个月还没有成功，知道这是什么原因吗？"干将回答："我不知道。"莫邪说："大凡要让神异的东西起变化，必须要有人作出牺牲才行。现在你铸造宝剑，是不是也要有人作出牺牲然后才能成功呢？"干将说："以前我师傅冶炼时，金铁不熔化，夫妻一同跃入冶炼炉中，这样就铸造成器了。以后人们凡是到矿山冶炼，都要披麻戴孝祭祀师傅，然后才敢在山中冶炼金属。今天我造剑不起变化，恐怕也是这个缘故吧？"莫邪说："师傅能不惜熔化自己的身体铸造器物，我还有什么为难的呢？"

于是她就剪下自己的头发和指甲，投入炉膛中。还派三百个童男童女，装满煤炭，鼓起风箱，精铁这才熔化，阴阳两把宝剑也随之铸成。阳剑就命名为干将，阴剑就命名为莫邪；阳剑布满龟纹，阴剑的纹理则是散漫无序的。干将藏起了阳剑，只拿出阴剑献给了吴王，吴王阖闾得到阴剑非常看重它。

■据《吴越春秋·阖闾内传》

第九章 工具兵器 ❷

汉字驿站

刀 刃 亡 勿 王 士 干 矛 戈 忒 我 义 弓 矢

漫谈 十八般兵器

"十八般兵器"又称"十八班武艺",常见于中国古代的戏曲、小说中。

《水浒传》中提到"十八般武艺",合辙押韵:"史进每日求王教头点拨十八般武艺,一一从头指教。哪十八般武艺?矛锤弓弩 nǔ 铳 chòng,鞭锏 jiǎn 剑链挝 zhuā,斧钺 yuè 并戈戟 jǐ,牌棒与枪叉 chā。" ■《水浒传·第二回》

明代笔记中对"十八般武艺"的说法是:"一弓、二弩、三枪、四刀、五剑、六矛、七盾、八斧、九钺、十戟、十一鞭、十二锏、

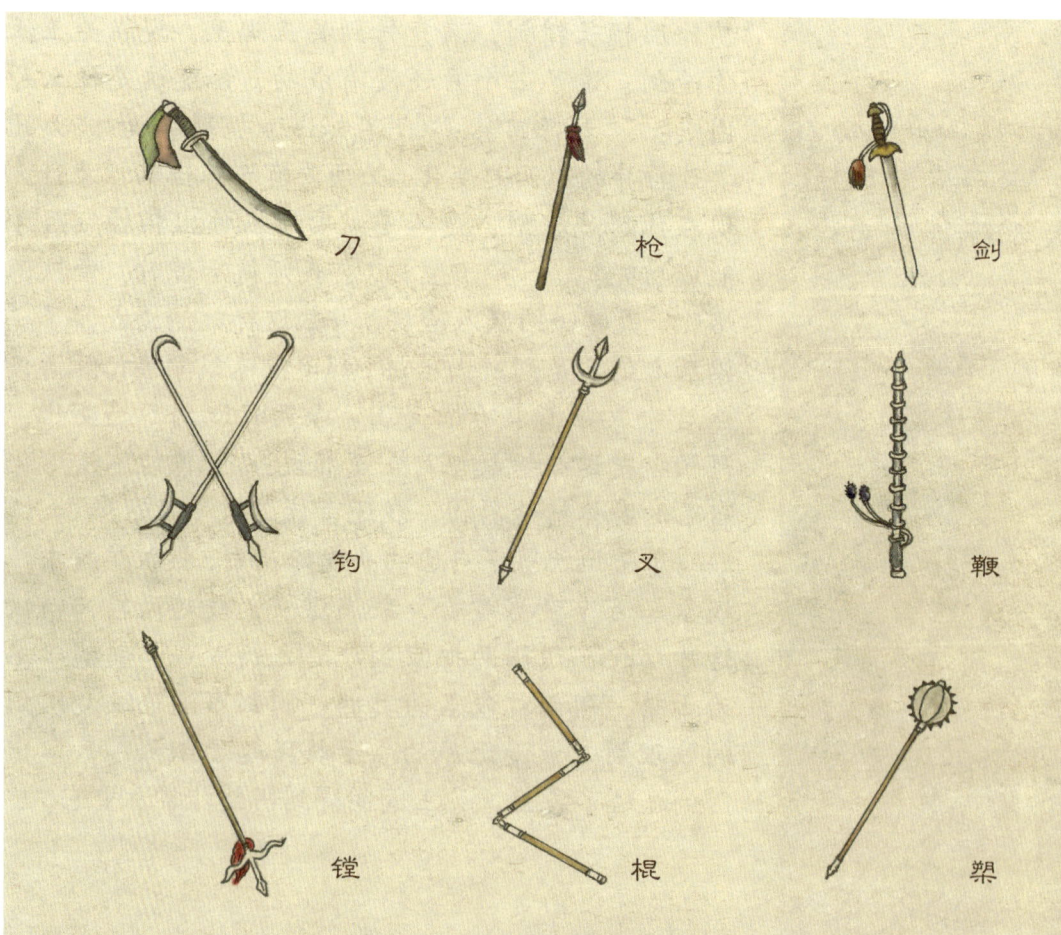

十三镐gǎo、十四殳shū、十五叉、十六耙pá头、十七绵绳套索、十八白打。" ■谢肇淛《五杂俎·卷五》 "白打"就是徒手搏击，也就是拳术。

近代戏曲中所说的"十八般兵器"指的是：刀、枪、剑、戟、斧、钺、钩、叉、鞭、锏、锤、抓、镗tāng、棍、槊shuò、棒、拐、流星锤。这也是今天人们常说的"十八般武艺"。

古代兵器不止上面各说法中提到的十八种，所谓"十八般"也是泛指多种兵器及其武艺。

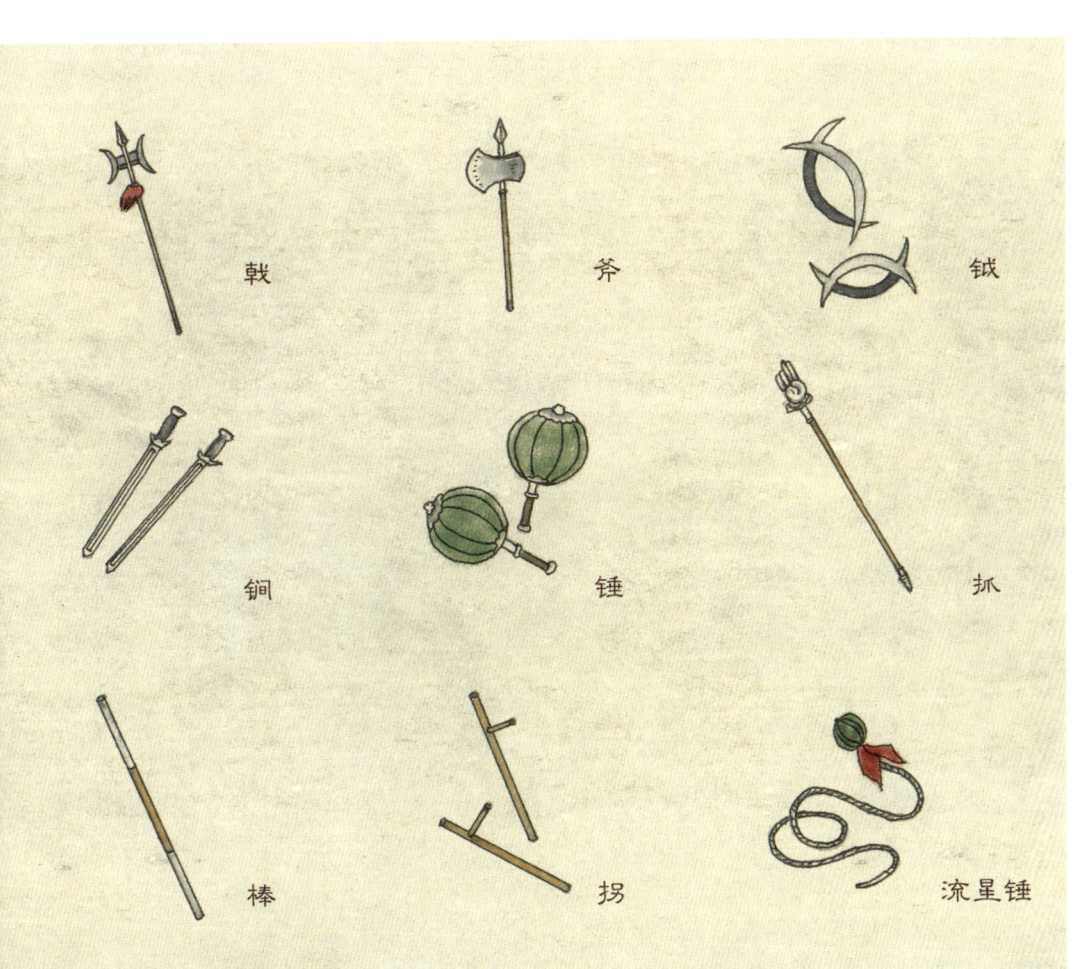

戟　　斧　　钺
锏　　锤　　抓
棒　　拐　　流星锤

文物 《天工开物》：造弩工艺图

　　《天工开物》这部书图文并茂地记载和描绘了当时农业、手工业、兵器、纺织等的制造工艺流程和场景。下图是书中描绘造弩的工艺和场景。

造弩图

王鹏伟

二级教授，北京师范大学中国语文与海外华文教育研究中心研究员、东北师范大学教育硕士专业学位教育指导委员会委员、教育部"国培计划"专家、中国教育学会理事、全国汉字文化教育联盟理事长，策划创办全国首家校园汉字博物馆。

王 公

笔名愚公、愚人。教授，中国美术家协会会员，中国当代水墨画家。

史殿生

中国美术家协会会员、国家一级美术师、北京师范大学中国画创作高级研究生班导师。

杨 峰

中国美术家协会会员、中国出版工作者协会装帧艺委会会员，现为吉林省社会科学院民族研究所研究员。

字源绘

汉字本来的样子

王鹏伟 / 编著

长春出版社
国家一级出版社
全国百佳图书出版单位

中国的汉字和古埃及圣书文字、古代苏美尔文字、原始埃兰文字、克里特文字等,同属世界上最古老的文字,唯有汉字经历约3400年一直沿用至今,这是世界文明史上的一大奇迹。

第一章　数字度量 ❶

汉字溯源 ································· 2
一 / 二 / 三 / 四 / 五 / 六 / 七 / 八 / 九 / 十 / 百 / 千 / 万 / 再 / 个

汉字解码 ································· 15

汉字导图 ································· 16

汉字驿站 ································· 18
古人怎样在名字中表示排行？／三人成虎／七步成诗／
古代数学名著——《九章算术》

第二章　数字度量 ❷

汉字溯源 ································· 24
寸 / 尺 / 丈 / 两 / 斤 / 升 / 斗

汉字解码 ································· 31

汉字导图 ································· 32

汉字驿站 ································· 33
半斤八两 / 才高八斗

第三章　形状色彩 ❶

汉字溯源 ································· 36
小 / 少 / 么 / 凸 / 凹 / 方 / 曲 / 丸

汉字解码 ································· 44

汉字导图 ································· 45

汉字驿站 ································· 46
"凸""凹"用字之巧 / 弹丸之地

第四章　形状色彩 ❷

汉字溯源 ·· 50
　白 / 丹
汉字解码 ·· 52
汉字导图 ·· 53
汉字驿站 ·· 54
　古人的红色崇拜 / 传统文化中的白色

第五章　文化事项 ❶

汉字溯源 ·· 58
　卜 / 且 / 主 / 尸 / 鬼 / 久 / 办
汉字解码 ·· 65
汉字导图 ·· 66
汉字驿站 ·· 67
　殷商卜辞 / 祭祖与祭天

第六章　文化事项 ❷

汉字溯源 ·· 70
　史 / 吏 / 事 / 书 / 册 / 文
汉字解码 ·· 76
汉字导图 ·· 77
汉字驿站 ·· 78
　古代书写材料 / 韦编三绝 / 雕版印刷

第七章　文化事项 ❸

汉字溯源 ·················· 84
　于 / 乐 / 业 / 无
汉字解码 ·················· 88
汉字导图 ·················· 89
汉字驿站 ·················· 90
　八佾舞于庭 / 滥竽充数 / 师旷琴撞晋平公 /
　高渐离举筑击秦皇

第八章　天干地支 ❶

汉字溯源 ·················· 96
　甲 / 乙 / 丙 / 丁 / 戊 / 己 / 庚 / 辛 / 壬 / 癸
汉字解码 ·················· 106
汉字导图 ·················· 108
汉字驿站 ·················· 110
　天干与商朝帝王名号

第九章　天干地支 ❷

汉字溯源 ·················· 112
　子 / 丑 / 寅 / 卯 / 辰 / 巳 / 午 / 未 / 申 / 酉 / 戌 / 亥
汉字解码 ·················· 124
汉字导图 ·················· 126
汉字驿站 ·················· 128
　六十花甲子 / 六十干支甲骨文拓片 /
　十二时辰与点卯应名 / 十二生肖邮票

后　记 ·················· 132

第一章　数字度量 ❶

"知某数，识某文。一而十，十而百。百而千，千而万。"
■《三字经》据考证，十进制的计数方法，是中国的一大发明，最晚在商代就已经在使用了。

本章我们就来认识一组有关数量的汉字。

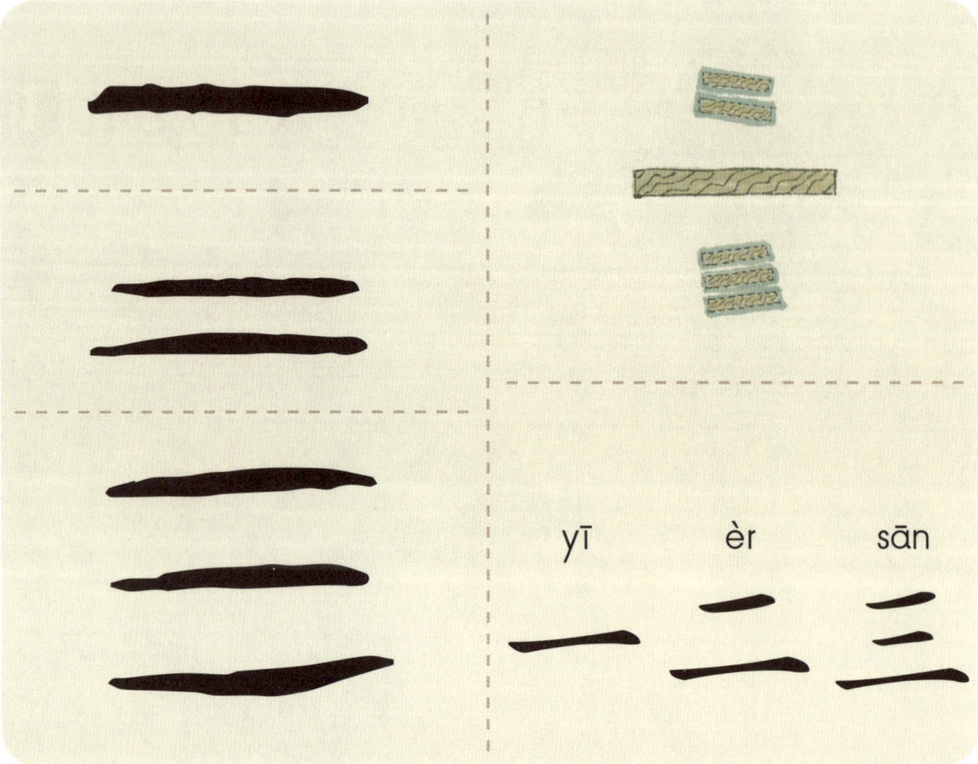

汉字溯源

一二三四五六七八九十百千万再个

一、二、三,都是指事字。甲骨文字形用横画表示抽象的数目,本义是数字一、二、三。

甲骨文	金文	小篆	隶书	楷书

常用词语:专一　一心一意　举一反三
二手　一心二用　三心二意

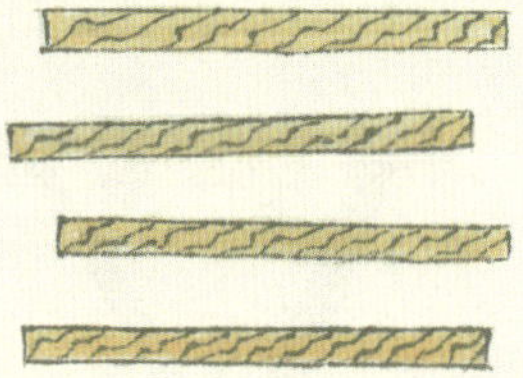

第一章 数字度量

汉字溯源

一二三四五六七八九十百千万再个

sì

四

四，指事字。甲骨文字形用四条横线表示数目四，本义是数字四。

甲骨文 ▶ 金文 ▶ 小篆 ▶ 隶书 ▶ 楷书

常用词语　四方　四通八达　朝三暮四
　　　　　　四季　四面楚歌　五湖四海

3

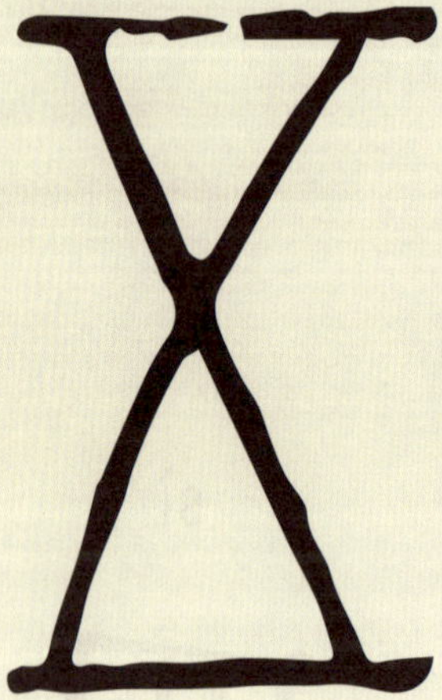

wǔ

五

五，指事字。甲骨文字形本来是 亖，后来借用表示纵横交错的 ✕ 来表示。甲骨文 ✕ 的本义是交错，借用表示数字五。

甲骨文	金文	小篆	隶书	楷书
✕	✕	✕	五	五

常用词语

五官　五花八门　五光十色
五彩　三五成群　学富五车

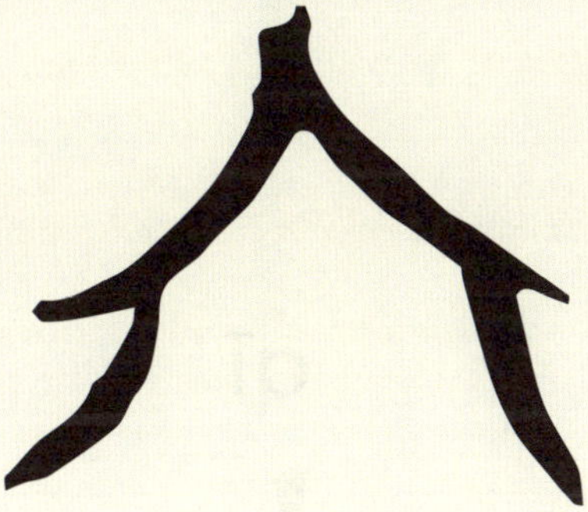

六 lìu

六，象形字。甲骨文字形像原始人居住的尖顶圆形茅屋，是"庐"的本字。本义是茅庐，即草房子，借用表示数字六。

甲骨文	金文	小篆	隶书	楷书

常用词语

六艺　三头六臂　五颜六色
六月　六神无主　六亲不认

第一章 数字度量 ❶

汉字溯源

一二三四五六七八九十百千万再个

七 qī

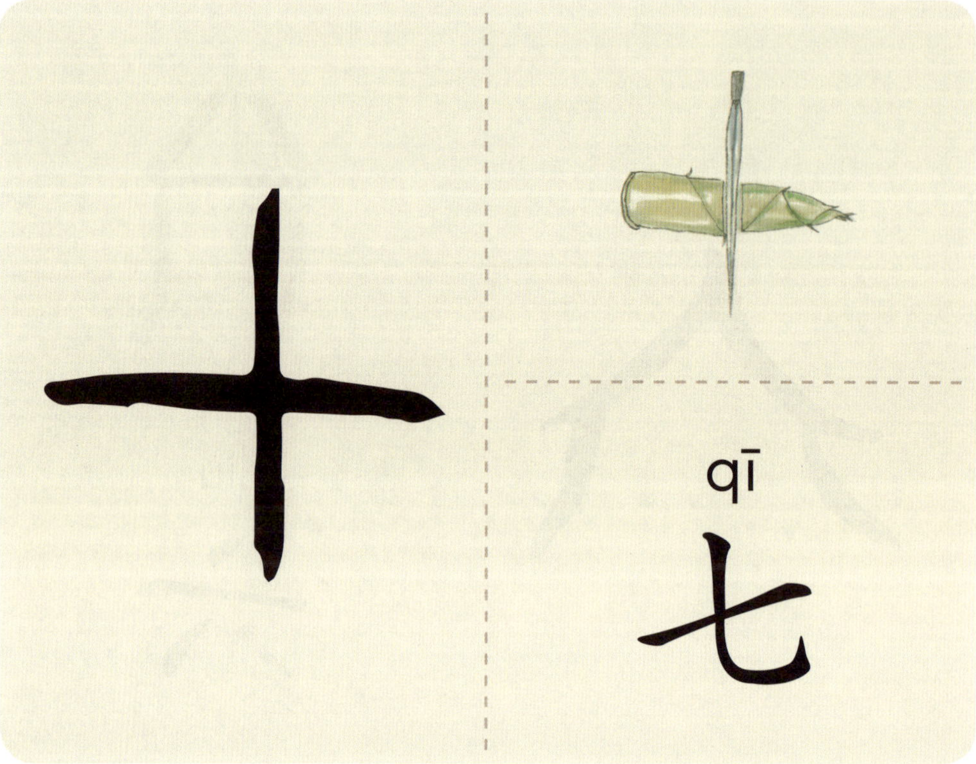

七，指事字。甲骨文字形在一中间加丨，表示将物体从中间切断；后来为了与"十"区别开，丨的下半部变弯。"七"是"切"的初文，本义是切断，借用表示数字"七"。

甲骨文	 金文	 小篆	 隶书	 楷书
十	十	ᛝ	七	七

常用词语

七律　七上八下　七零八落
七窍　七嘴八舌　七月流火

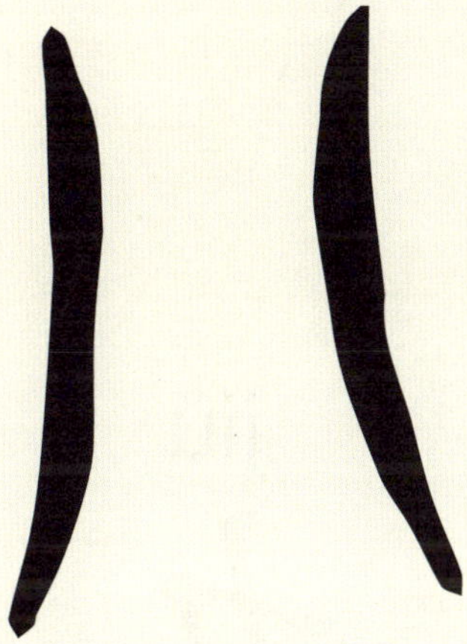

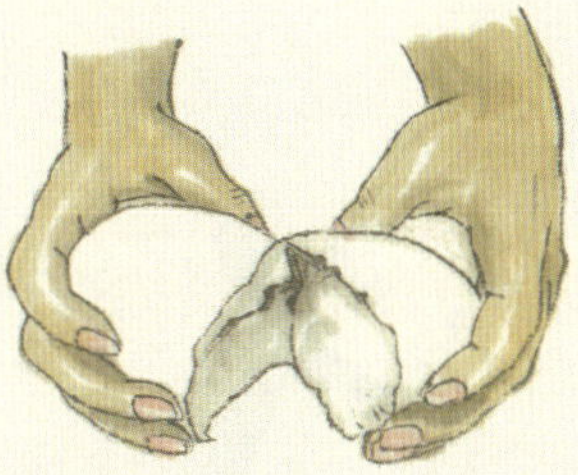

八

bā

八，指事字。甲骨文字形两个笔画相背，表示把物体分开，本义是分开。"八"是"分"的本字，借用表示数字八。

| 甲骨文 | 金文 | 小篆 | 隶书 | 楷书 |

常用词语

八方　半斤八两　八仙过海
八卦　八面玲珑　八拜之交

第一章　数字度量 ❶

汉字溯源

一 二 三 四 五 六 七 八 九 十 百 千 万 再 个

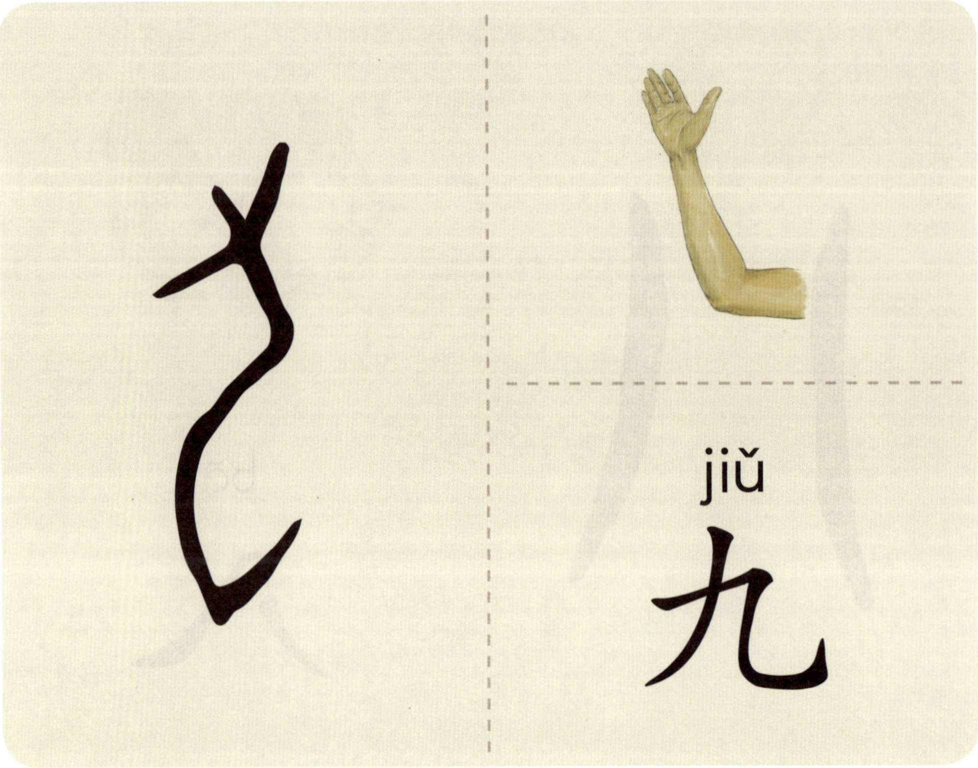

九 jiǔ

九，象形字。甲骨文字形像人手臂弯曲的关节，是"肘"zhǒu 的初文。本义是肘，借用表示数字九。

甲骨文 ▶ 金文 ▶ 小篆 ▶ 隶书 ▶ 楷书

常用词语：数九　九牛一毛　一言九鼎
　　　　　九州　九生一死　十拿九稳

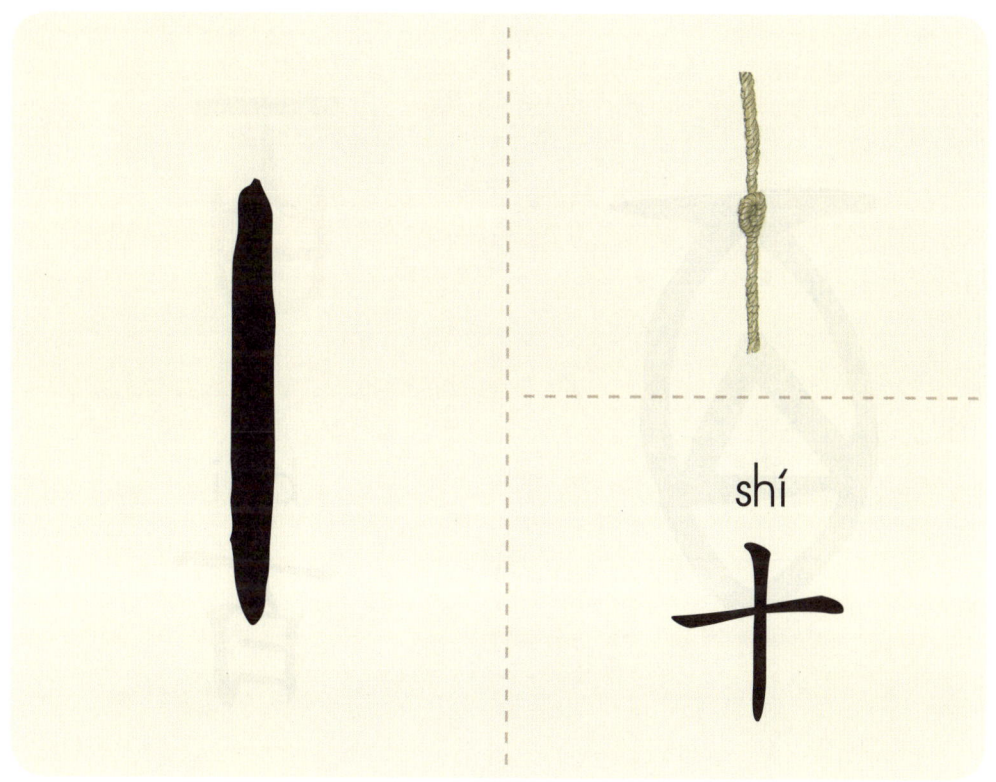

shí

十

十，指事字。数字到十进位，返回"一"，为了与"一"区别，甲骨文字形就竖着写成"丨"；金文字形在竖画中间加圆点。本义是数字十，引申为达到极点。

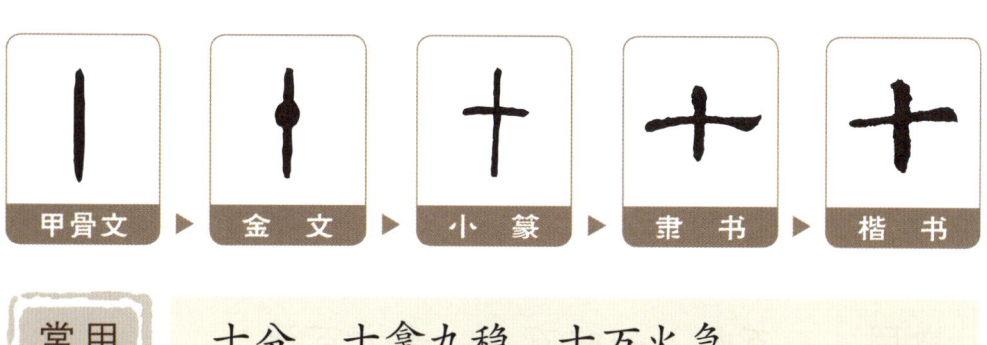

| 甲骨文 | 金文 | 小篆 | 隶书 | 楷书 |

常用词语：十分　十拿九稳　十万火急
　　　　　十足　十全十美　十指连心

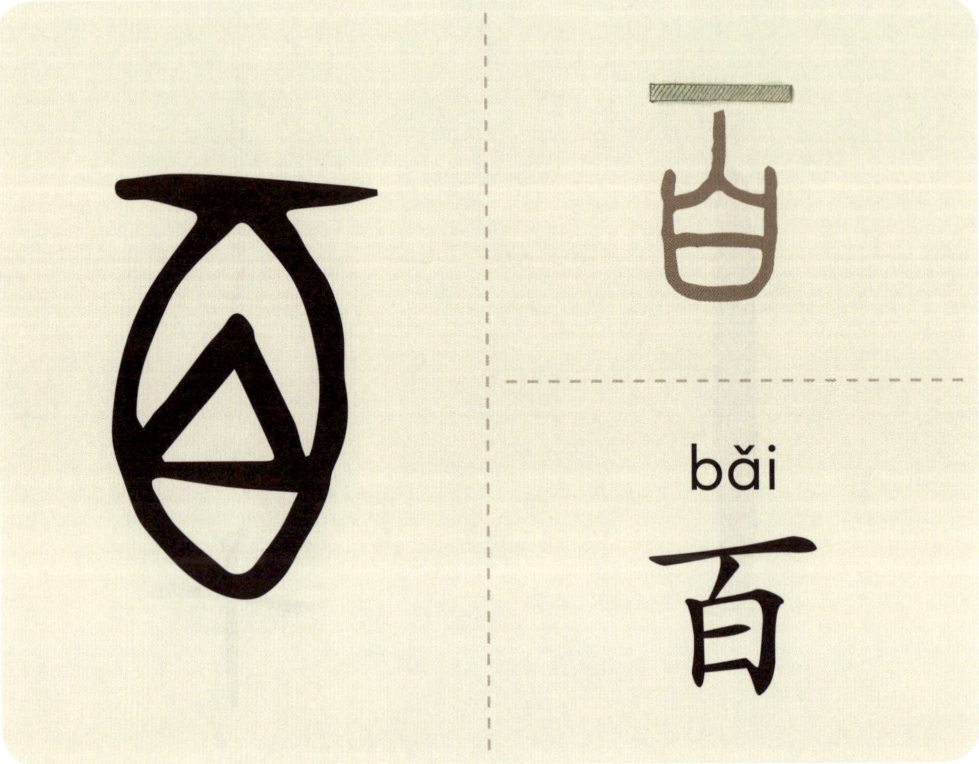

百 bǎi

百，形声字。甲骨文字形从"一"，"白"声，是"一"和"白"的合文。古代借"白"表示数词"百"，在"白"上加"一"，表示一百。古人读"一百"习惯省略"一"，因此从"一百"的合文变成了单字"百"。本义是数字"百"，泛指很多。

甲骨文	金文	小篆	隶书	楷书

常用词语

百姓　一呼百应　千方百计
百草　百家争鸣　海纳百川

qiān

千

千，形声字，甲骨文字形从"一"，"人"声，是"一"和"一千"的合文。古人借"人"字表示"千"数，"人"字加"一"，表示一千。古人读"一千"习惯省略"一"，因此从"一千"的合文变成了单字"千"。本义是数字千，泛指很多。

甲骨文 ▶ 金文 ▶ 小篆 ▶ 隶书 ▶ 楷书

| 常用词语 | 千克　千言万语　千军万马
千金　千人一面　千真万确 |

wàn 万

万［萬］，象形字。甲骨文字形像一只蝎子。本义是蝎子，借用表示十个一千，泛指极多。

甲骨文 ▶ 金文 ▶ 小篆 ▶ 隶书 ▶ 楷书

常用词语：万一　万水千山　万紫千红　千万　万家灯火　万马奔腾

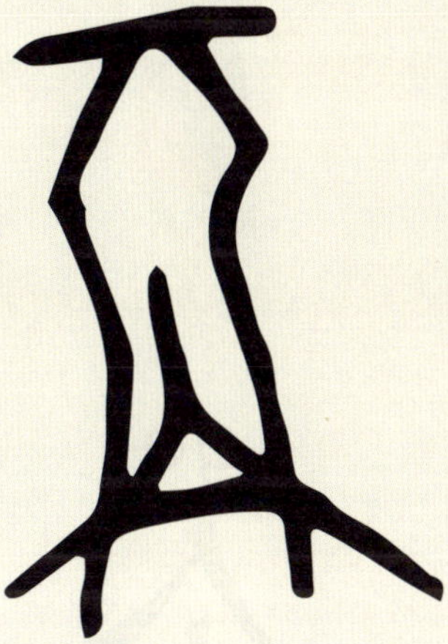

zài

再

再，会意字。甲骨文字形是 ※（冓 gòu）字省略一半，上、下再各加一横。本意是第二次、两次。

冓的甲骨文字形※，像两条鱼上下对交碰头的样子，本义是相遇、交接。

| 甲骨文 | 金文 | 小篆 | 隶书 | 楷书 |

常用词语　再见　再接再厉　时不再来
　　　　　　再次　东山再起　再三考虑

第一章　数字度量 ❶

汉字溯源

一二三四五六七八九十百千万再个

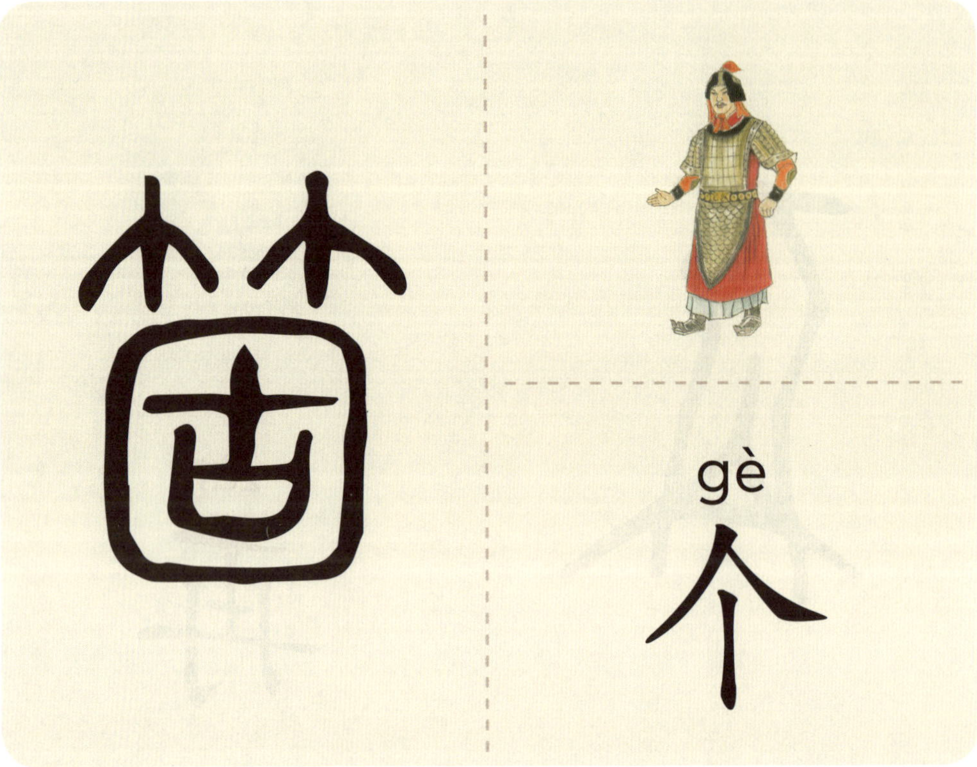

gè
个

个 [個]，秦简字形 㝵，是"介﹝铠甲﹞"的异体字，与"個""箇"通用。本义是用于人的量词，指单个的人，后作为量词泛用于没有专用量词的名词。

篆书 ▶ 隶书 ▶ 楷书

常用词语

个头　个体　个中滋味
单个　个别　三个臭皮匠，赛过诸葛亮

"一去二三里，烟村四五家。亭台六七座，八九十枝花。"宋代诗人邵雍 yōng 巧妙地用一到十这十个数字作成了一首《山村咏怀》诗。现在就让我们回顾一下本章中表示数量的这组汉字。

四，古人用一个横画表示一，以此类推，用四个横画表示数字四。

个，本义是单个的人，泛指"一个"的"个"。

八，两个笔画相背，表示把物体分开，借用表示数字八。

九，像人手臂弯曲的关节，本义是肘，借用表示数字九。

五，起初用五个横画表示数字五，后来借用表示交错的字形来表示。

六，原始人居住的尖顶圆形茅屋，本义是草房子，借用表示数字六。

七，像将物体从中间切断，本义是切断，借用表示数字七。

十，数字到十进位，返回"一"，为了与"一"区别，就竖着写成"｜"，本义是数字十。

千，是"一"和"千"的合文。古人借"人"字表示"千"，本义是一千。

百，是"一"和"白"的合文。古代借"白"字表示"百"，本义是一百。

再，鱼的上、下各加一横，本意是第二次、两次。

万，像一只蝎子，本义是蝎子，借用表示数字万。

上面的简单数字一到五都是指事字，用横画表示。随着数字的增加，开始借用其他的字来表示数目。

下面我们来看看古人是怎样用"九"来造合体字的。

仇 qiú，从"人"，"九"声，本义是匹配。又读 chóu，意思是怨恨。

轨 guǐ，从"车"，"九"声，本义是车子两轮之间的距离。

究 jiū，从"穴"，"九"声，本义是穷尽。

鸠 jiū，从"鸟"，"九"声，本义是一种鸟。

通过上面的例子，我们可以看出，随着时代的变化，语音也发生变化，"九"作声符的时候，不止表示一个读音。

字源绘 汉字本来的样子 肆

汉字导图

一二三四五六七八九十百千万再个

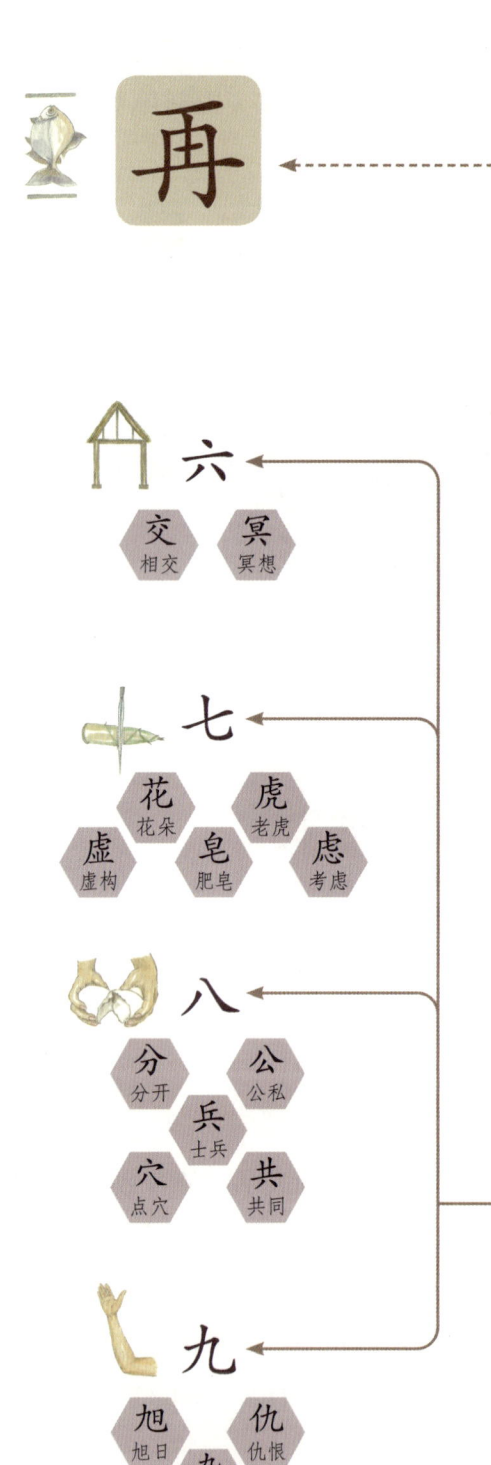
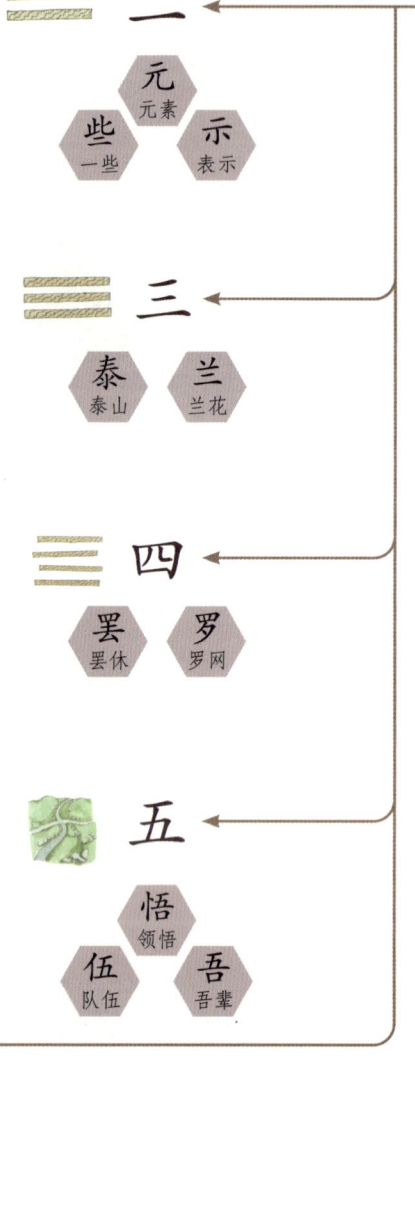

再

二
- 元 元素
- 些 一些
- 示 表示

三
- 泰 泰山
- 兰 兰花

四
- 罢 罢休
- 罗 罗网

五
- 悟 领悟
- 伍 队伍
- 吾 吾辈

六
- 交 相交
- 冥 冥想

七
- 花 花朵
- 虎 老虎
- 虚 虚构
- 皂 肥皂
- 虑 考虑

八
- 分 分开
- 公 公私
- 兵 士兵
- 穴 点穴
- 共 共同

九
- 旭 旭日
- 仇 仇恨
- 杂 杂物
- 轨 轨道
- 究 探究
- 染 染料

16

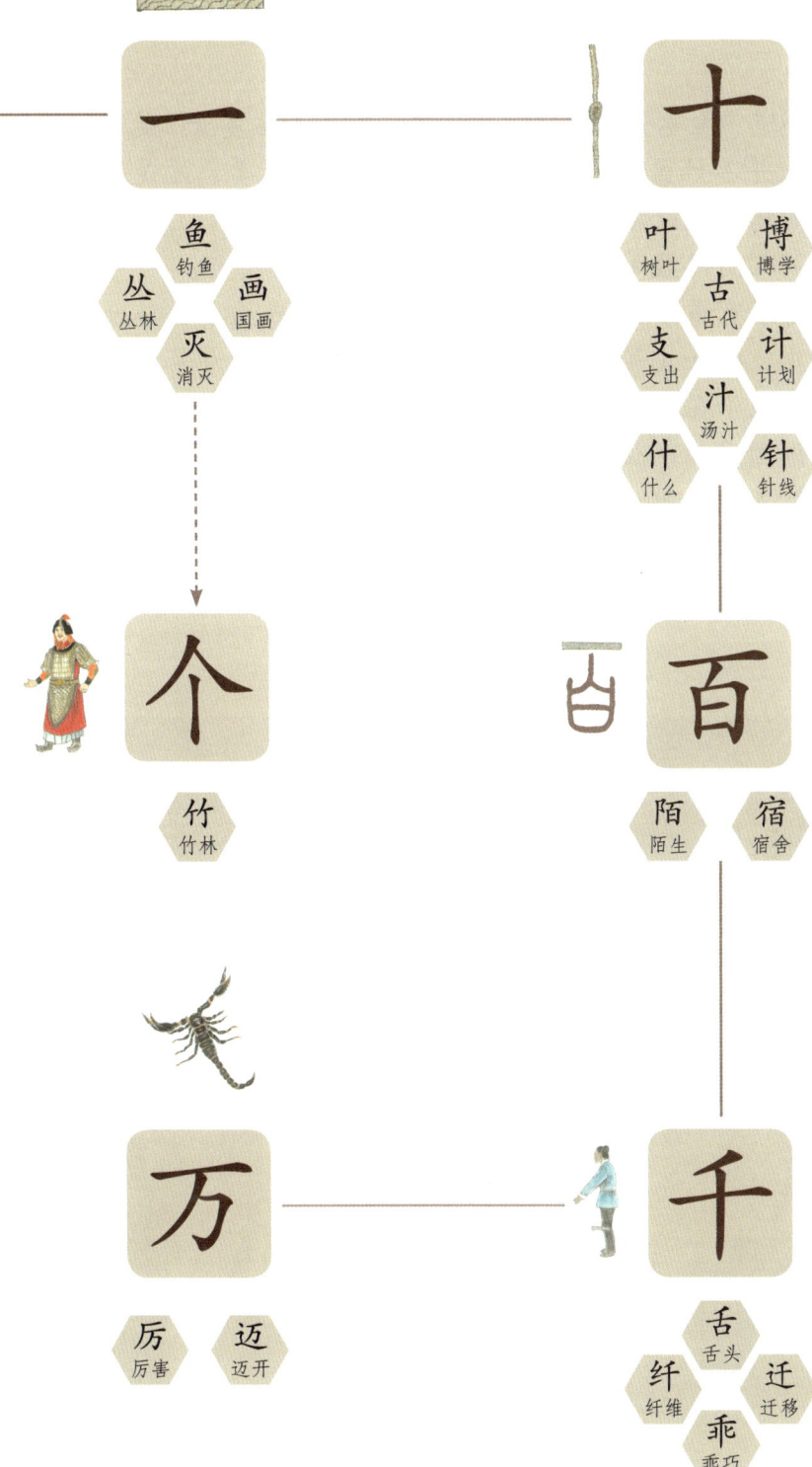

第一章 数字度量 ❶

汉字导图

一二三四五六七八九十百千万再个

17

古人怎样在名字中表示排行？

大家都知道"孟姜女哭长城"的故事，那么，"孟姜女"是姓名吗？其实，孟姜女并不姓孟。孟，表示的是排行第一，姜，才是孟姜女的姓，孟姜女的意思就是姜家的长女。

在古代，人们用孟（伯）、仲、叔、季来表示排行。

比如，姜家有多个女儿，大女儿就称为伯姜或孟姜，二女儿称为仲姜，三女儿、四女儿等都称为叔姜，最小的女儿称为季姜。

又比如，孔子在其家族同辈的男子中排行第二，所以字仲尼，商朝末年孤竹国国君的两位王子伯夷、叔齐，伯夷排行老大，叔齐排行老三。这两位王子，耻于吃周朝的粮食，到首阳山靠采薇果腹，最后饿死，留下了"耻食周粟，首阳采薇"的千古美名。 ■据《史记·伯夷列传》

从这些历史名人的名字中，我们就可以看出古人在名字中表示排行的情况。

伯夷、叔齐首阳采薇

典故 三人成虎

战国时期，魏国大臣庞葱要陪同太子前往赵国做人质。临行前，他对魏王说："如今有一个人说集市上出现了老虎，大王相信吗？"魏王说："我不相信。"庞葱又问道："如果有两个人说集市上出现了老虎，大王相信吗？"魏王说："我会有些怀疑。"庞葱说："如果接着有第三个人说集市上有老虎，大王相信吗？"魏王说："我相信有这事儿。"庞葱说："集市上不会出现老虎，这是显而易见的事儿，可是先后有三个人都这么说，您就相信了。现今赵国都城邯郸到魏国都城大梁，要比王宫到集市远很多，而对我有非议的人又不止三个。我走后，希望大王明察对我的非议。"魏王说："我自然心中有数。"

于是庞葱陪太子上路，马上就有人在魏王面前说他的坏话。时间一长，魏王果然听信了这些谗言。等太子结束了做人质的使命，庞葱陪太子回国后，魏王再也没有召见过他。

■据《战国策·魏策二》

典故 七步成诗

三国时期，魏武帝曹操死后，次子曹丕继位。曹丕担心几个弟弟和他争位，就设法清除隐患。他夺了三弟曹彰的兵权后，就剩下了四弟东阿王曹植。曹植自幼才思敏捷，下笔成文，出口成章，是当时的著名诗人，曹丕对他嫉恨在心。有一天，曹丕命令曹植以《兄弟》为题，在七步之内作成一首诗，但诗中却不能出现"兄弟"二字，作成就罢了，作不成就"行大法"(处死)。曹植触景伤怀，脱口而出：

煮豆持作羹 gēng，
漉 lù 菽 shū 以为汁。
萁 qí 在釜 fǔ 下燃，
豆在釜中泣。
本自同根生，
相煎 jiān 何太急！

这首诗的大意是：煮熟豆子制作豆羹，过滤豆渣制作豆汁。豆萁 jiē 在锅底燃烧，豆子在锅里哭泣。豆子豆萁同根相生，豆萁何必急迫地煎熬豆子呢！——言外之意是，我们本是同父兄弟，何必自相摧残呢！

曹丕听后，深感惭愧。

■ 据《世说新语·文学》

第一章 数字度量 1

汉字驿站

一二三四五六七八九十百千万再个

21

古代数学名著——《九章算术》

我国古代数学历史悠久，成就辉煌。有很多数学专著存世，汉唐一千多年间十部著名的数学著作"算经十书"标志着我国古代数学的高峰。《九章算术》就是其中最重要的一部，成书时间大约在公元一世纪，真实作者已不可考，现今流传的是魏晋时代的数学家刘徽所作的注本。

《九章算术》的内容十分丰富，总结了战国、秦、汉时期的数学成就。全书采用问题集的形式，收有246个与生产、生活有关的应用问题，其中每道题有问题目、答答案、术解题的步骤，但没有证明，有的是一题一术，有的是多题一术或一题多术。这些问题按照性质和解法分为九章：方田、粟米、衰cuī分、少广、商功、均输、盈不足、方程、勾股。

《九章算术》在世界数学史上占有重要地位：它最早系统阐述了分数运算，最早记录了盈不足算法，最早阐述了负数及其加减运算法则，最早提出了完整的线性方程组解法。它是当时世界上最简练有效的应用数学著作，它的出现标志中国古代数学形成了完整体系。

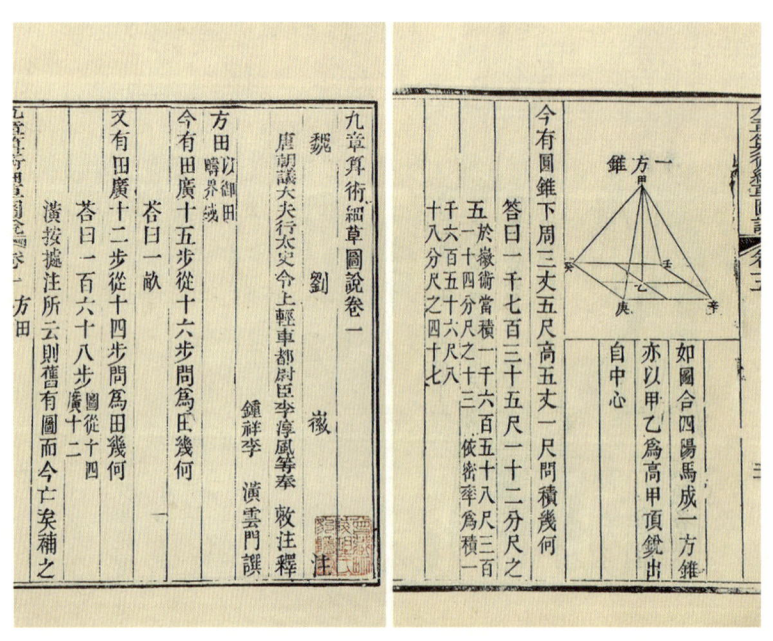

《九章算术》书影

第二章　数字度量 ❷

"夫尺有所短，寸有所长。" ■《楚辞·卜居》尺虽然比寸长，但也会有它的短处；寸虽然比尺短，但也会有它的长处。
　　本章我们就来认识表示度量衡的一组汉字。

汉字溯源

cùn

寸

寸，指事字。古文字形中，ㅋ（又）像手形，下面一点●指示手腕高骨之下一寸的地方，叫寸脉，本义是寸脉。寸脉到手约一寸，用来表示长度，十分为一寸。又比喻极小、极短。

寸口 中医切脉部位，分为寸、关、尺三部，各为一寸。手掌后桡(ráo)骨高处下面的部位叫寸，寸下一指处为关，关下一指处为尺。

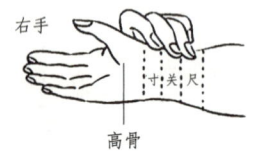
右手　寸关尺　高骨

楚简文字	小篆	隶书	楷书

常用词语：寸土　鼠目寸光　寸步不离　方寸　寸草春晖　手无寸铁

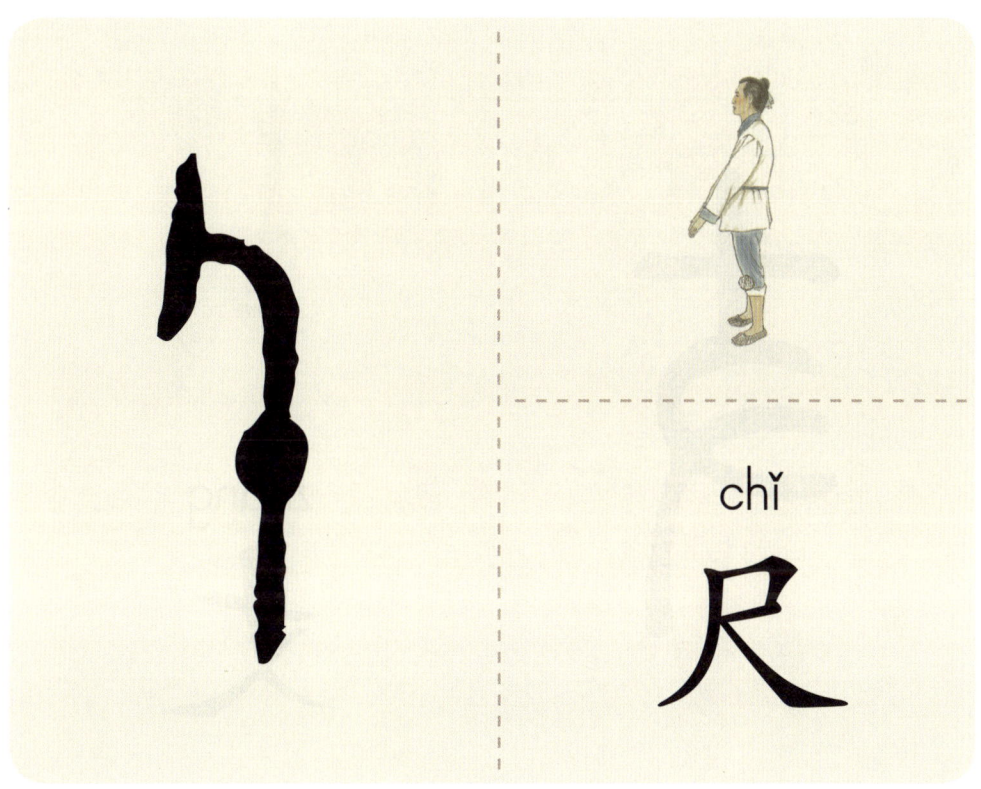

chǐ

尺

尺，指事字。金文字形在ㄎ（人）的下部加了一个点，指示人的小腿。古代按照人体制定长度单位，用来表示长度，古代八寸或十寸为一尺。引申为标准、法度。

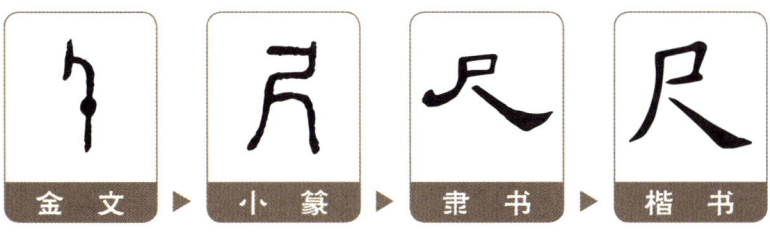

金文 ▶ 小篆 ▶ 隶书 ▶ 楷书

常用词语　尺度　得寸进尺　目无三尺
　　　　　直尺　冰冻三尺　近在咫尺

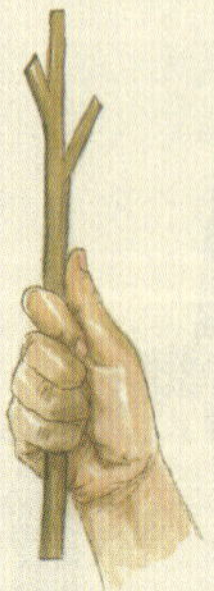

zhàng

丈

丈，会意字。小篆字形由⺕（手）和㇂构成，像手拿着棍棒的样子。"丈"是"仗"的初文，本义是扶着、依靠的意思。借用表示长度单位，十尺为一丈。

小篆 ▶ 隶书 ▶ 楷书

常用词语　丈量　火冒三丈　一落千丈
　　　　　丈夫　道高一尺，魔高一丈

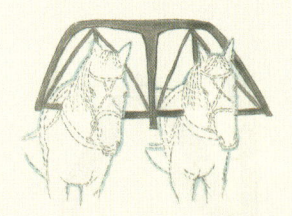

两

liǎng

 两〔兩〕，会意字。金文字形 ，或在  上加一横，作为装饰笔画，写成 。 字是截取古文字 （车）字上部的构形，像车衡上的一对车轭*牛马拉车时架在脖子上的曲木，借用表示并列成对的两个，又表示重量单位。

金文	小篆	隶书	楷书

常用词语 两面　半斤八两　一举两得
　　　　　斤两　两全其美　势不两立

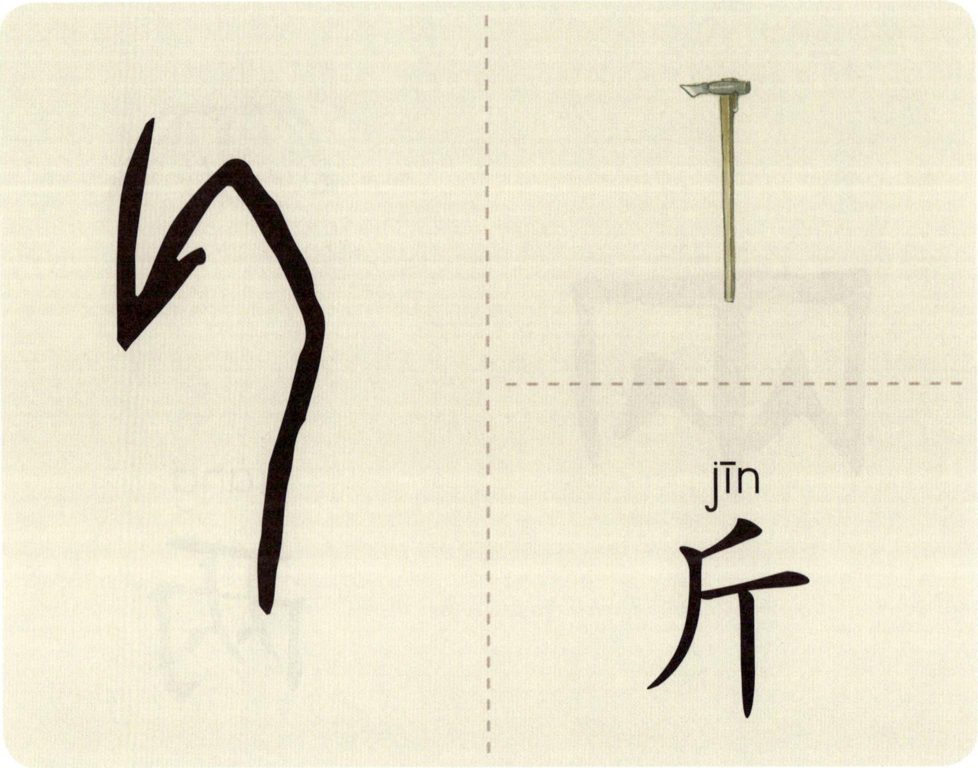

斤 jīn

斤，象形字。甲骨文字形像一个顶端尖锐锋利的曲柄工具。本义是横刃锛 bēn 斧类似后代工匠用的锛子，也指锛斧状的农具、兵器。借用表示重量单位，古代一斤为十六两。

甲骨文	金文	小篆	隶书	楷书

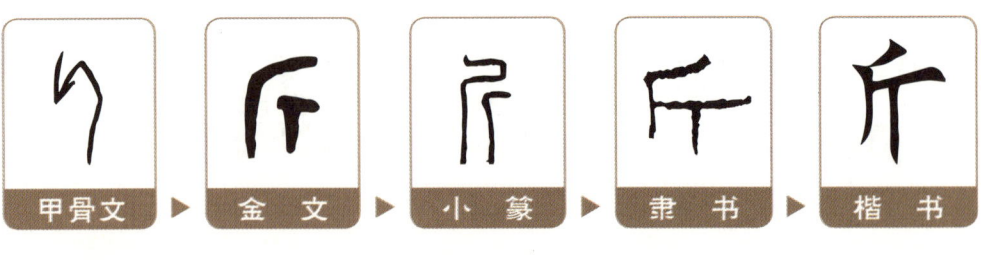

常用词语	斧斤　半斤八两　斤斤计较 斤两　秤砣虽小压千斤

sheng
升

升，象形字。甲骨文字形像舀东西的有柄器物。本义是舀水或量东西的器具。舀水从下而上，引申为上升。后来又借用表示容量单位，十合为一升。

甲骨文	金文	小篆	隶书	楷书

常用词语： 一升　旭日东升　升堂入室
升起　一人得道，鸡犬升天

第二章　数字度量 ❷

汉字溯源

寸尺丈两斤升斗

29

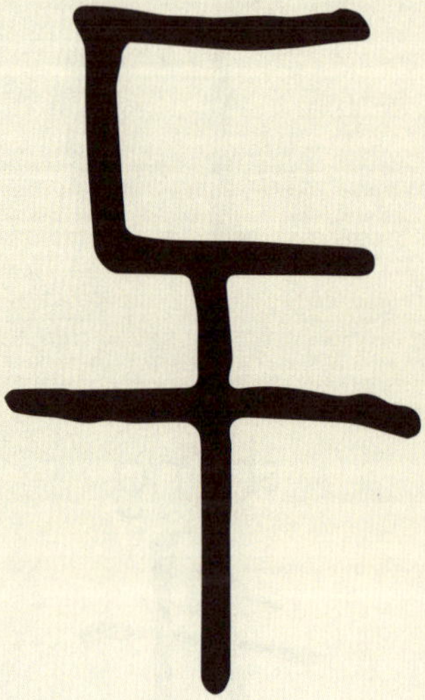

斗 dǒu, dòu

斗 dǒu，象形字。甲骨文字形像一个长柄勺子的形状。本义是古代酒器舀酒勺。引申指斗状星座，北斗、南斗；借用表示容量单位，十升为一斗。泛指斗状器物。又读 dòu，是"鬥"dòu 的简化字。

鬥 鬥的甲骨文字形，像两人对立以手格斗，本义是两人格斗。现代汉字简化为"斗"。

甲骨文	金文	小篆	隶书	楷书

常用词语：漏斗　斗转星移　才高八斗　斗志　泰山北斗　斗鸡走狗

本单元我们认识了一组有关度量衡的汉字，从中了解到古人如何测量长度、称量重量和体积大小。

升，像舀东西的有柄器物，本义是舀水或量东西的器具。借用表示容量单位，十合为一升。

寸，彐（又）像手形，下面一点●指示手腕高骨之下一寸的地方，本义是寸脉。用来表示长度单位，十分为一寸。

斤，像顶端尖锐锋利的曲柄工具，本义是横刃锛斧。借用表示重量单位，古代一斤为十六两。

丈，像手拿着棍棒，是"仗"的初文。借用表示长度单位，十尺为一丈。

斗，像长柄勺子，本义是舀酒勺。借用表示容量单位，十升为一斗。

尺，在亻（人）的下部加一个点，指示人的小腿。古代按照人体制定长度单位，古代八寸或十寸为一尺。

两，像车衡上的一对车轭，借用表示成对的两个，又表示重量单位。

古文字借助指示符号来表示抽象的度量单位，例如"寸"字。下面我们来看古人是怎样用"寸"字构造合体字的。

寺 sì，形声字，从"寸"，"之"声，本义是握持，是"持"的初文。

将（將）jiāng，会意字，从"爿"pán，从"肉"，从"寸"，像在几案上陈列肉类，本义是陈列、进献。

付 fù，会意字，从"人"，从"寸"，用手递向人，表示付与、给予。

守 shǒu，会意字，从"宀"，从"寸"，表示守卫居室。

字源绘 汉字本来的样子 肆

汉字导图

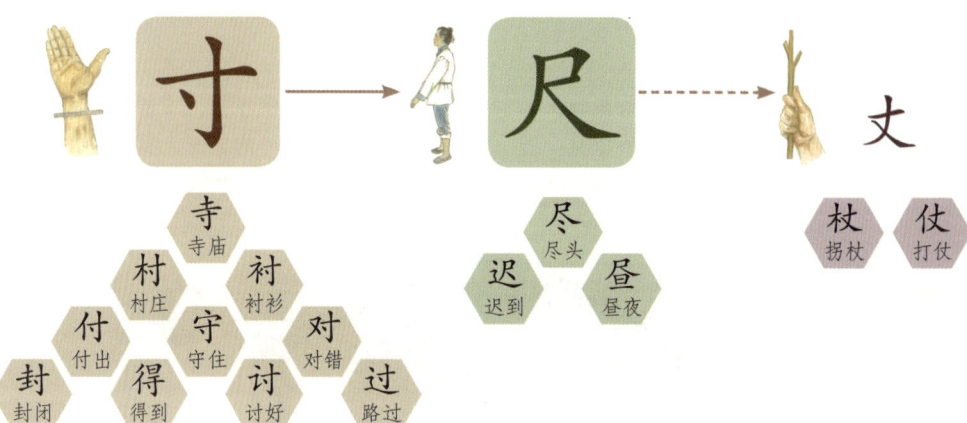

寸 → 尺 ⇢ 丈

寺 寺庙
村 村庄　衬 衬衫
付 付出　守 守住　对 对错
封 封闭　得 得到　讨 讨好　过 路过

尽 尽头
迟 迟到　昼 昼夜

杖 拐杖　仗 打仗

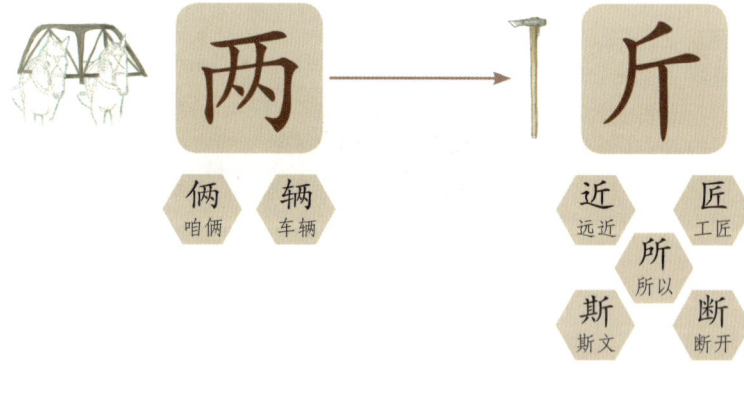

两 → 斤

俩 咱俩　辆 车辆

近 远近　匠 工匠
所 所以
斯 斯文　断 断开

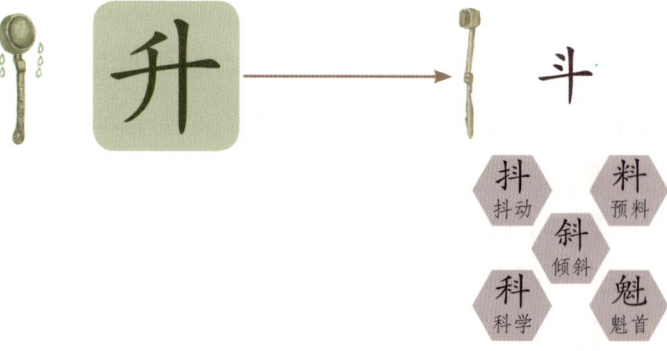

升 → 斗

抖 抖动　料 预料
斜 倾斜
科 科学　魁 魁首

寸尺丈两斤升斗

32

半斤八两

人们常用"半斤八两"表示彼此一样,不分上下。我们知道,一斤是十两,半斤是五两,五两怎么会和八两不分上下呢?

原来,古代的一斤与现在不同,明清时期一斤约为596克,一两约为37克,一斤为十六两,半斤为八两。为什么古时候规定一斤为十六两,有很多说法。其中一种说法是,最初的规定为一斤十三两,秤chèng上的每一两的准星都对应着一个星宿,它们分别是:北斗七星天枢shū、天璇xuán、天玑jī、天权、玉衡héng、开阳、摇光,南斗六星殉xùn星、妖星、义星、仁星、将星、慈cí母星。后来人们发现经常有不良商贩缺斤短两,于是就在原来的十三颗星上添了代表"福禄寿"的三颗星,意思是如果商贩缺斤短两就会折损福禄寿,少一两"损福",少二两"伤禄",少三两"折寿"。所以,古时候一斤就是十六两。

新中国成立后,为了计算方便,与国际单位接轨,1959年国务院发布《关于统一计量制度的命令》,规定:"原定十六两为一斤,因为折算麻烦,应当一律改为十两为一斤。"同时还规定一斤等于500克,一两等于50克。至此,一斤就变成十两了。

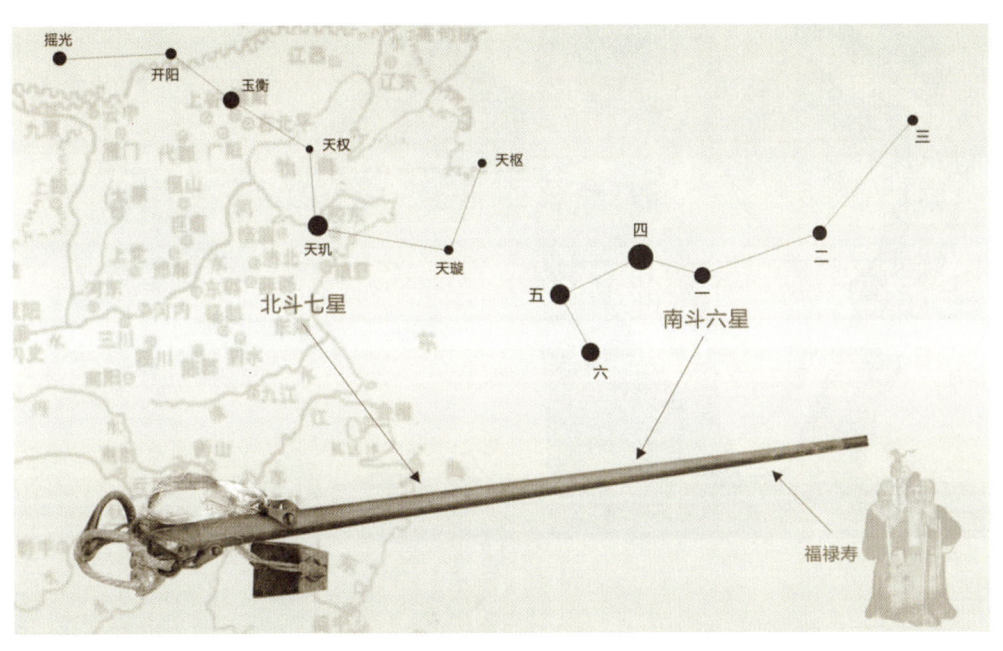

■ 据河南省计量科学研究院陈传岭
《为什么古代的秤一斤等于十六两》

典故 才高八斗

人们常用"才高八斗"来形容某人文才高超,那为什么不是"才高七斗"或是"才高九斗"呢?原来,这里还有一个故事。

南朝时期著名诗人谢灵运,出身名门,唐代刘禹锡《乌衣巷》诗中"旧时王谢堂前燕"里面的"谢",指的就是谢灵运的家族——陈郡jùn谢氏。当时,谢灵运的山水诗和文章闻名天下,他恃才傲物,古往今来的一些文人,他都不放在眼里。但有一人例外,那就是曹植曹子建。谢灵运曾说:"天下才共一石dàn容量单位,十斗等于一石,曹子建独得八斗,我得一斗,自古及今共分一斗。"

由此,后世便称才学出众者为"才高八斗"或"八斗之才"。

■据《南史·谢灵运传》

第三章　形状色彩 1

"卖汤圆,卖汤圆,小二哥的汤圆是圆又圆……"■姚敏《卖汤圆》这圆圆小小的汤圆会引起我们很多联想:快乐的元宵佳节,圆圆的月亮……本章就让我们来认识一组表示形状的汉字。

字源绘
汉字本来的样子
肆

汉字溯源

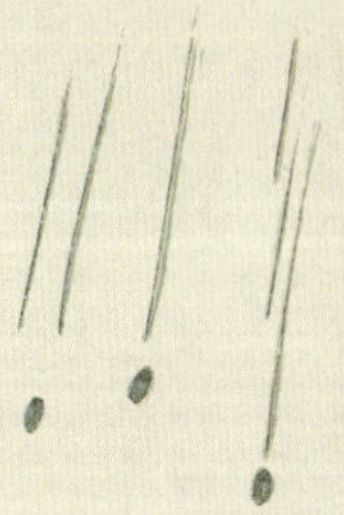

xiǎo 小

小，象形字。甲骨文字形 ᛁᛁᛁ，像细小的沙粒，是"沙"的初文。本义是细小的沙粒，引申为微小，与"大"相对。

小 少 么 凸 凹 方 曲 丸

甲骨文 ▶ 金文 ▶ 小篆 ▶ 隶书 ▶ 楷书

| 常用词语 | 微小　小题大做　大街小巷
大小　以小见大　雕虫小技 |

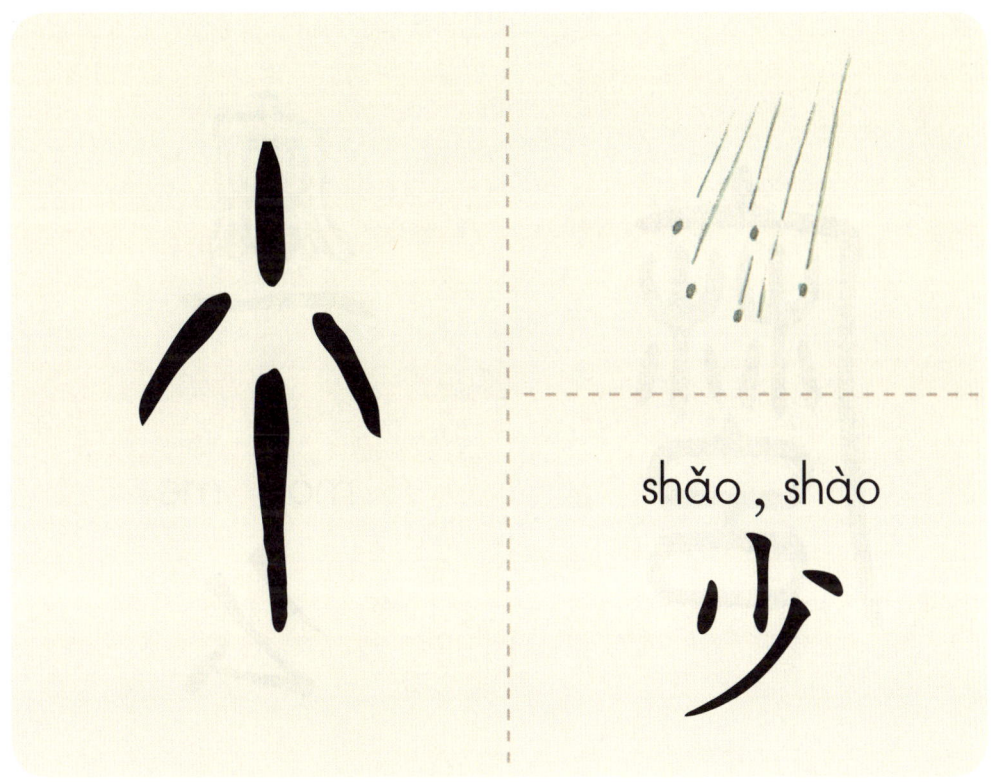

shǎo, shào

少

少 shǎo，象形字。𡭔（少）是 ⼩（小）的分化字，在甲骨文中都是沙粒形状，两字通用。本义是细小的沙粒。引申为微少、数量少。又读 shào，义为年纪轻。

金文 ▶ 小篆 ▶ 隶书 ▶ 楷书

| 常用词语 | 多少　少见多怪　男女老少
少年　少不更事　少安毋wù躁 |

第三章　形状色彩 ❶

汉字溯源

小 少 公 凸 凹 方 曲 丸

37

字源绘 汉字本来的样子 肆

汉字溯源

mó, me

么

 么[麼]，小篆字形由"幺"（同"么"）和"麻"构成，是会意兼形声字，"幺"和"麻"都是形符，又都是声符。本义是细小，读mó。借用表示这么、那么、什么，读me。

 "么"同"幺"。"么"原本写作"幺"，读yāo。"幺"的甲骨文字形 𠃓，像一束丝，本意是微小。引申为排行最小的，例如"幺妹"。

小篆 ▶ 楷书

小少幺公凸凹方曲丸

| 常用词语 | 什么　那么　怎么
要么　到什么山上唱什么歌 |

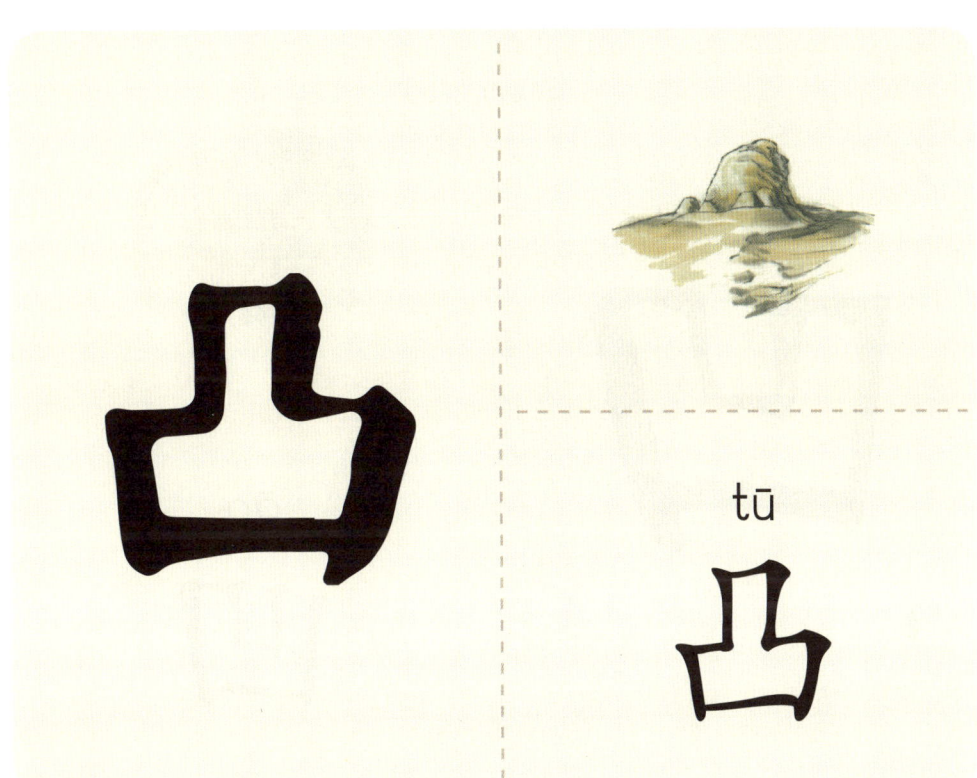

tū

凸

 凸，指事字。用抽象符号表示中央高周围低的形状。本义是中间高四周低，与"凹"相对。

楷书

常用词语 凸出 凸显 凸起 凸现 挺胸凸肚

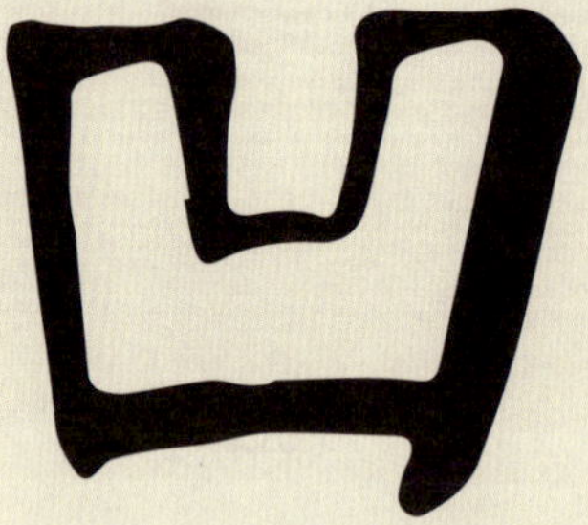

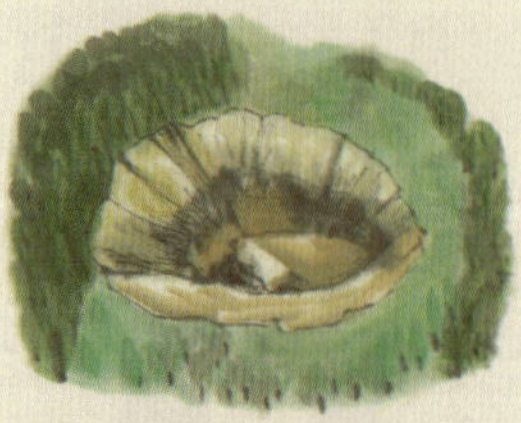

āo
凹

凹，指事字。用抽象符号表示周围高中央低的形状。本义是周围高中央低，与“凸”相对。

凹
楷书

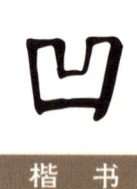

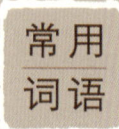

常用词语

凹地　凹陷　凹槽　凹凸不平

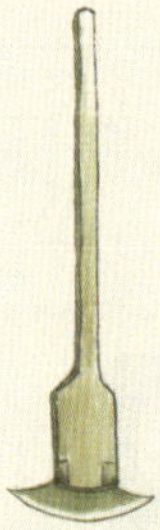

fāng
方

方，象形字。甲骨文字形像起土农具锸(chǎ)的形状，本义是起土锸。引申为掘地形成的土坑，又引申为方形，与圆相对。

甲骨文	金文	小篆	隶书	楷书

常用词语：土方　外圆内方　方圆百里　方块　四面八方　天各一方

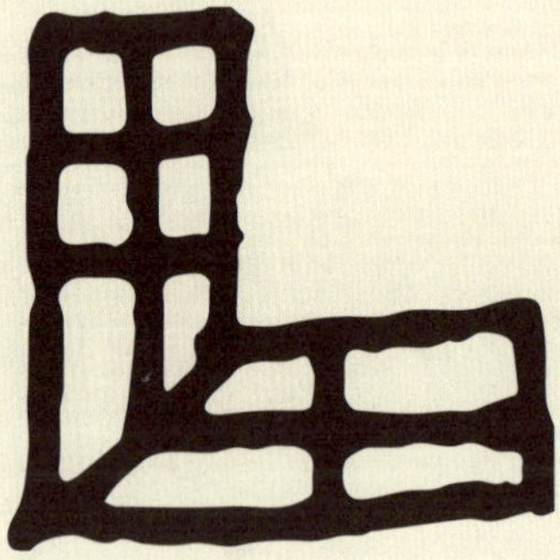

qǔ, qū

曲

曲，象形字。甲骨文字形像曲尺的形状，本义是弯曲，与"直"相对。由于乐曲旋律婉转曲折，引申指乐曲，读 qǔ。

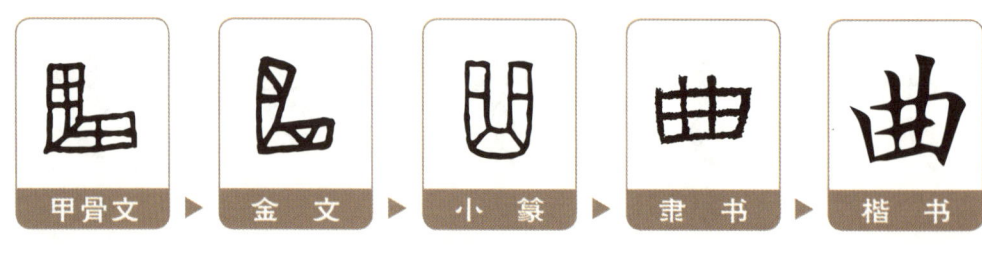

| 甲骨文 | 金文 | 小篆 | 隶书 | 楷书 |

常用词语

曲折　曲径通幽　曲终人散
曲线　是非曲直　异曲同工

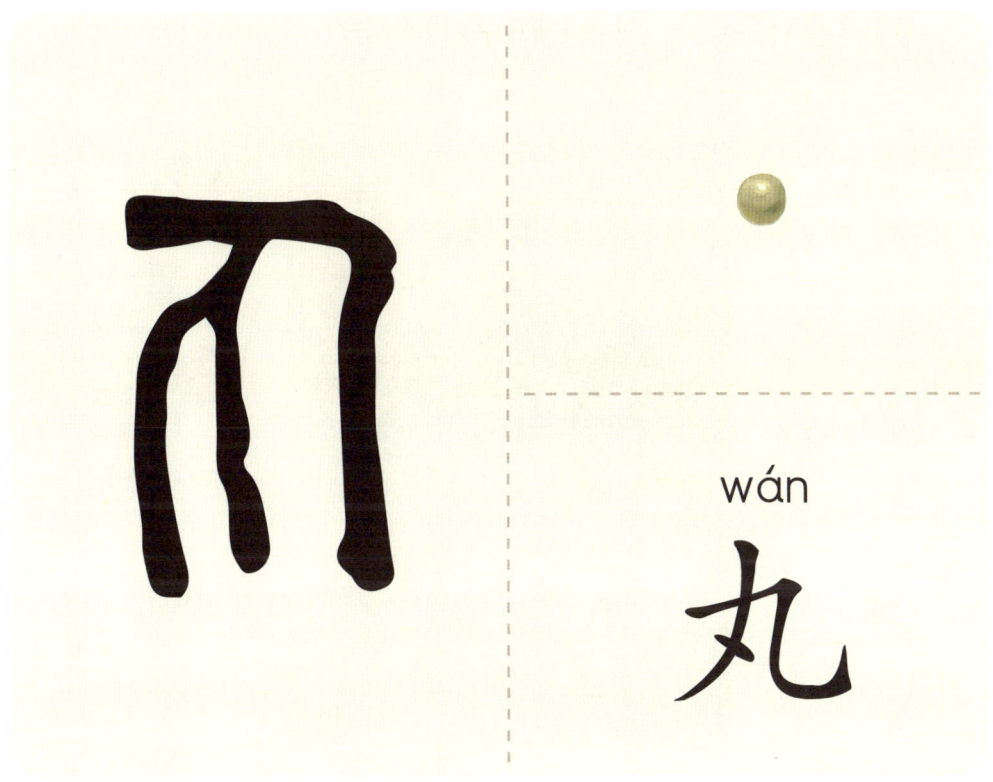

wán

丸

丸，从小篆字形还不能明确它表示的具体形象。本义是较小的球形物体。

| 小篆 ▶ 隶书 ▶ 楷书 |

| 常用词语 | 丸子　弹丸之地　一丸药
肉丸　丸散膏丹　下坂 bǎn 走丸 比喻说话敏捷流利 |

第三章 形状色彩 ❶

汉字溯源

小 少 公 凸 凹 方 曲 丸

43

本单元我们学习了一组表示物体形状的汉字。

曲，像曲尺形状，本义是弯曲，引申为乐曲。

小，像细小的沙粒，是"沙"字的初文。本义是细小的沙粒，引申为微小。

少，是小的分化字，本义是细小的沙粒，引申为微小、数量少。

方，像起土农具锸，本义是起土锸，引申为土坑、方形。

么，"幺"和"麻"都是形符，又都是声符，本义是细小。

丸，还不明确它表示的形象。本义是较小的球形物体。

凹，用抽象符号表示周围高中央低的形状。

凸，用抽象符号表示中央高周围低的形状。

现在我们看看古人是如何用"方"来构造合体字的。

放 fàng，从"攴"pū，"方"声，本义是驱逐、流放。

防 fáng，从"阜"，"方"声，本义是堤坝、堤防。

芳 fāng，从"艸"，"方"声，本义是花草的香气。

仿 fǎng，从"人"，"方"声，本义是相似。

坊 fāng，从"土"，"方"声，本义是里巷。

妨 fáng，从"女"，"方"声，本义是损害。

上面这些字，"方"都作声符，这些字发音近似，在现代汉语中只是声调不同。

第三章 形状色彩 ❶

汉字导图

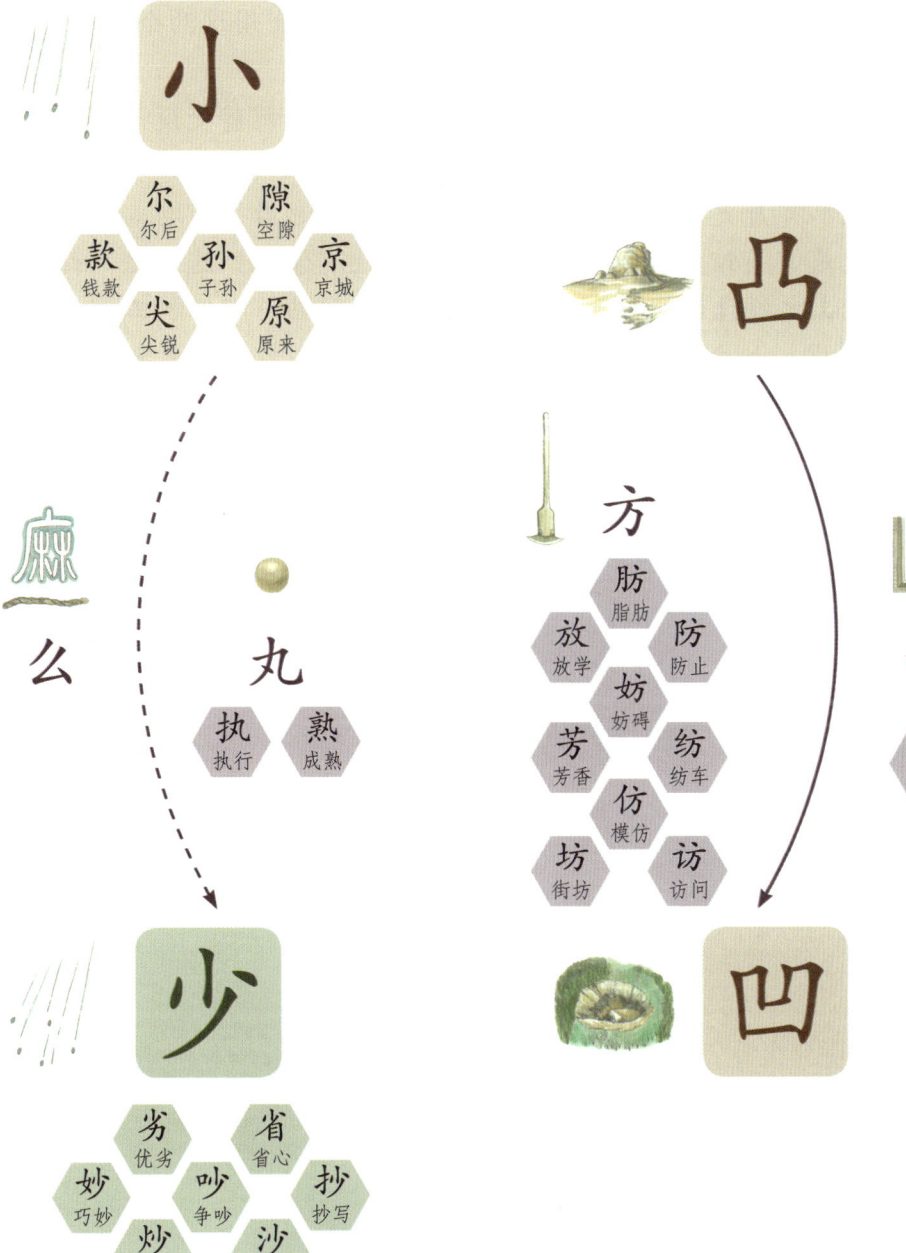

小 少 公 凸 凹 方 曲 丸

45

"凸""凹"用字之巧

古人认为"凹"与"凸"这两个字很俗,也很少用这两个字。但《红楼梦》中的两位才女却为这两个字"翻案"。

中秋佳节,史湘云和林黛玉离席后,找了一僻静处说话,湘云提议作诗,但黛玉觉得此处并无诗性,湘云却说道:"这山上赏月虽好,终不及近水赏月更妙。你知道这山坡底下就是池沿,山坳 ào 里近水一个所在就是凹晶馆。可知当日盖这园子时就有学问。这山之高处,就叫凸碧;山之低洼近水处,就叫作凹晶。这'凸''凹'二字,历来用的人最少。如今直用作轩 xuān 有窗的长廊或小屋 馆之名,更觉新鲜,不落窠臼 kējiù 俗套。可知这两处一上一下,一明一暗,一高一矮,一山一水,竟是特因玩月而设此处。有爱那山高月小的,便往这里来;有爱那皓

清·孙温 《绘全本红楼梦》(局部)
规格:纵 43.3cm 横 76.5cm
馆藏:旅顺博物馆

月清波的，便往那里去。只是这两个字俗念作'洼''拱'gǒng 当时俗语读音二音，便说俗了，不大见用，只陆放翁 南宋诗人陆游 用了一个'凹'字，说'古砚微凹聚墨多'，还有人批他俗，岂不可笑。"

黛玉说道："也不只放翁才用，古人中用者太多。如江淹 字文通，南朝政治家、文学家《青苔赋》，东方朔 shuò 西汉文学家《神异经》，以至《历代名画记》上云张僧繇 sēng yáo 南北朝时期著名画家 画一乘寺的故事，不可胜举。只是今人不知，误作俗字用了。实和你说罢，这两个字还是我拟的呢。"

可见用字在巧，此即"凹""凸"用字的巧妙之处。

■ 据《红楼梦·第七十六回·凸碧堂品笛感凄清 凹晶馆联诗悲寂寞》

典故 弹丸之地

战国时期，长平之战，秦军大破赵军，赵国都城邯郸 hán dān 被围。

后来，秦国解除了对邯郸的包围，而赵王却准备派赵郝 hè 与秦国订约结交，要割让出六个县跟秦王讲和。赵国的虞 yú 卿是个善于游说的有才之士，他问赵王："您觉得秦国是因为疲惫才撤兵，还是因为怜惜您而撤兵？"赵王说："秦国攻打我国，不遗余力，一定是疲惫而归了。"虞卿说："秦国用尽全力进攻它所不能夺取的土地，疲惫而归，可是您现在却把秦兵没能夺取的土地送给它，这等于帮助秦国进攻自己啊。如果明年秦国再进攻，您就无法自救了。"

赵王把虞卿的想法告诉了赵郝。赵郝说："虞卿真的能摸清秦兵的底细吗？现在我们知道秦兵今年不能进攻了，这么一块弹丸大小的地方都不肯给它，若秦国明年再来进攻赵国，那岂不是要割让腹地来求和了？"赵王问："如果我听信你的话而割地求和，你能保证明年秦国不再进攻我国吗？"赵郝说："这就不是我能承担的了。"

赵王依旧摇摆不定，但是在虞卿的劝谏下，赵王决定将六个县城送给齐国，邀齐共同抗秦。果然，过了不久，魏国就也来同赵国商量"合纵"战国时期六国抗秦的联盟之事以期共同抗秦。

这就是成语"弹丸之地"的来历。

■据《史记·平原君虞卿列传》

第四章　形状颜色 ❷

"青赤黄，及黑白。此五色，目所识。"《三字经》这里说的是青、赤、黄、黑、白是中国古代五种常见的颜色，青是介于绿色和蓝色之间的一种颜色，赤就是红色。本章让我们来了解两个表示颜色的字。

bái
白

白，象形字。甲骨文字形像大拇指形。本义是大拇指。引申为伯bó，指兄弟排行次序里代表老大。借用表示白色。

甲骨文	金文	小篆	隶书	楷书

常用词语

白色　白纸黑字　白日做梦
明白　一清二白　青红皂白

dān

丹

丹，指事字。甲骨文字形像矿井中有丹砂矿石，本义是用作颜料的丹砂_{朱砂}。借用表示朱红色。引申指按药方制成的颗粒状或粉末状的中药。

甲骨文 ▶ 金文 ▶ 小篆 ▶ 隶书 ▶ 楷书

常用词语	丹砂　灵丹妙药　妙手丹青 仙丹　一片丹心　丹书铁券_{帝王赐给功臣的免罪凭证}

白，像大拇指形，本义是大拇指，借用表示白色。

丹，像矿井中有丹砂矿石，本义是丹砂（朱砂），借用为红色。

下面我们来看古人用"白"构造合体字的情况：

皎 jiǎo，从"白""交"声，本义是月色皎洁。

皙 xī，从"白""析"声，本义是皮肤白皙。

柏 bǎi，从"木""白"声，本义是柏树。

伯 bó，从"人""白"声，本义是兄弟中排行第一的。

怕 pà，从"心""白"声，本义是淡泊，后来表示畏惧。

在上面的合体字中，"白"有时作形符，有时作声符；作声符的字的读音比较相近。

第四章 形状色彩 ❷

汉字导图

白

- 皆 皆大欢喜
- 迫 迫使
- 帕 手帕
- 的 好的
- 柏 松柏
- 伯 伯父
- 怕 害怕
- 拍 拍手
- 泊 停泊

丹

- 彤 红彤彤
- 坍 坍塌

白 丹

53

漫谈 古人的红色崇拜

秦代和汉代，人们对红色有一种神秘而特殊的崇拜，这是为什么呢？

红色与生命有关。古人认为红色的血液象征生命，早在旧石器时代，先民在墓葬中就普遍使用红色颜料了，后来又用朱砂、赤铁矿等红色颜料保存尸体。

红色与盟誓有关。古代举行盟会时，杀牲畜，饮牲口的血，含在口中，或涂在唇上，表示信守誓言，这叫"歃shà血为盟"。有的甚至割破手指，书写"血书"。

红色与辟邪有关。秦汉人认为红色镇邪。考古出土的镇墓陶瓶文字大多是朱书，例如汉初平四年朱书陶瓶有"安冢墓"以及"以神瓶震郭门"等文句。

朱书陶瓶

红色代表上天。陕西定边郝滩汉墓M1西壁南部壁画上部描绘一艘云气般的神船,上面端坐四人,有一帷帐,帷帐前面挂着红色的旗帜,上写着"大一坐"三字。有学者认为,这就是汉代最高神"太一"的座位。红色深沉而神秘,因此神灵显现的场所,往往以红色为主色调。

■ 据曾磊《秦汉神秘意识中的红色象征》

陕西定边郝滩汉墓M1
西壁南部壁画(局部)

传统文化中的白色

夏朝人崇尚青（绿）色，商朝推翻了夏朝，开始信奉五行之说。五行中，"青"代表"木"，"金"克"木"，而"白"代表"金"，所以，商朝人崇尚白色。

白色是棉、麻未经染过的颜色，在商代到周代的时代变革中，白色成为平民百姓之色。唐朝时，曾明确规定白色是平民服饰的色彩，由此产生了指代词语"白丁"。即平民。

白色还有一个特殊的含义，就是"凶丧之色"。商朝时期，白色是祭祀时穿着的色彩，表示对祖先的尊敬。但后来，白色却成为人们忌讳的色彩。比如，在《史记·刺客列传》中，荆轲刺秦王之前，燕国人为荆轲送行，"太子及宾客知其事者，皆白衣冠以送之。"人们知道，荆轲此去无论成功与否，都不能生还，所以都穿着白色衣服送行，以示诀别。

可见，白色经历了从"国色"到"平民之色""凶丧之色"的演变。

■据邵新艳《中国传统服饰中的白色》

第五章　文化事项

"清明时节雨纷纷，路上行人欲断魂。借问酒家何处有？牧童遥指杏花村。" ■杜牧《清明》清明是古老的节日，又称踏青节、祭祖节、三月节等，是郊游踏青、扫墓祭祖的日子。

本章就让我们一起认识一组有关古代文化的汉字。

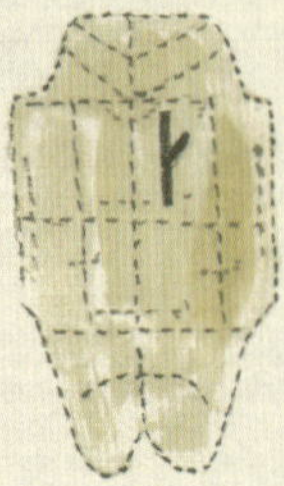

bǔ
卜

卜，象形字。甲骨文字形像火烧龟甲后显现出来的裂纹，古人根据龟甲裂纹预测吉凶福祸。本义是占卜，引申为预料。

甲骨文	金文	小篆	隶书	楷书
卜	卜	卜	卜	卜

常用词语

占卜　求签问卜　胜败可卜
卜卦　未卜先知　生死未卜

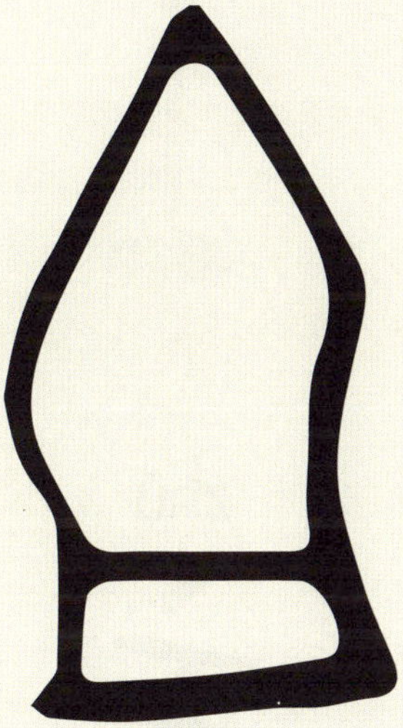

qiě

且

且，象形字。甲骨文字形像一块祭祀祖先的牌位，是"祖"的初文，表示男性祖先。借用表示"并且"的"且"。

甲骨文 ▶ 金文 ▶ 小篆 ▶ 隶书 ▶ 楷书

| 常用词语 | 并且　得过且过　苟且偷生
而且　得饶人处且饶人 |

主 zhǔ

主，象形字。甲骨文字形像受祭祀死者的牌位。本义是神主，即受祭祀的死者的牌位，引申为君主、家长、首领、主人。又读 zhù，是"炷"的本字，表示灯芯。

主示 在甲骨文中，"主"和"示"是同一个字，后来分化成两个字。

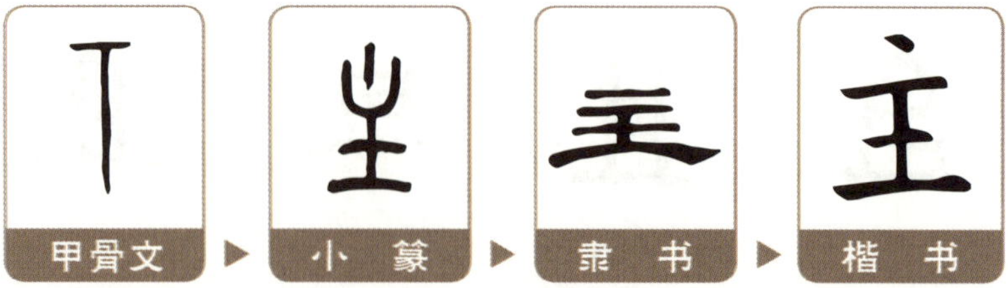

甲骨文 ▶ 小篆 ▶ 隶书 ▶ 楷书

常用词语

主人　客随主便　六神无主
主动　先入为主　喧宾夺主

shī
尸

尸，象形字。甲骨文字形像人腿部弯曲的样子。本义是箕踞 jī jù，借用表示代替死者接受祭祀的人——般是死者的部下或晚辈，引申表示尸体。

坐姿与箕踞 古人的标准坐姿是双膝跪地，臀部靠在脚后跟上。箕踞是两腿岔开，两膝稍微弯曲地坐着，形状像簸箕，在古代这是一种很不礼貌的坐姿。

甲骨文	金文	小篆	隶书	楷书

常用词语　尸体　行尸走肉　五马分尸
　　　　　　尸首　借尸还魂　马革裹尸

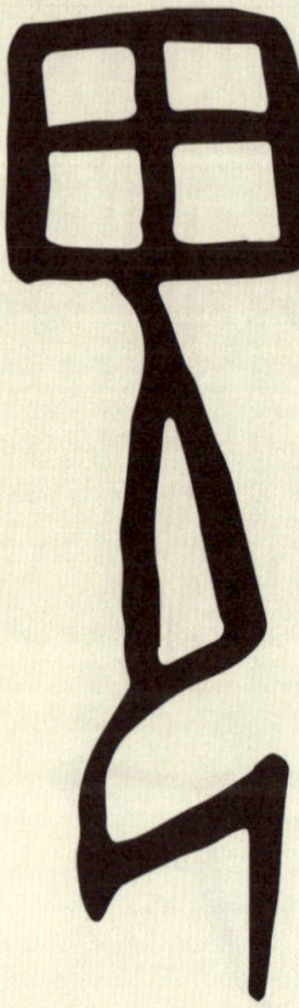

汉字溯源

guǐ 鬼

鬼，象形字。甲骨文字形上部是一个很大的头，下部像跪坐的身体。本义指人死后的灵魂。

甲骨文	金文	小篆	隶书	楷书

常用词语

鬼怪　疑神疑鬼　神出鬼没
见鬼　鬼鬼祟祟(suì)　鬼斧神工

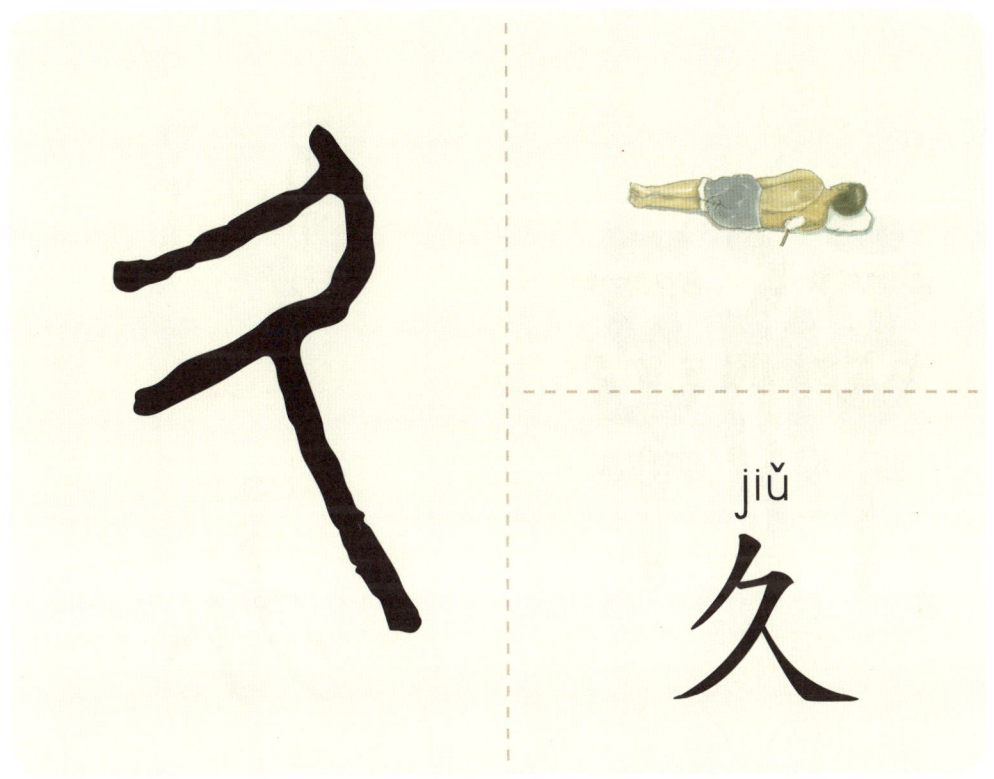

jiǔ
久

久，象形字。金文字形像人侧卧，灸灼治病的样子。"久"是"灸"的初文。本义是灸灼，中医用燃烧的艾绒等熏烤穴位或患部的治疗方法。引申为时间长。

艾灸 早在远古时代，先民就用草木熏烤人体特定的部位治病，叫"灸"。后来普遍使用艾叶，制成草把，就叫"艾灸"。中医中通常针、灸并用，合称"针灸"。

金文 ▶ 小篆 ▶ 隶书 ▶ 楷书

| 常用词语 | 长久　天长地久　旷日持久
久远　经久不息　长治久安 |

第五章 文化事项 ❶

汉字溯源

卜且主尸鬼久办

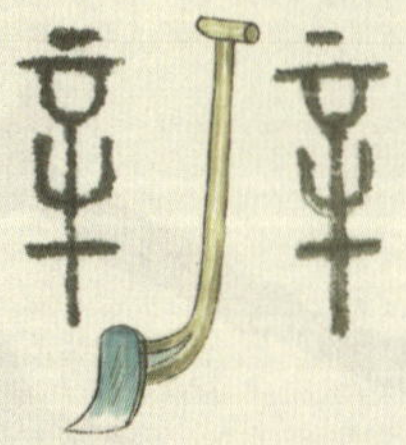

bàn

办

办［辦］，小篆字形辬，是形声兼会意字。⺆（力）是形符，𨐌𨐌（辡 biàn）是形符兼声符。本义是办理，引申为处罚。

| 小篆 ▶ | 楷书 |

常用词语：
办法　公事公办　一手包办
办公　特事特办　首恶必办

在远古时代，人们敬畏上天，相信鬼神，占卜、祭祀是大事，与之相关的文字早在甲骨文时代就出现了。本章这组字大多和占卜祭祀有关。

且，是"祖"的初文，像一块祭祀祖先的牌位，本义是男性祖先。

主，像受祭祀的死者的牌位，本义是神主，又读 zhǔ，表示灯芯。

久，像人侧卧，灸灼治病的样子，是"灸"的初文，本义是指中医的灸灼。

尸，像人腿部弯曲的样子，本义是箕踞。

鬼，上部是一个很大的头，下部像跪坐的身体，本义是人死后的灵魂。

办[辦]，从"力"，从"辡"，"辡"兼表声，本义是办理。

卜，像火烧龟甲后显现出来的裂纹，本义是占卜。

下面我们来看看古人是怎样用"且"来造合体字的。

祖 zǔ，从"且"，从"示"，"且"兼声符，本义是男性祖先。
助 zhù，从"力"，"且"声，本义是帮助。
组 zǔ，从"糸"sī，"且"声，本义是宽而薄的丝带。
阻 zǔ，从"𨸏"fù，"且"声，本义是高低不平、险要的地方。
租 zū，从"禾"，"且"声，本义是田赋。

殷商卜辞

甲骨文中绝大部分是占卜文辞，少量是记事及其他方面的文辞。商朝（约公元前1600年—约公元前1046年）因为定都殷（今河南安阳），被后人称为"殷"或"殷商"。殷人占卜，常把占卜人姓名、占卜之事、占卜日期、占卜结果等刻在占卜所用的龟甲或兽骨上，也有少量与占卜有关的记事，这类记录下来的文字通称为卜辞。占卜文辞的内容主要有祭祀祖先鬼神、征伐方国、田猎、年成、风雨天象、疾病梦幻、妇女生育、出入往来等。

右图是殷王武乙（文丁？）祭祀先公、先王的占卜用牛肩胛骨，占卜的内容主要是贞问：是否在甲子这一天举行祭祀？是否用燎牲的方法祭祀？祭祀时会不会遇到雨？

殷王武乙（文丁？）贞问祭祀先公先王刻辞卜骨
规格：长20.5cm 宽14cm
馆藏：故宫博物院

左图是殷王武乙贞问祭祀先公先王的占卜用牛胛骨，内容主要是贞问：是否在乙未日举行祭祀？祭祀用哪些祭品？

殷王武乙贞问祭祀先公先王刻辞卜骨
规格：长16.2cm 宽6.5cm
馆藏：故宫博物院

祭祖与祭天

祭祀祖先的礼俗从远古就开始了，古代祭祖礼俗盛大，祭祖的同时也祭祀天地神灵，祈祷(qí dǎo)祖先和上天保佑。除夕、清明节、重阳节、中元节，是汉族传统节日里祭祖的四大节日。供品主要有三牲牛、羊、猪、三茶五酒等；由家长主祭，烧三炷香，行叩拜礼，最后烧纸，俗称"送钱粮"。

古代贵族祭祀要用钟、鼎等青铜礼器，仪式非常隆重。贵族宴飨(xiǎng)也用钟、鼎礼器，因此被称为"钟鸣鼎食之家"。

下图是西周时代的青铜鼎，内壁一侧近口沿处铸有铭文三字："虎父乙。""虎"是鼎主人的族名，"父乙"是他已故的父亲，排在乙日祭祀。西周时期的贵族每天都要祭祖先，因此要排列祭祀次序，"父乙"排列在一旬每月分为上、中、下三旬中的第二天祭祀。"虎"做这尊鼎的目的就是祭祀父乙。

西周·虎父乙鼎
规格：口径 16.8cm　高 20cm
馆藏：故宫博物院

第六章 文化事项 ❷

"读史者,考实录。通古今,若亲目。" ■《三字经》阅读史书要核查史实,贯通古今变革,就像亲眼所见一样。本章我们来认识一组有关历史和文化的汉字。

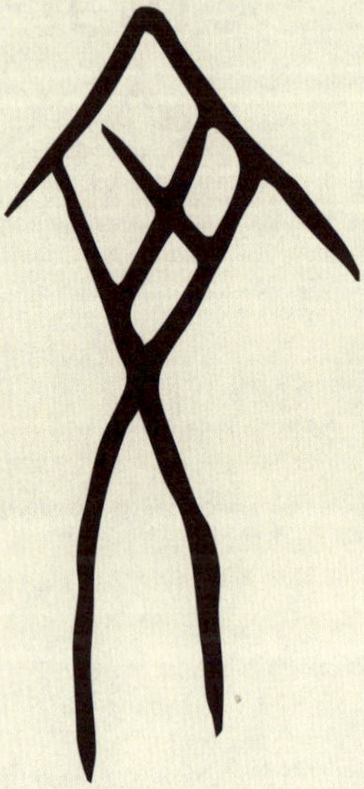

wén 文

文，象形字。甲骨文字形像一个胸前有刺画花纹的人，本义是文身。引申为花纹、纹理，这个意思后来写作"纹"，"文"是"纹"的初文。汉字初文也是一种"花纹"，所以引申为文字、文章。

文字 汉字初文是按照事物形象刻画下来的象形字，是独体字，叫"文"；由独体字构成合体字，合体字叫"字"。秦代以前，独体为"文"，合体为"字"；秦代以后合称"文字"。

甲骨文  ▶ 金文  ▶ 小篆  ▶ 隶书  ▶ 楷书

常用词语

文身　舞文弄墨　咬文嚼字
文章　文武双全　文质彬彬

第六章 文化事项 ❷

汉字溯源

shū
书

书［書］，甲骨文字形是会意字，从 ✶（聿）像手持笔状，是"笔"的初文，从 ⺌，像手持笔在器物上书写的样子。金文字形是形声字，从 ✶（聿），✶（者）声。本义是书写、记载，引申为书信。

甲骨文 ▶ 金文 ▶ 小篆 ▶ 隶书 ▶ 楷书

| 常用词语 | 书写　奋笔疾书　书香门第
书法　知书达理　鸿雁传书 |

史吏事书册文

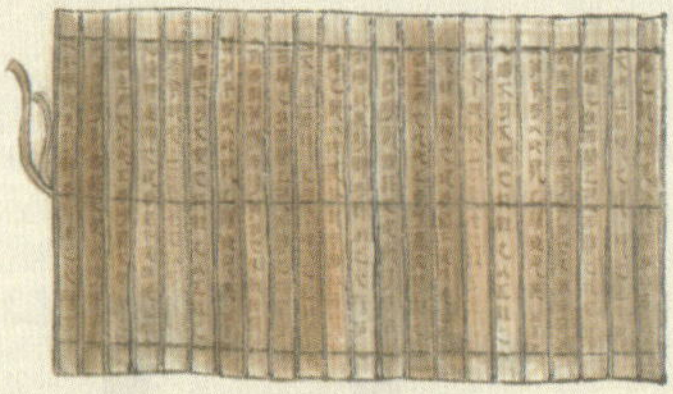

cè 册

册，象形字。甲骨文字形像用两道绳编连起来的一根根竹简，本义是简册。引申为本子、书籍等的量词。

甲骨文	金文	小篆	隶书	楷书

常用词语　册子　画册　人手一册　高文典册

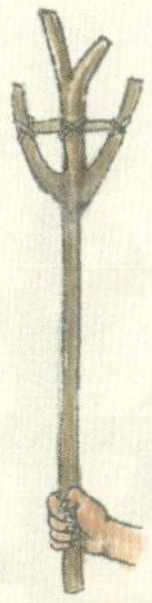

汉字溯源

第六章 文化事项 ②

shǐ

史

史，会意字。甲骨文字形像手（又）拿猎具的样子。上古时代狩猎是集体行为，是部落的大事。本义是做事，引申为史官（古代掌管记事人）、历史。

| 甲骨文 | 金文 | 小篆 | 隶书 | 楷书 |

常用词语

史官　名垂青史　有史以来
历史　史无前例　六经三史

史吏事书册文

73

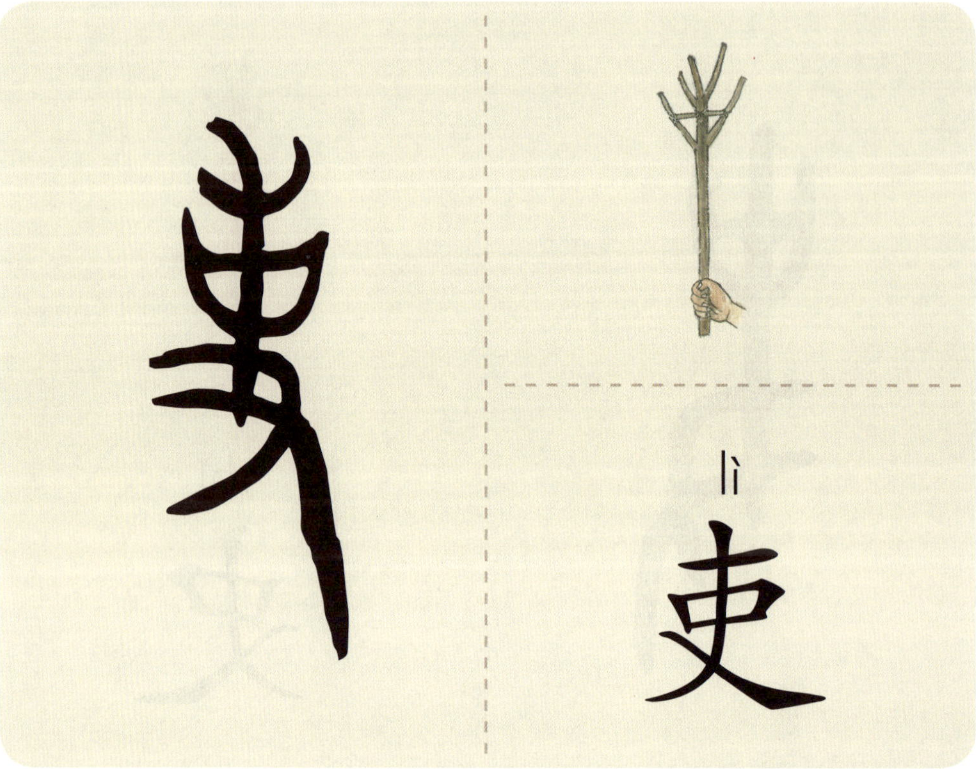

吏，会意字。金文字形与 (史) 近似，像手（又）拿猎具的样子。上古时代狩猎是大事，本义是官吏。

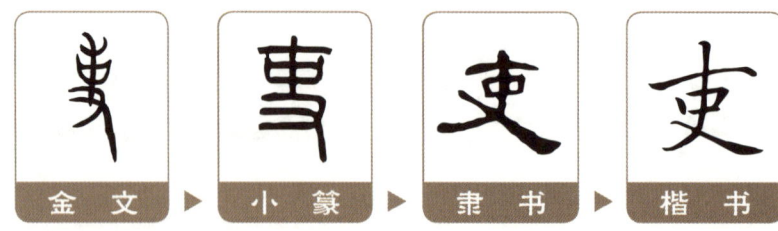

常用词语：官吏　吏治　贪官污吏　刀笔之吏

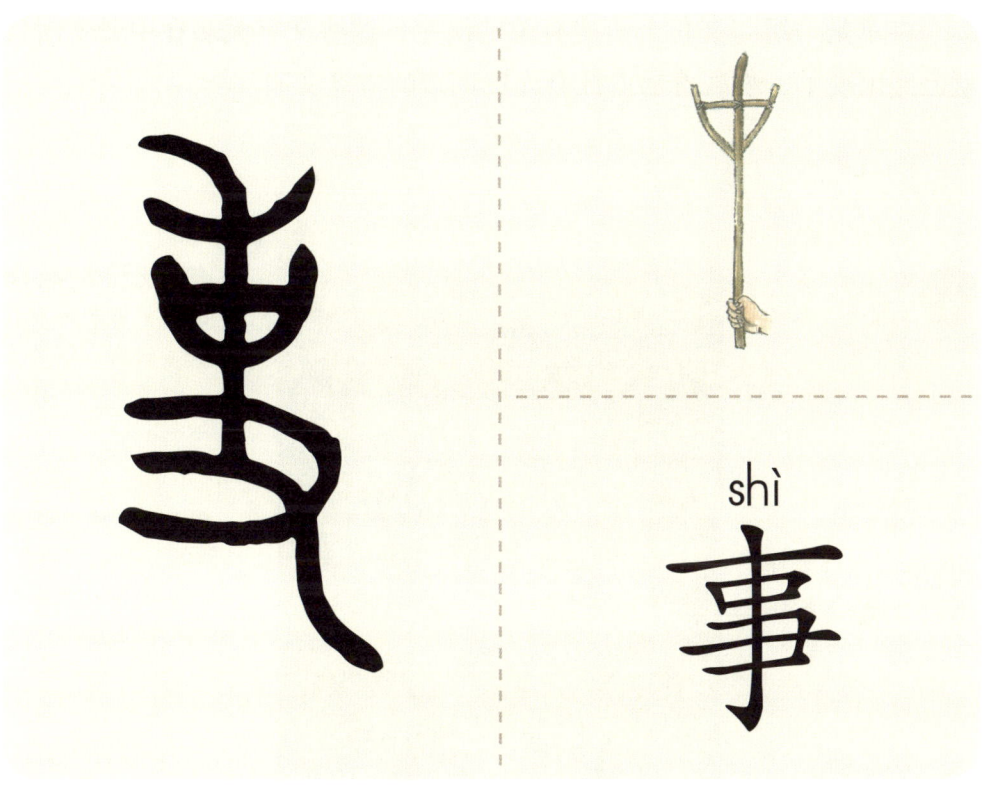

shì

事

事，会意字。金文字形和 （吏）是同一个字，像手持猎具的样子。上古时代狩猎是大事，本义是职事。引申泛指职业、事业。

同源分化 "史、吏、事"三个字在甲骨文中原本是同一个字，都写作 （史），后来分化成三个字，表示不同的意思，这种现象叫同源分化。"史"是原字，"吏""事"是"史"的分化字。

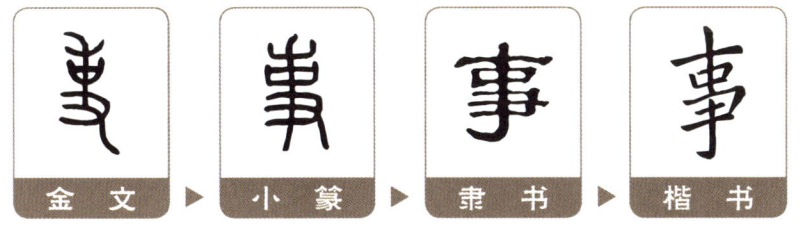

金文 ▶ 小篆 ▶ 隶书 ▶ 楷书

常用词语　事业　事半功倍　实事求是
　　　　　　故事　好事多磨　公事公办

本章是一组与文化、历史有关的汉字，这些文字大多在甲骨文时代就已经出现了，承载着远古社会先民创造的古老文明。

史，像手（又）拿猎具，本义是做事。

文，像一个胸前有刺画花纹的人。本义是文身。

书，像手持笔在器物上书写，本义是书写。

事，像手持猎具，金文和"吏"是同一个字，本义是职事。

册，像用两道绳编连起来的一根根竹简，本义是简册。

吏，像手拿猎具，是史的分化字，本义是官吏。

接下来，我们再看看古人用独体字"册"和"文"构造的合体字。

扁 biǎn，从"户"，从"册"，本义是门户上题字的牌匾，是"匾"的初文。

删 shān，从"册"，从"刀"，本义是用刀削修简册。

斐 fěi，从"文"，"非"声，本义是五色相错。

蚊 wén，从"虫"，"文"声，本义是蚊子。

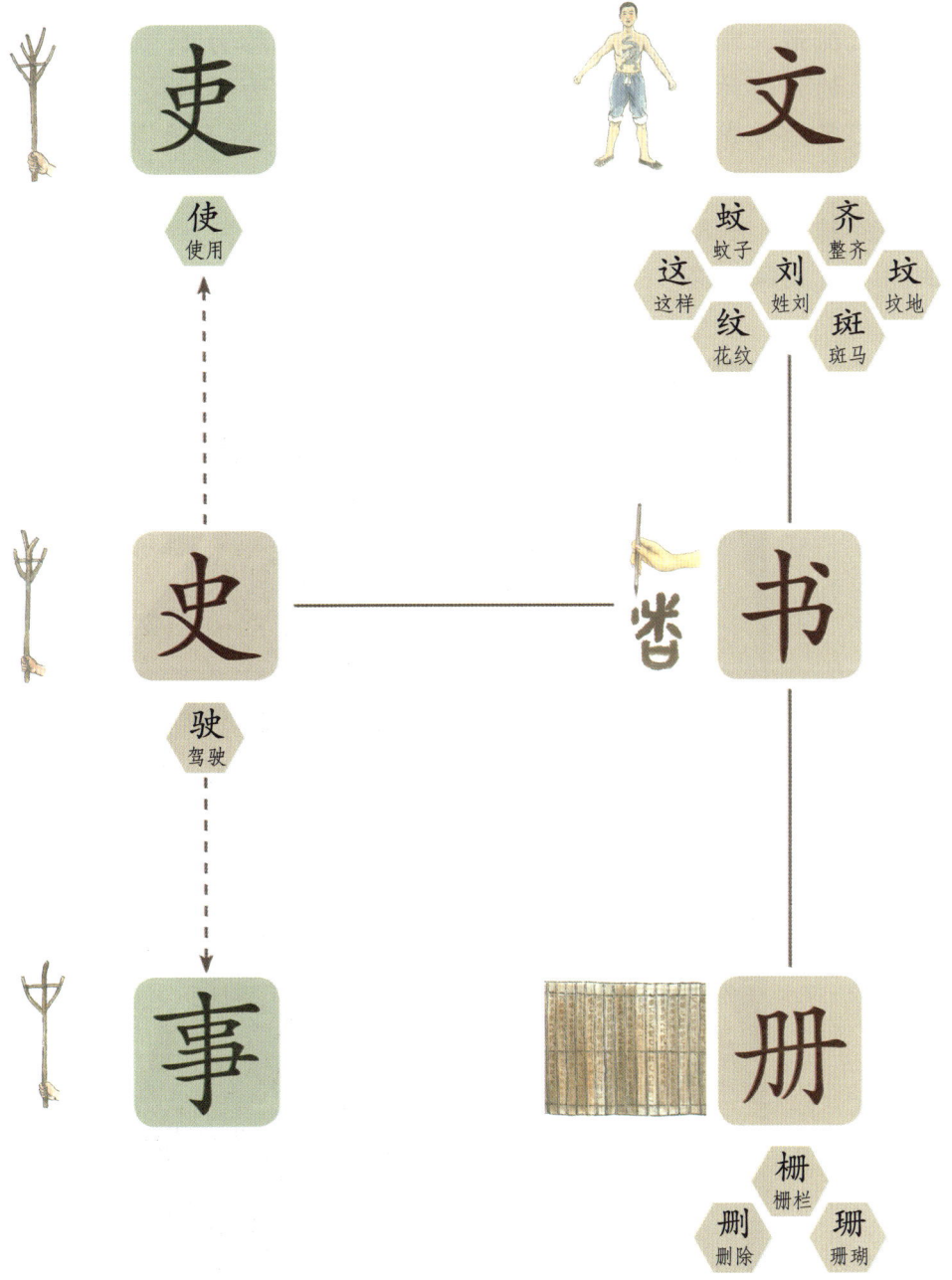

古代书写材料

随着历史发展，文字书写材料不断变化，有陶器、甲骨、青铜器、玉石、简帛、货币等。其中刻在甲骨上的文字称为甲骨文，铸在青铜器上的文字称为金文，刻在石鼓上的文字称为石鼓文，铸在货币上的文字称为货币文，刻在玺xǐ印上的文字称为玺印文等等。

下面这片卜骨是甲骨文断代第一期商武王时期的一块牛胛骨版记事刻辞，是著名的甲骨大版之一。硕大完整，内容丰富，涉及祭祀、田猎、天象等方面。

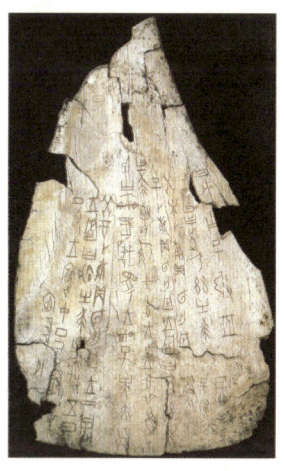

商·祭祀狩猎涂朱牛骨刻辞及拓片
规格：长 32.2cm 宽 19.8cm
馆藏：中国国家博物馆

西周的利簋gui，铭文记载了甲子日清晨武王伐纣这一重大历史事件。铭文字形竖直，大小不均匀，象形性强，笔画浑厚、凝重。

西周·利簋及铭文拓片
规格：通高 28cm　口径 22cm　重 7.95kg
馆藏：中国国家博物院

鄂君启金节，是战国时期楚怀王颁发给受封于今湖北鄂城的鄂君启的运输货物的免税通行符节，根据交通运输方式分车节、舟节两种。此"金节"用青铜铸成，因形似劈开的竹节，故名"节"。节表面有错金铭文，铭文中规定了鄂君启水陆交通运输的路线、运载额、运输种类和免税条件等。

战国·鄂君启金节及铭文摹片
规格：长 31cm
馆藏：安徽博物馆

韦编三绝

在纸发明及推广使用之前，字写在竹简上。一片竹简上，多则几十个字，少则八九个字。一部书要用许多竹简来写，然后用结实的绳子按次序编联起来，最后成为书册。通常，用丝线编联的叫"丝编"，用麻绳编联的叫"绳编"，用熟牛皮绳编联的叫"韦编"，其中熟牛皮绳最结实。

孔子晚年喜欢读《易经》，把解读《易经》的文献编校为《彖tuàn》《系》《象》《说卦》《文言》五种。由于反复翻阅，把编联竹简的熟牛皮绳磨断多次。孔子说："假我数年，若是，我于《易》则彬彬矣。" 如果能让我再多活几年，我就能把《易》研究得更深入了。■《史记·孔子世家》又说："加我数年，五十以学《易》，可以无大过矣。" 如果多给我几年时间，从五十岁就开始研读《易》，就能不犯大错误了。■《论语·述而》

漫谈 雕版印刷

东汉时期，蔡伦改进了前人造纸工艺，造出了"蔡侯纸"，造纸术在后世被誉为中国古代"四大发明"之一。唐代又发明了雕版印刷术，宋代虽然出现了活字印刷术，但是普遍使用的仍然是雕版印刷术。雕版印刷，先把抄写工整的书稿粘贴在平滑的木板上，稿纸正面和木板相贴，字就成了反体。稿纸薄而近乎透明，字的笔画清晰可辨。用刻刀把版面没有字迹的部分削去，形成字体凸出的阳文。印刷时，在凸起的字体上涂上墨汁，然后把纸覆在它的上面，轻轻拂拭纸背，正体的字迹就留在纸上了。

2009年，雕版印刷技艺入选《世界人类非物质文化遗产代表作名录》。

雕版

字源绘 汉字本来的样子 肆

汉字驿站

史 吏 事 书 册 文

82

印刷

第七章　文化事项 ３

"礼乐射，御书数。古六艺，今不具。" ■《三字经》礼 礼仪、乐 音乐舞蹈、射 射箭、御 驾车、书 书法、数 数术 是周代教育体系中的六种技能，合称"六艺"。而今能同时掌握六艺的人已经不多了。本章我们就来认识一组有关音乐舞蹈的汉字。

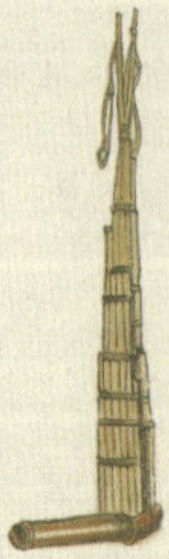

yú 于

于，象形字。甲骨文字形像竹管乐器形状。本义是一种竹管乐器，后来写作"竽"，"于"是"竽"的初文。借用作为介词表示"在""对于"，以及表示比较。

甲骨文 ▶ 小篆 ▶ 隶书 ▶ 楷书

常用词语

对于　急于求成　严于律己
等于　重于泰山　轻于鸿毛

第七章 文化事项 ③

汉字溯源

yuè、lè

乐

乐［樂］，甲骨文是象形兼会意字，像丝弦（"丝"的初文）附在乐器的木结构上；东周以后的金文，在两条丝弦之间加了一面鼓——"白"，把打击乐和弦乐糅合在一起。"白"古音读 bó，作"乐"字的声符，"乐"因此也成了会意兼形声字。"乐"的本义是丝弦乐器，引申为音乐，又读 lè，引申为快乐。

甲骨文 → 金文 → 小篆 → 隶书 → 楷书

常用词语：音乐　如听仙乐　不亦乐乎
快乐　仁者乐山，智者乐水

于乐业无

yè
业

业［業］，象形字。金文字形是像二人双臂上举，手托大版<small>钟磬支架横梁</small>的形状。本义是大版，引申为行业、职业、学业。现代汉字简化为"业"。

金文 ▶ 小篆 ▶ 隶书 ▶ 楷书

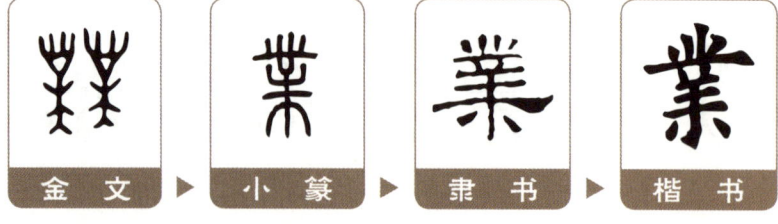

常用词语：作业　不务正业　安居乐业
事业　艰苦创业　千秋大业

wú
无

无[無]，象形字。甲骨文字形像人手持牛尾一类装饰物舞蹈的样子，是龖（舞）的初文。本义是舞蹈，后来借用表示没有。

甲骨文	 金文	 小篆	 隶书	 楷书

常用词语　无限　无动于衷　一无所有
　　　　　　无穷　一事无成　一往无前

本单元是一组有关音乐舞蹈的汉字，这些汉字形象地反映出古代先民创造的音乐舞蹈艺术。

业，像二人双臂上举，手托钟磬支架横梁，本义是大版。

于，像管状乐器的形状，本义是一种竹管乐器。

乐，像琴弦附在木上，本义是乐器。

无，像人手持牛尾一类装饰物舞蹈的样子，本义是舞蹈。

　　随着时代的变化，汉字形体也发生了变化。有些现代汉字，字形有关联，但在古文字和楷书繁体字中并没有关联。例如，金文字形 𦥑，楷书繁体字形"業"，现代简化字形"业"。现代汉字用"业"做偏旁的字，有"壶"（壺）"虚"（虛）等。"壶"甲骨文字形 ，是象形字，像壶形，本义是盛水器具；"虚"小篆字形 ，从"丘"，"虍" hū 虎皮上的花纹 声，本义是大丘 大土山。

第七章 文化事项 3

汉字导图

业
- 壶 水壶
- 显 显示

无
- 抚 抚养
- 芜 荒芜

于
- 吁 吁气
- 宇 宇宙
- 芋 山芋
- 迂 迂回

乐
- 烁 闪烁
- 砾 砂砾

于 乐 业 无

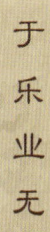

典故 八佾舞于庭

为了维护分封统治，周朝设立了礼乐制度；但到了春秋时期，这种礼乐制度遭到了极大的破坏，出现了"礼崩乐坏"的局面，各国诸侯并不把礼乐制度放在心上。

"八佾 yì 舞"是礼乐制度中最高规格的祭祀舞蹈。佾，是列的意思。八佾舞，舞者执羽而舞，八人为一列，八列共六十四人，这是天子祭太庙所用的人数。根据周朝的礼乐制度，天子用八佾，诸侯用六佾，卿大夫用四佾，士用二佾。

春秋时期，鲁国的季孙氏在家庙庭中使用八佾之舞。孔子评论道："八佾舞于庭，是可忍也，孰不可忍也？" ■《论语·八佾》意思是，季氏是鲁国大夫，应该用四佾，竟然用八佾，是僭 jiàn 超越本分用天子礼乐。如果这都能容忍，那还有什么是不能容忍的呢？

由此可见，当时社会礼崩乐坏的现实，以及孔子极力维护周礼的主张。但却不如孔子所愿，春秋时期之后，随之就是持续二百五十多年战乱的战国时期。

《阙里志·八佾舞图》书影

典故 滥竽充数

战国时期,齐宣王喜欢听竽的合奏,演奏时一定要组织一支三百人的大乐队。一位姓南郭的人,号称"处士"——所谓"处士"就是有德才,隐居山野而不愿做官的人——这时他就出山了,主动请求加入大乐队为齐宣王吹竽,齐宣王很高兴,拿出同那几百人一样的待遇给他。齐宣王死后,齐湣(mǐn)王继承王位,但他喜欢听独奏,让乐手一个一个地吹竽,结果南郭处士闻风而逃。■据《韩非子·内储说上》

后来人们就用"滥竽充数"或"南郭先生"喻指那些没有真本事而混在行家里面充数的人。

师旷琴撞晋平公

春秋时期,有位著名的乐师叫师旷,是晋国大夫,宫廷掌乐太师。他生而无目,所以自称盲臣、瞑臣。

有一次,晋平公与群臣宴饮,饮酒正酣时,晋平公喟叹道:"世上没有比做国君更快乐的事情了!没人敢不听从他的话!"师旷正在面前陪坐,拿起琴就朝晋平公撞去。晋平公连忙收起衣襟躲避,琴飞到了墙上撞坏了。晋平公就问:"太师撞谁呢?"师旷回答说:"刚才有个小人在你旁边进谗言,所以我撞他。"晋平公说:"说话的是我。"师旷说:"呀!这不是做国君的该说的话!"晋平公身边的近臣请求杀掉师旷。晋平公说:"放了他,我要以此为戒!"

■ 据《韩非子·难一第三十六》

高渐离举筑击秦皇

战国时期，荆轲为燕国太子丹刺杀秦王嬴政失败，结果被杀。秦王嬴政统一了天下，立号称始皇帝。于是他缉拿燕国太子丹和荆轲的门客，门客们都逃亡了。荆轲有个擅长击筑（古代一种弦乐器）的好友叫高渐离，他也因此改名换姓给人做仆佣，隐藏在宋子这个地方。时间长了，他觉得很劳累，听到主人家堂上有客人击筑，他徘徊着舍不得离开，还经常加以点评。仆从把高渐离的话告诉了主人。主人叫高渐离上前击筑，满座宾客称赞，赏给他酒喝。他想这样担惊受怕地躲藏下去是没有尽头的，就退下堂来，把自己的筑和好衣裳从行装匣里拿出来，改变面貌来到堂前。满座宾客大吃一惊，以礼相待，尊为上宾，请他击筑唱歌，宾客们听完奏唱无不含泪而去。

秦始皇听说有这么一个人，就召见他。有人认出了他，说："这是高渐离。"秦始皇怜惜他擅长击筑，特别赦免他的死刑，熏瞎他的眼睛，让他击筑，没有一次不称赞。高渐离渐渐地能接近秦始皇。于是，他把铅熔灌进筑中，再次到近前演奏时，突然举筑击打秦始皇，没击中。秦始皇杀了高渐离，自此终身不再接近来自从前六国的人了。

■ 据《史记·刺客列传》

第八章　天干地支 ❶

"十干者，甲至癸。十二支，子至亥。"■《三字经》

早在远古时代，我们的祖先就观测天象，摸索自然规律，用"十天干"和"十二地支"相互配合来计量时间、判断气候、预示季节。

本章我们就一起来认识汉字中的"十天干"。

jiǎ

甲

甲，象形字。甲骨文字形像草木初生时种子带的皮壳。本义是孚甲，即植物籽实的外皮，引申为鳞甲、铠(kǎi)甲。早在甲骨文中就借用表示天干第一位，引申表示序数第一。

十	田	甲	甲	甲
甲骨文	金文	小篆	隶书	楷书

常用词语：甲壳　坚兵利甲　花甲之年　甲子　解甲归田　富甲一方

yǐ
乙

乙，象形字。甲骨文字形像草木初生的屈曲之形，本义是萌芽。早在甲骨文中就借用表示天干第二位，引申表示序数第二。

| 甲骨文 | 金文 | 小篆 | 隶书 | 楷书 |

常用词语

乙方　张甲李乙 犹言张三李四
乙等　丹黄甲乙 点校书籍，评定次第

第八章 天干地支 ❶

汉字溯源

甲乙丙丁戊己庚辛壬癸

97

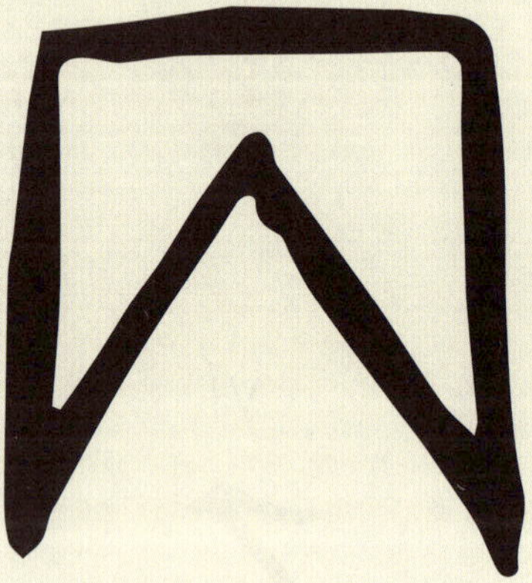

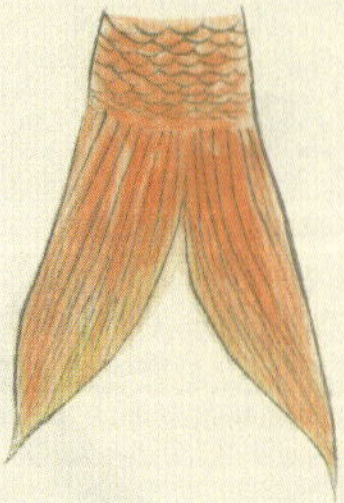

字源绘 汉字本来的样子 肆

汉字溯源

bǐng

丙

丙，象形字。甲骨文字形像鱼尾之形，本义指鱼尾，但此义项早已消失。早在甲骨文中就借用来表示天干第三位，引申表示序数第三。

| 甲骨文 | 金文 | 小篆 | 隶书 | 楷书 |

常用词语　丙方　丙等　阅后付丙　付之丙丁 指用火烧掉

甲乙丙丁戊己庚辛壬癸

98

dīng
丁

丁，象形字。甲骨文字形像钉子或俯视的钉帽形，本义是钉子。早在甲骨文中就借用表示天干的第四位，引申表示序数第四。又引申表示从事某种职业的人，还比喻小块的东西。

甲骨文 ▶ 金文 ▶ 小篆 ▶ 隶书 ▶ 楷书

常用词语：园丁　目不识丁　丁碰到兹盛世
　　　　　补丁　人丁兴旺　丁是丁，卯是卯

戊 wù

戊，象形字。甲骨文字形像一把宽刃的斧子，本义是一种斧类兵器。早在甲骨文中就借用表示天干第五位，引申表示序数第五。

有三个和"戊"字相近，容易混淆的字，可用下面这首口诀来加以区分：横"戌"xū 点"戍"shù "戊"wù 中空，横撇相交就是"戎"róng。

甲骨文	金文	小篆	隶书	楷书
戊	戊	戊	戊	戊

常用词语

上戊 农历每月上旬的第五天

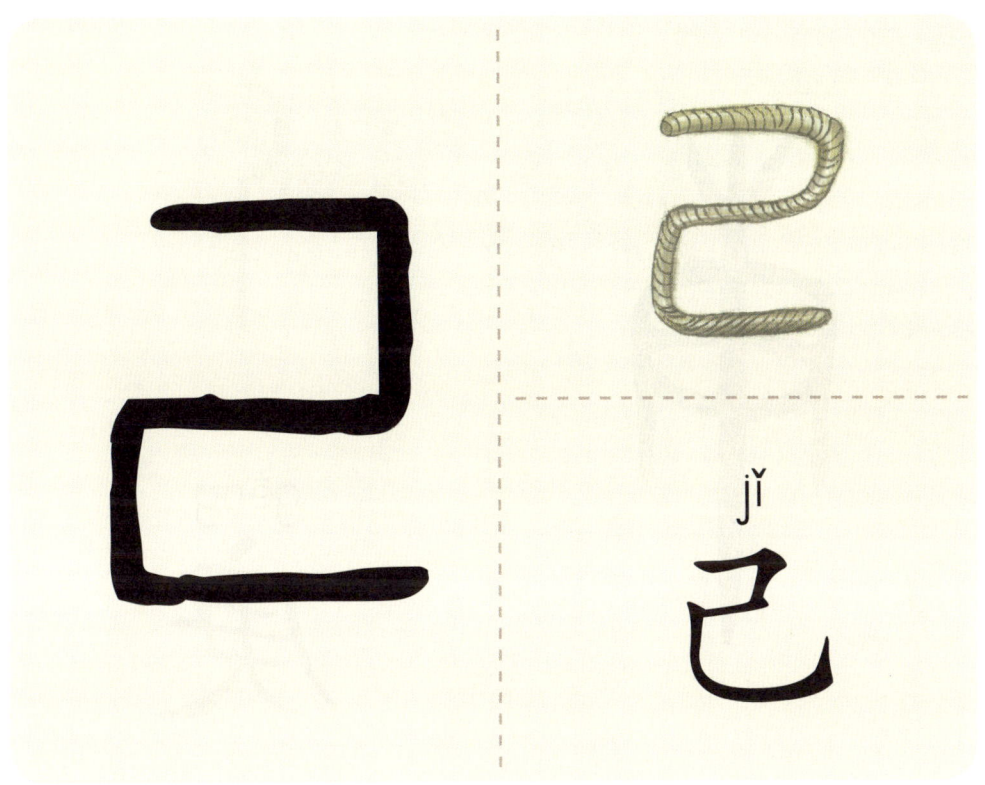

jǐ
己

己，象形字。甲骨文字形像弯曲回环的丝绳。本义是绑东西的丝绳，是"纪"的初文，后来又表示自己。早在甲骨文中就借用表示天干第六位，引申表示序数第六。

有两个和"己"字相近，容易混淆的字，可用下面这句口诀来加以区分：空"己"jǐ 半"巳"yǐ 满是"巳"sì。

甲骨文 ▶ 金文 ▶ 小篆 ▶ 隶书 ▶ 楷书

常用词语　自己　身不由己　各抒己见
　　　　　知己　己所不欲，勿施于人

gēng
庚

庚，象形字。甲骨文字形像一种有柄、左右有两耳可摇动的乐器之形，本义是一种有两耳的乐器。早在甲骨文中就借用表示天干第七位，引申表示序数第七。又用来表示年龄。

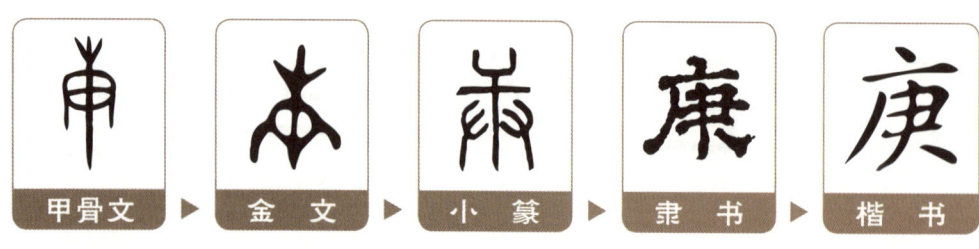

甲骨文 ▶ 金文 ▶ 小篆 ▶ 隶书 ▶ 楷书

常用词语　年庚　庚帖　庚癸之呼 _{原指军中乞粮，后指向人借钱}

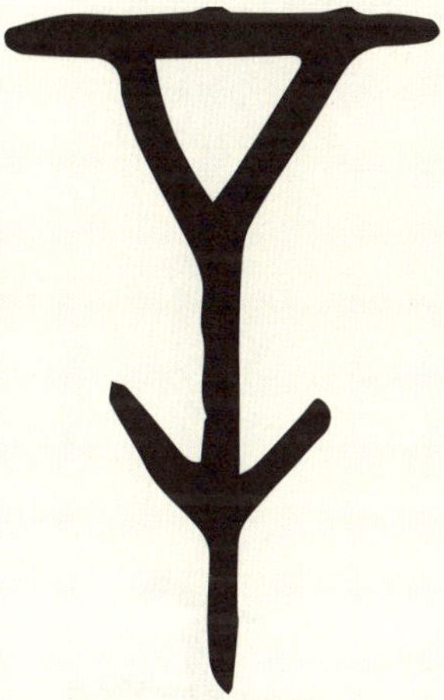

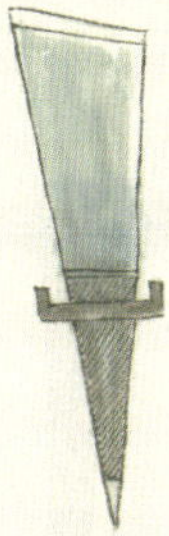

xīn

辛

辛，象形字。甲骨文字形像古代对犯人实施黥 qíng 刑在犯人脸上刺上记号或文字并涂上墨的刑罚的工具。早在甲骨文中就借用表示天干第八位，引申表示序数第八。引申为辛苦、辣。

| 甲骨文 | 金文 | 小篆 | 隶书 | 楷书 |

常用词语

辛苦　不辞辛劳　千辛万苦
辛辣　含辛茹苦　不畏艰辛

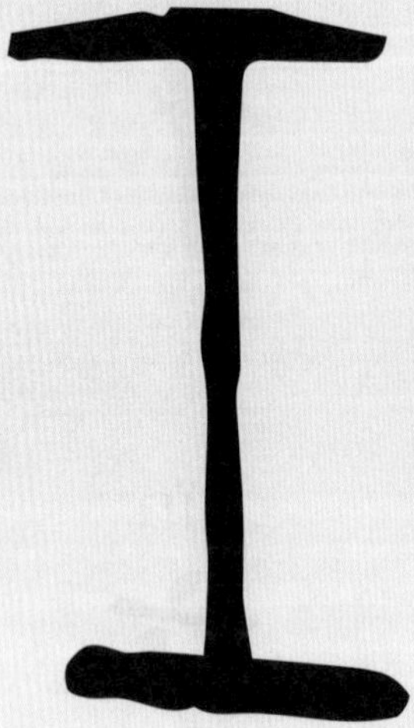

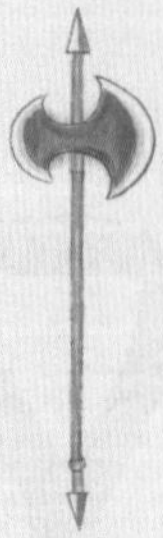

汉字溯源

壬 rén

壬，象形字。甲骨文字形像一把两面有刃的大斧，本义是双刃斧。早在甲骨文中就借用表示天干第九位，引申表示序数第九。

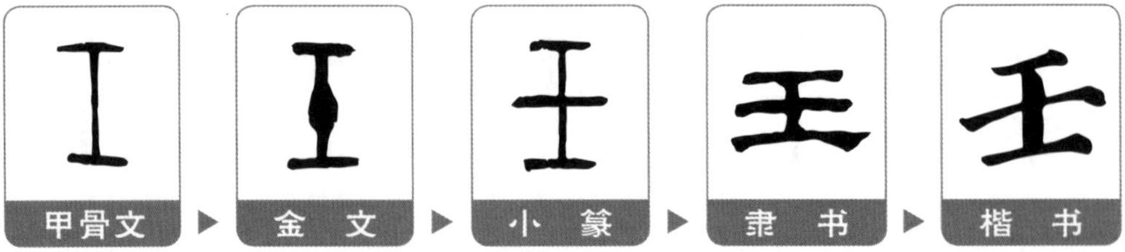

甲骨文	金文	小篆	隶书	楷书
工	工	壬	壬	壬

常用词语：壬子年

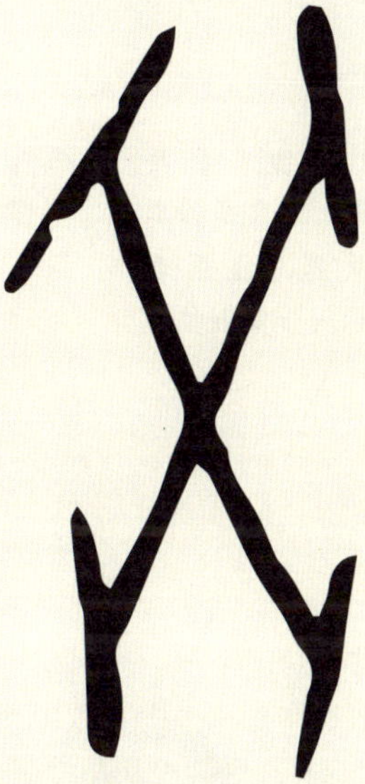

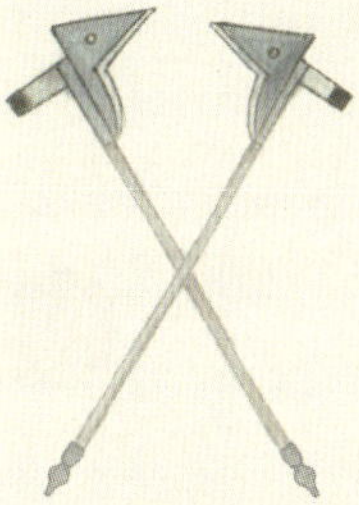

guǐ

癸

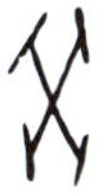癸，象形字。甲骨文字形像一种多锋矛的形状，本义指一种多锋矛这种兵器。早在甲骨文中就借用表示天干第十位，引申表示序数第十。

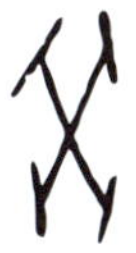

甲骨文 ▶

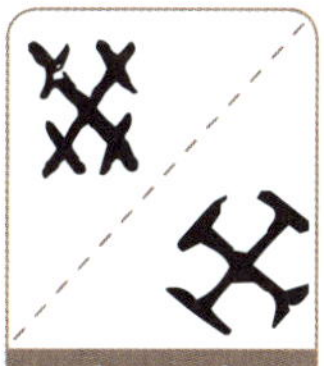

金 文 ▶

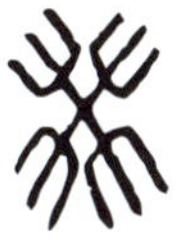

小 篆 ▶

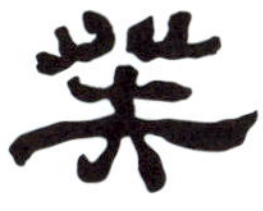

隶 书 ▶

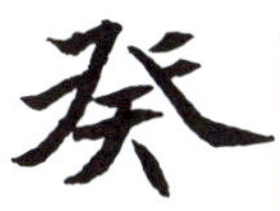

楷 书

常用词语

呼庚呼癸 义同庚癸之呼

本章我们认识了十个表示天干的字。这十个象形字起初都表示它们所像之物，但也早在甲骨文时代，这些字就都被借用来表示天干了。

癸，像一种多锋矛的形状。本义是多锋矛，借用表示天干第十位。

戊，像斧类兵器。本义是斧类兵器，借用表示天干第五位。

壬，像一把两面有刃的大斧。本义是双刃斧。借用表示天干第九位。

甲，像草木初生时种子带的皮壳。本义是孚甲，借用表示天干第一位。

乙，像草木初生的屈曲之形。本义萌芽，借用表示天干第二位。

丁，像钉子形。借用表示天干的第四位。

辛，像古代对犯人实施黥刑的工具。借用表示天干第八位。

丙，像鱼尾之形。本义是鱼尾，借用来表示天干第三位。

庚，像一种有两耳的乐器。借用表示天干第七位。

己，像弯曲回环的丝绳。本义是绑东西的丝绳，是"纪"的初文，借用表示天干第六位。

下面我们来看看用"丁"构造合体字的情况：

叮 dīng，形声字，从"口""丁"声，本义是嘱咐。

盯 dīng，形声字，从"目""丁"声，本义是直视。

钉 dīng，形声字，从"金""丁"声，本义是把黄金炼成饼形，后来表示钉子。

订 dìng，形声字，从"言""丁"声，本义是评议、评定。

打 dǎ，形声字，从"手""丁"声，本义是敲击、撞击。

107

字源绘 汉字本来的样子 肆

汉字导图

甲乙丙丁戊己庚辛壬癸

第八章 天干地支 ❶

汉字导图

甲 乙 丙 丁 戊 己 庚 辛 壬 癸

漫谈 天干与商朝帝王名号

商代帝王多用十天干纪日符号为名号来命名，比如我们熟知的商纣王，名号就是"帝辛"，这种制度通称"日名制"。

商代历代帝王世系，以日名为号的从"上甲"开始，这之前的商王名号没有什么规律。根据《史记·殷本纪》等史料记载，从"上甲"到"太乙"成汤七代帝王，除了"太乙"成汤之外，其他六位帝王的名号都是按天干顺序排列的，他们是：上甲、匚乙、匚丙、匚丁、示壬、示癸。■王国维《观堂集林》因此，学者认为，"日名制"始于"太乙"成汤，之前六位帝王的名号都是"太乙"成汤追封的。

"匚"fāng "筐"的初文，甲骨文中读bào，是一种祭祀名，春秋时期的史书《国语·鲁语》记载："上甲微，能帅契者也，商人匚（报）焉。""契"是商朝人的祖先，是商朝第九任君主。这句话的意思是：上甲微，是能遵循契王功业的人，商朝人报祭他。"匚"由祭祀名又用作祖先名，所以"乙"叫匚乙，"丙"叫就叫"匚丙"，等等。

可见，天干在商代不仅用作纪日，还被用作祭祀名和商王名号。

```
上甲¹ ─ 匚乙² ─ 匚丙³ ─ 匚丁⁴ ─ 示壬⁵ ─ 示癸⁶ ─ 大乙⁷

                     [沃丁] 小甲¹²
大丁⁸ ─ 大甲⁹ 大庚¹¹  大戊¹³  中丁¹⁵ ─ 且乙¹⁸  且辛¹⁹
卜丙¹⁰              雍己¹⁴   卜壬¹⁶   羌甲²⁰
                             戋甲¹²
[中壬]

        叡甲²³
        般庚²⁴           且己²⁸
        小辛²⁵           且庚²⁹   且辛³¹
且丁²¹  小乙²⁶ ─ 武丁²⁷   且甲³⁰   康丁³² ─ 武乙³³ ─ 文武丁³⁴
南庚²²
        帝乙³⁵ ─ [帝辛]
```

商朝帝王世系表

第九章　天干地支 ❷

"子鼠丑牛，寅虎卯兔，辰龙巳蛇，午马未羊，申猴酉鸡，戌狗亥猪。"■十二生肖口诀 你知道自己的属相对应哪个地支吗？

本章我们就来认识一组字——与十二生肖相对应的十二地支。

汉字溯源

子丑寅卯辰巳午未申酉戌亥

子

zǐ

子，象形字。甲骨文字形像婴儿之形，本义是婴儿。引申表示动物的幼崽、植物的种子等。借用表示地支第一位。用来纪月，指农历十一月；用来纪时，指23时至1时。又表示十二生肖中的鼠。

甲骨文 ▶ 金文 ▶ 小篆 ▶ 隶书 ▶ 楷书

常用词语

儿子　子子孙孙　才子佳人
子时　凡夫俗子　膏粱子弟

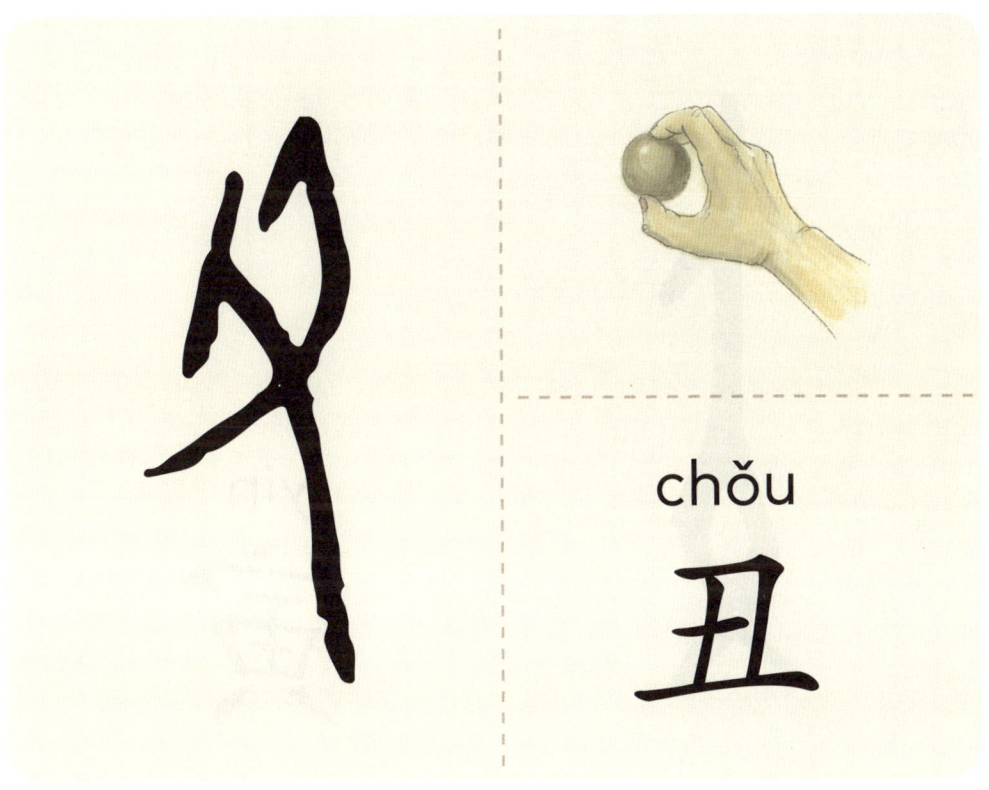

chǒu

丑

丑，象形字。甲骨文字形像手指勾曲用力揪东西的形状，本义是揪扭，是"扭"的初文。借用表示地支第二位。用来纪月，指农历十二月；用来纪时，指1时至3时。又表示十二生肖中的牛。现代汉字用作"醜"chǒu的简化字，表示丑陋。

甲骨文 ▶ 金文 ▶ 小篆 ▶ 隶书 ▶ 楷书

常用词语

丑时　丑态百出　跳梁小丑
丑陋　当场出丑　一俊遮百丑

汉字溯源

子丑寅卯辰巳午未申酉戌亥

yín 寅

寅，象形字。甲骨文字形像一支箭，本义是箭矢。借用表示地支第三位。用来纪月，指农历一月；用来纪时，指 3 时至 5 时。又表示十二生肖中的虎。

甲骨文 ▶ 金文 ▶ 小篆 ▶ 隶书 ▶ 楷书

常用词语　寅时　寅月　寅吃卯粮　子丑寅卯 借指事理或详情

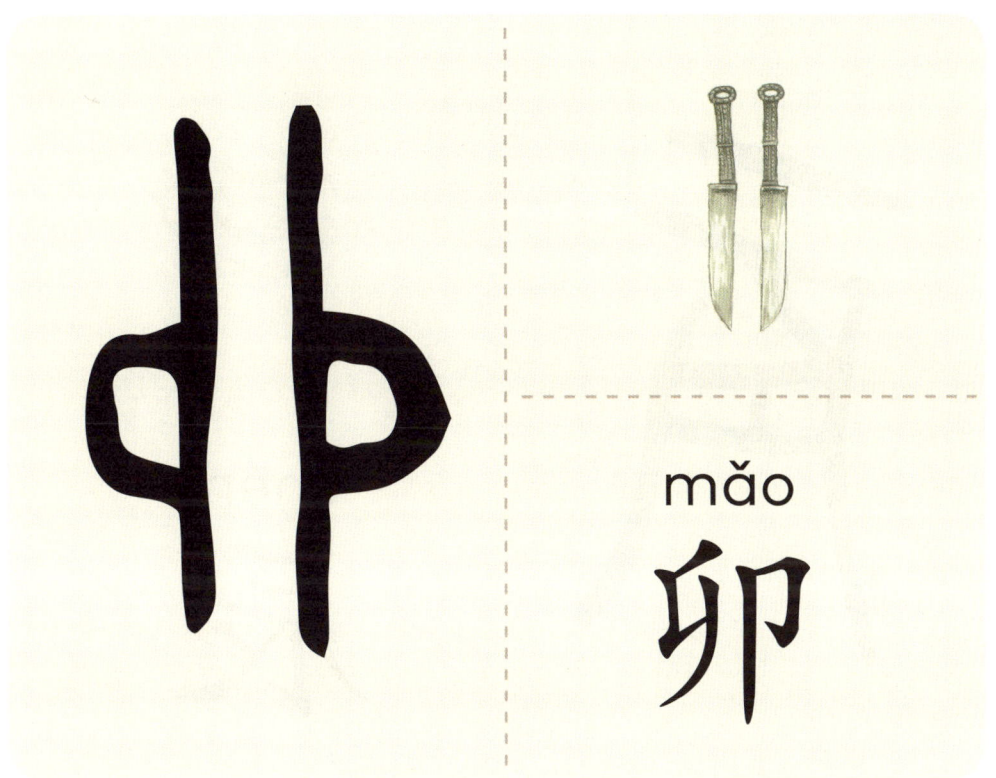

mǎo
卯

卯，会意字。甲骨文字形像双刀，本义是宰杀牲畜的刀。借用表示地支第四位。用来纪月，指农历二月；用来纪时，指5时至7时。又表示十二生肖中的兔。

| 甲骨文 | 金文 | 小篆 | 隶书 | 楷书 |

常用词语　卯时　点卯　寅支卯粮　可丁可卯

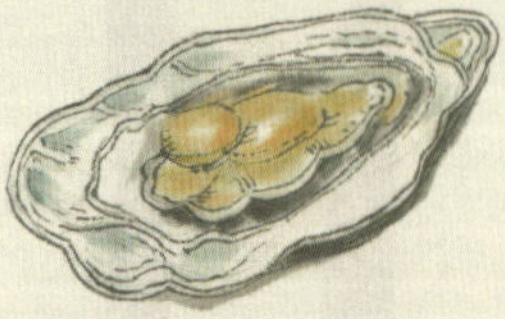

辰 chén

辰，象形字。甲骨文字形像蜃蛤 shèn gé 大蛤蜊，本义是蜃蛤，是"蜃"的初文。借用表示地支第五位。用来纪月，指农历三月；用来纪时，指7时至9时。又表示十二生肖中的龙。

时辰 古代计时单位。古人把一天划分为十二个时辰，每个时辰等于现在的两小时。

| 甲骨文 | 金文 | 小篆 | 隶书 | 楷书 |

常用词语
辰时　良辰美景　生辰八字
时辰　花辰月夕　日月星辰

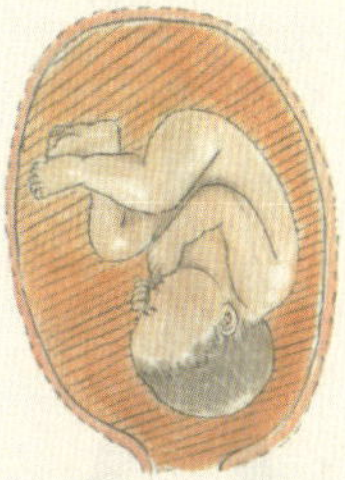

sì
巳

巳，象形字。甲骨文字形像未出生的胎儿，本义是胎儿。借用表示地支第六位。用来纪月，指农历四月；用来纪时，指9时至11时。又表示十二生肖中的蛇。

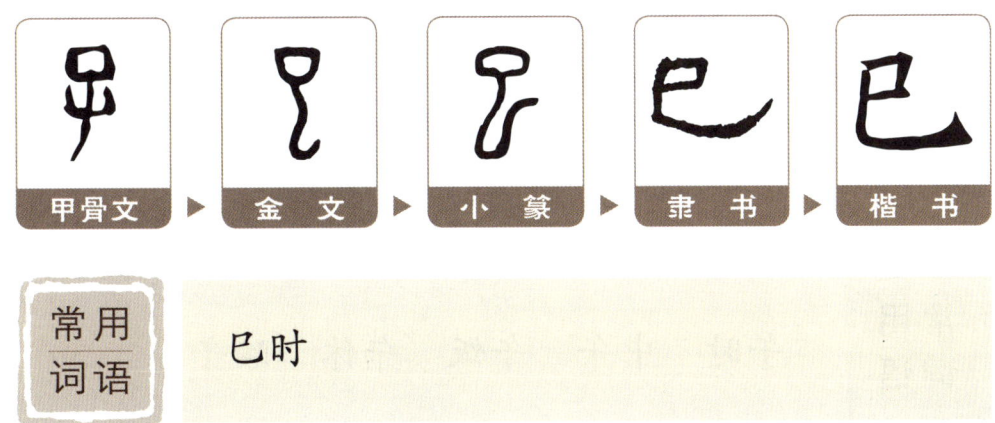

| 甲骨文 | 金文 | 小篆 | 隶书 | 楷书 |

常用词语：巳时

117

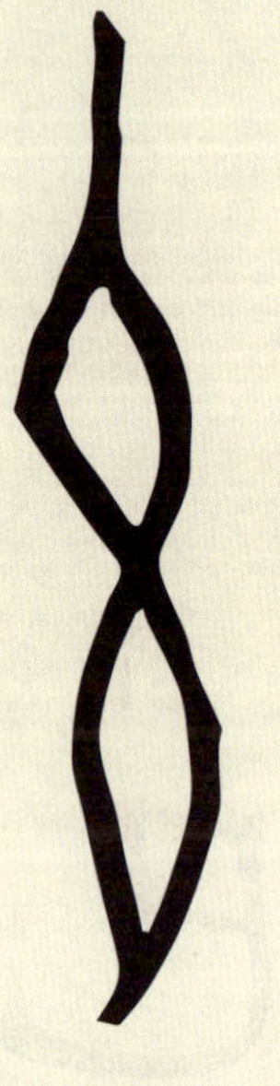

wǔ 午

午，象形字。甲骨文字形像舂 chōng 米或捶衣服的杵 chǔ，本义是"杵"，是"杵"的初文。借用表示地支第七位。用来纪月，指农历五月；用来纪时，指11时至13时。又表示十二生肖中的马。

甲骨文 ▶ 金文 ▶ 小篆 ▶ 隶书 ▶ 楷书

常用词语　午时　中午　午饭　午休　晌午

未，象形字。甲骨文字形像树木枝叶繁盛的样子，本义是茂盛。借用表示地支第八位。用来纪月，指农历六月；用来纪时，指 13 时至 15 时。又表示十二生肖中的羊。

| 甲骨文 | 金文 | 小篆 | 隶书 | 楷书 |

常用词语　未时　前所未有　方兴未艾
　　　　　未来　未卜先知　防患未然

shēn 申

申，象形字。甲骨文字形像闪电曲折的样子，本义是闪电。借用表示地支第九位。用来纪月，指农历七月；用来纪时，指15时至17时。又表示十二生肖中的猴。

电申 在甲骨文中，"电"和"申"是同一个字，本义都是闪电。

甲骨文 ▶ 金文 ▶ 小篆 ▶ 隶书 ▶ 楷书

常用词语 申时　申报　三令五申　申冤吐气 洗雪冤屈，发泄怨恨

yǒu 酉

酉，象形字。甲骨文字形像酒坛，本义是酒坛。借用表示地支第十位。用来纪月，指农历八月。用来纪时，指17时至19时。又表示十二生肖中的鸡。

甲骨文 ▶ 金文 ▶ 小篆 ▶ 隶书 ▶ 楷书

常用词语

酉时　子午卯酉 _{指事情前后的详细过程}

第九章 天干地支 2

汉字溯源

子丑寅卯辰巳午未申酉戌亥

121

汉字溯源

戌 xū

戌，象形字。甲骨文字形像带长柄的斧类宽刃兵器，本义是斧类宽刃兵器。借用表示地支第十一位。用来纪月，指农历九月；用来纪时，指19时至21时。又表示十二属相中的狗。

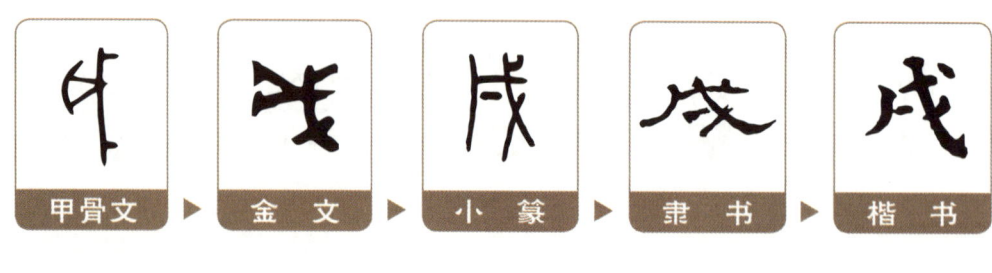

甲骨文 ▶ 金文 ▶ 小篆 ▶ 隶书 ▶ 楷书

常用词语　戌时　戊戌变法

hài
亥

亥,象形字。甲骨文字形像猪的形状。古文字形与 豕(豕)近似,是同一个字,本义是猪。借用表示地支第十二位。用来纪月,指农历十月;用来纪时,指 21 时至 23 时。又表示十二生肖中的猪。

古文与今文 "古文"泛指秦代以前留传下来的篆文体系,包括甲骨文、金文、大篆、小篆;"今文"泛指隶变之后的文字体系,包括隶书、楷书。小篆是古今文字的分水岭,汉字自此开始由象形表意文字过渡到符号表意文字。

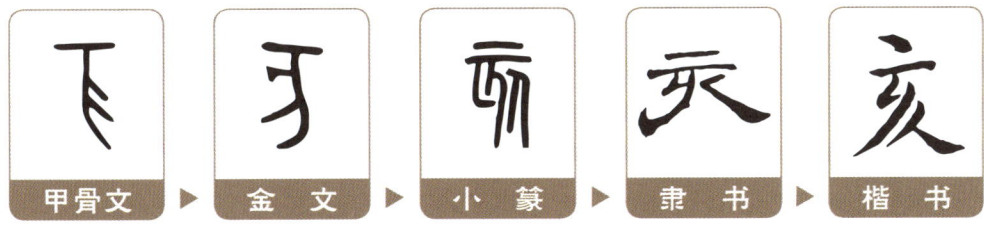

甲骨文 ▶ 金文 ▶ 小篆 ▶ 隶书 ▶ 楷书

常用词语 亥时　鲁鱼亥豕 指文字传抄或刊印错误　亥豕相望 指文字错讹很多

第九章 天干地支 ❷

汉字溯源

子丑寅卯辰巳午未申酉戌亥

123

与十个表示天干的字一样，表示地支的十二个字本义也不表示地支，都是被借用来的。

申，像闪电曲折的样子，本义是闪电。

未，像树木枝叶繁盛的样子，本义是茂盛。

戌，像带长柄的斧类宽刃兵器，本义是斧类宽刃兵器。

卯，像双刀之形，本义是屠刀。

酉，像酒坛形状，本义是酒坛。

亥，像猪的形状，本义是猪。

辰，像蜃蛤形，本义是蜃蛤。

午，像舂米或捶衣服的杵，本义是杵，是"杵"的初文。

丑，像手指勾曲揪东西之形，本义是揪扭。

寅，像箭之形，本义是箭矢。

子，像婴儿的样子，本义是婴儿。

巳，像未出生的胎儿，本义是胎儿。

下面我们来看看用"酉"构造合体字的情况：

酒 jiǔ，从"水"，从"酉"，"酉"兼声符，本义是酒。

酌 zhuó，从"酉"，"勺"声，本义是用勺斟酒劝饮，引申为斟酒。

醋 cù，从"酉"，"昔"声，本义是醋。

醉 zuì，从"酉"，从"卒"，"卒"兼声符，本义是醉酒。

醒 xǐng，从"酉"，"星"声，本义是酒醒。

酪 lào，从"酉"，"各"声，本义是乳酪。

我们可以从上面的例子中看出，"酉"作形符的字，大多同"酒"以及发酵的意义相关。

字源绘 汉字本来的样子 肆

汉字导图

子 丑 寅 卯 辰 巳 午 未 申 酉 戌 亥

第九章 天干地支 ❷

汉字导图

子 丑 寅 卯 辰 巳 午 未 申 酉 戌 亥

漫谈 六十花甲子

天干地支，源于中国远古时代对天象的观测。十天干和十二地支依次相配，构成六十个干支，俗称"六十花甲子"，用来纪年、月、日，周而复始。天干地支的发明影响深远，广泛应用于古代历法、术数、计算和命名等。

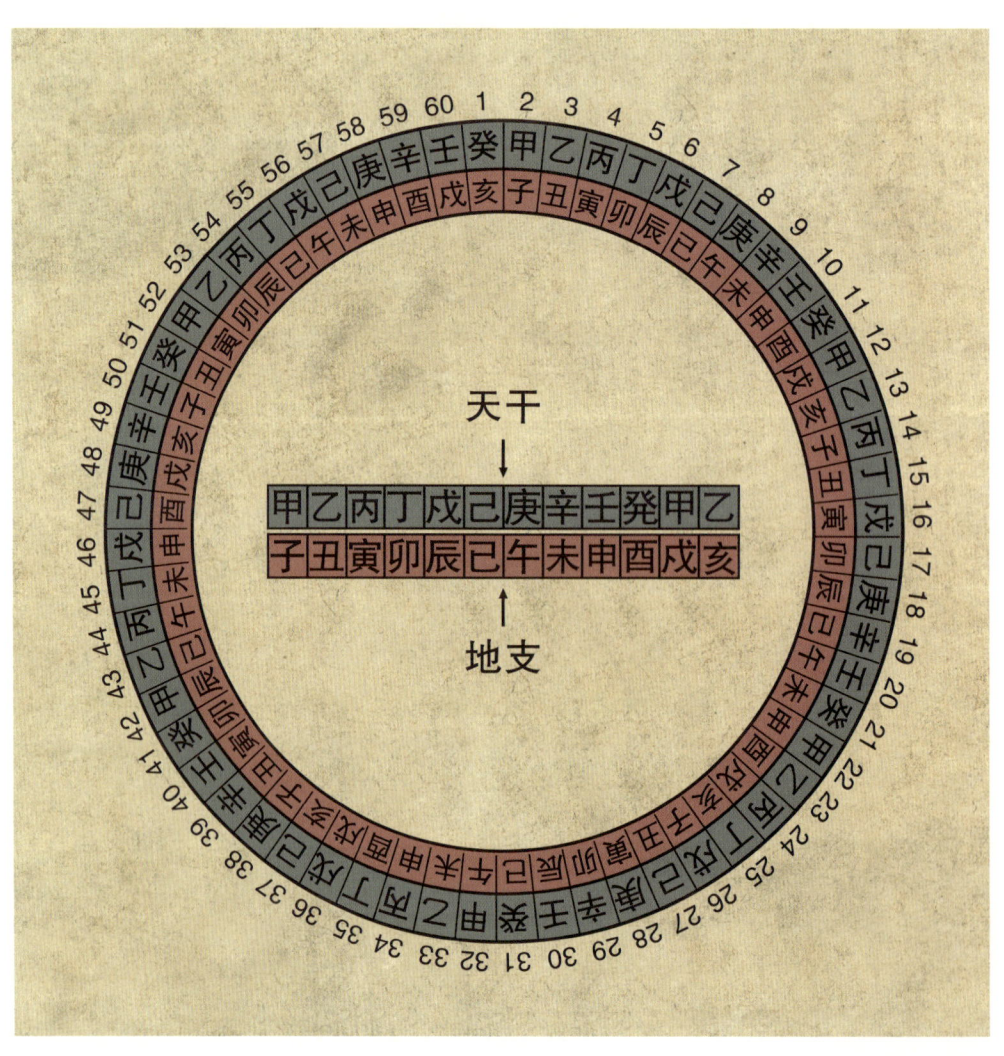

干支纪年表

文物 六十干支甲骨文拓片

甲子 乙丑 丙寅 丁卯 戊辰 己巳 庚午 辛未 壬申 癸酉
甲戌 乙亥 丙子 丁丑 戊寅 己卯 庚辰 辛巳 壬午 癸未
甲申 乙酉 丙戌 丁亥 戊子 己丑 庚寅 辛卯 壬辰 癸巳
甲午 乙未 丙申 丁酉 戊戌 己亥 庚子 辛丑 壬寅 癸卯
甲辰 乙巳 丙午 丁未 戊申 己酉 庚戌 辛亥 壬子 癸丑
甲寅 乙卯 丙辰 丁巳 戊午 己未 庚申 辛酉 壬戌 癸亥

■ 据郭沫若主编《甲骨文合集》

这是商朝的甲骨文拓片，这片甲骨上面刻画了完整的十天干和十二地支相配组成的六十个干支。

第九章 天干地支 ❷

汉字驿站

子 丑 寅 卯 辰 巳 午 未 申 酉 戌 亥

漫谈 十二时辰与点卯应名

中国古代将一昼夜分为十二个时辰，分别用十二地支表示。每一个时辰相当于现在的两个小时，用十二生肖动物的出没的时间来命名：子时23～1点，丑时1～3点，寅时3～5点，卯时5～7点，辰时7～9点，巳时9～11点，午时11～13点，未时13～15点，申时15～17点，酉时17～19点，戌时19～21点，亥时21～23点。

清华大学校园中的日晷

按照古代典章制度，朝廷一天的重要活动分为早朝、午朝、三朝，其中早朝最重要。每天卯时早朝，文武百官必须在卯时上朝，俗称"点卯"。据明代《大明会典》记载：早朝时，大臣必须午夜起床，赶往午门。朝官为了方便，通常在京城城南择屋而居，东、西长安街，朝官居住最多。

凌晨3点，大臣到达午门外等候。午门城楼上设有朝钟朝鼓，朝鼓响起时，大臣排好队伍；凌晨5点左右朝钟响起，宫门开启，百官依次进入，过金水桥在广场整队。通常，皇帝驾临太和门或者太和殿，百官行一跪三叩首之礼。四品以上的官员有机会与皇上对话，大臣向皇上报告政务，皇帝提出问题或者做出答复。

漫谈 十二生肖邮票

十二生肖，又叫十二属相。中国古代与十二地支相配，用十二种动物来记录人的出生年份。依次是：子鼠、丑牛、寅虎、卯兔、辰龙、巳蛇、午马、未羊、申猴、酉鸡、戌狗、亥猪。

我国第一枚生肖邮票《庚申年》发行于1980年2月15日，那一年是农历庚申年"猴年"，因此这套邮票被称为"猴票"。从1980年2月15日发行第一枚生肖邮票起，到1991年1月5日发行"羊票"止，我国第一轮生肖邮票共计12枚便出齐了。《庚申年》邮票发行至今，是新中国正式发行的邮票中增值最多、最快的邮品。

我国第一轮十二生肖邮票

后记

这套书最终的书稿是2020年夏末提交给长春出版社的,出版社用了一年多的时间在选题策划、编辑加工、装帧设计等环节精雕细琢,至今终于要出版了,甚感欣慰!此时写后记,是一个合适的时机。

有些话本该在前言中说,可是此书并不面向一个特定的读者群,就只好放到这里一并说。

一、本书的读者群。古文字是中华文明之根,是古代文明的解码,可是汉字文化教育并未受重视。除了小学起始学段的语文教科书涉及一点儿象形文字常识外,整个基础教育阶段并不涉及古文字知识。这样一来,在整个学校教育体系中,除了中文等相关专业的大学生能够接触到古文字基础知识外,其他人就几乎与古文字这中华文化瑰宝无缘了。因此,如果说这部书有一个潜在读者群的话,这个读者群应该是小学生以及古文字知识零起点的读者。

二、本书的写作缘起。说来话长,我对小学语文教育早有关注。我在1997年撰写的长篇论文《汉语文教育传统与汉语文教育的民族化方向》(《教育研究》1999年第1期)中,以传统语文教育识字教学为参照,分析了20世纪识字教学概况,提出了"针对汉字特点和造字规律进行识字教学"的主张。

2017年我被深圳市教育科学研究院聘为"特聘专家",经常到中小学调研,指导课程研发以及语文教学。深圳不愧是一个年轻而富有创新精神的城市,深圳小学教育在校本课程研发,尤其是汉字与汉字文化课程研发方面,所表现出的热诚、创意,所取得的成果,令我感佩,耳目一新。受其触动和启发,我的课程改革思路逐渐明晰,最终聚焦在汉字文化教育上(另有整本书阅读),研发汉字与汉字文化校本课程，并于2018年12月与教育界同人在深圳发起成立了"全国汉字文化教育联盟"（隶属东北师范大学文学院），任理事长。2018年我撰写了《基于汉字的桥式学习》（《语文建设·下半月》2019年第11期）、《基于汉字的桥式学习课程设计》（《语文建设·下半月》2020年第9期）两篇论文，提出了"基于汉字的桥式学习"概念，系统阐述了汉字与汉字文化课程的学习理念、学习目标、学习策略、课程设计。

这期间，清代学者王筠为挚友的孙子入学习字而著《文字蒙求》的情景屡屡萦绕脑海。《文字蒙求·二刻记》全文如下：

雪堂（陈山嵋，字雪堂）两孙已读书，小者尤慧，促我作此教之识字，遂不日成之。不料雪堂未加诊视，遽付之梓，盖其为人狷介而坚确，我所素重，而谈及六书，又惟吾言是听故也。丙午长夏，时当收麦，案牍甚稀，略加改易，使就绳墨再刻之，期不负执友郑重之意焉。

闰月十二日丙申，菉友筠（王筠，字菉友）记于乡宁署斋。

此文寥寥百余字，读来感慨良多。王筠何许人也？清代著名语言学家、文字学家，山西乡宁知县，博览经史，著作等身，竟为挚友小孙子著启蒙字书！其才学、情义岂是我等后人可以企及？

2020年秋季我的小孙子就要入小学了，我虽不能望先贤项背，但怀效仿古人之心，何不为自己的小孙子也写一本汉字启蒙之书呢？当然，能够再惠及社会则幸莫大焉。2020年春节期间，我将撰写汉字蒙书的想法告诉了出版过义务教育语文教科书的长春出版社，一拍即合。

后记

以上就是本书的缘起。俗话说"罗马不是一天建成的",其实茅草屋也不是一天建成的,从割草开始,事儿小过程长。

三、本书的编写思路。其基本思路是:以古文字构形为原点,解读汉字形义关系;以汉字为桥,解读古代文化。之所以以汉字构形为原点解读汉字,是因为隶变之后,汉字由象形表意文字过渡到符号表意文字,象形意味彻底消失,古文象形,今文不象,汉字学习必须回到汉字源头,重拾象形文字。之所以以汉字为原点解读古代文化,是因为早期象形汉字(如甲骨文、金文)往往是对当时社会生活场景,以及人们观念意识的直观描绘,蕴含着丰富的历史文化信息。汉字不仅是中华文明的载体,也是中华文明之根。本书编写思路与我提出的汉字学习策略是一致的:从字形入手,由字形推知字义;从独体字入手,掌握汉字构件;从造字法入手,体认汉字构形规律;古今比照,识古写简;从汉字构形与字体演变窥探古代文化。这些在上面提到的《基于汉字的桥式学习》一文中有详细论述,反映了我对汉字与汉字文化教育的思考,本书就是基于这种思考所做的尝试之一。

四、本书的内容与体例。基于上述编写思路,本书编写体例如下:

1. 选字范围。收录国家规范《现代常用独体字表》(GF 0013—2009)中全部256个独体字,同时为了章节内容的完整及配套,另补入12个现代合体字(南、北、左、右、后、庚、辛、癸、寅、卯、辰、戌)。对此进行文字溯源,还原古文字形,根据字形推知字义。这是本书的主线,也是基本内容。《通用规范汉字表一级字表》共收录常用汉字3500个(常用字在基础语料库中的覆盖率达到99.5%),而《现代常用独体字表》收录的独体字却仅有256个。正是这数量极少的独体字衍生出了数量庞大的汉字系统。独体字是合体的构件，从独体字入手切合汉字特点，符合汉字学习规律。

2. 章节划分。兼顾字形关联和字义关联，将256个现代常用独体字及12个现代合体字分为11类，包括：自然空间、植物家园、动物世界、人类家族、衣食住行、农耕狩猎、工具兵器、数字度量、形状色彩、文化事项、天干地支。每类为一个专题，共11个专题；每个专题分若干章，全书共36章；每章分为汉字溯源、汉字解码、汉字导图、汉字驿站等4个板块。其中"汉字溯源"板块包括若干单字的字理讲解、字形演变、各字义典型词语示例；"汉字解码"板块是对本章字理情境图的"解密"，及本章单字的字理知识延伸；"汉字导图"板块演示本章单字的衍生关系或大致逻辑关系，以及由独体字扩展的合体字示例。全套书共计4册。

3. 知识分布。初文、分化字、同源字、造字法等古文字常识结合单字溯源相应出现；汉字形体演变知识、古代文化知识等按照古代社会发展轨迹，在每章的"汉字驿站"板块中出现。

五、本书的特色。主要有三点：

1. 丰富的文化含量。本书除了系统地介绍汉字知识之外，还介绍了大量与汉字文化背景相关的文化常识，将古老的汉字置于特定的社会背景中，对"复活"古老的汉字起到了重要作用，凸显了本书"以汉字为桥，解读古代文化"的旨意。这主要体现在每章的"汉字驿站"中。"汉字驿站"包括"文物"（66件）、"典故"（42则）、"神话传说"（21则）、"漫谈"（30篇）等专题，文章短小精练，饶有风趣。

后记

2. 严谨的学术规范。本书虽属普及读物，但并不因此而降低学术规范水准。本书的古文字释读依据考释文献以及考古发现，博采众家，定于一说。本书涉及大量古代历史文化内容，均依据古代典籍原文直译或缩写，文物图片及相关信息均源自中国国家博物馆、故宫博物院等文物管理单位。书中援引文献均统一标示出处。

3. 富有创意的"文字绘"。本书每个文字的溯源均有手绘图示，短文几乎都配有插画。独具特色的是每章的首页插画，将该章溯源文字具象化，并隐藏、融合在一个个场景中，使古老的汉字活了起来。

本书在编写和出版过程中得到了教育界和出版界同人的热情支持和帮助，被寄予热切期望，在此一并表示感谢！

特别感谢吉林大学文学院文字学研究生刘丹、叶蕾女士，为本书搜集和整理素材，表现出良好的专业素养和严谨的治学态度。

特别感谢国内知名画家王公、史殿生、杨峰先生为本书倾心绘制字理画、插画，使得本书文图并茂，相映成趣。

特别感谢长春出版社副社长庄宝仁先生、责任编辑吴尧先生，在本书出版的各个环节上精雕细琢，精益求精，其敬业精神令人感佩！

王鹏伟

2021 年 3 月 27 日于海南

王鹏伟

二级教授,北京师范大学中国语文与海外华文教育研究中心研究员、东北师范大学教育硕士专业学位教育指导委员会委员、教育部"国培计划"专家、中国教育学会理事、全国汉字文化教育联盟理事长,策划创办全国首家校园汉字博物馆。

王 公

笔名愚公、愚人。教授,中国美术家协会会员,中国当代水墨画家。

史殿生

中国美术家协会会员、国家一级美术师、北京师范大学中国画创作高级研究生班导师。

杨 峰

中国美术家协会会员、中国出版工作者协会装帧艺委会会员,现为吉林省社会科学院民族研究所研究员。

图书在版编目（CIP）数据

字源绘：汉字本来的样子/王鹏伟编著. — 长春：长春出版社，2021.6
ISBN 978-7-5445-6379-6

Ⅰ.①字… Ⅱ.①王… Ⅲ.①汉字—字源 Ⅳ.
①H12

中国版本图书馆CIP数据核字(2021)第089681号

字源绘——汉字本来的样子
ZIYUAN HUI HANZI BENLAI DE YANGZI

编　　著	王鹏伟
插　　画	王　公　史殿生　杨　峰
选题策划	庄宝仁　吴　尧
责任编辑	吴　尧
美术统筹	庄宝仁
装帧设计	宁荣刚　吴　尧　王久柱
封面设计	郝　威
出版发行	長春出版社
地　　址	吉林省长春市南关区长春大街309号
邮　　编	130041
网　　址	www.cccbs.net
制　　版	长春出版社美术设计制作中心
印　　刷	吉林省吉广国际广告股份有限公司
开　　本	787mm×1092mm　1/16
字　　数	500千字
印　　张	35
版　　次	2021年6月第1版
印　　次	2021年6月第1次印刷
定　　价	238.00元（全四册）

总编室电话　0431-88563443
发行部电话　0431-88561180

版权所有　盗版必究
如有印装质量问题，请联系印厂调换　　联系电话：0431-85256838